北京高校高精尖学科"文化遗产与文化传播"建设项目资助

非物质文化遗产学术精粹

表演艺术卷

岳永逸　林旻雯 ◎ 编

中国社会科学出版社

图书在版编目（CIP）数据

非物质文化遗产学术精粹.表演艺术卷/岳永逸等编.—北京：中国社会科学出版社，2021.6
ISBN 978 - 7 - 5203 - 8107 - 9

Ⅰ.①非… Ⅱ.①岳… Ⅲ.①非物质文化遗产—保护—研究—中国 Ⅳ.①G122

中国版本图书馆 CIP 数据核字（2021）第 054288 号

出 版 人	赵剑英
责任编辑	张　林
特约编辑	周维富
责任校对	周晓东
责任印制	戴　宽

出	版	中国社会科学出版社
社	址	北京鼓楼西大街甲 158 号
邮	编	100720
网	址	http://www.csspw.cn
发 行 部		010 - 84083685
门 市 部		010 - 84029450
经	销	新华书店及其他书店
印刷装订		北京君升印刷有限公司
版	次	2021 年 6 月第 1 版
印	次	2021 年 6 月第 1 次印刷
开	本	710×1000 1/16
印	张	30.5
字	数	486 千字
定	价	178.00 元

凡购买中国社会科学出版社图书，如有质量问题请与本社营销中心联系调换
电话：010 - 84083683
版权所有　侵权必究

总　　序

20世纪中期以来，面对迅猛发展的现代化和全球化浪潮的冲击，许多国家纷纷采取措施保护自己的传统文化，同时对出台国际化保护政策的呼声也越来越强烈。21世纪初，为适应世界各国对其多元的文化遗产作为历史丰富性与人类文明多样性的见证而日益高涨的保护需求，联合国教科文组织于2003年正式颁布了《保护非物质文化遗产公约》。该《公约》在国际法中牢固确立了对于非物质文化遗产的保护理念，至今已得到超过90%的教科文组织成员国的批准，接近于全面批约。这项全球性的文化保护工程促使人们日益普遍地认识到：文化遗产不仅仅是物质的，还包括世代传承的丰富的非物质传统，它们是社区特性和社会凝聚力的重要载体，也应该得到保护和促进。

"非物质文化遗产"（以下简称"非遗"），根据《保护非物质文化遗产公约》（2003）的界定，是指被各社区、群体，有时是个人，视为其文化遗产组成部分的各种社会实践、观念表述、表现形式、知识、技能以及相关的工具、实物、手工艺品和文化场所。这种非物质文化遗产世代相传，在各社区和群体适应周围环境以及与自然和历史的互动中，被不断地再创造，为这些社区和群体提供认同感和持续感，从而增强对文化多样性和人类创造力的尊重。[1] 在《公约》的体系中，"非物质文化遗产"包括以下五类：1. 口头传统和表现形式，包括作为非物质文化遗产媒介的语言；2. 表演艺术；3. 社会实践、仪式、节庆活动；4. 有关自然

---

[1] 联合国教科文组织：《保护非物质文化遗产公约·基本文件》（2018年版），法国巴黎，2018年，中文版，第5页，https://ich.unesco.org，查阅日期：2021年4月6日。

界和宇宙的知识和实践；5. 传统手工艺。①

中国于2004年成为联合国教科文组织《保护非物质文化遗产公约》的缔约国，目前已迅速成为世界上拥有非遗项目最多的国家——截至2020年12月，中国被列入联合国教科文组织非物质文化遗产名录（名册）的项目共计42项②，拥有国家级非物质文化遗产代表性项目1372大项、3145子项③，另有数目繁多的省、市、县级非遗项目。中国非遗是中华民族世代相传的集体智慧和生活经验的结晶，是中华文明绵延赓续的重要载体和表现形式，是维护民族认同、维系国人文化认知、助力国家文化建设的根本力量。近年来，中国政府充分意识到非物质文化遗产的保护意义和教育功能，已多次强调非物质文化遗产的重要性，《关于实施中华优秀传统文化传承发展工程的意见》《关于加强和改进中外人文交流工作的若干意见》等文件中，均将非物质文化遗产的保护、发展纳入国家文化发展的战略中；刚刚通过的《中华人民共和国国民经济和社会发展第十四个五年规划和2035年远景目标纲要》也多处涉及非物质文化遗产的保护和发展，更明确提出要"深入实施中华优秀传统文化传承发展工程，强化重要文化和自然遗产、非物质文化遗产系统性保护，推动中华优秀传统文化创造性转化、创新性发展"，明确规定要"健全非物质文化遗产保护传承体系，加强各民族优秀传统手工艺保护和传承"（第三十四章第三节）。

中国的非物质文化遗产保护工作迄今已开展近二十年，相关研究成果十分丰硕。但是，尽管国内已有一些关注非遗研究和保护实践的论文

---

① 联合国教科文组织：《保护非物质文化遗产公约·基本文件》（2018年版），法国巴黎，2018年，中文版，第5页，https://ich.unesco.org，查阅日期：2021年4月6日。

② 《中国人选联合国教科文组织非物质文化遗产名录（名册）项目》，未注明发布日期，"中国非物质文化遗产网·中国非物质文化遗产数字博物馆"，http://www.ihchina.cn/chinadirectory.html#target1，查阅日期：2021年3月23日。

③ 《国家级非物质文化遗产代表性项目名录》，未注明发布日期，"中国非物质文化遗产网·中国非物质文化遗产数字博物馆"，http://www.ihchina.cn/project.html#target1，查阅日期：2021年3月23日。统计名录包括了四个批次。另，中国文化和旅游部近期对外公示了第五批国家级非物质文化遗产代表性项目名录推荐项目共337项。见中国文化和旅游部非物质文化遗产司：《文化和旅游部关于第五批非物质文化遗产代表性项目名录推荐项目名单的公示》，发布日期：2020年12月18日，http://zwgk.mct.gov.cn/zfxxgkml/wysy/202012/t20201221_920077.html，查阅日期：2021年3月23日。

选集①，总体而言，对相关成果的系统梳理和总结尚十分缺乏，致使其分散在各类学术刊物中，未能得到集中的展示，不利于对中国在非遗领域探索20年所取得的学术成就的总体把握。

有鉴于此，北京师范大学非物质文化遗产研究与发展中心和文学院民间文学研究所编辑出版了这套"非物质文化遗产学术精粹"丛书。该丛书一共7册，以《公约》的分类为基础，首次全面梳理、总结并展示了中国学界在非遗理论与保护实践、口头传统、表演艺术、有关自然界和宇宙的知识和实践、传统手工艺以及社会仪式和节庆等方面的主要研究成果。所有论文均经过精心遴选，集中代表了20年来各领域的代表性成就。其中，"理论卷"着重探讨了非遗的概念与历史，以及社区、商业利用、性别平等等非遗发展中的重要横向问题，以及非遗语境下的学科思考、对中国实践的总结与反思等。其他卷，如"口头传统卷""表演艺术卷""社会实践、仪式与节庆活动卷""有关自然界和宇宙的知识与实践卷""传统手工艺卷"，则分别收录了该领域较高水平的研究文章。此外，丛书中也包括了2018年在北京师范大学召开的"'一带一路'国家的非物质文化遗产保护与乡村振兴"国际学术研讨会的论文集。该次会议上，来自日本、韩国、美国、比利时、希腊、塞尔维亚、波兰、保加利亚、伊朗、越南和印度等10多个国家的非遗专家们，与中国学者一道，共同探讨非遗保护与乡村振兴实践中的规律，分享各国的有益经验，同时反思其中存在的问题。此次纳入丛书结集出版，不仅展现了国际相关领域的前沿探索成果，也对当前国际国内广泛开展的乡村振兴建设具有积极的启示和借鉴作用。

非遗的内容十分广泛，研究非遗的学科也很多。因此，本套丛书所收论文不仅涉及民俗学、人类学、民族学、考古系、艺术学、体育学等人文社会学科，还包括了数学、天文历法学、医学等理工类学科的探索。各册中既有历时性的审视，又有共时性的对照；既有宏观的理论分析，也有具体的案例研究，以及在操作层面上的建言献策；既从多方面展现了中国自开展非遗保护工作以来所取得的成就，也揭示出其中交织的复杂张力以及学界对其的深刻反思。在很大程度上，该丛书是"中国非遗

---

① 例如陶立璠、樱井龙彦主编：《非物质文化遗产学论集》，学苑出版社2006年版。

研究20年"的一次成果检视。

本套丛书的出版得到北京高校高精尖学科"文化遗产与文化传播"建设项目的资助。该项目于2019年5月获批立项，由北师大文学院牵头，联合历史学院、艺术与传媒学院等联合建设，目的是依托北师大深厚的人文学科基础，统合校内外相关研究和教学力量，建设一个以中国优秀传统文化为基础、以非遗文化和区域文化为主体、以文旅融合和文化传播为特色的优势特色学科和新兴前沿交叉学科。同年12月，作为该项目的重要成果，北师大非物质文化遗产研究与发展中心成立，在继承和发挥北师大以往的民俗学学科优势的基础上，为强化非遗研究、人才培养和产教融合，搭建了一个新的国际化的交流合作平台。

2021年对中国非遗工程而言具有特殊的意义：2021年是中国昆曲入选联合国教科文组织《人类口传和非物质文化遗产代表作名录》20周年，也是《中华人民共和国非物质文化遗产法》颁布10周年。值此之际，将中国学人的研究成果加以梳理、总结和集中展现，无疑有助于我们更好地认识非遗的本质与规律，增进本土非遗理论的建设，促进非遗保护与发展的实践，并为国际社会贡献中国经验和视角。

是为序。

作者基本信息

（以文集中出现先后为序）

郭英德，北京师范大学教授
李荣启，中国艺术研究院研究员
孙明跃，云南民族大学教授
王加华，山东大学教授
林　琳，山东女子学院教授
李云鹏，山东女子学院教授

陈向华，甘肃政法大学艺术学院教授
杨　阳，上海七宝德怀特高级中学教师
陈勤建，华东师范大学教授
董秀团，云南大学教授
祝鹏程，中国社会科学院文学研究所副研究员
谢中元，佛山科学技术学院岭南文化研究院副研究员
包媛媛，北京城市学院讲师

宋俊华，中山大学中国非物质文化遗产研究中心教授
王廷信，中国传媒大学艺术研究院教授
王卫华，中央民族大学教授
孙佳丰，中央民族大学民族学与社会学学院研究生
陈志勤，上海大学副教授
李　静，常州大学瞿秋白政府管理学院讲师
王静波，中国艺术研究院助理研究员

赵宗福，青海师范大学教授
廖明君，广西民族大学文化遗产研究中心教授
杨民康，中央音乐学院教授
王　玮，江苏开放大学副教授
朱　刚，中国社会科学院民族文学研究所副研究员
孟令法，重庆工商大学社会与公共管理学院讲师

刘守华，华中师范大学教授
王霄冰，中山大学中国非物质文化遗产研究中心教授
王杰文，中国传媒大学教授
赵李娜，华东政法大学传播学院副教授
黄龙光，《云南师范大学学报》（哲学社会科学版）编审
邵媛媛，云南民族大学云南省民族研究所副研究员
李建峰，成都大学文学与新闻传播学院助理研究员

陆晓芹，广西民族大学教授
罗婉红，湖南第一师范学院音乐舞蹈学院讲师

目 录

第一编　非遗表演艺术及其传承人

传统戏剧表演艺术传承人的特性与功能 ………………… 郭英德（3）
论传统表演艺术的保护与传承 ……………………………… 李荣启（13）
表演艺术类国家级非物质文化遗产保护研究
　　——以云南省为例 …………………………………… 孙明跃（35）
当下民间说书艺人的生存困境及其应对策略
　　——以胡集书会参会艺人为中心的探讨 …………… 王加华（48）
"非遗"艺人保护聚焦
　　——以鲁西南鼓吹乐的艺人保护为例 ………… 林　琳　李云鹏（64）

第二编　说唱艺术

论兰州鼓子在现代化语境下的生产与接受 ……………… 陈向华（71）
兰州鼓子：民间非遗艺术的传承与困境 ………… 杨　阳　陈勤建（84）
说唱类非物质文化遗产的保护与传承
　　——以云南少数民族说唱艺术为例 ………………… 董秀团（98）
表演理论视角下的郭德纲相声：个案研究与理论反思 ……… 祝鹏程（110）
佛山"龙舟说唱"的活态传承与保护研究 ………………… 谢中元（127）
非物质文化遗产保护与温州鼓词多元传承生态的形成 …… 包媛媛（144）

第三编　传统戏剧

牡丹亭：从"至情版"到"青春版"
　　——一部昆曲经典的建构、重构与解读 …………… 宋俊华（161）
昆曲的雅俗与保护传承 ………………………………… 王廷信（177）
我国表演类非物质文化遗产的传承与创新
　　——以昌黎皮影戏为例 ……………… 王卫华　孙佳丰（183）
论非物质文化遗产在现代社会中的应用
　　——以"绍剧"为例 …………………………… 陈志勤（197）
失语与言说之间
　　——非遗语境中池州傩的不同话语与角力 ……… 李　静（208）
"采茶"人生路
　　——粤北采茶戏国家级传承人吴燕城访谈录 …… 王静波（226）

第四编　传统音乐

西北花儿的研究保护与学界的学术责任 ……………… 赵宗福（247）
传统音乐与非物质文化遗产保护 ……………… 廖明君　杨民康（262）
江苏第一批音乐类非物质文化遗产的保护与传承的思考 …… 王　玮（278）
非物质文化遗产文化空间研究的时空维度
　　——以云南剑川白族的石宝山歌会为例 ………… 朱　刚（287）
文化空间的概念与边界
　　——以浙南畲族史诗《高皇歌》的演述场域为例 …… 孟令法（306）

第五编　传统舞蹈

山野奇花的旷世魅力
　　——"撒叶儿嗬"简论 ………………………… 刘守华（333）
从《祭孔乐舞》看"非遗"的舞台表演及其本真性 …… 王霄冰（342）

论民俗传统的"遗产化"过程
　　——以土家族"毛古斯"为个案 ………………… 王杰文(355)
人地关系视野下的非物质文化遗产保护
　　——以国家级非遗松江舞草龙为个案 …………… 赵李娜(372)
彝族花鼓舞民间自组织"花鼓会"的结构与功能 ……… 黄龙光(390)
"文化空间"视角下彝族"打歌"保护与开发研究 ……… 邵媛媛(405)
试析全景敞视中不同主体的"非遗"视觉差
　　——以汶川羌族羊皮鼓舞为例 …………………… 李建峰(418)

第六编　史论

壮族"歌圩"研究的回顾与反思 ………………………… 陆晓芹(435)
寻根传舞：非物质文化遗产视角下传统舞蹈学术史的
　　回顾与评述 ………………………………………… 罗婉红(453)

后　记 ………………………………………………………… (471)

第一编

非遗表演艺术及其传承人

传统戏剧表演艺术传承人的特性与功能[*]

郭英德

摘　要：传统戏剧是一种非物质文化遗产。传统戏剧作为一种表演艺术，与其他传统文化表现形式相比较，具有表演性特征；而与其他表演艺术相比较，传统戏剧则具有综合性特征。传统戏剧表演艺术传承人的特性表现在三个方面：从本体论的角度来看，传统戏剧表演艺术传承人的存在根本上决定了传统戏剧的存在；从价值论的角度来看，传统戏剧表演艺术传承人的价值集中地体现了传统戏剧的价值；从功能论的角度来看，传统戏剧表演艺术传承人的延续有效地保证了传统戏剧的生命。传统戏剧表演艺术传承人具有三种文化功能，即保存文化遗产、再造文化产品，熔铸文化心理、塑造文化品格，传承文化传统、加强文化认同。

关键词：传承人　传统戏剧　表演艺术　非物质文化遗产　文化传统

进入21世纪以来，非物质文化遗产保护问题日益在世界范围内引起人们的广泛关注。2003年10月17日，联合国教科文组织第32届大会通过了《保护非物质文化遗产公约》。2005年3月中华人民共和国国务院办公厅印发了《关于加强我国非物质文化遗产保护工作的意见》，同年12月又颁发了《关于加强我国非物质文化遗产保护工作的通知》。这标志着

---

[*] 原文刊于《天津社会科学》2008年第3期。

中国非物质文化遗产的保护工作已进入全面、科学、规范有序的发展阶段。2007年中国非物质文化遗产保护的一项重要议题，就是非物质文化遗产传承人的保护。因此，对非物质文化遗产传承人的学理省思就成为重要的学术课题，被提到议事日程上来。本文拟集中讨论传统戏剧表演艺术传承人的特性与功能，以一斑窥全豹，希望对非物质文化遗产传承人的保护提供学理依据。

一　传统戏剧作为非物质文化遗产的特性

根据中国政府制定的法规文件，非物质文化遗产是指"各族人民世代相承的、与群众生活密切相关的各种传统文化表现形式（如民俗活动、表演艺术、传统知识和技能，以及与之相关的器具、实物、手工制品等）和文化空间……即定期举行传统文化活动或集中展现传统文化表现形式的场所，兼具空间性和时间性"[①]。从学理上看，非物质文化遗产应是与物质文化遗产相对称的，因此二者除了作为文化遗产的共同特性以外，还应具有各自不同的特性。简言之，物质文化遗产与非物质文化遗产相比较，主要有三种不同特性：（1）前者的本质是物质性的，而后者的本质则是非物质性的，也就是说，前者的本体就是物质本身，而后者的本体则是人，尤其是人的知识、智慧、精神、感情，物质仅仅是文化遗产的载体。（2）前者具有固态静止性，后者具有活态流变性，也就是说，前者具有时代性、不可再生性和不可替代性，而后者则具有超时代性、可再生性和可复制性。（3）前者具有价值的客观性，有待人们不断考证和认知，而后者则具有价值的主观性，有待人们不断阐释和生发。

非物质文化遗产自身包容广泛，联合国教科文组织《保护非物质文化遗产公约》列举其范围或类型为："（一）口头传说和表现形式，包括作为非物质文化遗产媒介的语言；（二）表演艺术；（三）社会实践、仪式、节庆活动；（四）有关自然界和宇宙的知识和实践；（五）

[①] 2005年3月26日《国务院办公厅关于加强我国非物质文化遗产保护工作的意见》附件1《国家级非物质文化遗产代表作申报评定暂行办法》第二、三条。

传统手工艺。"①《国家级非物质文化遗产代表作申报评定暂行办法》列举其范围或类型为："（一）口头传统，包括作为文化载体的语言；（二）传统表演艺术；（三）民俗活动、礼仪、节庆；（四）有关自然界和宇宙的民间传统知识和实践；（五）传统手工艺技能；（六）与上述表现形式相关的文化空间。"王文章主编《非物质文化遗产概论》把非物质文化遗产划分为13个类别：语言（民族语言、方言等）；民间文学；传统音乐；传统舞蹈；传统戏剧；曲艺；杂技；传统武术、体育与竞技；民间美术、工艺美术；传统手工技艺及其他工艺技术；传统医学和药学；民俗；文化空间②。而2006年6月国务院公布的《第一批国家级非物质文化遗产名录》则列举了10个类别：民间文学、民间音乐、民间舞蹈、传统戏剧、曲艺、杂技与竞技、民间美术、传统手工技艺、传统医药、民俗③。这些分类是否合理不在本文的论述范围之内。本文所关心的问题是，作为非物质文化遗产的一个组成部分，传统戏剧具有何种独特的个性？

首先，传统戏剧作为一种表演艺术，与其他传统文化表现形式如民俗活动、传统知识和技能等相比较，具有独特的表演性特征。如果说民俗活动以仪式为核心，传统知识与技能以实用性为核心，那么传统戏剧等表演艺术就是以表演性为核心。表演者、表演场所、观众三者，构成传统戏剧等表演艺术的基本要素，缺一不可。传统戏剧等表演艺术总是也只能在表演者、表演场所和观众三者构成的文化场中得以生存和发展。也正是在这个意义上，表演艺术往往是一种大众艺术。

由表演性特征还派生出传统戏剧等表演艺术的三个突出特性，即不固定性、交流性和娱乐性。所谓不固定性，指的是表演艺术并非一种固定的文化产品，而是一种不固定的、多变的文化产品，它可以重复演出，每次演出都有其自身的即时性和唯一性，这是由表演艺术的时间性所决定的。所谓交流性，指的是表演艺术必须在一定的表演场所中进行，因此是在演员与观众、观众与观众的多重交流中得以实现其艺术效果的。

---

① 邹启山主编：《联合国教科文组织人类口头和非物质遗产代表作申报指南》，文化艺术出版社2005年版，第41页。
② 王文章：《非物质文化遗产概论》，文化艺术出版社2006年版。
③ 中华人民共和国文化部网站"非物质文化遗产保护"专栏。

所谓娱乐性，指的是表演艺术的基本目的是"娱人"，即"娱悦"广大的民众，使民众在审美的愉悦中获得精神的感染、陶冶、净化和升华。

其次，传统戏剧作为一种独特的表演艺术，与其他表演艺术如民间音乐、民间舞蹈、曲艺、杂技与竞技等相比较，具有综合性特征。民间音乐和曲艺主要是听觉艺术，媒介是口头讲唱；民间舞蹈、杂技与竞技主要是视觉艺术，媒介是人体表演；而传统戏剧则是听觉艺术与视觉艺术的综合体，是口头讲唱和人体表演的综合体。王国维在《戏曲考原》中曾经给戏曲下过这样的定义："戏曲者，谓以歌舞演故事也。"[①] 在《宋元戏曲考》中他又说："必合言语、动作、歌唱，以演一故事，而后戏剧之意义始全。"[②] 中国传统戏剧融合了说白、歌唱、舞蹈、化装等各种艺术要素，从而赋予了高度综合性的审美特征。中国传统戏剧这种高度综合性的审美特征，同西方传统戏剧也形成鲜明的对比。

综合性特征赋予传统戏剧丰富多彩的表现形式和含蕴深厚的审美功能。人们欣赏传统戏剧，不仅可以欣赏它曲折动人的情节故事和栩栩如生的人物形象，也可以欣赏它悠扬婉转的曲调唱腔、婀娜多姿的身段动作、色彩绚丽的服饰装扮，还可以欣赏它独具一格的历史丰采、文化韵味和传统积淀。

二 传统戏剧表演艺术传承人的特性

联合国教科文组织驻东亚五国北京办事处原文化项目专员爱德蒙·木卡拉指出：对于非物质文化遗产的保护，"只有（1）通过音像或文字记录；（2）通过帮助和它相关的人使它流传下去"。[③] 与物质文化遗产（包括自然文化遗产和有形的文化遗产）不同，非物质文化遗产的传承者就是人本身。非物质文化遗产作为活态流变性的文化表现形式，其精粹是与该项目代表性的传承人紧密地联结在一起的。

---

① 中国戏剧出版社编：《王国维戏曲论文集》，中国戏剧出版社1984年版，第163页。
② 中国戏剧出版社编：《王国维戏曲论文集》，中国戏剧出版社1984年版，第29页。
③ ［刚果（布）］爱德蒙·木卡拉：《非物质文化遗产与我们的文化认同感》，载乔晓光主编《交流与协作——中国高等院校首届非物质文化遗产教育教学研讨会文集》，西苑出版社2003年版，第28页。

传承人是直接参与非物质文化遗产传承，使非物质文化遗产能够沿袭的个人或群体（团体），是非物质文化遗产最重要的活态载体。1996年联合国教科文组织发表的《关于建立"人类活珍宝"制度的指导性意见》曾以"人类活珍宝"指称传承人，并指出："表演艺术，如音乐、舞蹈、戏剧、礼仪与军旅艺术等都不是以物质形态存在的。一部音乐作品的乐谱的存在并非音乐本身。芭蕾舞谱也不等于芭蕾。胶片可以展示一件作品，却无法启示将来的一件作品，也不能抓住现场表演的真正精髓。同样，尽管生产工艺品的技术乃至烹调技艺都可以写下来，但是创造行为实际上是没有物质形式的。表演与创造行为是无形的，其技巧、技艺仅仅存在于从事它们的人身上。"[1] 在漫长的历史进程中，非物质文化遗产通过掌握、擅长某些技能的能工巧匠口传身授，它所承载的民族记忆、文明脉络和艺术精髓才得以保留和延续。这些为人类文明的传承做出巨大贡献的能工巧匠，就是非物质文化遗产传承人。因此，传承人是历史的活化石，是非物质文化遗产的存立之本。承载着非物质文化遗产技艺、技术或知识的传承人是非物质文化遗产保存和延续的决定性因素。

值得注意的是，我们现在关注的"非物质文化遗产"，虽然称为"非物质"，但与"物"又是密不可分的。因此，非物质文化遗产的本质不在于"物"与"非物"，而在于文化的"传承"，其核心是传承文化的人。那么，作为一种非物质文化遗产的传统戏剧，其表演艺术传承人有哪些基本特性呢？

第一，从本体论的角度来看，传统戏剧表演艺术传承人的存在根本上决定了传统戏剧的存在。

非物质文化遗产是植根于民族民间的活态文化，是发展着的传统行为方式和传统生活方式，它不能脱离传承主体而存在。因此，不同于物质文化遗产是脱离人自身的一种独立存在，是一种实体的自然或文化的存在物，非物质文化遗产传承人最重要的特性就是文化遗产与传承者的共体同存，也就是说，非物质文化遗产必须借助于传承者而存在与流传，传承者即是非物质文化遗产的活的存在。

---

[1] 《联合国教科文组织关于建立"人类活珍宝"制度的指导性意见（译文）》，转引自文化发展网站"文化发展论坛"专栏。

非物质文化遗产在本质上是作为一种知识、技能或是技艺，存在于非物质文化遗产持有人的头脑中。只有这些匠人、艺人或是普通百姓在以不同方式将它们复述、表演或是制作出来时，人们才能感受到它们活生生的存在。如果传承人消失，原形态的非物质文化遗产也就不复存在了。

在这一意义上，传统戏剧既非一个实体的存在物，也非一个虚拟的存在物，而是由一个个传统戏剧表演艺术家活生生的演出而得以存在于世的。没有传统戏剧表演艺术家，就没有传统戏剧。人即戏，戏即人，人在戏在，人亡戏亡，人与戏共体同存，这是传统戏剧表演艺术传承人的本质特性，也体现出非物质文化遗产的本质特性。

第二，从价值论的角度来看，传统戏剧表演艺术传承人的价值集中地体现了传统戏剧的价值。

与物质文化遗产取舍的客观性不同，非物质文化遗产的取舍有一个相对的主观性原则，即并非所有历史上存在过的传统文化表现形式和文化空间都值得传承，只有那些扎根于悠久的民族文化命脉、蕴含着深厚的民族文化精华、汲取着丰富的民族文化滋养，并且在当代生活中仍然保持着自身生命力的非物质文化遗产，才值得代代相传。也就是说，只有具有历史价值和现实价值的非物质文化遗产才值得传承。有鉴于此，国际公约和中国政府制定出认定非物质文化遗产项目的基本标准，包括：具有杰出价值的民间传统文化表现形式或文化空间；具有见证现存文化传统的独特价值；具有鲜明独特的民族、群体或地方文化特征；具有促进民族文化认同或社区文化传承的作用；具有精粹的技术性；符合人性，具有影响人们思想情感的精神价值等。

正因为非物质文化遗产以传承主体为根本，因此非物质文化遗产的价值最为直接地体现为传承人自身禀赋的文化价值。非物质文化遗产的传承人不仅技艺精湛，传承着某一种非物质文化遗产的高超技能，而且德艺双馨，传承着某一种文化遗产的精神内涵，从而成为某一种非物质文化遗产的活的标本。传统戏剧表演艺术的传承人也应该具有这样的文化价值。

第三，从功能论的角度看，传统戏剧表演艺术传承人的延续有效地保证了传统戏剧的生命。

正因为非物质文化遗产以传承主体为根本，因此较之以物为载体的物质文化遗产具有不可替代性和唯一性而言，以人为载体的非物质文化遗产的传承人具有可培育性和可复制性。非物质文化遗产不仅存在于古人的创造之中，也存在于今人和后人的创造之中，今人和后人仍然可以不断地培育文化传承的新生力量，使非物质文化遗产生生不息、代代相传。

首批公布的国家级非物质文化遗产保护项目大都拥有非常完整的传承谱系，可以追溯到20世纪七八十年代或五六十年代，有的甚至可以细数出历史上的诸代传承人。正是这样严密的传承谱系，使非物质文化遗产依靠口传心授的传承方式，拥有强大的生命力，一直深藏于普通百姓中间，一代一代地延续下来。这也正是非物质文化遗产保护的巨大潜力和明显优势所在。只要我们充分尊重非物质文化遗产现有的传承人，调动传承人的积极性，发挥传承人的聪明智慧，创造条件让传承人自觉地、主动地承担起传承责任，我们就可以依靠他们的传承使非物质文化遗产得以长时期的延续。

三　传统戏剧表演艺术传承人的文化功能

保存文化遗产，再造文化产品，这是传统戏剧表演艺术传承人最直接的文化功能。

作为一种非物质文化遗产，传统戏剧是以人为载体的，它的创造者、拥有者、承续者存在于民间，是一代又一代戏剧表演艺术家接续着传统戏剧的薪火。没有那些老艺人、老演员，传统戏剧表演艺术的精湛技艺就不可能存在，也不可能流传，更不可能不断更新，焕发出青春的生命力。

日本学者爱川纪子认为，保护无形文化遗产（即非物质文化遗产），除了"将它转变为有形的形式"以外，还有一种重要的方法，就是"通过鼓励世代相传和复兴无形文化遗产来保持它的活力。这样，社会不仅承认和激励遗产的守护者——各种文化形式的支持者、演员和创作者们——保护遗产，而且会促使他们提高技能和艺术修养"①。在数十年的艺术生涯中，传统戏剧表演艺术传承人一方面汲取传统戏剧表演艺术源远流长的文化传统，成为文化传统的承续者；另一方面又发挥坚持不懈的艺术创造，使传统戏剧表演艺术在他们身上得以发扬光大，成为文化传统的再造者。因此他们在传统戏剧的传承中发挥了继往开来的文化功能，这种文化功能是任何人都无法替代的。

熔铸文化心理，塑造文化品格，这是传统戏剧表演艺术传承人相当重要的文化功能。

真正的艺术，就其基本的文化形态和内在的文化品格而言，是超越时空的。中国传统戏剧是千百年来无数艺术家精心创造和长期培育的一种文化表现形式，融会了多种艺术元素，承载着中华文化的深层精神，它不仅仅对应着一个时期的人们的审美意识，而且更对应着一个民族的深层文化心理。

包括传统戏剧在内的非物质文化遗产，是我们民族历代先辈奋斗和创造的历史实录，是民族历史这棵参天大树的"年轮"。联合国教科文组织前任总干事马约尔在《文化遗产与合作》的前言中说："保存与传扬这些历史性的见证，无论是有形文化遗产还是无形文化遗产，我们的目的是唤醒人们的记忆……事实上，我们要继续唤醒人们的记忆，因为没有记忆就没有创造，这也是我们对未来一代所肩负的责任。"②《联合国教科文组织发展纲领》说："记忆对创造力来说是极端重要的，对个人和各民族都极为重要。各民族在他们的遗产中发现了自然和文化的遗产，有形和无形的遗产，这是找到他们自身和灵感源泉的钥匙。"③

传统戏剧肩负着传达民族精神和传统道德理念的使命。鲁迅曾经说过："我们从古以来，就有埋头苦干的人，有拼命硬干的人，有为民请命的人，有舍身求法的人……虽是等于为帝王将相作家谱的所谓'正史'，

---

① 联合国教科文组织编：《世界文化报告2000：文化的多样性、冲突和多元并存》，北京大学出版社2002年版，第163页。
② 联合国教科文组织：《文化遗产与合作》专刊，1999年。
③ 转引自刘魁立《培育根基，守护灵魂——中国各民族民间口头和非物质文化遗产概述》，《中国民族》2003年第3期。

也往往掩不住他们的光耀,这就是中国的脊梁。"① 千百年来,这些"中国的脊梁"就借助无数戏剧演员的表演得以传扬于世,并在很大程度上塑造着中国人的文化品格。因此传统戏剧表演艺术的传承人也就获得了民族精神和传统道德忠诚捍卫者的身份,这是一种重要的文化资源。

传承文化传统,加强文化认同,这是传统戏剧表演艺术传承人面向现实的文化功能。

文化的流传凭借两种基本的媒介:一种是以典籍为代表的书面信息,这是一种固化的历史资料;另一种是口耳相传的非书面信息,这是一种活化的历史资料。非物质文化遗产便是这种活化的历史资料,与作为历史残留物的静止形态的物质文化遗产不同,它在人们的生产生活中继续存在着,并被不断地传承下去。换句话说,历史、文化在非物质文化遗产中生生不息地延续着。

每一项真正符合标准的非物质文化遗产都不可能以一个物质的符号独立存在,之所以称为"非物质",即意味着其价值存在于那些无形的文化空间、抽象的宇宙观和生命观。爱德蒙·木卡拉指出:"非物质文化遗产是人类遗产非常重要的资源,就语言、民间音乐、舞蹈和民族服装来说,它们都能让我们从更深刻的角度了解它们背后的人和这些人的日常生活。通过语言途径传播的口头传统和哲学、价值观、道德尺度及思考方式构成一个社会生活的基础。非物质文化遗产所涉及的范围非常广泛,每一个人与它都脱不开关系,因为在每个人身上都包含着他所在社会的传统。"② 的确,非物质文化遗产总是与孕育它的民族、地域生长在一起的,共同构成一种不可拆解的文化综合体。

作为非物质文化遗产,传统戏剧的价值不仅仅在于角色、脸谱、服饰这些戏剧艺术的构成要素,也不限于唱、做、念、打等表演艺术,最为重要的在于以戏剧为聚合点而构建的传统美学特质及哲学意味,溯源于中国文化传统之脉,又贯穿于中国文化传统之流。例如,传统戏剧所表现出的曲词的优美华赡、意境深远,独白的骈俪典重、出口成章,对

---

① 《鲁迅全集》第6卷,人民文学出版社1981年版,第118页。
② [刚果(布)]爱德蒙·木卡拉:《非物质文化遗产与我们的文化认同感》,载乔晓光主编《交流与协作——中国高等院校首届非物质文化遗产教育教学研讨会文集》,第28页。

白的活泼机趣、各肖口吻,情节的曲折离奇、跌宕多姿,场面的冷热相剂、悲喜交集,结构的穿插变化、开合自如,角色的丰富多彩、风神各异,动作的行云流水、飘逸多姿……所有这些,美不胜收,而又共同构成综合性的形式美,并经由传统戏剧演员的表演展示出永不衰竭的生命力。这种综合性的形式美,根基于中国传统的整体性、混合性的思维方式①。这种思维方式中蕴含着深刻的人类智慧和精神命脉,其影响力与渗透力既深邃又久远,辐射至极其宽广的范畴,成为中国文化传统的一个重要组成部分,也成为中国文化传统的一个鲜明的"身份标识"。

温家宝总理在参观中国非物质文化遗产专题展时说,非物质文化遗产都是几百年、几千年传下来的,为什么能传下来,千古不绝?就在于有灵魂,有精神。一脉文心传万代,千古不绝是真魂。文脉就是一个民族的魂脉。今天,保护非物质文化遗产,就是传承民族文化的文脉②。的确,在传统戏剧等非物质文化遗产中,蕴含着某个区域、某个族群的独特的思维方式,积淀着人类文明的智慧和经验,担负着保持民族文化独特性和维护世界文化多样性的双重职责,尤其对加强中华民族的文化认同感发挥了不可替代的重要作用。在这一意义上,传统戏剧表演艺术传承人无疑肩负着重大的历史使命和文化使命。

---

① 郭英德:《戏曲文学的文体特性》,载《中国戏曲的艺术精神》,国家出版社2006年版,第19—20页。
② 李斌:《我国第二个"文化遗产日"之际温家宝李长春参观中国非物质文化遗产专题展》,《人民日报》2007年6月10日。

论传统表演艺术的保护与传承

李荣启

摘　要：丰富多样的传统表演艺术是中国文化的瑰宝。经过十几年的非物质文化遗产保护实践，虽然众多传统表演艺术项目已再现生机与活力，但仍有一些项目依然面临着生存发展的隐忧和困境。新时代，要实现对传统表演艺术的科学保护和传承发展，笔者认为，树立正确的保护理念是做好其保护的前提；维护与营造适宜的文化生态环境是保障其生存的关键；加强活态传承是强化其主体的重要方式；坚持合理利用与创新发展是增强其生命力的主要途径。

关键词：传统表演艺术　保护传承　保护理念　文化生态环境　保护方式

中国是一个多民族的文明古国。几千年来，各族人民在长期的生产生活实践中，创造出了丰富多样的表演艺术形式，种类有民间音乐、民间舞蹈、传统戏剧、曲艺等，每种艺术形式又有众多不同的流派和风格，犹如千姿百态的繁花，争奇斗艳。传统表演艺术是中国非物质文化遗产的重要组成部分，其代表性项目在各级代表作名录中都占有较大比重，同时也是一座蕴藏丰富、有待进一步开发利用的民族民间艺术资源宝库。

中国进行了十几年的非物质文化遗产抢救保护，如今，一些传统表演艺术项目已走出困境，呈现出新的生机与活力。如昆曲艺术、侗族大

---

* 原文刊于《中国文化研究》2019 年第 1 期。

歌、维吾尔木卡姆艺术等项目，自列入联合国教科文组织人类非物质文化遗产代表作名录后，得到各级文化主管部门的重视和扶持，受到社会的广泛关注，项目保护传承情况有了较大的改观。中国政府视昆曲艺术为国家重点保护艺术，制定了行之有效的保护、扶持政策，保障昆曲艺术的有序传承和可持续发展；以昆曲表演院团为核心，在国家保护的基础上，抢救、整理昆曲艺术遗产，初步实现有序传承，推动昆曲公益性演出，扩大昆曲的国内国际影响；七个昆曲艺术院团在国家保护的基础上，不断完善昆曲艺术遗产的保护和推广；社会群体的多元保护方式、多元投资方式使昆曲艺术获得更加广泛的认知度，并在一些地区引发了"昆曲文化热"。侗族大歌流行地区（贵州省黎平县、从江县等）恢复或新建老、中、青、少侗族大歌演唱队并开展群众性的学歌和赛歌活动，已呈现出"歌队多、听众多、赛歌多、传歌多"的景象。这里的侗族村寨正逐步建立起大歌文化自我发展的良性循环机制，并带动了整个大歌流行区域的学歌、唱歌和赛歌活动，逐步恢复村村有歌队、寨寨有歌声的原生环境。在新疆维吾尔木卡姆的流传地，各种规模的民间班社如雨后春笋般恢复和组建，使项目存续状况、传播力和影响力不断提升。在木卡姆各主要流传地，每个乡镇都有一个以上的民间班社，班社艺人从数名到数十名不等。这些班社十分活跃，随着传播范围的扩大，项目的受众也由以往的本地民族延伸到流传地以外的众多民族。

虽然对传统表演艺术的保护取得了一些成效，但目前仍然面临着不容忽视的一些新情况和诸多问题，充满着生存的隐忧和危机。随着城镇化、现代化的推进，越来越多的人离开了村寨，年轻人外出求学、打工，定居城市，传统村落的空巢现象使本地的传统表演艺术缺乏来自文化主体的支撑，老一代传承人相继离世，青年一代接续不上，传承链条有断裂危险；农耕时代形成的文化生态，包括原有的丰富多样的民俗活动和祭祀、庆典等仪式日渐式微，与之密切相关的表演艺术形式缺乏生存发展的土壤和空间，必然走向衰微；在旅游产业发展中，一些地区对传统表演艺术无序开发、过度改编，失去了本真性的民族特色，造成破坏性利用；等等。这些问题制约或阻碍着传统表演艺术的生存与发展，因而需要我们针对现状，研究探索出一些科学保护的方法和有效传承的路径，促使传统表演艺术能够活在当代并再现出生机与活力。

笔者认为，对传统表演艺术的保护与传承应重视以下几个方面。

一 树立正确的保护理念，是做好传统表演艺术保护的前提

要实现对传统表演艺术的科学保护，不仅要了解和把握这类非物质文化遗产具有的鲜明特点，需要遵循其固有的本质特性，因类而宜，有针对性地采取科学有效的方法和措施，而且要树立正确的保护理念和遵循科学的保护思路，及时纠正一些错误的倾向和片面性看法，避免破坏性开发及保护性破坏。

（一）不要使传统表演艺术小众化和过分舞台化

传统表演艺术来自民间，与普通民众的生活（物质生活、精神生活）息息相关，既是民众的娱乐游戏，也是一种生产生活方式，各种民间表演艺术的呈现都与特定区域民众的风情习俗、宗教信仰、思想感情、审美情趣相伴而生、相伴而存。尤其是"在相当多的所谓的经济不发达地区，当地的艺术形式都是直接来源于传统的生产实践活动，尽管后来有些劳作模式和行为被注入审美要素，甚至拥有表演的意义，但依旧属于生产和生活方式及行为的自然延伸"[①]。

传统表演艺术具有的本然的生活属性，决定了其主体是广大民众，各种民间表演艺术常常是以群体表演为呈现方式，具有群体性特征。无论是侗族大歌还是壮族山歌，不是合唱就是对唱，人人都可展示歌喉、参与其中、抒发情感、愉悦身心；无论是汉族民间广为流传的秧歌舞蹈，还是藏族地区藏民喜欢跳的锅庄，民众成群结队，欢乐起舞的场面蔚为大观。如被誉为"歌舞之乡"的青海省玉树藏族自治州，民众普遍具有能歌善舞的天赋及喜爱歌舞的审美习俗，这里长期流传着的藏族民间原生态舞蹈"伊舞""卓舞""锅哇"等，便有着广泛的群众基础和参与度。虽然这几种舞蹈文化内涵不同、艺术风格迥异，但都是集体表演的

---

① 万建中：《民间文艺认定的三个维度——基于民间文艺认识误区的反思》，《民族艺术》2016年第4期。

民间舞。尤其是洒脱狂放的伊舞,可谓是大众参与、老少皆宜、男女共舞的民间传统集体舞。"凡是喜庆佳节,重大仪式,众人集会,赛马盛会,篝火月夜,亲朋欢聚,家人团圆,男婚女嫁,野游烧炊,劳作之余随时随地都可以跳,能起到自娱自乐,交流情感,活跃气氛,展示舞艺,张扬个性等作用。"① 笔者在玉树考察期间,在称多县、囊谦县的村寨里观赏到了不同风格的伊舞,其吉祥欢乐的舞蹈氛围、欢快热烈的舞蹈音乐、生动多样的表演形式、热情奔放的优美舞姿、丰富多彩的艺术语言,至今记忆犹新。

由于传统表演艺术的这一特性,对这类非物质文化遗产的保护就要坚持其生活性、群体性,在以民众为主体的传承中葆有其生命活力,而不应把传统表演艺术局限在艺术团体或演出队等小范围内传承,把原本在田间地头、抒情自娱的民间歌舞、音乐等舞台化,凸显表演性而丧失民间性。从原生态走向舞台,使传统表演艺术"雅化",固然能彰显出各类民族民间艺术的特色,但确也弱化了传统表演艺术的民俗文化内涵。广大民众为庆贺丰收、祭祖敬神、禳灾祈福而载歌载舞、演戏说唱、擂鼓奏乐等即兴表演,寄托着他们深沉的精神追求和丰富的情感意愿,通过这些大众化的艺术形式能满足人们的文化心理需求。所以,对传统表演艺术的保护不应过分强调舞台化,应该坚持在原生土壤上、在民众的生产生活中的传承与发展。

(二)不要在舞台化中丧失本真性

对民间各类表演艺术经过充分提炼和艺术升华,进而搬上舞台,其成功之作毋庸置疑会对此类非物质文化遗产的保护传承、传播弘扬具有促进作用。如历年春晚的舞台上,藏族舞蹈《飞弦踏春》、蒙古族舞蹈《吉祥颂》等民族民间舞蹈总能大放异彩,使各民族舞蹈的经典动作和独特的表现力深入人心。2008年,笔者在新疆调研期间曾有幸欣赏到新疆木卡姆艺术团表演的《木卡姆的春天》,该剧以十二木卡姆中的第八套《乌夏克木卡姆》和具有浓郁地方特色的《吐鲁番木卡姆》《哈密木卡

---

① 尕玛多德:《论玉树藏族原生态民间舞蹈》,载罗桑开珠等主编《玉树文化研究》,中国藏学出版社2014年版,第381页。

姆》《刀郎木卡姆》共同组成，节奏多变的音乐、富有韵律的文辞和演员精彩的舞蹈表演，形象生动且集中地展现了维吾尔木卡姆的无穷魅力，使木卡姆这一古老的艺术焕发出了新的光彩。笔者了解到，《木卡姆的春天》自2006年首演以来，足迹已遍布中国多个省区以及世界众多国家和地区。近年来，该剧每年演出达到100场。如此成功的舞台化，是值得提倡和借鉴的。

然而，在对民间表演艺术进行加工再创造之后搬上舞台的项目中，有一些没有坚持本真性的保护原则，未能保持项目独特的文化特性，而是为了迎合现代观众的口味和需求，吸引观众的眼球，使有的传统艺术被改编得面目全非。"一些民族民间舞的舞台表演中混杂着芭蕾舞、现代舞等其他舞种的影子，使得民族民间舞变了味。尤其是大量以比赛为目的的创作，更倾向于直接借用现代舞的高超技术来夺人眼球。"[①] "一些戏曲被改得像歌剧、音乐剧，戏剧本身之外的其他舞美、道具也极尽奢华、铺张之能事，各种现代声、光、电手段也应有尽有。把戏曲进行华丽包装，投入巨资进行大制作，虽然确实足够吸引眼球，招徕了一些受众，但是传统戏曲的一些本有的特性也丧失了。"[②] 有些人从心理上排斥、鄙视民族音乐，一味强调学习西方，在改造传统民族音乐时用西方音乐同化，"用美声唱法唱智化寺庙堂音乐被称为有益尝试，钢琴、长笛为昆曲《西厢记》伴奏也被称为有益尝试，全套流行乐队加大交响乐队为京剧、豫剧、黄梅戏伴奏的《南腔北调大汇唱》还被称为有益尝试，似乎凡是把西洋音乐与中国音乐搭配在一起的尝试都是有益的"[③]。如此做法，不仅把民族民间传统艺术搞得面目全非、不伦不类，而且丧失了民间艺术自身的魂魄与风格，即其特有的文化性、民族性、民间性，这样的改编无疑是对传统表演类非物质文化遗产资源的滥用，乃至造成致命的损毁。

对民族民间传统艺术进行"二度创作"，开发利用传统表演艺术资源，即从原生态走向舞台，应该本着"源于民间、高于民间"，既不失其

---

① 李韵：《民族民间舞：莫让脂粉味掩盖乡土气》，《光明日报》2013年12月23日。
② 刘承华主编：《守承文化之脉——非物质文化遗产保护特殊性研究》，南京大学出版社2015年版，第99页。
③ 周海宏：《危机中的抉择——对改造、发展民族传统音乐文化的再认识》，载田青主编《音乐类非物质文化遗产保护的理论与实践》（代序二），安徽文艺出版社2012年版，第12页。

最本真的精魂与艺术特性，又能科学地融入现代文化元素，适应民众新的审美需求。倘若项目舞台化后，既不失本真又能令人耳目一新，自然会受到当代民众的喜爱与接受，也能有效地促进项目的传承与传播。要做到这一点就需要编导们深谙民间表演艺术的特性及此类非物质文化遗产保护传承的规律，并能直接深入民间进行实地调研、采风、学习，了解民间艺术的本来面貌，挖掘出民间艺术的基本元素与本质精神，才能成功地将民间艺术"雅化"，乃至成为艺术精品。

（三）不要变活态保护为固态保存

各种民间表演艺术都是在人类生产生活中孕育产生并不断传承发展至今的，它与特定民族的文化传统、精神信仰、风俗习惯、审美情趣密切相关，并以传承人通过带徒传艺、口传心授建立起的文化链而得以延续，使之以鲜活的状态存在于民间社会之中。这种活态性还体现在其传承与传播中的变异、创新上，凡是具有历久弥新生命力的每一项传统表演艺术，均是传承者因地制宜、能动性地传承发展的结果。例如："传自明清俗曲曲牌的同宗民歌《茉莉花》自古以来流传全国，其流传过程，不是千篇一律、简单复制，而是千姿百态、内容风格多样：江苏的婉转流畅、河北的幽默风趣、东北的刚健有力、山西的抒情淳朴。当一首《鲜花调》流传到其他地区后，很自然地与当地的民俗、方言等相结合，并受不同地区自然风貌、人文景观、风土人情、语言特点等因素的影响，从而形成由《鲜花调》这一'母体'衍变派生出来的同根同族的、具有血缘关系的民歌家族。"[1] 可见，艺术活动的这种再创造性鲜明地呈现在各类传统表演艺术中，这也凸显出非物质文化遗产的活态流变性。所以，对于传统音乐、舞蹈、戏剧、说唱等艺术，要在传承中生存与发展，重要的是使之以鲜活形态生存于民间、活在民众的生活之中。

众所周知，传统表演艺术的诸多项目都找不到创始人和原作者，有的是因流传久远难以追索，而更多的则是集体创造的结晶，融入了一代代民众的智慧。其实，对于保护传承这类非物质文化遗产而言，能否追

---

[1] 陈洁：《论音乐类非物质文化遗产的能动性保护》，载田青主编《音乐类非物质文化遗产保护的理论与实践》（代序二），安徽文艺出版社2012年版，第75—76页。

索和确定原创者并不重要，重要的是如何做好活态传承，有了后续传人，一个曲种或一个剧种才能生存发展下去。而这种活态传承绝不是原封不动地照搬，而是富有创造性地传承，每一位传承人都享有继承基础上进行再创造的权利和自由。"'传承'是一项庞大的、历史性的'再造工程'。一个能够'活'下来的曲种、剧种、歌种、乐种、舞种，都经过了一群一群、一代一代的传人为之'切磋'、为之'琢磨'、为之取其精华去其糟粕之'再造'的过程。在这种伟大的'再造'运动中，顽石可以变美玉，锈铁可以成真金。因此，一个曲种、一个剧种、一个曲目、一个剧目其影响有多大，成就有多高，寿命有多长，并不取决于'初创者'是谁，而取决于'再造者'人数之多少、功力之大小、传人之有无。"[①] 可以说，对传统表演艺术坚持活态传承与保护，是治本且最有效的方法与措施。

在非物质文化遗产抢救保护实践中，有些地区的文化干部理念不清，他们视保存为保护，重视硬件设施建设，各类场馆及非物质文化遗产专题博物馆建设颇具规模，把民间收集上来的传统音乐、戏曲、曲艺用的各种乐器、戏曲和舞蹈用的道具、面具、服装等物质载体收藏、展示，认为这样就能保护非物质文化遗产了。这种博物馆式的展示与收藏，虽然能较好地保存民间表演艺术的物质载体，但变活态传承为固态展示的方式，是无法解决传统表演艺术的生存发展问题的。因为，"如若只是将皮影、木偶等道具搜集、陈列在博物馆，那么肯定会造成中国的皮影戏、木偶戏的消亡。因为，皮影、木偶一旦走进博物馆，与之相关的唱腔、音乐、表演都会因为无法收藏而彻底消失"[②]。对于处于濒危状态的民间表演艺术，有人认为利用高科技手段，通过录音、录像，对其进行数字化后，便可记录、存储、呈现表演艺术的成果和过程，即可达到抢救性保护的效果，认为后人可以依照影像资料模仿、复原各种传统表演艺术。但是，"记录并非真正地使保护对象活态生存了，只是利用现代科技手段

[①] 王学仲：《多元文化理念与传统音乐文化的复兴》，载金俨编《东北大鼓艺术论辑》，春风文艺出版社 2008 年版，第 295—296 页。

[②] 高燕：《国外保护传统戏剧类非物质文化遗产的经验与启示》，《艺术百家》2016 年第 5 期。

对文化遗产的部分信息进行了保存。人在进行艺术表演的过程中，所涉及的人的生理和心理现象和内在规律极其复杂，难以精确量化，这其中很多信息是无法获取和记录的"。[1] 当然，更是无法记录和表现显性的表演背后所蕴含着的表演者复杂的情感及作品厚重的文化内涵。这说明，数字化保护不能实现活态传承。对传统表演艺术的保护必须坚持以人为本，活态保护，才符合其自身的传承发展规律。

二 维护与营造适宜的文化生态环境，是保障传统表演艺术生存的关键

各类传统表演艺术，其产生和发展都与一定区域的自然环境和人文环境紧密相依。丹纳说："不管在复杂的还是简单的情形之下，总是环境，就是风俗习惯与时代精神，决定艺术品的种类。"[2] 他强调："有一种'精神的'气候，就是风俗习惯与时代精神，和自然界的气候起着同样的作用。"[3] 的确，传统表演艺术与宗教信仰、民俗文化息息相关，且相伴而生、互育共存，共同构成独特的人文生态景观。如"皖南民间自古就有祭祀仪式传统和迎神赛社、搭台唱戏的风俗，各种民间祭祀活动都离不开乐舞铺陈和戏曲表演"。[4] 又如徽州婚嫁，一般有九道程序：说媒、行聘、请期、搬行嫁、开脸、迎亲、拜堂、闹洞房、回门，经过这九道程序的方为"明媒正娶"。每一个程序的进行都必须有吹打乐与鼓吹乐的伴奏，且乐队的演奏队列、方式、曲牌都随着程序的不同而有所不同。[5] 这可印证表演艺术类非物质文化遗产的产生、延续是与满足特定群体的各种需求及民俗文化紧密相连，因此，必然依附于特定的文化生态环境和各种民俗活动，倘若离开其生存发展的土壤，就会走向衰亡，犹如水

---

[1] 刘承华主编：《守承文化之脉——非物质文化遗产保护特殊性研究》，南京大学出版社2015年版，第71页。
[2] ［法］丹纳：《艺术哲学》，傅雷译，人民文学出版社1983年版，第39页。
[3] ［法］丹纳：《艺术哲学》，傅雷译，人民文学出版社1983年版，第34页。
[4] 周显宝：《人文地理学与皖南民间表演艺术的保护》，《文艺研究》2006年第4期。
[5] 胡亮：《对徽州民间吹打乐与鼓吹乐的考察所引发的思考》，《齐鲁艺苑》2009年第4期。

对鱼的意义，没有了水，就没有活着的鱼。人文生态环境与民间表演艺术的结合，构成的完整文化生态系统，保持着各种传统表演艺术的活力。汉族地区存在已久的唢呐班子，便是丧事或喜事中民间仪式中的有机组成部分。已流传数千年的云南巍山彝族打歌可谓是一种神圣的民间社会活动，在祭祀仪式、节日庆典、婚丧嫁娶、民俗庙会中呈现出无比壮观的场面，"成千上万人的大型庙会和全体性打歌，成为彝族群众的狂欢节，欢歌共舞通宵达旦，把人们的情感抒发得淋漓尽致"。① 历史悠久且剧种多样的藏戏，它的演出与藏族人民的传统宗教节日——雪顿节相依相关。雪顿节期间有隆重热烈的藏戏演出和规模盛大的晒佛仪式，该节也被称为"藏戏节""晒佛节"。"雪顿节期间的藏戏演出与西藏各地群众进行沐浴、野游、祈祭、娱乐等活动，以不同形式结合起来，发展成了一个全民族的野营、游戏、狂欢的节日。"② 演员们身着色彩缤纷的演出服装，带着各式各样的面具，进行为期一周的表演。节日期间，民众通过身体动作、语言道白、音乐唱腔表达虔诚的信仰和审美情感，达到娱神、娱人的目的。

　　文化生态"是指影响文化产生、发展的自然环境、科学技术、生计体制、社会组织及价值观念等变量构成的完整体系。它不只讲自然生态，而且讲文化与上述各种变量的共存关系"。③ 这说明文化生态是由自然生态和人文生态所涵盖的多种因素构成，而每一个因素都对文化艺术的生成、发展，乃至变迁有着重要的影响。因此，植根于民间的传统表演艺术，对其保护的关键是要维护或营造适宜生存发展的文化生态。一旦这一生态系统遭到破坏，文化生态环境改变了，传统表演艺术就会出现衰亡的危机。"如果非物质文化遗产的生态系统受到破坏失去了平衡，自然环境和文化土壤已经不适应非物质文化遗产的生存和传承，那么，无论这些非物质文化遗产在历史上曾经有过怎样的辉煌，必将难逃消亡的命运。因此，非物质文化遗产保护的最理想效果是维持非物质文化遗产生

---

　　① 安学斌：《少数民族非物质文化遗产研究——以云南巍山彝族打歌为例》，民族出版社2008年版，第154页。
　　② 刘志群：《藏戏与藏俗》，西藏人民出版社、河北少年儿童出版社2000年版，第42页。
　　③ 中国大百科全书《社会学》编委会、中国大百科全书出版社编辑部编：《中国大百科全书·社会学》，中国大百科全书出版社1991年版，第471页。

态系统的稳态发展和协调平衡。"①

要维护和营造适宜的文化生态环境，首先需要各级领导干部重视文化遗产的保护传承，避免"说起来重要、做起来次要、忙起来不要"的状况。同时，要树立起整体性保护的科学理念。领导干部具备了高度的文化认知，才能履行好各级政府的职责并发挥好政府的主导作用。政府应该通过政策规约和有效措施，构建和维护有利于传统艺术生存发展的文化生态，使一些处于濒危状态的传统表演艺术能够在当代传承延续。对于传统表演艺术的保护而言，设立文化生态保护区、特色艺术之乡等是行之有效的重要举措。目前，文化部已批准设立的 21 个国家级文化生态保护实验区，正在进行整体性保护的探索与实践，一些保护区的做法已改善了本区域内文化生态环境，如徽州文化生态保护实验区内的江西婺源县，通过实施四大工程（自然生态保护工程、建筑徽派风格保护工程、保护小区建设工程、民俗风情保护工程）维护和营造良好的自然生态与人文生态环境，为传统表演艺术提供了促其生存发展的土壤。婺源不仅是花开百村的全国绿化模范县，而且新旧民居均保持着建筑的徽派风格，并对县城主要街道和重点村落的非徽派建筑，按照徽派风格进行了外观改造。该县还在非物质文化遗产集中的十余个古村落设立了文化生态保护小区，采取县、乡（镇）、村三位一体、各司其职的共建模式，整体保护小区的文化生态环境。在实施民俗风情保护工程中，婺源一方面鼓励支持群众依托传统节日平台，开展舞板龙、扮抬阁、跳傩舞等多姿多彩的民间艺术和民俗活动；另一方面地方政府每年组织乡村文化节、茶文化节等大型文化活动，为本地区非物质文化遗产提供宣传、展示、竞技的平台，营造出"文化生态人人保护，保护成果人人共享"的浓厚社会氛围。② 如此做法值得推广和借鉴。在新农村建设和城市改造中，既要科学保护自然生态环境，对文物古建"修旧如旧"，更要珍视原生态文化资源的优势，妥善处理好保护与建设的矛盾，尊重和维护民众一以贯之的生产生活方式，"遵循恢复历史街区生活流和修复历史街区生活场的

---

① 赵艳喜：《论非物质文化遗产的生态系统》，《民族艺术研究》2009 年第 1 期。
② 文化部非物质文化遗产司编：《国家级文化生态保护实验区建设工作座谈会交流材料》（内部资料），2017 年 7 月，第 39—41 页。

思路，以'养'为中心，保护非物质文化遗产健康地传承下去"。①

有的地区由于遭受严重的自然灾害，需要恢复重建，为灾区民众建设新家园；有些地区在城镇化改造中，集中拆迁，民众离开了祖祖辈辈生活的古村寨被安置到新建小区。在为民众新建家园时，地方政府应做好科学规划、统筹兼顾，不仅要为民众建立方便、宜居、舒适的生活家园，而且要营造具有文化特色、民族风情，葆有特定文化生态的精神家园。2017年4月，笔者参加了羌族文化生态保护实验区的评估工作，在现场考察中了解到：2008年汶川5·12特大地震，使灾区上千万民众失去家园。在恢复重建新家园时，四川省将羌区非物质文化遗产重大工程项目建设与羌族文化生态保护区整体性保护有效结合起来，先后启动建设了保护区内178个文化生态灾后恢复重建项目，总投入29.7亿元。其中震后新建的北川羌族自治县，凸显羌族文化风貌，处处可见羌族文化符号。在优美宜人的新县城不仅建起了北川民俗博物馆、县级艺术中心等12个公共文化项目，而且建了巴拿恰羌族风情一条街。这条街里设有多个非物质文化遗产代表性项目的传习所和展示馆。在这条街的新生广场上，每天有三场巴拿恰禹羌部落歌舞展演，向当地民众和外来游客宣传、传播羌族文化艺术。每场演出最后都会出现演员和观众共跳羌民族舞的盛大场面。演出单位是北川羌族自治县民族艺术团，该团2014年组建，负责全县非遗保护传承、展示展演，北川县委和县政府每年拨款200万，购买文化服务，资助该团进行公益演出。四川地震重灾区成功的恢复重建，营造出浓郁的羌情、羌风，使羌族各种传统表演艺术在这一肥沃的文化土壤上得以复兴和发展。

传统表演艺术与民俗文化关系密切，特别是民间节日——春节、元宵节、清明节、端午节、中秋节、重阳节等传统节日，以及祈福、酬神、神诞等宗教节日或活动，均是民间戏曲、舞蹈、音乐、曲艺等传统表演艺术演出的大好时机。"旧时的中国观众看戏就像端午吃粽子、中秋吃月饼一样，是一种'应节'行为，是必不可少的。"② 在"文化大革命"中

---

① 郑智民主编：《闽南文化生态保护区建设研究》（内部资料），第36页。
② 郑传寅：《文化安全视阈下的地方戏保护》，载吉林大学中国文化所主办《华夏文化论坛》（总第十六辑），吉林文史出版社2016年版，第70页。

曾把传统节日、宗教节日及其相关的民俗活动当作"四旧"破除掉了，随之，依托于民间节日的众多传统表演艺术失去了展演的机会和文化空间，遭到重创。近十几年来，中国恢复了传统节日，并愈加重视利用传统节日弘扬优秀传统文化。但是，依托节庆文化的传统表演艺术的复兴还未见到显著成效。为此，在为传统表演艺术营造适宜的文化生态环境时，应当重视在民间节日这一重要的文化空间中，让各类传统表演艺术展示风采，这既可满足广大民众多方面的精神需求，又能助力表演艺术类非物质文化遗产项目在当代的传承发展。

在文化生态环境的维护和营造中，最为重要的是人的因素。传统表演艺术离不开表演者和受众群体，而这二者的文化观念直接影响着对传统表演艺术类非物质文化遗产的保护传承。长期以来，由于受中国传统文化中"三教九流"之说的影响，民间表演艺术的从业者不被尊重且地位低下。这种偏见致使不少民间艺人也有自卑心理，加之收入少、收徒难，这些因素很容易挫伤他们从艺、传艺的积极性、主动性，一旦有其他更好的职业门路，就会另谋他途。而这些从艺者则是传统表演艺术的承载者和各级传承人，他们的流失会直接导致一些民间艺术走向衰亡。所以，各级文化主管部门应该重视对他们的引导、关照和扶持，通过一定的政策支持和完善保障机制，提升他们的社会地位，改善其生活状况及带徒授艺的条件，使他们能够安心从事自己所热爱的传统艺术。此外，传统表演艺术对受众有着高度的依赖性，民众的参与及观众的喜爱，是这类非物质文化遗产生存发展的土壤。从受众群体来看，在全球文化相互激荡和交融的时代，强势的外来文化及流行、时尚的西方艺术广为传播，对传承中国传统表演艺术造成极大的冲击和影响。在一些民众中，尤其是青少年中，对中国传统艺术缺乏认知与认同，盲目崇洋媚外，很多人热衷于摇滚乐、流行歌曲，却远离中国传统戏曲；宁愿学习西方现代舞，不愿学习民族舞；宁愿学习钢琴、小提琴，不愿学习唢呐、二胡等传统民族乐器。如此状况，造成了中国传统表演艺术的受众群体越来越小的局面。面对这种情况，各级政府相关部门应该清醒地看到中国传统民族文化艺术面临的危机，增强责任感、使命感，采取一些相应的对策，通过教育、宣传、展示、传播等多种方式，并提供机会、条件和场所，让各地民众多接触、多参与本地区的民族民间艺术活动。各级政府在开展本地区公共文化服务活动，如文化下乡、文化进社区、文化慰军等活动中，可安排一些表演类非物质文化遗产项目（地方戏曲、传统音乐、民族舞蹈、曲艺）等演出，在富有特色和情趣的艺术活动中，使人民群众认识和感受传统表演艺术的文化内涵和价值，培养对本民族传统艺术的热爱，逐渐扩大民众的认知度及受众群体，改变一些传统表演艺术项目的濒危状态，使之能够在民间百姓生活中传延、发展。

三 加强活态传承，是强化传统表演艺术主体的重要方式

各种传统表演艺术都是在特定时空中现场呈现的表演，需要以表演者为主体，靠其演出行为形成艺术作品，实现艺术价值。这类非物质文化遗产的特性决定了应对其实施活态传承与保护，不能以记录、保存为主，将其固态化。一旦变成博物馆的收藏与保存的对象，也就意味着一种艺术被化石化，而成了失去生命力的死物质。所以，科学的保护是使其重现活着的生命形态，并不断增强其生命力，使其更好地活在民间、活在当代，这是保护传统表演艺术最有效的手段、治本性的措施，而实施活态保护的主要方式是做好活态传承。

活态传承，是指在非物质文化遗产生成发展的环境中、在民众的生产生活中进行传承与发展的保护方式。通常是以各级代表性传承人为主体，通过他们的口传心授，使其将各种技能、技艺传给后人，使各类传统表演艺术等非物质文化遗产得以延续发展。对于传统表演艺术的活态保护而言，首先，要更新国民观念，改变多年以来形成的视民间艺术为低级、落后之积习和偏见，诸如"乡野小戏，难登大雅之堂""民俗小技，价值不高"等，摒弃文化上的民族自卑心理，全面、正确看待中国传统文化艺术，对其形成正确的认识和科学的评价。这就需要各级文化主管部门为弘扬中华传统文化和传承民间艺术造势，即通过政策法规、社会舆论、媒体宣传、学校教育等多条渠道、多种手段来强化非物质文化遗产保护意识、传统艺术传承发展意识。其次，要为各级代表性传承人营造出更加适合于他们带徒授艺、传承发展传统表演艺术的环境，提高从事传统表演艺术工作者的社会地位，加大对各级传承人扶持和资助

的力度，为他们提供更多的宣传、演出、展示、交流等场所和机会，不断扩大项目的影响力和生存能力。

由于传统表演艺术是民间艺术，其发生、发展和演进都是在民间实现的，对于民众而言，他们喜爱的戏剧、说唱、音乐、舞蹈等艺术形式，不唯是艺术，更是与满足他们各种精神需求息息相关的生活，是他们生活的重要组成部分。因此，传统表演艺术具有群众性、普及性的特点，从事演艺的人员既有职业演员，也有半职业（多为半农半艺）的和非职业的业余票友等。在基层乡镇、村寨活跃着的演艺团队、班社，其人数和影响能量远比城市里的正规剧团大得多，以河北梆子戏较为兴盛的山西为例，民末清初，晋中祁县、太古一代的民间职业戏班和业余戏班，仅一个县就多达几十个。如今，虽然这种民间艺术团体少了许多，但各地民间艺术团体和艺人在传承发展民间艺术方面依然发挥着巨大的作用，他们在民众文化生活中的地位不可低估。但是，数量庞大的民营剧团、班社等，大多得不到文化主管部门的承认和支持，通常被视为业余活动者，甚至有的还被斥为"黑艺人"。然而，不管政府承认与否，事实上他们的行艺活动从未停止过，因为农民群众承认他们、需要他们，他们能带给基层民众所需的文化食粮和精神愉悦。应该说，传统表演艺术的复兴和发展离不开这些土生土长的演艺团队和非职业的班社。然而，目前大部分民营的演艺团队或民众自发组织起来的班社，处境都比较艰难，他们需要靠自己谋求生路，寻找演出的机会和市场，而传统表演艺术在当代多元文化选择中又难以获得广大民众的青睐、缺少观众、缺乏资金的支撑，必然会陷于难以为继、走向衰落的境地。面对这种情况，各地政府文化主管部门，对这些土生土长且仍然活跃在民间的演艺团队不能无人过问、无人关怀、放任自流乃至自生自灭，应该出台相应的扶持政策，给予从事民间表演艺术的团队和艺人应有的地位，保障他们从事艺术的权利，并通过多种方式帮扶，把这支队伍建设好。只有重视发挥这支庞大的民间表演艺术队伍的作用，才能使传统表演艺术之花绽放在祖国的村村寨寨。因为，只靠为数不多的国营艺术院团的发展，是无法实现使传统表演艺术活在民间、普惠大众的。

为了葆有民间传统表演艺术的活力，就要重视对艺术后备人才的培养，利用多种方式提升各类传统表演艺术工作者和业余艺术骨干的综合素质和专业水平，激发出艺术承载者的自豪感和使命感，并形成有利于传统艺术在当代生存发展的机制。人是一切文化艺术的主体，是各类传统艺术的创造者和传承者。每个民族都有一批专注于本民族传统表演艺术创作、传承、传播、发展的优秀分子，他们是各项传统表演艺术的传承人。他们钟爱自己掌握的艺术，一些代表性传承人满腔热血、竭尽全力地培养后人。如蒙古族长调民歌大师哈扎布、长调女歌唱家宝音德力格尔，退休后回到草原故乡，举办长调歌手培训班，培养出一批掌握了两位大师艺术风格的优秀弟子，为蒙古族长调民歌的传承提供了有力的保证。又如"花儿"的国家级代表性传承人马金山，2004年4月，花费45000元在村里买了1327平方米的房子创办了花儿学校，所收学生最小的7岁，最大的55岁，其中还有几位热爱花儿的大学生。他免费为学生们授课传艺，倾尽所有地培养接班人。目前，他家境困难、生活窘迫，学校房子年久失修也成了危房。由此可见，一些代表性传承人对传统表演艺术的传承面临着重重困难，仅靠他们的热情是不行的，需要各级政府相关部门给予具体的帮扶，这种帮扶不能只限于每年给代表性传承人一定的经费补贴，建立起传习馆、传习所等，还应重视帮扶的细化，即及时帮助他们解决项目传承中遇到的各种困难和问题，使其传承授艺得以顺利进行。同时，还应为他们提供更多的宣传、展示与对外传播的机会，诸如在民族节日、传统节庆及各种民俗活动中使本地民间艺人大展身手、传统艺术大放异彩；在接待中外游客时，安排他们登场演出，让更多的人欣赏到原生态的传统表演艺术；在对外文化交流中，为其提供走出村寨、走上更大的舞台展示民族民间艺术，扩大传播和影响的范围。有了这些机会，不仅可以促进活态传承，还能激活传统表演艺术的生机与活力。对于濒危项目、稀有剧种国宝级的代表性传承人，要做好抢救性保护，一方面让其弟子能够全身心地向其学艺，尽快掌握老艺人的绝技绝艺；另一方面要采用数字多媒体等现代信息技术手段，全面、真实、系统地记录老艺人掌握的丰富知识和精湛技艺，为后人留下完整的音像资料。自2015年至今，在文化部的统一部署下，各省（区、市）均开展了国家级非物质文化遗产代表性传承人抢救性记录工作，并已取得了显著的进展。此外，为了扶植和弘扬传统表演艺术，各省市可以定期举办民族民间艺术会演，在此基础上，可3—5年举办一次全国性的民族民间艺术调演，评出优秀节目，给予重奖。

加强活态传承，还需从青少年抓起，做好教育传承。表演艺术需要演员和观众共同构成演艺生态，表演者需要观众的肯定和欣赏，而广大观众则需要从演员的表演中，通过直接的视听感受，获取精神和心理上的愉悦和满足，可谓演员和观众是任何表演艺术都不可或缺的两大要素。传统表演艺术的传承，即演员的培养，一方面，需要延续古代的师徒授受模式，学生接受老师的言传身教和精心指导，不仅能学好技艺，而且能深入领会到表演技艺中的精髓；另一方面，应重视现代学校教育传承的方式，选拔那些热爱中国传统表演艺术又具有一定培养潜质的青少年进入戏剧院校、曲艺学校、音乐学校等各类艺校，系统接受中国传统表演艺术的学习和训练，学校可与相关艺术院团合作，共同培养艺术人才。学生学成后，作为新生力量可及时充实到后继乏人的一些传统艺术表演院团之中。在这方面已有成功的先例，例如：为推动新时期豫剧事业的传承发展，加强青年演员的锻炼和培养，经中国共产党河南省委宣传部、省文化厅同意，河南豫剧院全面接收中国戏曲学院2009级豫剧本科班毕业生，并以此为班底，于2013年6月实验性地组建河南豫剧院青年团。以中国戏曲学院首届豫剧本科班优秀毕业生吴素真、朱旭光、李多伟、郭青锋、李庆杰、吕军帅、杨历明等为代表的优秀青年演员在继承传统的基础上不断创新，已崭露头角。2016年5月经河南省编委豫编办〔2016〕153号文件核准，河南豫剧院青年团增设为河南豫剧院内设机构。著名豫剧表演艺术家孟祥礼任团长、关效宇任副团长。河南豫剧院青年团主要任务是为青年戏曲人才提供实践和试验的平台。通过对青年人才的持续培养和不断实践，科学有效地传承弘扬豫剧这一优秀文化遗产。该团创建以来，创排演出剧目《白蛇传》《破洪州》《五女拜寿》《寻儿记》《芦花记》《清风亭》《宇宙锋》《穆桂英下山》《三哭殿》《拷红》，折子戏《闹天宫》《小商河》《拾玉镯》《打金砖》等多部优秀传统舞台艺术作品并赴各地演出，广受观众的好评。[1] 如此做法，使一批优秀的豫剧人才得以学有所用，能够如鱼得水般地发挥艺术才能，有效地促进了传统豫剧艺术在新时代创新发展、发扬光大。

---

[1] 参见河南省文化厅《培养后继人才　传承河南豫剧》（内部材料）。

由于传统表演艺术对受众有着高度的依赖性，需要有观众的参与、欣赏和接受，观众的认同与喜爱是各种传统表演艺术生存发展的根由，观众的欣赏和接受则是实现传统表演艺术价值的前提。因为，如果没有同在现场的观众，表演行为就失去了其发生和进行的价值。所以，传统表演艺术的保护不能忽略受众，即观众群体这一要素。要使越来越多的民众喜欢祖辈传承下来的民族民间表演艺术，既需要国家政策的支持和引导，也要加强中华优秀传统文化的普及宣传与教育传承。从娃娃抓起，在中小学开设传统表演艺术类的特色课程，提升广大青少年的文化素质和艺术修养，提高他们对中华优秀传统艺术的感知、欣赏能力，使他们从小就能喜爱一种本民族传统表演艺术，可以说，这是一种培养新一代传统表演艺术观众群体的有效的方式。在这方面一些省（区、市）相关政府部门已有举措，如北京市在全国首创的"高参小"项目。20多所高校派出教师走进140多所小学课堂，为小学生传授京剧、传统舞蹈、传统音乐等，使广大少年儿童受到中华优秀传统文化艺术的陶冶，增强对本民族传统艺术的认知和热爱，收到了良好的效果。

四 坚持合理利用与创新发展，是增强传统表演艺术生命力的主要途径

在当代，从古代传承至今的各类传统表演艺术都面临着新的挑战，其生存和发展不仅要适应新时代文化生态环境的变化，而且要拥有新的受众群体，才能在民众生活中，乃至在纷繁多变的艺术演出市场中占有一席之地。传统表演艺术具有自身的"生产"能力，这种"生产"属于艺术生产，是人类精神生产的重要组成部分。因此，传统表演艺术要生存与发展也要进行生产性保护，尽管它生产的不是物化产品，但生产的是民众需要的精神产品。广大人民群众丰富多样的精神需要，是表演艺术类非物质文化遗产得以传承发展的土壤。然而，由于受到各种现代艺术、西方艺术的冲击，尤其是在众多传统表演艺术团体改革转制被推向市场后，凸显出生存危机。在这种情境下，各类传统表演艺术更需要在市场竞争中增强自身的造血功能，避免衰亡并谋求到新的发展机遇。

表演艺术类非物质文化遗产的合理开发利用可助力各地旅游文化产

业的发展。文化是旅游业的灵魂,是未来旅游产业可持续发展的核心竞争力。各民族特色鲜明、丰富多样的传统表演艺术可转化为珍贵的旅游文化资源,合理开发、科学利用,不仅能凸显出各民族文化的风情特色,增加旅游产业的文化内涵,而且能够促进表演类非遗项目的保护传承,增强少数民族文化的影响力,提高民族自信心和凝聚力,提升区域旅游产业的文化软实力。随着广大民众生活水平的提高,文化旅游越来越成为人们追求的新时尚,人们每到一处旅游目的地,不仅需要观赏到美丽的自然风景和历史人文景观,更渴望感受和体验到该地区的民俗风情,欣赏到风格独特且富有魅力的各种民族艺术。实践证明,通过合理利用表演类非物质文化遗产资源,开发出富有创意的传统民间艺术表演,既可传播弘扬本地区的民族民间传统艺术,又可满足广大游客所追求的精神文化需求。近年来,一些旅游景点通过与地方传统表演艺术的结合,扩大其社会影响力和文化辐射力,如周庄与昆曲、佛山与粤剧、安庆与黄梅戏、浙江嵊州与越剧的结合等。这样的结合使传统表演艺术作为人文旅游资源得以有效开发与合理利用,能够打造出区域旅游的文化品牌,体现出不同地域、不同民族的文化特色。江苏昆山是"百戏之祖"昆曲的发源地,近年来,其境内的水乡古镇周庄,与浙江昆剧院和苏州昆剧院联合打造了"看昆曲到周庄"的文化旅游品牌。为弘扬传统文化,周庄恢复重建了古戏台,游客购买门票进入周庄后,可以在此免费欣赏昆曲表演。在戏台两边的厢房里还有"昆曲折子戏模型馆""戏曲脸谱馆""昆曲穿戴馆",吸引众多游客在此参观欣赏、流连忘返。现在,"游周庄古镇,赏昆曲艺术"已是周庄最响亮的"卖点"之一。又如像大理喜洲镇和洱海游轮上定点表演的白族"三道茶歌舞",就是在发展旅游过程中挖掘、创新的特色歌舞。在丽江市玉龙县的黄山乡,33 个自然村中就有十多支纳西族歌舞队,他们在典型的纳西族民居里表演"阿哩哩""哦热热""勒巴舞",不仅生动地展示了纳西族传统文化,为当地旅游和村民带来了经济收益,也大大促进了传统民族歌舞的民间传承。[①] 值得重视的是,传统表演类非物质文化遗产项目或资源在转化为文化产品、文化服务,走向旅游景区或演艺市场的同时,一定要注重保持非遗项目或资源

[①] 葛树蓉:《云南民间舞蹈现状调查报告》,《民族艺术研究》2010 年第 4 期。

本身的真实性与整体性，注重传统表演艺术与当代审美文化的有机结合，不能一味地单纯追求市场效益，而使项目"变味"，甚至失去项目的核心价值和深厚的文化蕴涵。也就是说，对传统表演艺术的开发利用，应符合适度、科学的原则，不能打着"保护"的旗号进行破坏性开发，要最大限度地避免对非物质文化遗产造成不可弥补的损害。

少数民族传统歌舞类非物质文化遗产因其本身具有鲜明的民族特色和艺术观赏性强的性质，因而具有容易进行文化创意产业开发的优势。通过从传统表演艺术中挖掘元素、提炼题材、汲取养分、获取灵感，进行创造性转化，能够创造出当代民众喜闻乐见的艺术创意新作品。例如：由张艺谋等导演的大型山水实景演出《印象·刘三姐》，杨丽萍将云南原创乡土歌舞与民族舞重新整合编排的大型歌舞集锦《云南印象》，以及以本土深刻的族群记忆，演绎苗、布依、侗、彝、水等世居少数民族风情的民族舞台史诗《多彩贵州风》等，均是利用各民族传统表演艺术资源创作的大型演艺节目，以此作为区域旅游文化产业和宣传品牌，获得了良好的社会效益和经济效益。尤其是自2004年3月20日首演成功后一直热演不衰的《印象·刘三姐》，该演出利用"刘三姐歌谣"和"壮族歌圩"等非遗项目和资源，融合刘三姐的经典山歌、广西民族风情、漓江渔火等元素创新组合，不着痕迹地融入山水，还源于自然，成功诠释了人与自然的和谐关系，创造出天人合一的境界。该演出以方圆两千米的漓江水域、十二座背景山峰、广袤无际的天穹构成自然山水剧场，让阳朔风光与人文景观交相辉映，构成一幅幅撼人心魄的优美画面。观看此演出，不仅能获得新奇的视觉与听觉享受，而且能身临其境地感受漓江人的生活和壮乡传统民族艺术之美。截至2017年12月31日，累计观众人数达1611万，累计场次为5860场。这一成功的创意文化项目，解决了当地众多民众的就业，并有效地拉动了桂林、阳朔等地区旅游经济的繁荣发展。

传统表演艺术要更好地生存发展并具有生生不息的活力，还需坚持项目自身的创新性发展。如果传统表演艺术总是一副老面孔，题材陈旧，内容枯燥，曲谱乏味，形式单一，就会缩小或失去观众群体，进而由衰落走向消亡。所以，任何一种传统表演艺术要活在当代，都需要在葆有本真性的同时，能够与时俱进地进行再创造，以满足当代民众的艺术审美需求。凡是富有生机与活力的传统表演艺术项目，都是在保护传承基础上坚持继承与创新相结合而形成的发展新局面。如广东粤剧团2002年出品的一出新编大型粤剧《花月影》，该剧创作从一开始就有很明确的动机，即要做一出与传统粤剧不同的戏，让那些从来不看粤剧的人来看粤剧，而且看了还想看。目的是扩大粤剧的观众面，吸引新观众，吸引都市的年轻人和高层次的文化人，让粤剧市场从低端走向高端。为此，该剧在继承传统的基础上进行了合乎都市审美情趣的革新。在主题开掘、演员表演、舞台呈现等方面都做了大量有益的探索，并对传统粤剧的表演程式和粤剧音乐进行了改革，即减少了让现代都市观众觉得吵闹刺耳的锣鼓，深入地挖掘了粤剧传统音乐尤其是南音的美，在传统粤剧曲牌唱腔里融入了交响乐、流行曲的因素，将琵琶、扬琴、南胡传统三件器与钢琴、交响乐融合在一起；在传统的粤剧表演里加入了现代舞、剑术，并且利用话剧、影视和兄弟剧种的一切可以利用的因素；利用现代高科技的舞美、灯光技术和化妆技术，舞台布景大气磅礴、出奇逼真。此外，场幕之间不用大幕开闭，只用灯光变换更换场景，仅灯光一项，投资便过百万元。创造了一台高水平的、精致唯美的剧场艺术并极大提升了粤剧的艺术品位，让现代年轻人接受和喜爱。按红线女的话说，"古老粤剧披上华美新衣，亮耳亮眼"。该剧首演以来，演出邀约不断，不仅在广州、顺德、番禺、东莞等地上演了多场，还先后多次赴中国澳门、香港、上海、新加坡、马来西亚等国家或地区参加艺术节，并两次进京展演，粤剧古老而弥新的魅力征服东南亚各地华人，吸引了国内大量观众并荣获多个奖项：第八届广东省艺术节剧目、表演、导演和音乐唱腔设计一等奖；广州市文艺精品一等奖；广东省"五个一工程"奖；第七届广东省鲁迅文艺奖。[①] 这一成功的范例，说明传统表演艺术的新生要遵循创造性转化和创新性发展的原则。

  表演类非物质文化遗产的合理利用与创新发展，不仅能够促进项目的传承传播，而且能够惠民利民，改善民生，促进本地区经济社会的和谐可持续发展。譬如：首批入选国家级非物质文化遗产代表作名录的项

[①] 易红霞：《从〈花月影〉看二十一世纪广东粤剧的生存与发展》，载李少恩等编《香港戏曲的现状与前瞻》，香港中文大学音乐系粤剧研究计划，2005年。

目嵊州吹打乐（又称嵊州吹打），是浙江省具有代表性的民间乐种，在全国的吹打乐中也有一定的代表性。它有深厚的历史渊源，文化内涵丰富，早在春秋战国时期就开始发展。然而，随着当代社会的演进、文化生态环境的改变，以及传承人处于断层、传统技艺面临青黄不接的尴尬境遇等，该项目一度呈现出濒危状态。但是，任何事物的发展都有两面性，都是挑战与机遇并存，嵊州吹打乐的发展亦是如此。近些年来，该项目的艺人在传承中注重创新发展。为打破部分传统曲谱的枯燥乏味，各地的吹打艺人凭借着他们的音乐知识，不断地与各种其他音乐形式相结合，形成了新的表演风格。他们将部分传统曲目与民族管弦乐队的交响化相结合，如《龙腾虎跃》原本只是一首简单的吹打乐，但经过作曲家重新整理配器，使之在气势和节奏上达到了一种交响乐的效果。如此创新的吹打曲子适合不同年龄段群众的欣赏需求，扩大了接受群体。在创新发展中，嵊州吹打还与传统民间舞蹈融合。如二者融合创作而成的《万民伞》，越剧舞蹈《越剧百花艳》《倾国倾城》《我家有个小九妹》《穆桂英挂帅》等。经过创新的嵊州吹打呈现出良好的发展态势。目前，嵊州市共有农民吹打乐队100多支，其中常年在市内各地及周边县市演出的有近50支，年收入近1000万元。嵊州吹打乐队全部由农民组成，以磅礴的气势、欢快的节奏见长，又可根据场景的需要灵活变通，既能在舞台上演出，又适合庆典、剪彩、巡游，能够适应各种演出环境，效果良好，大大提高了嵊州吹打的知名度，如今嵊州吹打已成为当地的一张"金名片"。[①] 嵊州吹打在当地民众生活中扮演着重要角色。在城镇化进程中，虽然项目传承面临着新困难、新问题，但高科技、新媒体也为嵊州吹打的传承发展带来了新方式与新空间。嵊州吹打的艺人们通过视频录制、多媒体音乐创作和制作，促进了传统表演技艺的创新发展，使其表现力、传播力、影响力不断增强和扩大，使这一古老的表演艺术焕发出了新的生机与活力。

在现代化、城镇化快速发展的新时代，对待传统表演艺术，我们是固守传统遗存，追求原汁原味保守地继承，还是在传统艺术原有的基础

---

① 汪广松：《非物质文化遗产的创意价值》，中国社会科学出版社2015年版，第155—156页。

上，立足于新时代民众的需要走出一条创新发展之路？我们是任其自生自灭，成为博物馆中的"化石"，还是积极转化创新，使其适应当下又面向未来、源远流长地传延不绝？这些重要问题是我们应对新形势、新挑战应当进行的思考和选择，也是未来传统表演类艺术何去何从的关键所在。

表演艺术类国家级非物质文化遗产保护研究

——以云南省为例*

孙明跃

摘 要：表演艺术类非物质文化遗产是非物质文化遗产的重要组成部分。在联合国"口头与非物质遗产代表作"名录和我国的"非物质文化遗产国家名录"中，表演艺术类非物质文化遗产都占了一半以上。而云南前两批72项"非物质文化遗产国家名录"中，表演艺术类非物质文化遗产有39项，占总数的54%。联合国教科文组织和我国政府对评选非物质文化遗产的参考标准做出了明确规定，其中很重要的一条就是该项遗产是否面临濒危，表演艺术类非物质文化遗产在整个非物质文化遗产项目中所占比例越大，也就越说明了其传承现状堪忧，更容易走向濒危。因此，本文以云南的39项表演艺术类国家级非物质文化遗产作为考察和研究对象，在对其传承和保护的现状做全面调查的基础上，研究其特点，寻找其传承的规律，然后对症下药，希望能够有效解决表演艺术类非物质文化遗产目前所面临的尴尬境遇。

关键词：云南表演艺术类非物质文化遗产　传承现状　措施

表演艺术类"非物质文化遗产"是指人类在历史上创造并传承至

---

* 原文刊于《民族艺术研究》2011年第5期。

今的，通过人的表演来塑造形象，传达情感进而表现生活的艺术遗产。它包括传统音乐、传统舞蹈、传统戏剧、曲艺、民间美术以及传统体育、游艺和杂技。表演艺术类"非遗"是"非遗"的重要组成部分，在已入选的前三批90项联合国"口头与非物质遗产代表作"名录中，传统表演艺术就有46项，占总数的51%；在中国公布的前两批1028项"非物质文化遗产国家名录"中，表演艺术类有620项，占总数的60%。[①]

云南有26个民族，是我国民族成分最多的省份，各民族在长期的生产生活实践中创造出了丰富多彩的文化遗产，仅民间舞蹈一项，就有1095个品种、6718个舞蹈的套路，是我国非物质文化遗产最为丰富的地区之一，也是表演艺术类"非遗"的大省和强省。在国务院公布的前两批"非物质文化遗产国家名录"中，云南有72项入选，居全国前列。其中表演艺术类有39项，占总数的54%。联合国和国务院对评选"非遗"的参考标准做出了明确规定，其中很重要的一条就是该项遗产是否面临濒危，表演艺术类"非遗"在整个"非遗"项目中所占比例越大，也就越说明了其传承现状堪忧，更容易走向濒危。据调查，"20年前进行舞蹈普查时列入山西、云南等19个省份《舞蹈集成》卷中的2211个舞蹈类遗产，目前仅保留下来1389个，而已经消失或已无传承活动者高达853项，短短的20多年间，消失的舞蹈类遗产占当时表演艺术统计总量的近37%"。[②] 由此可见，表演艺术类"非遗"的衰微、凋零、消亡速度之快，已到了令人心惊的程度，现状堪忧。

因此，本文就是以云南的前两批39项表演艺术类国家级"非遗"作为考察和研究对象，在对其传承和保护的现状作全面调查的基础上，研究其特点，寻找其传承的规律，然后对症下药，希望能够有效解决表演艺术类"非遗"目前所面临的尴尬境遇。

---

① 根据"中国非物质文化遗产网"相关信息计算所得，中国艺术研究院·中国非物质文化遗产保护中心：《国家级非物质文化遗产代表性项目名录》，中国非物质文化遗产网（http://www.ihchina.cn/inc/guojiaminglu.jsp）。

② 陈瑜：《非物质文化遗产：如何保护才能"原汁原味"》，科技网，http://www.stdaily.com/kjrb/content/2010 - 09/09/content_227790.htm。

一 云南省表演艺术类国家级"非遗"的保护现状

面对"非遗"传承的严峻形势，云南省委省政府高度重视，近年来，组织开展了一系列卓有成效的工作。2000年，云南省委省政府出台了《云南民族文化大省建设纲要》，民族民间文化保护成为文化大省建设重要内容之一。同年5月，云南率先在全国颁布了第一部保护民族民间文化的地方性法规——《云南省民族民间传统文化保护条例》，使得云南"非遗"的保护加入法治化轨道。2003年，云南开展了民间文化资源大普查，历时两年半，至2005年底结束。全省各级政府累计投入1000多万元普查工作经费，参与普查的人数达19103人次，普查自然村寨14834个，访谈对象达69187人次。[①] 通过这一系列的保护政策与措施，云南省"非遗"保护工作有了跨越式的发展。云南省国家级"非遗"申报工作也取得了突出的成绩，2006年5月，国务院公布的第一批"非物质文化遗产国家名录"中，云南省有16项表演艺术类"非遗"项目。2008年6月，第二批"非物质文化遗产国家名录"和第二批国家级非物质文化遗产扩展项目名录中，云南省共有23项表演艺术类"非遗"项目。

对于已入选的39项表演艺术类国家级"非遗"，云南各级地方政府都非常重视，为它们制定了专项的保护方案，建立了传承基地和四级传承人保护机制等各项措施，使得这些优秀的"非遗"项目得到了较好的保护。然而，在实地调研中，我们也发现，由于多种原因，云南省在"非遗"的保护中也存在着很多问题，具体来说主要有以下几个方面。

（一）"非遗"保护的队伍建设有待加强

表演艺术类"非遗"的保护是一项长期性、专业性的工作，这就需要各地都建立一支稳定的专业队伍。然而，据调查，目前云南省各地（市）、县大都还没有建立起一支比较稳定的专门从事"非遗"保护的工

[①] 黄峻：《关于我省非物质文化遗产保护和利用工作情况的报告》，云南人大网，http://www.ynjcy.gov.cn/ynrdcwh/1013077919204900864/20091230/207738.html。

作队伍。这与当前"非遗"保护工作的紧迫性、复杂性、繁重性很不协调。人员数量不足，使得保护工作的任务很难有效的完成。又由于从业人员的专业素质不够，保护工作的质量很难得到有力的保证。尤其是一线工作人员的专业素质普遍偏低，情况堪忧。例如，许多地方的文化馆、文化站的同志对表演艺术类"非遗"保护的积极性很高，但对何为表演艺术类"非遗"、如何做调查研究、如何进行记录等都不太清楚。即使经过短期的培训，也还是远远达不到要求。这些专业性不强的一线队伍在实际工作中问题较多，主要是普查的手段落后、普查的资料不完整、专业性不强、不够科学、没有准确和全面地反映该项"非遗"的真实情况。而联合国教科文组织发布的《保护非物质文化遗产公约》中对"非遗"要求的核心原则就是"真实性和完整性相结合"，因此，当所普查的资料不能完整和准确地反映该项"非遗"时，它也就失去了保护的依据。

（二）对表演艺术类"非遗"的特点认识不足

表演艺术是一种特殊的艺术门类，它是必须通过表演者（传承人）的表演来完成的艺术，它是发生在观众和表演者（传承人）之间的艺术，而联结这二者的媒介就是表演的舞台。因此，表演者（传承人）、舞台、观众就成为表演艺术必不可少的三要素。因此，保护表演艺术类"非遗"，不仅要保护掌握该项技艺的民间艺人（表演者），更需要培育欣赏的群体，还需要向民间艺人（表演者）提供表演和展示的舞台。而在现实的保护中，普遍存在着重抢救、轻保护；或者是只"抢"不"救"，只是进行了简单的普查、登记、整理、上交，然后就"万事大吉"了。

（三）整体性保护不够

"非遗"保护倡导整体性的原则，既要对"非遗"的传承人和其自身包含的各种技艺、程式等的整体性保护，又要对其生存的环境进行整体性保护。正如刘魁立先生所说："对具体文化事项的保护，要尊重其内在的丰富性和生命特点。不但要保护非物质文化遗产的自身及其有形外现，更要注意它们所依赖、所因应的结构性环境；不仅要重视这份遗产静态的成就，尤其要关注各种事象的存在方式和存在过程。"① 然而，我们在调研中发现，云南省很多地方往往是"头疼医头、脚疼医脚"的"碎片式"保护。

（四）分类保护亟待加强

云南的 39 项表演艺术类国家级"非遗"一共包含 5 大类，每类都既具有"非遗"的共性，又各有自己的独特性，如音乐是声音的艺术、舞蹈是身体的艺术、曲艺是说与唱的艺术等。掌握此类艺术的独特性是对其进行科学保护的前提。然而在实际的保护工作中，从业人员专业化程度不高，导致他们无法对这类遗产进行因类而宜的保护，只能是将所有遗产"一视同仁"的对待。

（五）传承人年龄偏大、后继乏人

第一，传承人年龄偏大、数量少、易辞世。从国务院公布的《第一批国家级非物质文化遗产项目代表性传承人名单》中可以看出，云南省表演艺术类"非遗"国家级代表性传承人只有两位，分别是纳西族东巴画的传人和训老人与傣族剪纸传承人思华章老人，他们当时的年龄一位是 81 岁，另一位是 84 岁，和训老人两年后就过世了。虽然他在有生之年也培养了几位学生，然而由于时间过短，古老的纳西东巴画显然不是一朝一夕就可以学会的，因而这项技艺有多少可以留存世间，还需要调查评估。《第二批国家级非物质文化遗产项目代表性传承人名单》中云南省 18 位表演艺术类传承人，其中 60 岁以上的有 13 位，占总数的 72%，70 岁以上的有 5 位，占总数的 28%。《第三批国家级非物质文化遗产项目代表性传承人名单》中云南省有 12 位表演艺术类传承人，60 岁以上的有 6 位，占总数的 50%，70 岁以上的有 3 位，占总数的 25%。

第二，传承难、后继乏人。首先，现在的年轻人大都不太喜欢古老的传统表演艺术。其次，许多传统表演艺术"非遗"缺乏市场前景，缺少经济效益，这也是传承难、后继乏人的重要原因。再次，有些传统表

---

① 刘魁立：《论全球化背景下的中国非物质文化遗产保护》，《河南社会科学》2007 年第 1 期，第 32 页。

演艺术对学习者的要求较高，如艺术天赋、高难的技术、长时间的学习等，学好这门技艺的难度和成本太大，这也是大多数年轻人不愿意学或望而却步的重要原因。德宏州文化局局长许贵荣对于傣剧的传承曾忧心忡忡地说："20年前，几乎每个傣族寨子的人都会唱傣山歌，可现在的年轻人似乎更喜欢流行歌曲，能唱山歌的人越来越少，而傣剧的基本唱腔就是傣山歌。德宏州傣剧团一直都是到傣族村寨选苗子，但最近几年，能讲傣话、长相好、形体好、嗓音好、有表演灵性的好苗子越来越难找了。"[1]

（六）过度开发导致"非遗"的真实性和完整性遭到破坏

经济利益的驱动和一些人的无知，"非遗"的开发利用方面，存在着过度开发、假冒"非遗"和对"非遗"进行断章取义的一系列问题，这也直接导致了很多"非遗"的真实性和完整性遭到严重破坏。例如，国家级"非遗"——"纳西族手工造纸技艺"的产品"东巴纸"，在丽江被假冒"东巴纸"的"回收纸"和泰国、日本进口纸替代，而真正手工制造的"东巴纸"，由于制作成本、销售渠道等，其造纸技术已基本中断。在丽江，另一国家级表演艺术类"非遗"——纳西族东巴画，由于其保留了浓郁的象形文字书写特征，因此被人们誉为是研究人类原始绘画艺术的"活化石"。然而，在丽江街头，到处充斥着"被改版的纳西族东巴画"，而且非常畅销。

二 保护、传承云南省表演艺术类国家级"非遗"的措施

（一）从业人员的制度化、专业化

"非遗"的保护是一项专业性很强的工作，许多国家都十分强调专业队伍的建设问题，以确保保护工作的科学性与严肃性。"非遗"的专业化管理，首先应该从制度建设抓起。通过严格的人才管理制度的建立，提高该领域准入门槛，从根本上杜绝队伍建设中的非专业化倾向。通过严

---

[1] 李晓佳：《百年傣剧"寂寞"来袭人》，《民族时报》2010年9月14日第A05版。

格的终身教育制度的建立，提高整个行业从业人员的专业水平，确保从业者的整体素质。同时，发掘参加保护工程的人力资源，通过开展传承和培训活动，加强保护工作从业人员队伍（专业人员队伍，管理人员队伍）的建设，保证"非遗"保护工程有效而可持续地向前推进。①

由于表演艺术类"非遗"保护的专业性，如果仅凭政府的行政权力是很难保护好这些遗产的。因此，组建专家队伍，用以解决"非遗"保护过程中所出现的问题，是国际社会的普遍做法。我们认为，省、市、县都要组建一支既精通专业理论又有实践经验的专家队伍，让他们参与遗产保护的整个过程。另外，我们应充分发挥"非遗"研究基地的作用。因为这些基地都是建于云南省的大专院校或科研院所，会集了一大批既有理论又有实践经验的专家学者，我们可以将省内一些"非遗"保护中碰到的重要的、艰难的问题，作为一个课题让其研究，并给予每个基地一定数量的基金，资助他们开展研究。如此，政府能够更加有力地依靠科研力量来解决一些实际问题。

（二）根据表演艺术类"非遗"的特点制定相应的措施

如何根据表演艺术类"非遗"的特点制定相应的保护措施？

马克思将人类社会生活从总体上划分为物质生活与精神生活两大组成部分。为满足这两种生活所分别进行的生产活动，称作物质生产与精神生产。物质生产是为了满足人们的物质需要，它的成果构成了人类的物质文明。精神生产是为了满足人们的精神需要，它的成果构成了人类的精神文明。艺术生产作为一种特殊的精神生产，则是为了满足人们的审美需要，它的成果构成了人类光辉灿烂的艺术文化宝库，这就是艺术的产生。

艺术生产理论把艺术创作—艺术作品—艺术鉴赏这三个相互联系的环节，作为一个完整的系统来研究。艺术创作可以说是艺术的"生产阶段"，它是创作主体（作家、艺术家）对创作客体（社会生活）能动反映的过程。艺术作品可以被看作艺术生产的"产品"。艺术鉴赏则可以被看作艺术的"消费阶段"，它是欣赏主体（读者、观众、听众）和欣赏客

---

① 参见苑利《非物质文化遗产保护主体研究》，《重庆文理学院学报》2009年第2期。

体（艺术品）之间相互作用并得到艺术享受的过程。这样，对整个艺术系统来说，艺术生产理论揭示出艺术品与欣赏者、对象与主体、生产与消费之间相互依存、相互转化的辩证关系。艺术生产适应着欣赏者的消费需要来进行艺术创作。同时，艺术欣赏反过来又成为刺激艺术生产的动力，推动着艺术生产的发展。①

我们认为，马克思的艺术生产理论可以应用于表演艺术类"非遗"的保护当中。正如前文所述，表演艺术类"非遗"的特点是以现场展演为核心（舞台），以传承人的表演和观众的参与和欣赏为纽带的表演性艺术遗产。而传承人（表演者）、舞台和观众是三个相互联系的环节，也是一个完整的系统。在此，我们可以将艺术创作转换为传承人，艺术作品就是舞台（因为所有的表演艺术都需要展示的舞台），艺术欣赏转换为观众。这样，表演艺术类"非遗"的三要素就可以建构起一个完整的体系。

在这个体系中，传承人不仅承担着传承古老的"非遗"，更是承担着"非遗"的创新和发展，只有"非遗"与时俱进的向前发展，才能够在当代的舞台上占有一席之地，才能够吸引更多的观众。同样，观众的关注和欣赏又会成为推动传承人进一步传承和发展的动力，进而推动着表演艺术类"非遗"继续向前发展。

由此可见，要对表演艺术类"非遗"进行保护、传承和发展，我们不仅要保护传承人，为他们提供展示的舞台，也要培养观众，更要让这一体系进入良性的循环。为此，我们需要采取以下措施。

1. 对于传承人的保护

第一，采用文字、图片、录音、录像等方式，全面记录"非遗"代表性传承人掌握"非遗"艺术形式、技艺和知识，有计划地征集并保管代表性传承人的代表作品，建立有关档案。尤其是项目传承人年龄较大、身体不好、存在人亡艺绝可能性的要进行抢救性保护。

第二，对传承人的生存、生活提供保障。项目代表性传承人大都是农民，尤其是居住在偏僻的民族地区的传承人，他们的生活依旧十分清贫。只有彻底解决了他们的生计问题，才能确保他们有充裕的时间和精力用在传承工作上。为此，我国对获得国家级和省级传承人称号的分别

---

① 参见彭吉象《艺术学概论》，北京大学出版社2006年版。

每年给予8000元、5000元的生活补助,这对传承人的保护起到了很好的作用。但是,要彻底解决传承人的生活保障问题,还应将代表性传承人的保护工作列入政府的中长期规划和年度计划,进一步加大政府保护传承人的力度和投入,为传承人提供良好的生计保护,使得老传承人无忧传承、年青一代积极参与传承。

第三,对"非遗"代表性传承人开展传习活动予以支持。一是要为其提供必要的传习活动场所,资助传承人的授徒传艺或教育培训活动,鼓励传承人带徒授艺。这一方面,日本的做法可以借鉴,日本确定的重要"无形文化遗产"传承人,国家会拨出专门的款项,用来资助传承人记录、保存、传承该项文化遗产,每年每人可从国家领到110万日元的补助,用以培养弟子及传授技术。二是要制定科学的传承规划,表演艺术类"非遗"是以身口相传为主的传承方式,因此,保护主体要从专业的角度,从遗产自身规律的角度和传承人协商,为其设计保护遗产的思路和规划,从而使遗产传承与保护进入科学化的阶段。三是要对学习这项遗产的年轻人加以引导和锻炼,让他们认识到遗产的价值和传承这项遗产的重要性和紧迫性,从而增强他们传承的"自觉性"。例如,由"土风计划"中普米族学员组成的"白兰姐妹",在中央电视台青年歌手大奖赛原生态唱法的赛场上,因为表演淳朴、自然,获得了评委的一致好评。这对他们产生了很大的震动,"通过外界对自己的肯定,学员们为自己的民族而骄傲,但同时通过这次舞台,也发现自身的不足,有了很强烈学习的欲望。他们都渴望能够尽快回到家乡,把自己的古歌学好,把自己的普米语学好"。[①]

第四,激励传承人创新。任何表演艺术"非遗"要想生存和发展,必须要不断地创新,这既是一条普遍的历史规律,也是艺术本质的必然要求。因此,我们要鼓励传承人在保持传统民间艺术根脉和地方特色的基础上,在内容和艺术形式上与时俱进地进行发展。显而易见,民间表演艺术的创新空间非常广阔。而对于有所创新的表演艺术类"非遗"项目,我们必须在资金上和精神上给予大力支持,在艺术上给予热情指导。

---

① 陈哲:《土风计划2010年夏简报》,转引自 zenlucia《陈哲的土风计划 2010年夏简报》,豆瓣网, http://www.douban.com/group/topic/14742716/。

2. 提供表演的舞台

首先，我们可以利用文化遗产日、民族传统节日等，策划组织展览、展演、论坛、讲座等系列活动，既为传承人提供展示的舞台，也让更多的群众了解和认识这些"非遗"项目。其次，现代传媒既是"非遗"展示的重要平台，也是普及和推广"非遗"的重要窗口。当然，随着云南旅游业的长足发展，表演艺术类"非遗"也可以和旅游相结合，把某些"非遗"作为一个常设项目对外展示，如丽江的"纳西古乐"就是成功的典范。

3. 观众的培养

要想让表演艺术类"非遗"重新吸引观众，我们需要采取以下措施：一是让表演艺术类"非遗"重新回归民间本土，放低姿态，尽量创作、传承传统的艺术形式和内容，贴近民间百姓的生活。二是让表演艺术类"非遗"走舞台化的道路，考虑创新和发展，融入时尚元素，以符合新一代观众的审美期待和审美心理。三是通过新闻媒体，加强舆论宣传，调动广大群众的积极性，使人人都懂得保护"非遗"的重要性，明了为什么要保护，以及怎样保护，从而让"保护"进入人们的日常生活，在全社会形成爱护、保护"非遗"的风气，使每一位公民都能为拥有如此丰富多彩的文化遗产而自豪，从而自觉地珍惜它、喜欢它。四是加强学校教育，这也是切实可行的有效的方式。联合国教科文组织的《保护非物质文化遗产公约》中明确提出："必须提高人们，尤其是年青一代对非物质文化遗产及其保护的重要意义的认识。"而教育无疑是最好的方式，通过教育途径将传承活动纳入其中，使其成为青少年教育活动，社会知识文化发展链条中的一个重要环节。从而不断提高普通民众对"非遗"的认识和保护水平，为"非遗"保护的可持续发展提供更为广阔的空间。

4. 体系的建设

我们知道，传统表演艺术"非遗"的保护是一个完整的系统，它由传承人、舞台和观众共同构成。除了要对这三个要素分别进行保护外，我们还要想方设法让这一系统进入良性的循环状态，这样"非遗"的保护才能落到实处。我们认为可以采取以下两项措施：一是建设民间表演系统，即在传统表演艺术的源产地，建立民族文化生态保护区、生态村或生态博物馆；二是建立市场化的表演系统，这样既可为"非遗"的保护营造新的肥沃的土壤，又可以激发传承人的积极性和创造性，从而为"非遗"的保护开辟新的保护途径。

（三）整体性保护——建立民族文化生态保护区、生态村和生态博物馆

表演艺术类"非遗"多与当地的社会习俗、生活群体紧密相关，一旦脱离开这些现实基础和文化土壤，"非遗"将会逐渐地褪色和干枯。因此，我们必须有意识地创造良好的传承环境和真实而非虚构的文化空间，为这些遗产的传承营建良好的文化氛围。由于在当前的大背景下，要把活态的传统表演"非遗"保持在原始的自然状态下使之不发生变化是不大现实的，但是，我们是否可以在局部的特殊环境中，采取相应措施，使原生态的表演艺术类"非遗"存活较长时间，并扩散其影响呢？答案是肯定的，那就是建立民族文化生态保护区、生态村和生态博物馆。

民族文化生态保护区是在特定区域内对以"非遗"为核心的、具有突出特色和价值的民族文化和地域文化进行整体性保护，是适应"非遗"活态流变性和整体性特征而采取的一种科学保护措施。文化部部长周和平认为，建设文化生态保护区不仅保护区域内的非物质文化遗产，也保护与非物质文化遗产传承密切相关、作为非物质文化遗产重要载体的有形物质文化遗产，同时保护文化遗产生存、传承的特定自然和文化环境，有利于加强文化遗产保护，推动生态文明与社会和谐发展，提高人们文化自觉意识，增强民族凝聚力，维护中华文化多元一体格局发展和繁荣。目前，国家正在建设的8个国家级民族民间文化生态保护区，其中两项入主云南——大理、迪庆两个国家级文化生态保护区，云南省也正在建设56个省级民族传统文化保护区。相信随着这些文化生态保护区的建设，表演艺术类"非遗"的整个文化系统也将逐步恢复并进入良性的循环。

由云南著名民族学家尹绍亭创意实践、美国福特基金会资助的项目——民族文化生态村，在云南经过了十几年的实践探索，业已形成了一套成熟的理论与实践模式，可以在更多的地区加以推广。

生态博物馆发源于20世纪60年代的法国，其目的是在研究地域社会人们的生活及自然环境、社会环境的发展演变过程中，对自然遗产和文化遗产进行就地保存、培育、展示。生态博物馆现已在全球已建立了三百多座，较好地发挥了传承传统文化的作用，虽然在我国出现了一些问题，但是作为一种被实践认可的文化保护形式，其作用还是明显的，关键在于我们如何去认识这一新生事物、如何设计出符合本地特点的可行性方案、如何在具体的操作中理顺各种关系等。

民族文化生态保护区、生态村和生态博物馆是"非遗"生存的沃土，是云南各民族"非遗"可以依托的物质载体，尤其对于"云南这个以'民族、山区、边疆'六字为突出特点的多样性文化地区而言，不仅符合客观实情，适应当前和未来发展需求，而且非常及时和实在，具有不同寻常的现实意义"[①]。

（四）在保护的前提下，有选择、适度地进行产业性开发

我国"非遗"保护工作的指导方针是"保护为主、抢救第一、合理利用、传承发展"。可见，我国在强调抢救、保护和传承"非遗"的同时，也提倡在有效保护的前提下合理利用。而表演艺术类"非遗"大都本身就具有商业性，例如民间戏剧中的花灯戏、滇剧、傣剧等，如果我们将这些民间戏剧保护起来，束之于高阁，那就会失去地方戏剧的意味，而这些戏剧一旦失去了商业的活动，也就失去了其生存的基础。因此，我们认为，适度的产业性开发也是表演艺术类"非遗"保护的一种重要的和必要的方式，关键是我们要科学的规划、合理的利用。为此，我们应注意以下几个方面的问题。

第一，有选择地进行产业性开发。

在对表演艺术类"非遗"开发利用时，应在其本真性和完整性的前提下，有选择地进行开发。对于传统戏剧类、杂技类、民间美术类和曲艺类非物质文化遗产，可以在科学规划的基础上进行有序开发。而对于自娱性的表演艺术，我们要视情况而定，因为我们一旦改变了这类的功能，其艺术本身必定也会产生变化，而这种变化又不是自然的文化艺术变迁，因此，我们要慎重对待。

---

① 杨雪吟：《生态人类学与文化空间保护——以云南民族传统文化保护区为例》，《广西民族大学学报》2007年第3期，第46页。

第二，保护与开发在两个平台上分别实施。

这种保护与开发"同时并举""分别实施"的做法，既可以使身处原生状态中的"非遗"得到精心保护，也可为今后的产业化开发创造出一个更为宽松的环境。因为此时的产业化经营，已经脱离了非物质文化遗产的母体，无论怎样创新，都不会对作为源头产品的"非遗"造成致命伤害。[①] 传统音乐、传统舞蹈、传统戏剧等都可以采用这种方式进行开发，杨丽萍的《云南映象》已为我们树立了很好的榜样。该剧是一台将云南原创乡土歌舞与民族舞重新整合的充满古朴与新意的大型歌舞集锦。参与《云南映象》演出的演员70%来自云南各村寨的少数民族，演出服装全部是少数民族生活着装的原型。该剧自2003年8月首次公演之后，在全国28个大中城市巡回演出近500场，创下了3000多万元的票房。这也充分说明，产业性开发既可为表演艺术类"非遗"的保护注入大量资金，也可以进一步促进其继承和发展。

第三，成立由各方面专家和政府组成的监督机构，对非物质文化遗产的开发进行有效的监督，防止遗产的过度开发和滥用。

在对表演艺术类"非遗"的开发中，我们应运用科学发展观的思想来看待开发与保护这两者的关系，既不能因为经济利益的驱使而对表演艺术类"非遗"随意开发，也不能因为产业开发对表演艺术类"非遗"消极影响而裹足不前。我们应该在有效保护的前提下对表演艺术类"非遗"进行科学的规划和合理的开发，以寻求保护和开发的双赢之路，使云南表演艺术类"非遗"通过产业性开发走出全国，走向世界，真正得到社会的认知，从而实现云南"非遗"的可持续发展。

---

① 参见苑利、顾军《非物质文化遗产学》，高等教育出版社2009年版。

当下民间说书艺人的生存困境及其应对策略

——以胡集书会参会艺人为中心的探讨*

王加华

摘　要：20世纪90年代以后，随着民众文化生活的日益丰富，传统说书艺术受到巨大冲击，广大民间说书艺人面临严重的生存及技艺传承困境。为此，绝大多数艺人被迫将说书从主业转变为副业，在收徒上也日益出现大龄化与向艺人家庭内部集中的趋势。在这一过程中，广大民间艺人并非完全被动顺从，而是采取了诸多积极措施，尤其是非物质文化遗产保护运动的开展为他们提供了一个良好契机。只是非遗保护并不能从根本上解决他们的生存与传承困境，只有改进表演形式、创新表演内容，以满足当下民众的欣赏口味与要求，才是根本出路。

关键词：当下　民间说书艺人　生存困境　应对策略　非遗保护

说书曾是一种非常流行的民间艺术表演形式，在我国已有比较久远的历史。一般认为，说书源于唐代的变文，至宋代由于深受市民阶层与封建帝王的喜爱而日益兴盛，并出现了专门说书场地"勾栏""瓦舍"等。明清之际说书更盛，书场遍及城乡各地，听说书成为普通民众最主要的娱乐形式之一。而随着说书业的日益兴盛，一大批职业、半职业说

---

* 原文刊于《文化遗产》2012年第4期。

书艺人亦随之而起，构成为一个特殊职业群体。他们走街串巷，用自己的说唱技艺娱乐各地民众。虽然地位低下，但毕竟也是一种谋生手段，足以养家糊口，少数人更是因声名远播而过上了富裕生活。在此过程中，广大说书艺人通过代代相传的师承关系，支撑并维系着作为一种娱乐方式与谋生手段的说书艺术。但时至20世纪80年代末90年代初，随着民众文化娱乐生活的日渐丰富，尤其是电影、电视、网络等现代传媒的普及，传统说书艺术受到巨大冲击，听众急剧流失，市场日益萎缩。此种情势下，广大说书艺人开始面临越来越严重的生存与传承困境。而近些年非物质文化遗产保护运动的开展，又使许多说书艺人看到了一线曙光。在面临巨大生存压力与些许曙光的大背景下，广大民间说书艺人是如何进行调整与应对的呢？

从2010年初开始，因承担文化部节日志项目《中国节日志·胡集书会》，由笔者带领的调查小组对山东省惠民县胡集镇胡集书会做了细致深入地调查。[①] 作为我国现存两大传统书会之一，胡集书会至少已有几百年的历史。[②] 每年书会，四面八方的说书艺人从各地纷至沓来，于正月十二至二十二这几天（正节，偏节），散布于以胡集镇为中心的周边五六十华里范围村庄内摆场说书。调查期间，调查组除对胡集书会本身传统及程式做了细致了解外，还对诸多参会艺人的从业经历、当下境况、思想情感等方面内容做了访谈。这些艺人来源地域范围，大体以鲁北及冀东南为主，同时广泛涉及山东与河北其他地区、辽宁、内蒙古自治区、江西、湖南等地，因此具有一定的广泛性与代表性。本文就以胡集书会参会艺人群体为探讨主体，就他们在当下所面临的生存困境及应对策略进行分析。需要说明的是，本文所说的民间艺人，是指那些没有固定工作岗位与固定收入的说书艺人，各职业演出团体或政府文化部门演艺职工不包括在内。

---

① 大规模调查共进行两次，分别为2010年2月24日至3月2日与2011年2月13日至19日。调查者主要为山东大学民俗学研究所与山东艺术学院艺术研究所在读硕士研究生，具体为付伟安、杨莹、张旭、刘星、余康乐、艾晓飞、吴美云、刘清春、关尕卓。另外还有山东省非遗保护中心原副主任王丕琢、山东大学民俗学研究所李浩副教授及山东济南山泉服务社工作人员张玉。在此对他们表示深切感谢。本文所依据之资料就主要来自这两次调查。

② 与此说不同的是，目前有关胡集书会的官方文献称至少已有800年历史。

长期以来，受民间艺人自身地位及学术传统的影响，相比较于农民等社会群体，民间艺人一直较少受到关注。20世纪90年代，尤其是21世纪初非遗保护运动开启以后，"传统"开始日益受到重视。与此同时，作为传统艺术载体的民间艺人也开始日益受到学界关注，出现了诸多有分量的研究成果。比较有代表性的如岳永逸的研究，以老北京天桥为中心，对天桥艺人的生存谱系思想情感等做了细致探讨，[①] 只是他的研究涉及的是"过去"而非"当下"。与岳永逸的实证研究思路不同，黄静华则主要从理论探讨的角度对民间艺人的研究理路等问题做了探讨。[②] 具体到民间说书艺人，当前以新闻报道、介绍性文字为主，研究性成果相对较少。如黄中祥采用定点实地调查的方法，结合访谈案例及已有研究成果，对哈萨克族民间艺人的形成环境、传承方式、创作手法及演唱形式、社会职能等方面进行了系统分析和归类，只是其主旨亦并非探讨"当下"。[③] 另如关于两大书会（即胡集与马街）艺人的讨论，[④] 只是基本都是在书会框架内展开论述，并未真正将艺人作为一个独立群体、跳出书会框架进行分析。至于对当下民间说书艺人现状进行专门探讨的成果虽然也有，却更为少见，如王志清对蒙古贞地区胡尔沁说书艺人现状的调查，[⑤] 但其立论只是针对两位艺人展开，整体论述不够系统全面。有鉴于此，从整体上对当下民间说书艺人的生存现状及其应对策略展开探讨仍是非常有必要的。

[①] 岳永逸：《空间、自我与社会——天桥街头艺人的生成与系谱》，中央编译出版社2007年版；《老北京杂吧地：天桥的记忆与诠释》，生活·读书·新知三联书店2011年版。

[②] 黄静华：《民间艺人研究中的描述、解释和理解》，《民间艺术研究》2006年第2期；《民间艺人的生活空间、艺术知识、生活历史》，《民间艺术研究》2005年第6期；《论民间艺人的艺术知识》，《云南大学学报》（社会科学版）2006年第4期。

[③] 黄中祥：《传承方式与演唱传统——哈萨克族民间演唱艺人调查研究》，民族出版社2009年版。

[④] 张玉：《民间艺人、书会传承与乡民社会——胡集书会调查与研究》，硕士学位论文，山东大学，2008年；郝沛然：《音乐与养家糊口——山东省胡集书会研究》，硕士学位论文，华中师范大学，2009年；马志飞：《马街书会民间曲艺活动的社会机制研究（1979—2007）》，博士学位论文，福建师范大学，2008年。

[⑤] 王志清：《蒙古贞地区胡尔沁说书艺人生存现状调查》，《民间文化论坛》2006年第2期。

一 被迫转型：艺人的"职业"转变与积极应对

虽然说书在过去属"下九流"，被很多人瞧不起，但单纯就作为一个行业而言，相比于农业生产，收入还是不错的。以20世纪60—80年代初为例，平时说一场书三四元钱，而在说书的黄金季节——正月，①平均每场书则可高达10元左右。② 由于市场火爆，演出机会多，每月平均总会有一二十场，则一月下来收入还是相当不错的。相比之下，当时一个大学毕业生，每月工资才40元左右。③ 相对较高的收入，催生了大量以说书为主业的职业民间说书艺人。他们没有具体挂靠单位，身份仍为农民，但却不以务农为主业，只在农忙时临时回家帮忙生产。主要是因为此时各处都忙，没有多少演出机会。因此说书收入是他们主要收入来源。他们走街串巷或赶集卖场，每人都有自己的特定说书区域与游走路线（俗称"踩地"），并常年在这些地方卖艺说书。如山东滨州东路大鼓艺人周金山，20世纪90年代之前常年奔走于滨县（今滨州市）一带农村，只在麦收与秋收时回家帮忙种地，平均每月总会有100元左右的收入。④ 据回溯性调查，大体估计这类艺人占当年民间艺人总数的70%以上。

20世纪90年代以后，随着民众经济生活水平日渐提高与文化娱乐方式日益丰富，说书业风光不再。首先是演出市场日益萎缩，每位艺人每年能有一二十场演出已属不错。即使在有浓厚听书氛围，因而催生出胡集书会的鲁北一带，如今除在胡集镇因书会每年有固定的四天九场演出外（也几乎完全依赖于胡集镇政府的投资与扶持，即群众听书，政府买单，并安排艺人下村），只有老人祝寿、喜得贵子或高考得中等情形下仍

---

① 说书行有"金正月，银二月，沥沥拉拉到三月"的说法，就是说正月是一年之中说书的最旺季。
② 张玉：《民间艺人、书会传承与乡民社会——胡集书会调查与研究》，硕士学位论文，山东大学，2008年，第45页。
③ 当然，说书通常是以"档"的形式进行，一般由两人组成（评书除外），一弹一说，收入三七分成（说七弹三）。若以一月100元计，则两人平均仍有几十元，仍是相对较高的。
④ 郝沛然：《音乐与养家糊口——山东省胡集书会研究》，硕士学位论文，华中师范大学，2009年，第29页。

有极个别请艺人说书的情况存在。其次是听书人群大量流失且日益老龄化。曾经几百人围观的盛况成为历史，现在每场能有三四十人已属难得，且基本以老年人为主，难以见到年轻人的身影。此情此景下，艺人收入自然大为减少。如在山东阳信、惠民一带颇负盛名的阳信西河大鼓艺人王秀兰，2010年全年说书收入不足8000元，其中还包括参加胡集书会的1800元，其与姐姐（弹弦）每人不足4000元。而相比之下，王秀兰还算不错的，不仅参加了胡集书会，还通过胡集镇文化站站长胡同利的推荐获得了不少演出机会。至于其他艺人就更可想而知了。因此说书已无法作为一种谋生手段，专职民间艺人数量大大减少。2009年一份针对胡集书会艺人的调查显示，专职艺人的数量只占艺人总数的12.5%。[1] 但必须注意的是，参加胡集书会的艺人并非全为民间艺人，还有许多来自各地曲艺团体及文化部门的专职演职人员。若去掉他们，则12.5%专职艺人中真正是民间艺人的其实寥寥无几。据多方访谈调查，在2010年和2011年参加胡集书会的各100多位民间艺人中，目前仍以说书为主业的不超过5个人。[2]

面临巨大生存压力的民间说书艺人，为养家糊口的需要而被迫"转型"，将说书由主业转变为副业。以主要精力忙于其他生计方式，只在有演出机会时才临时外出表演几场，而不再像以前那样主动走街串巷寻求演出机会。就具体情形而言，又可分为多种情况。有的彻底结束了自己说书生涯，主要是那些年龄大的艺人，如山东阳信毛竹板艺人张义兴（1924年生）、木板大鼓艺人李荣德（1934年生）等。他们回到农村家中，不再外出说书，也不从事农业生产，而主要由子女供养，过起了安享晚年的生活。有的回到农村重新干起了本该属于自己主业的农业生产，如李荣德的儿子李希海就安心回家种起了棉花。不过很多说书艺人，尤其是那些出生于20世纪四五十年代年龄稍大的艺人，由于从十几岁起就拜师学艺并常年在外说书，因此对农活儿并不在行。加之农业生产本身

---

[1] 张岩：《胡集书会艺人基本情况的调查与思考》，《商情》2009年第2期。
[2] 调查过程中，许多民间艺人仍强调自己是专业艺人，以说书为主业，其实这更主要是虚荣心在作怪。通过访谈某位艺人的年中行事及参照其他艺人访谈，可以发现绝大多数其实并非如此。

的低收益性，因此很多艺人转型做起了其他行业。有的自主创业，如河北盐山竹板书艺人张玉良替人安装暖气，山东阳信毛竹板艺人劳玉山干起了五金生意，劳玉山的师兄李鸿儒则卖起了老豆腐。有的给人打工，如李鸿儒的弟弟李鸿彬托人到北京法制出版社做了仓库管理员。同为阳信的渤海大鼓老艺人万风亭先是干了一段看管公路的活儿，后又看了一段时间的石油管道。

　　有的艺人则利用自己的"专业优势"，做起了仍旧与表演有关的行业。如山东阳信毛竹板艺人张珠峰就利用自己在多年走街串巷表演过程中建立起来的人际关系网，在县城开了家庆典公司，专门给新婚志喜、公司开业等做庆典表演。具体节目以歌舞为主，因为他认识到传统说书已无法适应当下民众的文化娱乐需求。不过公司并没有自己的专职演出队伍，而主要是根据客户需求临时雇请相关演艺人员进行表演。因此，张珠峰实质上就是一个演出经纪人。虽然自己的说书技艺已派不上用场，但正是多年说书经历为公司业务顺利开展打下了基础。山东泰安山东快书艺人王文强走得则是另一条路，即利用自己的快书技艺做起了庆典司仪。他根据庆典性质、雇主身份等具体情形，事先拟定好主持语，然后再以山东快书的形式表达出来，语言活泼幽默，深受当地民众欢迎。相比之下，山东平原木板大鼓艺人马士海则更为"原生态"一些，即仍旧坚持自己的传统木板大鼓表演，只是演出场合与性质发生了重大改变。他的具体方式是与一粮油店合作，到以前自己的"踩地"区域内促销粮油。每到一地，马士海就摆好书摊、架起书鼓开场说书，吸引民众前来听书，然后再向他们促销粮油。听书完全免费，粮油购买与否亦全凭民众个人意愿，不买仍可来听。有时在一个村里一说就是两个月，时间一长买东西的自然也就多了，然后他再从销售收入中拿取一定提成。按马士海自己话说："收入还可以，足以养家糊口。"因此对这一方式他也非常满意与自豪，认为是"全国第一份"。[①] 但他也一再强调一个原则，即所卖粮油必须要货真价实。正是依靠此法，马士海现在每年仍能有 200 场以上的演出，只是说书已变成一种促销手段，不再以获取说书报酬为主

[①] 被访谈人：马士海，1947 年生；访谈人：王加华；时间：2011 年 2 月 13 日晚；地点：山东省惠民县胡集镇海军旅店。

要目的。

出于生存需要，艺人被迫转行。但对这些说了半辈子书的艺人来说，其实在他们内心深处仍然割舍不下对说书的热爱。正像劳玉山说的那样，有时在家里实在耐不住了，就找几个爱说爱听的朋友，拿出书鼓敲打几下，"说上几嗓子"①。另外就是心有不甘，总是怀念以前的美好时光，虽然他们也都清楚知道，再回归从前已完全不可能了。但这并不表示他们就完全被动接受了当前局面，很多艺人都想方设法去争取更多演出机会。为此，为增加自我宣传力度，越来越多的民间艺人印制了名片、配备了手机。据2009年的统计，胡集书会参会艺人中有名片的占20%左右，通常是生活条件较好的艺人，尤其是那些专职演员。② 而据2011年的调查，有名片艺人的比例大大提高，至少已达50%，尤其是大量民间艺人也有了自己的名片。这些名片通常都制作考究，不仅印有自己的照片，很多还都是彩打的；有的不仅写明自己的联系方式，还将自己师承门户、擅长书目、所获奖项、业务范围等个人简介印在上面，使人看后一目了然。还有的艺人拥有了自己的"经纪人"。这些经纪人手下往往都有多名联系艺人，平时由他们负责联系表演业务，然后再通知相关艺人前去演出。③

俗话说"人多力量大"。为更好地传承传统说书艺术，同时也为了扩大影响力、增加演出机会，一些民间说书艺人自发成立了自己的团体组织。在这方面以山东阳信艺人最具代表性。2009年农历十一月，在县文化局的支持下，以李鸿儒、万凤亭等十四位艺人为主体成立了阳信县鼓书院。由县文化馆周馆长任鼓书院院长，具体工作则由相对年轻（47岁）且人际交往广泛的张珠峰负责。其实1951年阳信就成立过鼓书院，为一实体演出组织，所有成员均为正式职工，根据演出情况领取收入。不过该鼓书院于"文化大革命"中解散，虽1971年曾恢复，但到20世纪80

---

① 被访谈人：劳玉山，1949年生；访谈人：王加华；时间：2010年2月25日上午；地点：山东省惠民县胡集镇书会路。
② 郝沛然：《音乐与养家糊口——山东省胡集书会研究》，硕士学位论文，华中师范大学，2009年，第48页。
③ 2011年胡集书会调查过程中，我们就遇到一位来自阳信的王姓女经纪人，手下有王秀兰等多位民间艺人。其主业为牛羊肉贩卖，利用业余时间联系说书业务。

年代中期又因业务不景气而被解散。① 与以前不同的是，新成立的鼓书院并非实体组织，虽然有官方背景，并打算在文化馆设立办公室，但实际就是一个虚体民间组织。各位成员平时仍主要忙于自己事务，也互不往来，只在有演出时才临时聚集，以鼓书院的名义参加演出。如 2010 年和 2011 年胡集书会，阳信鼓书院就都作为一个整体而参加，每位成员胸前都挂有一个印有自己照片的"阳信县鼓书院"的牌子，既声势浩大，又显得极有组织。而鼓书院一成立，就获得了一个"大业务"，即到各乡镇敬老院说书"送温暖"，由文化局支付说书报酬。只是到 2011 年初报酬还未发放，一天具体多少钱也未说清。

二 大龄化与由外而内：技艺传承的断裂与调整

作为一个行业，说书的存在归根到底是市场需求的结果，而说书人与说书技艺的代代传承则为此提供了群体与技艺保证。在说书行内部，有一套严格的拜师、学艺与出师规矩与仪式。按传统规矩，一位说书艺人要想在江湖上立足并摆场卖书，就必须有明确的师承关系，不然就会被其他艺人"卸家伙"，赶出说书场地。而对成名艺人来说，能通过收徒将自己的技艺传承下去也是一件值得自豪的事情。虽然说书地位低下，但好歹也是一种谋生技艺，因此总会有人源源不断地投身到这一行中来，或是出于个人爱好，或是因贫穷而没有出路。② 不过这有一个基本前提，即说书确实能成为一门维生手艺才行。20 世纪 90 年代之前，这并不是什么问题。但之后，随着全国说书市场的日渐式微，以说书为谋生手段越来越不可能，这不可避免地导致说书的技艺传承发生断裂，年轻艺人越来越少，说书业成为老年人的天下。这一点，对比 20 世纪 80 年代与 2006 年以后胡集书会历年参会艺人的年龄段分布即可明显看出来（图 1）。

---

① 张军主编：《中国曲艺志·山东卷》，中国 ISBN 中心 2002 年版，第 459 页。
② 可参见岳永逸《老北京杂吧地：天桥的记忆与诠释》，生活·读书·新知三联书店 2011 年版。

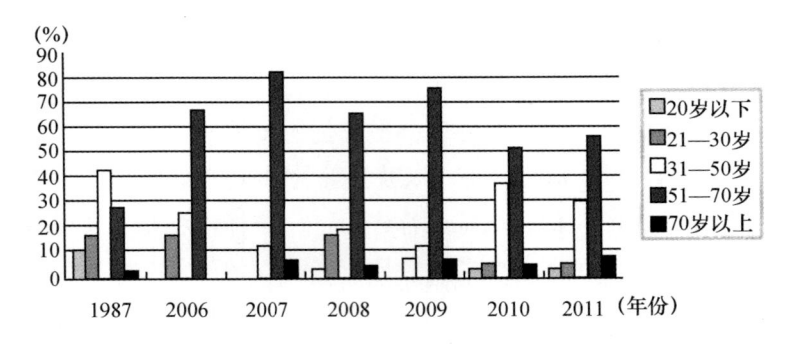

图1 历年胡集书会各年龄段艺人占所知年龄艺人占比

说明：此图据历年胡集书会艺人登记表整理而成。需要说明的是，每年数据并不包括当年所有艺人在内。一方面有些参会艺人未在登记表中出现，另一方面有些登记在册的艺人缺乏年龄信息。

通过图1可以发现，1987年艺人的年龄段分布总体比较均匀，以31—50岁的艺人为主体，而20岁以下艺人也占有较高比例。而2006—2009年，则完全以51—70岁的艺人占绝对多数。2010年以后情况有所好转，虽然仍以50岁以上艺人占主导地位，但30岁以上艺人比例大大提高。这一趋势之所以出现，是因为胡集书会组委会采取了广邀全国各地艺人参会的政策，使大量相声等年轻演员参与进来。另外就是越来越多的老艺人带自己的子女为搭档来参加胡集书会。不过还是可以发现，30岁以下的艺人比例极低。

目前的艺人年龄段分布说明，传统说书技艺传承已发生明显断裂。不是老艺人们不想收徒，而是现实逼迫他们无法收徒。学艺说书是一个比较辛苦而又耗费时间的过程，没有三五年"冬练三九，夏练三伏"的努力学习就不可能熟练掌握。更致命的是，因没有市场，努力学习却未必有回报。这自然导致年轻人不会投入这一行中。一方面现在的年轻人已越来越受不了这种苦；另一方面，随着经济水平的提高，挣钱的途径大大拓展，比如打工，不需要多少专门技艺训练就能挣到比说书多得多的钱，自然也就没有年轻人再愿意干那种吃力不讨好的事情了。而从老艺人的角度来说，他们自然也深深认识到这一点。正像李鸿儒说得那样："学的话就是十七八的小孩，专职的学才会好。可现在十七八的小孩一天能挣七八十，百十块钱，谁学？学这个上哪里吃饭哩？"①

当然，技艺传承发生断裂并不代表就完全没有"收徒"现象存在。只是这种"收徒"与以前相比，不管在形式还是性质上都已发生了很大变化。一是越来越出现大龄化趋势。传统说书行拜师学艺一般从十几岁就开始，因为年龄小便于调教，可塑性亦强。但现在情形发生了巨大改变，30多岁的年轻人日益成为学艺的主体。这种情况的出现，是因为他们早已有"饭碗"而不用愁生存问题。如李鸿儒的徒弟宋宝军，1971年生，是一名医生；另一名徒弟赵志国，1977年生，做小生意。李洪彬曾收过的两个徒弟，一个在阳信县司法局上班，一个在中医院上班，也都已30多岁。河北沧州木板大鼓艺人石景芬的徒弟苗世芹，1974年生，为沧州日报社记者，并开有一个小的文化传媒公司。惠民木板大鼓艺人白曰华的徒弟曲庆涛，1979年生，邹平县文化馆职工。在被问到自己为何年纪轻轻却要拜师学艺时，他说："因我在文化馆工作，有国家发着的固定工资，要不然我学这个干吗？我不能跟老艺人一样去靠说书挣钱②。"所以，与以前学徒不同的是，大龄学徒们"拜师学艺"并非为谋得一技之长，而纯粹是出于个人爱好或工作需要。另外，由于每个人都有自己的主业，因此也不可能将主要精力放在学习说书上，而只能隔三岔五到老师家中学习一次。而且，由于是出于个人爱好，没有什么压力，也就无法持之以恒，很多人往往学上一年半载即不再继续学习了。

第二个趋势是越来越由外而内，即出自艺人家庭内部的"学徒"越来越多。虽然以前确实有很多艺人子女因从小耳濡目染而走上了从艺之路，先跟随自己的父母学习说唱技艺，然后再拜一位成名艺人为师（传统说书行有不能以父母为师的规矩）。但总体而言，仍以来自艺人家庭之外的学徒为多。但20世纪90年代之后，受总体形势影响，青年人拜师学艺的越来越少，很多老艺人不得不"对内挖潜"，即培养自己的子女或孙

---

① 被访谈人：李鸿儒，1947年生；访谈人：王加华；时间：2010年2月25日上午；地点：山东省惠民县胡集镇书会路。

② 被访谈人：曲庆涛，1979年生；访谈人：张旭、张玉、艾晓飞；时间：2010年2月24日下午；地点：山东省惠民县胡集镇海林旅店。

辈作为自己的演出搭档。如山东滨州东路大鼓艺人周金山，因东路大鼓面临失传而又无人拜师学艺，不得已他只好培养儿女周艳杰、周艳霞为演出搭档。而由于从小受家庭氛围的影响，这些艺人后辈也多少掌握一点说书知识，培养起来也相对容易一些。这就是最近几年胡集书会出现越来越多父子、父女或祖孙档的最主要原因。以2010年为例，这种组合共7档，占下村艺人总档数的1/7。而2008年以后，几位出现在胡集书会并被安排下村表演的20岁以下艺人，即均为艺人后辈。如2008年的李洁（王秀兰之女）、2010年和2011年的赵洪志（惠民评书艺人赵凤圣之孙）、2011年的刘伟（河北沧州木板大鼓艺人刘凤鸣之孙）。① 当然，这些艺人后辈学习说书也并非出于谋生目的，更主要是为有演出时能与长辈相搭档，帮忙弹弦或说个小段，以让长辈能有时间稍事休息，并负责做好后勤工作，照顾长辈起居。

　　不管大龄学徒还是"对内挖潜"，由于并非以掌握一门谋生技艺为主要目的，因此在收徒、授徒等传统习俗上也发生了重大转变。首先，传统拜师仪式消失，事先托人介绍或打个招呼，然后大家一起吃顿饭，就算明确了师徒关系。② 其次，在授业方式上，也不再遵循以前那种"严师出高徒"的教育方式，师徒关系也发生了变化，变得更为随意，而不再像以前那样等级森严。在如此状态下培养出来的艺人水平是高是低，自然也就可想而知了。很多老艺人也都深刻知道这一点，知道仅靠这些"徒弟"无法将自己的技艺传承下去，更不可能使说书业重新复兴并发扬光大。但别无他法，只能退而求其次，至少有人学总比无人强。

---

　　① 另外两位为2010年的赵墨涵（11岁）、2011年的王伯骏（9岁），均为山东肥城文化局山东快书艺人徐辉的学生。他们学习曲艺，纯粹是作为一种特长，就如同其他孩子学习钢琴、绘画一样。另外，他们只是受邀参加了正月十二上午的"卖场"表演，并未被安排下村。

　　② 也有极个别举行拜师仪式的。如2008年夏，惠民县胡集镇政府就专门为曲庆涛拜师白曰华举行了隆重的传统拜师仪式。对此仪式，各方都非常重视，胡集镇党委书记、镇长及滨州市、惠民县、邹平县文化局长都亲自参加。但此仪式，更多还是出于一种宣传目的。

三 非遗保护：艺人眼中的救命稻草与发展契机

2003年10月17日，联合国教科文组织第32届大会通过了《保护非物质文化遗产公约》。2004年8月28日，中国第十届全国人大常委会第十一次会议表决通过了中国加入联合国教科文组织《保护非物质文化遗产公约》的批准决定。从此我国非物质文化遗产的抢救与保护工作掀起了一个新高潮[①]。2005年我国正式开展第一批国家级非物质文化遗产名录申报和评审工作，并于2006年5月经国务院批准，确定了《第一批国家级非物质文化遗产名录》518项。其中传统曲艺为重要组成部分，共46项，另外还有两个与曲艺紧密相关的项目，即胡集书会与马街书会[②]。其后各省、市、自治区及各地市等亦陆续开展了各自的非遗申报与评选工作，曲艺也都是其中的重要内容，如山东省第一、二批省级非物质文化遗产名录就有传统曲艺12项。[③]

各级非物质文化遗产申报与评选工作的开展，使本已式微的传统曲艺及其表演活动重新受到各级政府及民众的注意，这给处于寒冬中的传统曲艺及民间艺人带来了丝丝春意。比较典型的一个例子就是胡集书会重又走向"繁荣与兴旺"。自从2006年胡集书会入选国家级非物质文化遗产之后，从2007年书会开始，胡集镇政府采取了"群众听书，政府买单"举措，书价完全由政府支付，并对凡前来参会之艺人只要水平过得去就一律安排下村，同时亦采取了广邀全国各地艺人参会的措施。这使胡集书会重现繁荣之势，近两年（2010、2011）参会艺人均达到200人左右。而在此之前，最少的时候，如2004年只有几档，十几位艺人。更为重要的是，胡集书会的繁荣与兴旺，重新唤起了鲁北、冀东南等周边地区民间艺人的说书热情。由于前来即能被安排下村并获得一笔"不菲"

[①] 王文章：《非物质文化遗产概论》，文化艺术出版社2006年版，第210页。
[②] 吉尔印象编著：《璀璨中华：中国非物质文化遗产完全档案》，金城出版社2009年版。
[③] 参见中国非物质文化遗产名录数据库系统，福克网，http://fy.folkw.com/step2.asp?s_id=17&shi_id=246。

收入,许多民间说书艺人重敲起书鼓说起书来,① 为此,很多艺人都表达了对胡集镇政府的赞许之情。据2009年的一份调查,对胡集镇政府"政府买单,送书下乡"政策持满意态度的艺人高达92.5%。②

非遗保护运动的开展,使各级地方政府对传统文化日益重视。不管是真正出于保护传统文化的目的还是为彰显政绩,如今申报非遗项目已经成为各级地方政府文化部门的重要工作之一,为此很多地方都成立了专门的非遗保护办公室。在此大背景下,原本不受重视的传统曲艺自然受到支持(没有资金支持),如给予注册、准备设立办公室。阳信县鼓书院成立之所以获得日益关注与重视、安排到敬老院演出等,应该与此有很大关系。与此同时,新闻媒体也加大了对传统曲艺及民间艺人的关注,越来越多的民间说书艺人被采访与报道。有些知名老艺人在电视上露脸的机会也逐步增多,更有表演片段被拍成录像在电视或网络上播放的情况。另外,艺人们的演出机会也增加了,各地各种文艺演出、非遗会演、巡回义演等,都开始出现民间说书艺人的身影。只是有些演出难免会与艺人目前所从事的主业发生时间冲突,甚或造成严重损失。如2008年11月,王秀兰参加滨州市巡回义演11天,结果6亩棉花收晚了,只能勉强掏棉核;2009年五一节,因到济南参加蟠龙山"胡集书会专场演出",结果耽误了棉花间苗,损失了4亩。

尽管存在一些损失,但非遗保护还是使许多民间艺人看到了出路与希望,希望能借助非遗保护这一契机将传统曲艺更好地保护与传承下去。因此许多艺人都迫切希望自己所表演的曲种能列入各级非遗保护项目,并为之奔走呼告。③ 在他们看来,所从事的曲种被列入各级非物质文化遗产保护名录,从小处来说,能更好地拓宽自己的曲艺市场、提高经济收入;从大处来说,能将本曲种从当前这种不景气的情势下挽救回来,从而更好地传承与发展。因为列入非遗保护项目,也就等于正式获得了政府的承认与支持,所以就会有资金开展收徒传艺等一系列相关活动。如

---

① 近两年胡集书会的书价通常集中于1500元到2000元之间。而这一过程中,不可避免出现了滥竽充数的现象,为此从2008年开始,胡集镇政府又专门增加了考察艺人的工作环节。
② 张岩:《胡集书会艺人基本情况的调查与思考》,《商情》2009年第2期。
③ 因此调查过程中,很多艺人都会向我们热切打听有关非遗保护的政策与相关操作,2011年书会时陪笔者调查的山东省非遗保护中心原副主任王丕琢更是受到艺人们的热烈追捧。

山东阳信毛竹板艺人张珠峰所说:"我现在正计划着收徒弟呢。我这不是和他们说,发现线索,看有没有想学的。现在(鼓书院)初期成立,咱又没有资金,现在孩子学徒得不到报酬,这是最大的问题。周馆长说,我们阳信有两个报省非遗的,西河批下来了,还有毛竹板。毛竹板批下来,上面拨下经费来,我们就可以招一批学生,有了经费就可以活动了。"① 但问题在于,即使有了资金,培养了学生,他们的出路又何在呢?

在组织申报与评选非物质文化遗产名录过程中,另一项活动就是评选各级非物质文化遗产传承人。近几年参加胡集书会的民间艺人中,就有一些是各级非物质文化遗产传承人。如唐贵峰、刘银河为国家级非物质文化遗产沧州木板大鼓传承人,兰尊狭、李鸿儒、周金山分别为山东滨州市级非物质文化遗产渤海大鼓、山东毛竹板、东路大鼓传承人等。能成为传承人,让这些艺人都颇为自豪。② 如李鸿儒说:"去年(2009)不赖,市里给我了 1000 块钱。不是非物质文化遗产吗,我是传承人。"③ 在他们看来,这是对自己技艺与声望的最好证明,能让自己在当前大环境下更好地生存下去。因此访谈过程中,这些艺人在介绍自己时都会极力强调自己的非物质文化遗产传承人身份。而对那些并非非物质文化遗产传承人的艺人来说,则是心向往之,④ 甚至为实现这一目标不惜采取非常办法。如山东无棣鲁北大鼓艺人朱延安,为申请非物质文化遗产的需要,将鲁北大鼓改名为三弦书。因在 2009 年,鲁北大鼓已被列入山东省省级非物质文化遗产名录。为了避免重复,他将鲁北大鼓更名为三弦书才最终申请成功,从而使自己成为非物质文化遗产传承人。这被许多艺人批评为"欺师灭祖"。

---

① 被访谈人:张珠峰,1963 年生;访谈人:王加华;时间:2010 年 2 月 24 日上午;地点:山东省惠民县胡集镇书会路。
② 不过有些艺人似乎自豪的过了头,如 2010 年书会,某位国家级非遗传承人下村表演时,因嫌弃村落接待水平低而被赶了出去。对其进行访谈的两位同学在谈到他时,也纷纷评价说"太自负""爱吹牛",因此在这位艺人身上发生这种事他们感觉并不奇怪。
③ 被访谈人:李鸿儒,1947 年生;访谈人:王加华;时间:2010 年 2 月 25 日上午;地点:山东省惠民县胡集镇书会路。
④ 实际上传承人的评选也在艺人间造成了矛盾与冲突,尤其是在同一地方、同一曲种的艺人之间。访谈过程中,我们就不时听到艺人间相互攻击的言辞,比如"某某那样的,就那水平,怎么会成为非物质文化遗产传承人"?

总之非遗保护运动的开展让许多民间说书艺人看到了传承与发展的契机，而很多人也确实充分利用了这一契机，学会了如何借用"流行话语"作为自我宣传的口号与手段。如在最近几年胡集书会上，有些艺人就打出了弘扬传统文化的招牌。2009 年书会，有 18% 的艺人回答说参加胡集书会的目的在于弘扬传统文化。① 2011 年书会，山东滨州毛竹板艺人游艳亭更是直接打出了"弘扬民族文化，振兴曲艺事业"的横幅。在他们看来，努力寻找机会进行说书表演，如参加胡集书会，已不仅仅是为了挣钱，从更深的层面来说则是在弘扬传统文化，而自己也就成为传统文化的承载者与弘扬者。因此，国家应该给他们更多扶持与保护。

四 结语

以上我们以胡集书会参会艺人为基本研究主体，就当下民间说书艺人所面临的困境及其应对策略做了简单论述。可以发现，当前民间说书艺人主要面临两个方面的困境，即演出市场萎缩导致的艺人生存压力及传承断裂。为此，艺人们采取了一系列应对之策，如转变生存手段、培养自己子女等。尤其是最近几年非物质文化遗产保护运动的开展，更是使广大民间艺人看到了出路与希望，并学会了利用国家主流话语宣传与包装自己。不过虽然非遗运动的开展，确实在一定程度上促使传统说书艺术日益受到各级政府及民众关注，出现了少许"繁荣"势头，但却并没有从根本上解决传统说书业及整个艺人群体的生存困境。所以当被问及"这几年越来越多的人关注你们老艺人了，来书会找你们调研的也多了，你们也经常上电视了，高兴吗"这一问题时，山东阳信老艺人万凤亭回答说："我不怎么高兴，因为我们农民啊就是讲个实在，那些花花哨子没用，不能让我们多卖两个钱。"②

说到底，当前传统说书业的根本困境是由市场造成的。陈旧的演出

---

① 郝沛然：《音乐与养家糊口——山东省胡集书会研究》，硕士学位论文，华中师范大学，2009 年，第 28 页。

② 郝沛然：《音乐与养家糊口——山东省胡集书会研究》，硕士学位论文，华中师范大学，2009 年，第 47 页。

形式与内容、缓慢的表演节奏，使其已无法适应当前广大民众的娱乐需求。随着老年人群体的逐渐逝去，说书的听众群体将逐渐消失。另外，由于说书艺人技艺传承的断裂，当老年艺人逐渐老去，又有谁来继续传承与维系传统说书业呢？因此，若不对说书的内容与形式进行创新与改变，传统说书业终究有一天会成为历史。若果真如此，那非遗保护运动对广大民间说书艺人而言，就不是救命稻草，而只是一种"回光返照"。正如山东邹平年轻艺人曲庆涛说的那样："曲艺没有市场了。如果说曲艺不改革，最终将会退出历史的舞台。我告诉你，我不是糟践这些老艺人啊。现在的胡集书会就是鲁北地区曲艺的一种回光返照，你说现在这些老艺人还有几个带徒弟的，下去十年二十年谁还来胡集唱，现在没有新生力量，后面谁来挑大梁。胡集书会现在的国家政策是好的，但是还是会消亡。"[1]

---

[1] 被访谈人：曲庆涛，1979年生；访谈人：张旭、张玉、艾晓飞；时间：2010年2月24日下午；地点：山东省惠民县胡集镇海林旅店。

"非遗"艺人保护聚焦

——以鲁西南鼓吹乐的艺人保护为例*

林 琳 李云鹏

摘 要：非物质文化遗产保护与传承的对象，毫无疑问是包括艺术事象在内的艺术文化，但还应该是整个生态系统，不是艺术文化的某一方面，不仅仅是艺术事象本身。其中，艺人作为音乐艺术文化的活载体，在传承与保护活动中，应该处于核心地位。但由于"乐人"文化水平、社会阶层等现实状况的限制，其中心地位并不是天然赋予的，而这只是理论研究的结果，这就需要政府等强势部门赋予他们这一中心地位。理论研究要深入艺人的生活和内心世界中，除了关心他们的生活，更要关心他们的精神需要，为他们创设、提供充分展示的平台，使民间艺人有机会发挥特长，让艺人们能够在展示民间艺术魅力的同时，实现人生价值，这是保护非物质文化遗产最根本、最有效的途径。

关键词：非物质文化遗产　保护与传承　艺人　鲁西南鼓吹乐

《中华人民共和国非物质文化遗产法》中对非物质文化遗产的界定："是指各族人民世代相传并视为其文化遗产组成部分的各种传统文化表现形式，以及与传统文化表现形式相关的实物和场所。"[①] 按这句话字面的

---

* 原文刊于《民族艺术研究》2017年第5期。

① 《中华人民共和国非物质文化遗产法》，http://www.law-lib.com/law/law_view.asp?id=343073。

意思，其指的是艺术本身，但其传承与传播所仰仗的主要是代表性传承人，从这个意义上来说，非物质文化遗产保护的主要对象是其传承人，通过保护传承人来保护其所掌握的技艺。

笔者在音乐生态系统的"三维九要素"的分析框架中谈道："每一种音乐事象的存在都构成一个音乐生态系统，该系统又可分为文化系统、自然系统与音乐系统三个子系统，三个子系统之间存在密切的相互关联性，某一系统的变化必然对其他系统产生直接或间接的影响。而每一个子系统又是多因素的复合体，各因素之间也存在相互依存、相互制约的关系，即所有子系统及其各因素之间构成环环相扣的关系链条，以至于'牵一发而动全身'。"[1] 艺人在生态系统中仅是一个要素，但却举足轻重，是最具创造性的因素，是整个生态系统的灵魂。事实也反复证明，某种繁荣强大的艺术事象，必有一个或一群强大的艺人在发挥引领其发展的核心作用。

据此推理，非物质文化遗产保护与传承的对象，毫无疑问是包括艺术事象在内的艺术文化，但还应该是整个生态系统，不是艺术文化的某一方面，不仅仅是艺术事象本身。其中，艺人作为音乐艺术文化的活载体，在传承与保护活动中，应该处于核心地位。王文章先生在抢救和保护中国人类口头和非物质遗产座谈会上指出，"非物质文化遗产的传承主体是民间文化艺术的优秀传承人"[2]，他们是艺术事象的灵魂。笔者赞成"'乐人'是整个音乐事象的操纵者"的判断，但由于"乐人"文化水平、社会阶层等现实状况的限制，其中心地位并不是天然赋予的，而这只是理论研究的结果，这就需要政府等强势部门赋予他们这一中心地位，并绝对尊重他们、充分挖掘他们的力量和发挥他们的作用。

一 艺人的当代境遇

21 世纪以来，国家对非物质文化遗产保护工作格外重视，这给艺人

---

[1] 林琳：《音乐生态学视角下的皖北坠子流变》，《民族艺术研究》2013 年第 5 期。
[2] 王文章：《保护传统艺术，弘扬优秀文化——在抢救和保护中国人类口头和非物质遗产座谈会上的讲话》，《文艺研究》2002 年第 4 期。

们带来了一展才艺的机遇；但由于时代、社会环境的变化，艺人们的现实境遇也不容乐观。

在有"中国民间艺术（鼓吹乐）之乡"美誉的山东嘉祥，曾先后涌现出一大批全国知名的鼓吹乐演奏家，如任同祥、曹瑞启、伊双来、杨兴云、赵兴玉、贾传秀等，在国内外都有相当高的声誉，他们对鼓吹乐的传播与发展发挥了积极作用。据嘉祥文化部门负责人介绍，现在全县鼓吹乐从业人员已经有2000多人，而且流派纷呈、各有绝招。鼓吹乐艺术的最高峰是在2004年"中国·嘉祥石雕艺术节"上，近千人合奏鼓吹乐名曲《麒麟呈祥》，创造了其历史上的演奏辉煌。但随着知名艺人的相继去世或年龄老化，嘉祥鼓吹乐的风光已经难以再现。历史反复证明，知名艺人个体的作用往往是举足轻重的，没有几个带头人的艺术是不会有强大生命力的。

依据音乐生态系统"三维九要素"的理论来分析，时下鼓吹乐的生态系统已经发生了深刻变化。其文化系统中的语言、受众和民俗都发生了变化，城镇化的加剧，文化高度融合，地道的"家乡话"已经很难听到，各种外来的新生词汇也逐渐成为"俗语"。民间艺术的群众基础正在被急剧削弱，原来相对固定的忠诚受众已经分散各地，不能再形成有影响力和凝聚力的受众群体。更为重要的是，现在民俗礼仪更是"换了天地"。鼓吹乐曾一度以民俗礼仪活动作为最主要的传承方式，二者和谐共存，以一种典型的"音乐民俗"形态融入人们的日常生活中，成为见证婚丧嫁娶等人生最大事典的文化渲染道具。但现在，鼓吹乐存活所仰仗的这些都已经"被现代化"了，各种"现代化"的仪式、设备没有给鼓吹乐艺人留下可以表现的充分机会，他们不再是主角，而是日益被边缘化了。可见，鼓吹乐或强或弱的存在都一直被民俗礼仪活动制约，没有了传统的民俗礼仪活动，鼓吹乐就会失去可赖以生存的载体，其传承人和艺人也便英雄无用武之地了。

二　艺人保护聚焦

民间艺术传承人长期生长在民间艺术的真实语境中，对于民间艺术有着独特的理解和感情，掌握着独特的技艺和职业信仰，是民间艺术传承的中轴脊梁。民间艺术往往依靠传承人而获得持续的发展，若无传承人，民间艺术便无踪可循。可以说，民间艺人是民间艺术保护与保护实践最终能否成功的关键力量。因此，如何充分发挥好民间艺人的积极作用，是非物质文化遗产保护与传承实践中的一个焦点问题。

当前，抢救与保护濒危的传承人是一个迫在眉睫、刻不容缓的问题。因为，没有传承人的民间艺术就会乱象迭出。正如老艺人刘庆荣所说的："现在的年轻人，只要会吹流行歌，就能去'接活'，至于会不会传统曲目，都无所谓。"[1] 而一些鼓吹乐经典的传统艺术曲目已经失传或正在面临失传，年青一代已经少有人能够完整地将其演奏出来了。笔者调查了一些嘉祥鼓吹乐老艺人，他们的鼓吹乐已经有几代、十几代的家传渊源。然而到了现在，已经难以为继了。为了迎合社会需求，鼓吹乐艺人们被迫转型发展，也常演奏一些时下的流行乐曲，但仍然跟不上流行音乐不断更新的热潮。事实上，与其疲于追赶新潮，不如原汁原味地维持原来的艺术形式。所谓的"跟不上时代"的说法，都是"现代优于传统"思想主导下的产物。但回望人类的发展历程，"现代"也处在一个不断流变的过程中，现在的"现代"，也是将来的传统。我们有什么理由看不起传统而抛弃它呢？当然，我们要摒弃传统中的糟粕而使之历久弥新。

在那些热爱鼓吹乐的艺人眼中，鼓吹乐就是他们的至宝。鼓吹乐名家赵善云在讲述学艺经验时，说道："学鼓吹乐，一天不吹，感觉就不对了。有三四年，我每天都要练8个小时以上。鼓吹乐是响亮的乐器，必须吹透，这并不容易。演奏时，最要紧的是控制气，还要靠舌头吐音。吹功、舌功、手功，要协调配合。鼓吹乐听起来好听，但学起来是很乏味的，坚持下来不容易。"[2] 这就要求学艺的人必须有巨大的内在动力，要勤学苦练。但就现实来看，如果没有出自内心的爱好，是不会有人坚持学下去的，也就不会有杰出传承人的出现。这在一定意义上制约了鼓吹乐的传承与发展。即便如此，如果我们能够给鼓吹乐人创造好的生存环境、给予他们足够的经济保障，还是可以吸引到一批继承人的。

---

[1] 板俊荣、伍国栋：《区域音乐文化的主体——乐人个案研究——以庆阳鼓吹乐艺人马自刚为例》，《中央音乐学院学报》2010年第3期。

[2] 周立文：《鼓吹乐吹得凤凰来》，《光明日报》2014年1月27日。

艺术传承人最为理想的是成为一代艺术大师，有大师的艺术就会有强大的凝聚力。有"中国鼓吹乐天王"美誉的一代鼓吹乐宗师任同祥[①]，不仅具有独特的艺术素养和高超的演奏技艺，还创作并改编了大量鼓吹乐作品。更为可贵的是，他在上海音乐学院任教授期间培养了众多唢呐专业演奏人才和理论研究者，这对鼓吹乐艺术的传承和可持续发展意义深远，对我们如何保护与传承民间艺术也具有重要的启发意义。事实上，我们现在最为紧缺的就是这样的精通理论与实践的全能型人才。从任同祥身上可以看到，我们应该把非物质文化遗产工作的重点，从传承人培养拓展到演艺与理论人才培养，不断扩大民间艺术的传承面，让各级学校的艺术教育也来主动承担起民间艺术传承的义务。

结　语

非物质文化遗产的传承与保护必须坚持"以人为本"的理念。"艺术的实质不仅是作品，也不仅是产生这一艺术的社会环境，还有更重要的就是创作这些作品的人以及创作这些作品的群体，他们深邃的思想，他们丰富的情感，他们坎坷的人生经历，他们的集体意识，他们的经验世界以及他们和社会生活所形成的各种复杂的网络关系，等等。"[②] 理论研究要深入艺人的生活和内心世界中，除了关心他们的生活，更要关心他们的精神需要，为他们创设提供充分的展示平台，使民间艺人有机会发挥特长，让艺人们能够在展示民间艺术魅力的同时实现人生价值，这是保护非物质文化遗产最根本、最有效的途径。

---

　① 任同祥，1927年生，1954年任上海歌剧院演奏员，2002年逝世。民间艺人很少有像任同祥这样华丽的人生。

　② 方李莉：《艺术人类学研究的当代价值》，《艺术探索》2005年第1期。

第二编

说唱艺术

论兰州鼓子在现代化语境下的生产与接受[*]

陈向华

摘　要：国家"非物质文化遗产"保护政策的出台为传统文化在当今的生存和发展提供了宏观保障，然而在现代化这一源自西方传统的社会历史进程中，兰州鼓子等中国传统文艺的发展依然堪忧。本文借助美国文化社会学家 Wendy Griswold 的"文化菱形"模型，考察兰州鼓子在当下社会中的生存样态。通过对模型中社会世界（social world）、创造者（creator）、接受者（receiver）、文化客体（cultural object）这四个单位的分析，来探讨在传统文化的生产与接受过程中，传统文化究竟与现代社会发生着怎样的冲突，这种冲突又在何种程度上有着解决的可能。

关键词：现代化　非物质文化遗产　兰州鼓子　文化菱形

中国文化最可贵的一个特性就是历史的延续性。通过漫长的历史积累，中国拥有着巨大的传统文化资源，正是这些传统文化承载着我们民族的道德观念、审美意识以及对宇宙人生的探索和思考，也正是这些传统文化标志着我们民族在世界民族之林里的独特价值与风貌。

然而随着近代以来开启的现代化进程，传统的中国文化与现代的源于西方的价值之间发生着日益明显的裂痕。本文以兰州鼓子为中心，对比了昆曲的发展，试图探讨在传统文化的生产与接受过程中，传统文化

---

[*] 原文刊于《西北民族研究》2015年第4期。

与现代社会究竟发生着怎样的冲突,这种冲突又在何种程度上有着解决的可能。在大量关于生产与接受的理论中,本文选用了美国社会学家 Wendy Griswold 的"文化菱形"模型,从社会世界(social world)、创造者(creator)、接受者(receiver)、文化客体(cultural object)这四个单位来解释兰州鼓子与社会建构的关系。

一 社会世界

　　文化菱形的第一个组成要素是社会世界,这是一种文化的生产所必需的外缘条件。通常而言,政府并不会对小众的文化消费有特别的兴趣。贝克尔曾指出:"政府首先关注的是艺术如何影响社会动员,若群众能被正确的事物动员起来,那么政府就会支持这种艺术;若群众被错误的事物动员起来,政府就会压制这种艺术。"① 就兰州鼓子而言,这样一种区域特色鲜明、受众较狭、仅由"好家"② 勉力支撑的雅艺术,如何能获得官方的支持,又如何获得社会的关注,是考察其生产过程时首先需要关注的。

　　纵观兰州鼓子的发展历史,其盛衰很大程度上与社会环境和国家力量相关。清代以前,兰州鼓子是否存在或是以怎样的形态存在,在学界并无统一认识。③ 现在所能见到的关于兰州鼓子早期较确切的记录表明,光绪年间,政府要员大力提倡,"布政司丰绅泰、按察司黄云、兰州府傅秉鉴等,曾在府中设备酒筵,令皋兰县府衙役,邀约善歌词曲者,来府演唱。而一时善歌词曲者,大有'青萍结绿,长价于薛卞之门'之慨"。④ 兰州鼓子因之大盛。抗战时期,由于甘肃远离硝烟,不少学者和艺人避居此地,带动了兰州鼓子研究的一个高潮。中华人民共和国成立初期,政府的文化方针令兰州鼓子的新发展有了可能。在"百花齐放,

---

　　① [美]约翰·R. 霍尔、玛丽·乔·尼:《文化:社会学的视野》,周晓虹、徐彬译,商务印书馆 2002 年版,第 282 页。
　　② 当地对鼓子艺人和爱好者的称呼。
　　③ 参见蒋明云《兰州鼓子的起源及其文献研究》,《科学经济社会》2013 年第 4 期。
　　④ 李孔炤:《兰州流传民间文学考》,《现代西北》1944 年第 7 期。

推陈出新"[①] 政策的指引下，兰州戏曲学校于 1958 年成立了"兰州鼓子戏班"，招收了 50 名学员。戏校还创作、排演了新编鼓子戏《三难新郎》。1962 年，由著名鼓子艺人李海舟主持编撰的《兰州鼓子》一书正式出版。这是兰州鼓子历史上对传世曲目进行的第一次系统的整理汇编工作。

20 世纪 70 年代末期，中国进入改革开放的历史进程。由于传统农业社会向现代工业社会、计划经济体制向市场经济体制双重转型的历史语境，兰州鼓子所生存的社会土壤发生了根本性变化。传统的、东方的生产生活方式和审美方式日渐为现代的、西方的强势话语权力场域所取代，兰州鼓子同许多传统曲艺一样，不可避免地日趋衰落。然而今天兰州鼓子虽然式微，但仍然延续了下来，并再次进入了人们的视野。这其中固然有"好家"们的坚守，但我们应该最先考察的仍然是兰州鼓子所赖以生存的社会环境在今天又发生了何种演变。

今天兰州鼓子再次回到人们的视野中来，最重要的环境因素就是当今世界对"多元化"理念的认同。现代社会，由于科技、经济等的高度全球化，整个地球日益成为一个"地球村"。随着联系的便捷，不同文明景观间的边界日益模糊。由于工业文明和商品经济的强势话语，西方话语传统借助全球体系的形成和全球霸权作用，迅速横移到西方之外的国家、区域或族群，源于西方的"现代"观成为其他"前现代社会"的价值趋向和判断标准。有鉴于此，为了避免文化间的不公平竞争，也为了保护民族文化个性以丰富世界文化的多样性，联合国教科文组织在 1995 年发表了《我们创造力的多样性》的报告，提出世界文化多元发展的观点，强调对话交流是共生的前提。此后在 2001 年 11 月 2 日，在联合国教科文组织召开的第 31 届大会上，与会的成员国一致通过了《世界文化多样性宣言》。该宣言强调了不同文化的独特价值，重视弱势群体和少数族群的特有文化，并将之视作人类精神活力的一个源泉，认为对这些文化的保护是维护人类精神世界生态平衡的重要举措。《世界文化多样性宣言》的第一条做了这样的表述："在不同的时代和不同的地方具有各种不

---

① 这是毛泽东主席 1951 年为中国戏曲研究院成立而写的题词。类似的表述还见于周恩来总理在 1951 年 5 月 5 日签发的《关于戏曲改革工作的指示》（即"五五指示"）。

同的表现形式。这种多样性的具体表现是构成人类的各群体和各社会的个性所具有的独特性和多样化。文化多样性是交流、革新和创作的源泉，对人类来讲就像生物多样性对维持生物平衡那样必不可少。从这个意义上讲，文化多样性是人类的共同遗产，应当从当代人和子孙后代的利益考虑予以承认和肯定。"

同时相应的，联合国教科文组织于 1997 年 11 月在第 29 届大会上通过了《人类口头和非物质文化遗产代表作》的决议。2000 年 4 月，联合国教科文组织总干事致函各国，正式启动了"人类口头和非物质文化遗产代表作"项目。2001 年，中国的昆曲入选第一批"人类口头和非物质文化遗产代表作"。

也正是基于同样的认识，中国政府出台了一系列相应的政策，为中国传统文化的独立发展和繁衍保驾护航。为使中国的非物质文化遗产保护工作规范化，2005 年 12 月，中华人民共和国国务院发布了《关于加强文化遗产保护的通知》，确定了从国家到县共四级的保护体系，要求各地方和各有关部门贯彻"保护为主、抢救第一、合理利用、传承发展"的工作方针，切实做好非物质文化遗产的保护、管理和合理利用工作。2006 年 5 月 20 日，国务院在中央政府门户网上发出通知，批准文化部确定并公布第一批国家级非物质文化遗产名录，其中就包括兰州鼓子。

至此，兰州鼓子的文化价值在当前的社会大环境中已获得了相当的认同，兰州鼓子具备了获得更多关注和支持的可能性。尤其是入选国家首批非物质文化遗产保护名录，对兰州鼓子的影响无疑是巨大的，整个社会对兰州鼓子的认知和关注度因而有了明显的增强。首先是媒体的大量报道，一时间在《甘肃日报》《兰州日报》《音乐周报》《人民日报》等各类报刊上密集发表了许多有关兰州鼓子的文章。学界对兰州鼓子的关注度也明显上升。2010 年，兰州城市学院承担了甘肃省教育厅研究生导师项目"兰州鼓子的文学性与民俗性研究"。2012 年，甘肃农业大学承担了教育部人文社会科学一般项目"城市化背景下本土音乐的流变与保护——以兰州鼓子为例"。同时，兰州大学的调研团队设计了"兰州鼓子传承艺人及政府组织保护行为调查""中国文化遗产传承艺人档案建设项目""基于修正 PRA 方法下的非物质文化遗产合作社模式研究——以兰州鼓子为例"等调研项目，并完成多篇调查报告。

面对20世纪80年代以来的流行文化的冲击，正是当今这种对多元化价值肯定的国际潮流，使得兰州鼓子能够再次进入民众视野。因此，兰州鼓子的再生产并非理所当然的现实，不是依照其发展理路能够顺利实现的。通过对兰州鼓子兴衰的宏观考察，无疑可以看出兰州鼓子的再生产离不开相应的社会脉络的支撑。正是中华人民共和国成立初期所制定的文化保护政策，当今国际社会对多元化价值诉求的回应及人类口头与非物质文化遗产保护的提出，构成了兰州鼓子再生产的社会土壤，使兰州鼓子的再生产成为可能。不过我们需要注意到的是，这种宏观的社会环境有时只是提供一种外在的可能性，这种可能性在具体的落实中仍然存在着很多不确定性。如同多份研究所指出的，在兰州鼓子艺人最为集中的兰州市皋兰县什川镇，多数的经济补贴和物资配备都倾向于另一种传统曲艺——秦腔。① 什川镇政府的宣传材料中也很少提及兰州鼓子，如在新华网甘肃频道里，关于什川镇的介绍，民间艺术部分只提到剪纸、刺绣、根雕和黄河奇石，未提及兰州鼓子。② 同时，什川镇以"铁芯子"作为当地非物质文化遗产的标志。这些皆表明兰州鼓子当前所面对的社会世界充满着希望，但这些希望的落实也有着相当多的不确定性。

二 创造者

文化菱形的第二个组成要素是文化创造者。兰州鼓子艺人的身份是很特殊的。由于兰州鼓子不存在像京剧、秦腔这些大剧种一样的剧团建制，同时现在也没有了曾经一度兴旺的茶馆作为经营性演出的空间，兰州鼓子艺人们基本都是以一种当地话称作"好家"的业余身份从事非营利演出活动的。对于这一身份带来的相关问题，我们对照另一极为典型的非物质文化遗产——昆曲，以及兰州鼓子在最兴盛时的生存样态，能够更好地看出其中的端倪。

---

① 参见李昱卓《自我与社会：兰州鼓子艺人群体传承的多重镜像》，兰州大学文化多样性保护项目兰州调研队2009年版；聂华林、王龙魁、殷雪《非物质文化遗产保护中传承人与政府的策略互动研究》，《丝绸之路》2012年第2期。

② 《什川镇》，新华网，2015年6月2日，http://www.gs.xinhuanet.com/dfpd/2005 - 03/22/content_3919312.htm。

1949年前，除"国风苏剧团"和"半付昆班"外，在全国范围内昆曲已没有一个职业性表演团体。吴乾浩这样记录了当时昆曲的境遇："很有名的国风剧团'七个演员分男女，独脚乐师兼文武'。'独脚乐师'张兰亭，一人管5件乐器。主乐器笛子轮流吹，王传淞上台，周传瑛吹；周传瑛上台，王传淞吹。如果两人全上台，则在台上扮着角色吹。没有道具，没有布景，全部行头，装不满一个小木箱，真是画纸为衣，束草为带。周传瑛解放后回忆这段生活说：'有的流落江湖，有的改行，也有的饿死，倒毙在荒郊。真的死的死了，走的走了……'"① 在1952年全国第一届戏曲观摩会上，在27个剧种的82个剧目中，昆曲参演的仅有一出《思凡》。那时昆曲的发展也几可说是不绝如缕了。直到1956年，由于《十五贯》演出的大获成功，昆曲受到了国家领导人的重视。1956年5月18日，《人民日报》发表社论《从"一出戏救活一个剧种"谈起》。此后情况出现了明显的变化，1956年底苏州成立苏昆剧团，1957年北京成立北方昆剧院，1958年上海成立上海青年昆曲团，1960年湖南成立湘昆剧团。由此，全国逐渐形成了由六团一所为主的昆剧界。到1960年，全国范围内昆曲从业人员已达六七百人，加上业余组织的人员，已近千人。②这些剧团建制在此后成了昆曲生产的主力，在人才的培养与储备、表演艺术的传承与发展、剧目的排演与创新等各个方面都担当着发展的主力，并在今天的昆曲界仍然发挥着重大的影响力。

　　再来看兰州鼓子繁盛时的景象。清同治、光绪年间是兰州鼓子发展的第一个高峰，当时布政司丰绅泰、按察司黄云、兰州府傅秉鉴等，曾在府中设筵，邀约善歌词曲者来府献唱。据载为学唱词曲，每得一首，辄耗费一二十金。③ 据《中国曲艺志·甘肃卷》的记载，到了20世纪三四十年代，兰州鼓子的演出场所有16处之多，其中大者如位于五泉公园的鸿云社能容纳500人之多，而最小的也能容纳30人。"当时兰州人口只有十八万，城区也只是从现在的广场西口到小西湖，却有这么多的曲

---

① 吴乾浩：《当代戏曲发展学》，文化艺术出版社2007年版，第21—22页。
② 《改革开放三十年的中国戏曲》，文化部官网，http：//www.ccnt.gov.cn/sjzz/yss/ssngy/200907/t20090727_72192.html。
③ 兰州市七里河区文史委员会：《七里河区文史资料》，兰州市七里河区文史委员会1991年版，第193页。

艺茶馆，艺人达数百人之多，几乎到处弦歌。"①

通过上述横向和纵向的事例对比，我们可以看出一些兰州鼓子艺人在今天生存环境中出现的一些问题。首先是身份的认同性与归属性。当今的兰州鼓子艺人多是单纯的"好家"，这种业余身份意味着兰州鼓子艺人不能像其他大剧种的从业人员一样完全纳入高度组织化的社会体系中，成为社会文化生产机制的一部分。鼓子艺人从事这项艺术更多的是出于自身的兴趣爱好或者来自家族传承，诸如兰州皋兰县砂岗村的牛万炳老先生祖孙三代，兰州市秦剧团的专业作曲家肖振东表兄弟，兰州安宁刘家堡乡崔宝山家，兰州彭家坪镇郑家庄郑永瑶家父兄两代、魏世发兄弟六人、王雅禄父子等都是如此。一种艺术形式，如果只是依靠人们自发的兴趣和家族式传承，那么其发展的稳定性和可持续性必然存在诸多疑问。

这种自发的演出状态必然是极其脆弱与不稳定的，对比昆曲的例子，则看得更为明显。在昆曲大规模建团之前，艺人星散于四方，即使最有名的剧团如"国风苏剧团"，也没有完整的人员配备，因而昆曲的发展也跌入了最低谷。后来昆曲重新受到重视，首先便是出现了大规模的剧团建制，流散四方的表演艺术家有了明确的归属，同时也为后来的人才培养奠定了坚定的基石，昆曲界"继字辈""世字辈"演员正是在此背景下培养产生的。

剧团不一定是传统文艺的唯一演出团体，但是剧团作为一种集体的存在，比个体的爱好者有着更强的稳定性是毋庸置疑的，同时职业性的剧团意味着一种演员身份的归属，也意味着相关联的经济收入。通过这种演员身份的归属和经济的强有力联系，戏曲才能与表演者的生活发生强有力而稳固的联系。而没有剧团归属的兰州鼓子艺人，处于一种极不稳定的自发状态。他们多数人是以种地为生的农民，鼓子的演出只是农闲时节的副业。这种构建于兴趣爱好之上的非职业演出状态，使兰州鼓子发展的内在动力不足。兴趣与爱好虽然也可以表现得很强烈，但是兴趣爱好不是一种稳定而有效的状态。而且一个个独立的个体表演者，使

---

① 中国曲艺志全国编辑委员会、《中国曲艺志·甘肃卷》编辑委员会编：《中国曲艺志·甘肃卷》，中国 ISBN 中心 2008 年版，第 92 页。

得兰州鼓子的属人色彩极为浓厚，很容易出现人在戏在、人亡戏亡的局面。

另一个更为迫切的问题是在这种零散的个体表演状态下，兰州鼓子的传承变得极为偶然与不稳定。所谓非物质文化遗产，不同于有限的物质文化遗产，它没有一个固化的展现形式（当然，现代化的录音录像设备可以保存一部分），必须借助一代一代的传承人而得以活态的展示。一旦没有了传承人，活态的艺术立刻就变成了博物馆里静态的展品。

除了剧团之外，国家对非物质文化遗产传承人的资金补助也是一个重要途径，使得兰州鼓子艺人能通过传承鼓子获得经济收入，传承人在其日常生活中与艺术表演形成稳定的联系。然而传承人的名额有限，给特定的几名传承人以经济资助仍然无法改变兰州鼓子艺人集体的自发性与不稳定特征。保护兰州鼓子，最重要的是保护这些传承着鼓子的民间艺人。如何使这一群体获得一种强力有效的身份认同，保证这个群体的传承生态，在今后必然是学界和政府所要解决的重要课题。

三　接受者

一切艺术形式，或者说一切文化形式，只有当其具有一定的受众时，才是有意义的。正如某篇写给自己的日记，或者某个隐居者自己冥想出的一种新的理论，在没有公之于众的时候，至多称为一种潜在的文化物件，并不具有实际的意义。兰州鼓子如同其他文化形式一样，必须让接受者借助聆听、理解、思考等行为参与其中，与生产者进行互动，它才具有完整的意义。因此接受者不是被动的聆听者，而是意义的积极制造者。

然而今天的兰州鼓子与其所面对的受众发生了严重的错位。兰州鼓子产生于"传统的"生活方式，而其面对的受众却习惯于"现代的"生活方式，特别是这种"现代的"生活方式源自外来的、西方的价值传统。在这个"现代的"世界里，城镇化和工业化进程日益加快，市场对生活全面渗透，科学技术与工具理性日益强势，掌握着现代或说进步的话语。同时，在现代化进程高速发展的今天，我们的生活世界正经历着哈贝马斯所谓的生活世界的殖民化。随着市场规律渗透并控制着文化商品流通领域，批判意识逐渐转换成了消费观念。在这种情境下，公众对兰州鼓子的疏离与陌生几乎是必然的，如同一篇报告中记录的："（一处鼓子茶馆）在场人员均为鼓子艺人，偶尔有一两个外人，也基本是像我一样的采访者。"① 另一份报告则指出："在对兰州市的街头随机访问中了解到，多数兰州本地人不知兰州鼓子为何物，甚至有记者在报道兰州鼓子时突问'鼓在哪里？'"②

这种来自现代化历史进程的错位，显然不是兰州鼓子所独自面对的。所有传统文化在面对当代受众时都需要进行相应的调适，这种调适绝不意味着一端对另一端的迎合，恰恰相反的是要避免一端过度趋向另一端，因为这种大尺度的改变其本来发展趋势的态度必将埋下二者断裂的隐患。我们说的调适，是双方都做出一定的妥协和让渡，在一个更为平等的平台上进行对话。

这种调适的一个方面是唤起全社会的文化自觉，引导人民去保护我们的文化遗产。已故著名社会学家费孝通先生曾撰文指出："当代中国文化必须经过文化自觉的艰巨过程，才能在这个已经形成中的多元文化的世界里确立自己的位置，经过自主的适应，和其他文化一起，取长补短，共同建立一个有共同认可的基本秩序和一套各种文化能和平共处、各舒所长、联手发展的共处守则。"③ 基于这种认识，受众去欣赏兰州鼓子就不单单是从艺术欣赏的角度进行审美活动，而是进行一种文化体验。这种体验正是拒斥生活世界的殖民化，从商品化的领域回到道德与文化秩序的层面，拒绝消费主义，找寻文化共识。

"高雅艺术进校园"活动就是唤起文化自觉的一种极好形式。通过这一活动目前收到的良好的效果和热烈的反馈，我们看到当代大学生是有一种文化自觉的担当的。在排队领票的学生中，大多数人未必能从单纯艺术欣赏的角度去看昆曲、京剧，他们更多的是表现出一种责任和义务，一种去了解自己传统文化的责任。同样的，在近年来的国学热中，读经

---

① 黄虎：《兰州鼓子调查报告》，《中央音乐学院学报》2007 年第 4 期。
② 李昱卓：《自我与社会：兰州鼓子艺人群体传承的多重镜像》，兰州大学文化多样性保护项目兰州调研队，2009 年。
③ 费孝通：《反思・对话・文化自觉》，《北京大学学报》1997 年第 3 期。

班等形式,无不是民众在强烈地表示一种文化自觉的趋向。因此民众对兰州鼓子的陌生,很大程度上是由于兰州鼓子的普及与宣传工作仍然很不够,一般民众难以接触到这种文化形式,就像曾经的昆曲一样。假以时日,兰州鼓子能像昆曲一样找到与受众接触的恰当形式,使受众真切感受到这是一种他们的先祖所创造的文化样态,寄托着他们先祖的喜怒哀乐,也必然会有民众像接受昆曲一样接受兰州鼓子。

调适的另一方面是兰州鼓子也要去积极地适应现代观众。如同昆曲创作出青春版《牡丹亭》一样,兰州鼓子也需要了解现在面对的接受者是什么样的,从而以能引起受众更大共鸣的形式来展现传统文艺。我们说传统文化承载着民族精神与价值观念,但如果一种文化不能与民众发生关联,则其所承载的所有意蕴都将失去意义。昆曲和京剧等大剧种成功地创造出适合当代受众接受能力的戏曲样式,兰州鼓子也应该更为主动地找寻其内在理路中与当代观众最为契合之处,通过与受众的沟通,体现自身的完整意义。

四　文化客体

兰州鼓子产生于中国传统的生活方式,其演出内容与演出形式无不体现着中国传统的价值观念与审美意趣。兰州鼓子有一百多个曲牌,它通过清雅的旋律、激越的唱腔,表达着喜怒哀乐情绪,其唱词主要是歌颂忠臣孝子、鞭挞奸邪丑恶的,也有部分倾诉衷情或描摹景物。

兰州鼓子在历史上的盛行,既有其形式上的要素,也有其内容的构成。就演唱形式而言,兰州鼓子没有道白,一唱到底,且不分角演唱,以一人饰多角的方式进行表演,具有简便易演的特点,也正因其易演而在里巷阡陌间被广泛传唱。就其音韵而言,兰州鼓子的韵辙极具地方特点,韵目大体通用北方的十三辙。因为兰州方言发音浊重、语韵干涩、声调高硬,用韵取怀来、江阳、中东等辙居多,而鲜取乜斜、一七、姑苏辙。演唱的艺术风格具有当地民歌豪放、爽朗的特点,从而深受当代民众喜爱。

在内容方面,就像有的学者指出的,"民众的爱看戏文,其趣味的中心不在于戏文的形式，而在于内容"①那样，兰州鼓子也具有丰富的内容，其中最主要的是历史故事与民间传说类，如《三顾茅庐》《林冲夜奔》《岳母刺字》《四郎探母》等，在故事的讲述中，承担着民众道德教化的责任。

然而随着时代的变迁，在现代化进程日趋加速的今天，所有曾经促使兰州鼓子盛行的因素似乎在阻碍兰州鼓子在今天的传播。首先是其简单的表演形式，不利于表现复杂的故事情节，较缺乏戏剧表现。而兰州话的用韵，今天从小接受普通话训练的年轻人已经很难听懂了。更重要的是兰州鼓子的演唱节奏过缓，很难使习惯于快节奏生活方式的现代人保持长时间的注意。这种种困难使得兰州鼓子日益远离现代兰州人的生活。

当一种活态艺术形式远离了其产生的时空而逐渐变得僵硬、缺少活力之时，创新性生产就变得极为迫切。我们可以看到，今天在昆曲、京剧中，创新性生产已经成为一种极为重要的生产方式。其中像青春版《牡丹亭》这样的创新昆曲更是大获成功，极大地拓展了传统昆曲在今天的表现方式，也展现了昆曲这门古老艺术在今天仍然极具创新活力的情况。

中国政府已有中华人民共和国成立初"两条腿走路"（即"一方面提倡戏曲反映现代生活，一方面重视传统。一方面鼓励创造新剧目，一方面继续整理、改编旧有剧目"）②的戏曲剧目方针以及后来的传统戏、新编历史戏和现代戏"三并举"③的戏曲剧目政策。然而当时政府这种极具远见的戏曲发展方针、政策在此后的落实中出现了偏差，导致了政策性力量对戏曲创新的揠苗助长。当时虽然创作出了一批在艺术上具有相当价值的现代戏，但是政治过度干涉艺术导致了很多灾难性后果。兰州鼓子也是在这个时期开始了其创新性尝试，创作排演了《雷锋》《赞歌》《山河颂》等新编曲目，然而这种政治力量的揠苗助长并没有遵循艺术发

---

① 朱希祥、李晓华：《中国文艺民俗审美》，上海文化出版社2009年版，第159页。
② 《戏剧一定要表现新的群众时代——记周扬同志和演员们的一次谈话》，《戏剧报》1958年5月16日。
③ 齐燕铭：《现代题材的大跃进——祝现代题材戏曲剧目观摩演出的胜利》，《北京日报》1960年5月7日。

展的本来规律，因此随着政治力量的放手，这些新编剧目绝大多数都被迅速遗忘，不再有人演唱，兰州鼓子在现代的第一次大规模创新性生产以失败告终。

兰州鼓子在被选入《国家级非物质文化遗产名录》后，其创新性生产似乎更无必要，因为文化遗产保护的相关法规政策为其原生态的存在方式提供了政策上和资金上的保障，使其避免在竞争中消亡，而能够长久地保留。可是通过对当今兰州鼓子艺人的生活现状与传承状况的考察我们发现，宏观的保护政策在具体的落实中仍然会遇到很多困难，而且即使政策和资金无保留地扶持，兰州鼓子在当今社会中的发展恐怕仍然会遇到很多问题。正如前面所提及的阻碍兰州鼓子在今天传播的那些要素，并不是资金甚至不是政策所能消除的，而是反映出现代化进程中传统与现代冲突的问题。这样，我们应当认为，所谓传统文艺的再生产不是简单的生产问题，而是一个文化问题。

兰州鼓子同其他非物质文化遗产一样，不是由于传统而获得意义，而是由于有意义才成为传统。《国务院关于加强文化遗产保护的通知》中指出："保护文化遗产，保持民族文化的传承，是连结民族情感纽带、增进民族团结和维护国家统一及社会稳定的重要文化基础，也是维护世界文化多样性和创造性，促进人类共同发展的前提。"这里明确地指出，保护文化遗产的意义在于保持民族文化的传承，联结民族的情感，保证民族团结，维护国家统一及社会稳定。如果一种文化形式不再能寄托当代人的情感，也不再和普通民众的生活发生联系，那么它是否仍然能够促进社会稳定、国家统一呢？如果不能获得这些意义，它是否还是亟须保护的有意义的形式？所以有学者认为："非物质文化作为民族社群民间文化，它的存在必须依靠传承主体社群民众的实际参与，体现为特定时空下一种立体复合的能动活动。如果离开这种活动，其生命便无法实现。发展地看，活态性还指它的变化。一切现存的非物质文化事项，都需要在与自然、现实、历史的互动中，不断生发、变异和创新，这也注定它处在永不停息的运变之中。总之，特定的价值观、生存形态以及变化品格，造就了非物质文化的活态性特性。"[①]

---

① 贺学君：《关于非物质文化遗产保护的理论思考》，《江西社会科学》2005年第2期。

文化保守主义者或许认为，传统之所以是传统，就在于其所保存的久远的形式。兰州鼓子与其他曲艺形式的区别正是其简单的表现形式和一弹三叹的缓慢节奏。但是我们要追问的是，兰州鼓子这样一种传承数百年的文化形式，我们今天所见的表现形态是否就是其最早呈现的样态？在从清代到民国再到中华人民共和国成立后的漫长历史进程中，兰州鼓子内部是否蕴含着伴随时代发展而发展的内在逻辑？我们今天是否可以在遵循兰州鼓子本身艺术规律的前提下，使之更能寄托现代人的情感，从而与现代人的生活有更为密切的联系？这些问题是兰州鼓子在未来的发展中所亟待解决的，这决定了兰州鼓子未来是作为静态的"博物馆艺术"而呈现，还是作为动态的活性艺术而存在。

　　通过对兰州鼓子生产与接受各个环节的考察，我们看到在现代化转型的历史进程中，兰州鼓子在生产与接受的各个方面都与现代社会的规范之间存在着巨大的张力。宏观政策与国际环境虽然给予了兰州鼓子再生产的宏观环境保障，但微观环境又存在着诸多不确定性。作为传承非物质文化遗产的兰州鼓子艺人处于一种极不稳定的零散的自发状态，多数鼓子艺人的生活与鼓子的演出并没有强有力的联系，这也即意味着表演者和表演的关系随时可以终止，而社会民众又对这一艺术形式感到陌生与疏离。同时这门艺术本身也日趋闭合，没有找到一种与当代受众更为契合的创新方式。非物质文化遗产的意义在于其活性的动态的存在，而兰州鼓子的生产与接受生态却是如此脆弱。而且兰州鼓子的生存状态又表现出高度属人性，这种属人性意味着那些零散的个体艺人一旦去世，兰州鼓子的传承将面临巨大的危机。

兰州鼓子：民间非遗艺术的传承与困境*

杨　阳　陈勤建

摘　要：兰州鼓子是国家级非物质文化遗产项目，近年已有学者对其历史源流、演唱形式、音乐构成、唱词审美、师徒关系、保护发展以及政府作为等多方面进行了较为深入的研讨。然而，要改善兰州鼓子日趋濒危的生存状态，不仅要在曲目整理、梳理脉络上下功夫，还要充分尊重民间口头文学传承演变的特点，使得包括方言在内的这块民间文艺瑰宝既保质保鲜，又可持续发展。

关键词：兰州鼓子　非物质文化遗产　困境　传承　再造

中国民俗学家、民间文学大师钟敬文先生说过："所谓'历史'，是过去人们生产和生活的记录。人类所以异于其它动物，主要就因为他们是'文化的'动物。人们在长时期的生产、生活中所创建和传承下来各种风俗、习尚，就是这种不可或缺的社会文化的一部分，在民族文化史上，如果缺少或者删去了这部分，它将是残缺的、有遗憾的。"[①]

自2006年兰州鼓子作为甘肃省优秀民间曲艺跻身国家级非物质文化遗产名录以来，一些学人纷纷将目光对准了这个原本少人知晓的民间传统曲艺形式，从其历史源流、演唱形式、音乐构成、唱词审美、师承关系、保护发展以及政府作为等多方面进行了分析和论述，从而掀起了兰州鼓子研究的一次高潮。本文将对兰州鼓子这种曲艺形式的唱词进行重

---

* 原文刊于《华东师范大学学报》（哲学社会科学版）2016年第4期。
① 钟敬文：《民俗文化学：梗概与兴起》，中华书局1996年版，第69页。

点研究，考察成为国家级非遗项目以后兰州鼓子的生存状态，对其今后面临的传承和再造途径做进一步的探索。

一　兰州鼓子由来探寻

长期以来，不管是鼓子艺人还是专家学者，纷纷开启了对兰州鼓子源流的回溯与探微之旅，大家试图给兰州鼓子一个比较明确的诞生日期，但至今未果。这也恰好应和了瑞士心理学家、发生认识论创始人皮亚杰的观点："从研究起源引出来的重要教训是：从来就没有什么绝对的开端。"①

而被众多研究者认可的结论是：兰州鼓子是一种有着百年以上历史的民间曲艺形式，它有诸如"平调鼓儿词""皋兰腔""皋兰鼓子词""兰州鼓子词""小曲"等称谓，现如今，在兰州鼓子老艺人口中，兰州鼓子则被精练地称为"鼓子"。兰州鼓子不仅享有过"艺苑奇葩，金城正声"的美誉，也拥有过辉煌的过往。应该说，它是兰州的一张文化名片。"遇喜庆节日，请客宴会，不论在农村的家庭院落，还是集镇的茶肆酒楼，都会有老兰州人聚集在一起弹唱兰州鼓子；每当唱到高潮之时，一人演唱，众人帮腔，十分热闹。"②"作为一种地方曲艺珍宝，兰州鼓子词中蕴涵着不少源自民间的、富有世俗气息的喜怒哀乐，而正是这样的民间特征让我们可以把握到过去时代里兰州人的生命温度与精神宽度。"③

中国现代有学者曾说："歌谣是以民众地方为单位的，不是以个人做单位的。因此，歌谣的个性，应该从一个地方的人群看起。"④ 歌谣如此，作为地方文化事象承载物之一的兰州鼓子也概莫能外。兰州鼓子的曲调悠扬婉转，缓慢跌宕，唱词典雅古朴，半文半白，以兰州方言演唱，听

---

① ［瑞士］让·皮亚杰：《发生认识论原理》，王宪钿等译，商务印书馆1985年版，第17页。
② 穆永强、刘凡圆、朱晶松、张水菊：《国家非物质文化遗产兰州鼓子保护与传承现状调查》，《兰州教育学院学报》2015年第3期。
③ 雷岩岭、张彦丽：《兰州鼓子词的民间性探析》，《湖北民族学院学报》（哲学社会科学版）2011年第5期。
④ 卫景周：《歌谣在诗中的地位》，《歌谣》1922年12月17日周刊纪念增刊。

来散发着浓厚的乡土气息。其基本演唱形式是一人坐唱,三弦、扬琴、二胡等民乐伴奏,众人帮腔。帮腔的人既可以是乐器的演奏者,也可以是周围的众好家,演唱者通常为男性,不弹奏任何乐器,面向伴奏者侧坐演唱,双手平放于两腿,演唱过程中表情较为严肃。

20世纪80年代以来,有关兰州鼓子的研究渐成气象,在这当中,王正强先生在其《兰州鼓子研究》一书中论证的科学性和可信度较高。[1] 在对他人说法提出异议的同时,王先生对曲牌和曲本的来源进行了综合分析,并将之与北京八角鼓、陕西眉户中的曲牌做了比对,还将相同曲牌唱调的音乐用简谱的形式进行对照。"在唱法、节奏、调式、曲式和词格诸方面,都是大同小异或者大异小同。"[2] 由于曲本方面兰州鼓子的保留曲目在北京八角鼓和陕西眉户中都能够找到同名的曲本,因此他更加确认了北京八角鼓和兰州鼓子之间的渊源关系。而这个结论又证明了"某一个地方创造出来的生产力,特别是发明,在往后的发展中是否会失传,取决于交往扩展的情况"[3] 这个论断。

之后,研究者王宇琪的论文《"八角鼓族系"曲种的界定与成因》,从音乐研究的专业角度入手,对《中国曲艺集成》中收录的众多曲种与北京八角鼓进行比对发现,"尽管北京八角鼓、山东八角鼓、河南大调曲子、兰州鼓子、临夏平弦、青海平弦、扶余八角鼓、安徽亳州清音、郧阳曲子以及内蒙古八角鼓这些曲种各自具有鲜明的地方特征,在音乐风格上相去甚远。但是,它们都是牌子曲类曲种、具有'曲头'—若干曲牌连缀—'曲尾'的曲牌连缀结构,更为重要的是,在'曲头'的第三句词上都保留了'拆散'的特征,因此,本文将上述曲种共同构成的曲艺系统,称为'八角鼓族系'"。[4] 王宇琪的观点充分证明了兰州鼓子与北京八角鼓之间的深厚渊源,也更进一步肯定了王正强先生的推断。

由此,我们可以捋出一条兰州鼓子发展的基本脉络:它是以北京

---

[1] 肖振东:《兰州鼓子文化荟萃》,甘肃文化出版社2009年版,第5页。
[2] 王正强:《兰州鼓子研究》,甘肃人民出版社1987年版,第3页。
[3] [德] 马克思、恩格斯:《费尔巴哈》,《马克思恩格斯选集》第一卷,人民出版社1972年版,第60页。
[4] 王宇琪:《"八角鼓族系"曲种的界定与成因》,《内蒙古大学艺术学院学报》2008年第1期。

八角鼓为基本原型，传入兰州后，又吸收了已在当地流行的陕西眉户、兰州本地小曲等元素，逐渐成为既本土化又蕴含着强大精神力量的文化产品。"文化是一个国家和民族的精神命脉……是一个民族的生命记忆和活态的文化基因"[①]，因而，作为非物质文化遗产的兰州鼓子，它既聚合了兰州人特有的文化基因，也成为兰州人强大精神凝聚力的根源。

二 兰州鼓子词的分类及核心价值

正因为兰州鼓子是兰州历史文化"活的记忆"之一，是多种文化符号的活态聚集，所以对其内含的核心价值的关注与研究，当然也是传承、保护、抢救这项国家级文化遗产的当务之急。

"中国民间文化遗产抢救工程"的发起人和领导者之一、中国民间文艺家协会主席、著名作家冯骥才先生在一次新闻采访中对记者说过："所谓'民间文化'是相对于'精英和典籍文化'而言的，是人民大众用心灵和双手创造的文化，是人民大众自发创造、满足自己的一种生活文化。数千年来，它积淀深厚，博大灿烂，并且与人民的生活和理想深深凝结着。"[②] 兰州鼓子唱词现存的曲目约300首，曲牌100多个，内容大多取材于民间广为流传的历史故事、民间传说，如《三顾茅庐》《林冲夜奔》《岳母刺字》《四郎探母》等，还有一些写景、祝颂、劝世之类的唱段。从目前各地区艺人演唱的实际情况来看，占有八成比重的传统曲目总是更受人们的喜爱。从内容来看，这些曲目大致可分为掌故类、传说类与写景、祝颂、劝世三类，下文将以各类中最典型的篇目为例进行论析。

（一）掌故类

在兰州鼓子中，历史故事的讲述从来都是最吸引听众的。这些曲目

[①] 评论员：《活态传承 活在当下》，《中国文化报》（数字报），2012年6月11日，http://nepaper.ccdy.cn/html/2012-06/11/content_73676.htm。

[②] 阎瑜：《留住中国民间文化的声影》，《文艺报》第一版2005年1月15日。

的唱词内容或取材于真实的历史事件，或改编自古典文学作品，演唱过程恰是人物性格被凸显、故事情节被叙述的过程，正是借助于曲牌的变化，一个个各具风采的故事天地被烘托了出来。使得一提的是，兰州鼓子唱词的篇目一般不是很长，只能描述某一个特定的情节片段。如果涉及长篇小说，兰州鼓子就采用不同的曲牌分篇叙述，常常选取小说情节中的高潮或者民众所熟悉的部分加以演绎。

如《三顾毛庵》《取街亭》《大借箭》《小借箭》《连环计》《华容道放曹》《单刀赴会》《空城计》《长坂坡救主》《白帝托孤》等众多篇目，都是取材于中国四大名著之一的《三国演义》。在这部章回体小说中，人物众多，情节纷繁复杂，战争场面宏大雄壮，但是鉴于兰州鼓子体式的限制，唱词的创作就聚焦于那些叱咤风云的英雄人物和著名战役上了。如《空城计》一篇：

【越调头】马谡无能，失守街亭。司马懿挥兵攻西城。诸葛亮设计守空城。

【慢　诉】孔明闻报，暗自心惊。司马兵来到，怎保西城？
恼恨马谡，不尊将令！擅作主张，失守街亭。
西城兵少，尽都是老弱残兵。司马兵攻城，怎能交锋？
思前想后，妙计忽生。要退敌兵，暗把令行。……①

这篇越调唱词在现存的唱词曲目中属于篇幅较长的，在唱词中它运用了较长的曲牌如【慢诉】【银纽丝】等，整个情节完整、形象。从"马谡失街亭"这个事件的起因讲起，先以【越调头】的四句唱词概括了故事大意，然后再用【慢诉】将诸葛孔明丰富的内心活动刻画得分毫不差，使听者如身临其境，跟随卧龙先生由心惊到淡定。而对于司马懿的刻画，亦是通过细腻的心理描写，展现了一个"内忌而外宽，猜忌多权变"的人物形象。

取材于《三国演义》的唱词仅为现存兰州鼓子唱本中的一部分篇目，

---

① 肖振东：《兰州鼓子荟萃》，甘肃文化出版社2009年版，第813页。

在历史故事一类的兰州鼓子唱本中，还有很多其他篇目。如取自《红楼梦》的《宝钗扑蝶》；取自《水浒传》的《林冲夜奔》《燕青打擂》《武松打虎》《拳打镇关西》等；取自《西游记》的《悟空探路》《蟠桃会》等；取自《西厢记》的《普救寺解围》《探张郎》《拷红》《饯行》《衣锦荣归》等；另有像《霸王别姬》《木兰从军》《罗成显魂》《大百将》等篇目，其情节都来源于著名的章回小说或文学作品。

（二）传说类

我们通常所说的民间传说是围绕客观实在物，运用文学表现手法和历史表达方式构建出来的，它是具有审美意味的散文体口头叙事学。"民间故事和历史传说不但可以帮助人们回顾历史与社会生活，传说和故事中表现的劳动人民健康的道德观念和高尚的感情，也潜移默化地影响人民的情操。"① 民间传说一般分为人物传说、历史事件传说和地方风物传说三个类别。在兰州鼓子的唱词中，篇目较多的为前两种。

人物传说，既有帝王将相、文人骚客，也有神仙异类、英雄好汉。代表的篇目有《文王访贤》《岳母刺字》《木兰从军》《秦琼逃关》《水漫金山》《霸王别姬》《吕蒙正赶斋》《探窑》《独占花魁》《伯牙抚琴》《伯牙摔琴》《貂蝉拜月》《李白醉写》等。如《木兰从军》一篇：

【鼓子头】四壁虫声，唧唧悲鸣，木兰在机房心不宁，手扶双腮暗伤情。

【赋　唱】蛾眉紧皱，珠泪盈盈，一夜愁肠，削减形容。
　　　　　只因昨日军书到来，御突厥急征兵丁。
　　　　　军书一十二卷，卷卷都有父名。
　　　　　无奈父亲年迈，怎能够沙漠从征？……②

这篇唱词的内容几乎就是按照北朝乐府民歌《木兰辞》原作进行扩展和创作的，不仅在情节的叙述上严格遵从原作，并且还保留了原作中

---

① 张彦丽、任丽花：《兰州鼓子的民俗价值》，《戏剧之家》2013年第3期，第144页。
② 兰州市文化局、兰州市文协选编：《兰州鼓子》，甘肃人民出版社1962年版，第12页。

的许多词汇。虽然《木兰诗》作为北朝的民歌，在当时来看所用的语言已非常通俗，但还是能看出转化为兰州鼓子唱词文句中雕琢的痕迹，单是"蛾眉紧皱，珠泪盈盈，一夜愁肠，削减形容"两句，就是木兰听闻可汗征兵而思绪惆怅的完美写照。与【赋唱】这一曲牌高低起伏的旋律相和，在情感上顿时产生很强的感染力，故应是经过文人润饰过的作品。在兰州鼓子的唱词中，北方民歌的特色被再一次放大，即用更为浅显、朴质的腔调，将北方刚强、豪放的鲜明底色有力地烘托了出来。特别是配以兰州鼓子跌宕婉转、刚柔并济的曲调，使得传说类作品拥有了一份别样的风采与感动。

（三）写景、祝颂、劝世之作

除了掌故类和传说类，兰州鼓子中还有部分篇目，既没有色彩鲜明的人物，也没有发展完整、高潮迭起的情节，它们或描写四时风景，或唱颂祝贺，或抒发心中所感。因为没有具体的故事情节，所以将这些作品划为一类。虽然这类篇目在全部的唱词中占比有限，但是其文辞上的显著特点，也使得研究者不敢小觑。"如果说，一个地方的方言是呈现一个地方文化的活化石的话，那么，一个地方的民间曲艺则会展露出本地区百姓的生存样态与生命表情。因此，兰州鼓子词因其世情性、本真性和通俗性而大有探究的必要。"[①]

兰州鼓子虽然兴盛于西北地区，但其在发展流变的旅程中，其乐器、旋律、音韵、唱词等诸多方面同样受到了其他地区的明显影响。尤其是唱词的内容，从中可以看到很多色彩鲜明的江南风格。例如《夏景》一篇：

【鼓子头】初夏晴和，鱼戏动新荷。
避暑闲游到山坡，竹林深处乘凉坐。
【打枣歌】凉风起，荡荡波，银浪里，织金梭，佳人同唱采

---

① 雷岩岭、张彦丽：《兰州鼓子词的民间性探析》，《湖北民族学院学报》（哲学社会科学版）2011年第5期。

莲歌。①

这明显是一幅初夏江南荷塘的风情图：初夏时节，气候宜人，友人知音三五成群，闲游于竹林深处，嬉戏于荷塘之中，微风徐徐，歌声沁人心脾。这种景象与西北地区干旱少雨、飞沙走石的自然环境相去甚远。究其原因，自然是由于人口的迁徙，南方的民歌或戏曲传入兰州地区，与兰州鼓子的音律相结合之后的产物。这一类的唱词因描绘美景，用词尤其典雅，如"桑榆晚景夕阳落，知己同下江楼坡。稍时月出东山上，渔火禅灯照山河"，营造出一种日暮江边、月上柳梢的幽远意境。唱词中更是把《论语·先进》中"冠者五六人，童子六七个，浴乎沂，风乎舞雩，咏而归"的原句未加变动地放入其中，这无疑是因为它与唱词本身所讴歌的景色相辅相成，相贴合，并且在唱词整体风格上有画龙点睛之功。

还有一些篇目，是专门在重要节日、嫁娶仪礼、生辰祝贺之时演唱的，内容均为祝颂之词，代表篇目有《喜气盈门》《恭贺新禧》等。如《喜气盈门》中的【太平年】一段：

喜见红梅多结子，笑看绿竹又生笋。单等来年生贵子，送学堂读书入宦门。鳌头独占金榜题名，好似鲤鱼跳龙门。人逢喜事精神爽，月到中秋分外明。②

此段常为办婚事人家邀请鼓子艺人前去演唱的代表性篇目，在兰州的农村，至今还保留着亲朋好友共聚一堂在自家庭院办传统酒席的风俗。其中"喜酒喜肉待喜客""还有那吃酒划拳众亲朋"等唱词，就把欢天喜地、欢声笑语的婚庆场面呈现得栩栩如生。

另外，还有一些篇目从所表达的情感上看具有出世思想，它应该不是平民或民间艺人所创作，而是一些文人雅士宦途不顺时所发的牢骚之语，如《渔樵耕读》《娱乐弦歌》《不愿为官》《红尘参透》《看破世俗》

---

① 肖振东：《兰州鼓子荟萃》，甘肃文化出版社2009年版，第781页。
② 肖振东：《兰州鼓子荟萃》，甘肃文化出版社2009年版，第746页。

《游学访道》《世态炎凉》等。

综上,上述传统曲目的特点就在于:首先,唱词中所描绘的情节都是以原始文本为基础的。兰州鼓子常常根据情节所需,选取不同的曲牌来顺应情节的发展,以便使曲调更好地为情节的表述服务。其次,唱词中的情节往往是原始文本中的高潮部分,矛盾冲突更为集中和激烈。这样,在唱词中所集中塑造的人物形象就更为生动鲜活;唱词中通常还加进人物心理活动的传达,使一个个历史人物成为有血有肉的生命;此外,唱词中所使用的语言半文半白,雅俗共赏。一些唱词中直接引用诗词曲赋中的原句,并且衔接得非常自然。这些唱词创作的基础应该为文人创作或是经文人加工润色的文学作品,而由这些作品改编而成的唱词,自然一派典雅、清丽之风。由此可见,兰州鼓子呈现的是文人情怀与民间审美血脉相通、相联的景象,它是历史、艺术、文人、民间、方言、民俗等多重元素多向融合的产物。

除此以外,还有一类唱词为1949年以后鼓子艺人根据不同时代背景和素材创作改编的,带有鲜明的意识形态色彩。这类唱词主要都是为了歌颂某位杰出的英雄,记录某一特定的历史事件,抑或是响应不同时代的政治号召。然而,这些新创作的唱词在现代艺人们的表演活动中,演唱的次数并不是很多,基本上在创作完成后这些唱段的生命也就结束了。

三 兰州鼓子词的雅俗嬗变

胡适先生曾在《白话文学史》中提到:"一切新文学的来源都在民间。"[1] 他所强调的乃是一种眼光向下的文学观,就是要从中国延续了几千年的贵族文学中走出来,倡导一种走向民间、走向平民的文学。

可以看出,以往在提倡民间文艺时总是强调民间文学对文人文学的积极影响,文人的创作或多或少地受到平民文学潜移默化的影响,甚至在古文文学由于华丽辞藻的堆砌而丧失了实用性、走向穷途末路的时候,通俗、清新的民间文学就以救世主的面貌出现,为其注入新鲜血液。

---

[1] 胡适:《白话文学史》,《胡适文集》(第8集)自序,北京大学出版社2007年版,第147页。

兰州鼓子亦是在这种历史背景中成长起来的，但是仅就兰州鼓子在受到文人关注之后的发展而言，其历经的道路却有些与众不同。

可以说，兰州鼓子的前身应该是兰州当地所流行的一些民歌、曲子等民间小调，由于特定的历史背景，如人口迁徙、民族融合、军队换防等，南北的音乐、乐器在兰州这个移民城市交汇、互相影响，由一些擅长音律的文人学士进行改编、创作，在官仕阶层慢慢流传开来。一些身居高位的官员（主要是八旗子弟）还自己专门组织特定的人学习演唱兰州鼓子，所以兰州鼓子此时已脱离了民间，生长的环境已经上升到了上层社会，显得十分贵族化。有研究者发现，"在清朝末期，兰州鼓子非常兴盛……清朝同治、光绪时期是它演唱的兴盛时期"。[1]

现在所能见到的关于兰州鼓子早期较确切的记录表明，光绪年间，政府要员大力提倡："布政司丰绅泰、按察司黄云、兰州府傅秉鉴……等，曾在府中设备酒筵，令皋兰县府衙役，邀约善歌词曲者，来府演唱。而一时善歌词曲者，大有'青萍结绿，长价于薛卞之门'之慨。"[2]

如果按照上述文人文学与民间文学的发展规律，兰州鼓子的命运应该说被彻底改变了，经过文人的润色、修改，民间小调的淳朴清新之感被严谨的措辞平仄替代，一步一步走上格律化之路。但是，普通民众对于所谓的高雅文化的憧憬使得很多爱好鼓子的人抑制不住内心对于上层文化的渴望，所以在晚清时期，很多民间的艺人通过各种方式进入兰州鼓子演唱的小圈子里，将兰州鼓子那层神秘的面纱掀开，把它从官家的深宅大院里重新带回了民间。一时间在兰州当地学习、演唱兰州鼓子的人数激增，很多现在的鼓子世家就是在那个时候形成的。

虽然对于兰州鼓子起源的时间我们尚不能下一个准确的定论，但从这种曲艺的曲本也就是唱词来看，它无疑受到了宋元以来词曲文学样式的影响。兰州鼓子的曲牌繁多，各自的曲式结构也不同，但在格式上比较固定，有着严格的规定和要求。直到今天，兰州鼓子被称为"炕头艺术"，主要就是因为其生长环境集中在兰州市区周边的区县，特别是一些

---

[1] 田云霞、张彦丽：《兰州鼓子的村落文化与民俗生活特征》，《戏剧文学》2014年第1期。

[2] 李孔炤：《兰州流传民间文学考》，《现代西北》1944年第7期。

村子里。而老一辈的鼓子好家,他们并非个个都识文断字,甚至一些目不识丁的老艺人,他们仍然能通过口传心授的方式将每段唱词一字不落地背诵下来。作为民间曲艺的一种,兰州鼓子又由"雅"到"俗",走入了民间。

因此,兰州鼓子的发展经历了一个由俗到雅,又从雅变俗的过程,在中国曲艺发展的历史上走了一条较为特殊的道路,不论其唱词还是音乐、表演形式,都具有很鲜明的地方特色,这也是研究兰州鼓子及其未来发展方向的重要基础。

四 兰州鼓子的传承制约及对策

众所周知,"任何文化的产生、发展、演化都离不开一定的时间、空间。文化在一定的时间和空间里产生、积累、发展、传播、扩散,有些保留下来,有些慢慢消失,有时在交互作用中又获得再生。文化的这种在一定时间、空间的延续就构成了它的时间、空间系统"。①

"从'兰州鼓子'的历代演变、兴衰来看,它虽也曾有过红火的时期,也曾传达过高原黄河儿女的喜怒哀乐和生生不息的激情。然而,时至今日,它已失去了往日的辉煌,渐渐被人们遗忘,仅是余脉一息。"②作为一种有代表性的民间传统曲艺项目,兰州鼓子在2006年就成功进入国家级非物质文化遗产保护名录。可以说,新的机遇让濒临失传的这门民间艺术得到了政府和学界一定程度上的重视。但是,兰州鼓子的保留以及再生性发展的确又面临着诸多制约。

第一,传统唱词内容的制约。兰州鼓子在过去之所以那样兴盛,主要就在于它契合了当时民众的娱乐需求。这种实用性的功能以抓住民众的趣味为主旨,将历史故事、民间传说加以改编后向民众传播,大多数不识字的民众能够通过听鼓子进行"阅读"。但是在现行的教育制度下,大多数人都享有受学校教育的机会,传统的口耳相传的知识传输方式也被改变,且人们在当代媒体的冲击下,各种学习方式、消遣娱乐方式应

---

① 司马云杰:《文化社会学》,中国社会科学出版社2007年版。
② 康健民:《"兰州鼓子"源流及其现状浅析》,《中国音乐》2002年第4期,第60页。

接不暇，传统唱词原本所具有的故事讲述、知识传播、品德教化等相应的功能也就随即淡化了。

第二，兰州方言表达的制约。由于普通话的推广，兰州方言在当地尤其是低龄人群中的普及率较低，已有很多兰州的本地人也听不懂以兰州方言发音为基础的兰州鼓子。历史上的金城兰州本就为移民城市，出于各民族杂居、军队驻防和现代支援大西北等各种历史原因，当地人口的构成相当复杂，民族众多，方言种类众多，说普通话方便了人与人之间语言交流，但造成了兰州鼓子传播的限制。但方言又是地方文学艺术独特性的体现，很多地方曲艺表演的语言基础都是当地历史悠久的方言，其中不仅包含大量方言词汇、句式、语法等可供现代语言学研究的内容。况且，方言更是一个地区历史文化的承载，如果改成用普通话演唱，那么不论在唱词的韵律上、意境的表达上和乡音的体现上都将让兰州鼓子的魅力有所减损。

第三，曲牌曲调固定的制约。兰州鼓子的每个曲目都是由多个曲牌连缀而成的，有着固定的套路，并且每个曲牌的曲调也是固定的，改变的只是唱词的内容，所以百年来所流传的兰州鼓子的曲调都只是一些曲牌的重复和组合，并且一字数十音、吟唱缓慢的演唱节奏的确不符合现代人尤其是年轻人的审美观念。

如何破解这种发展中面临的困局？这直接关系到兰州鼓子的未来生存状态。笔者以为，问题的解决应该来自内外两个层面的呼应与互动。外在层面其最大的推动力首先应该来自政府；其次应该建立一个由政府、专门部门、学校、鼓子艺人组成的联动机构；再次由专门部门来协调、推进、落实兰州鼓子的保护、传承、再造工程。

在这方面，笔者认为，著名法国社会学家皮埃尔·布迪厄的文化"再造理论"值得我们借鉴。他认为，一方面，文化通过不断的"再造"维持自身平衡，使社会得以延续；另一方面，再造的不是一成不变的文化体系，而是在既定时空之内各种力量相互作用的结果，文化再造的方式不断演进，推动社会文化的进步[1]。

---

[1] Pierre Bourdiu, *Cultural Reproduction and Social Reproduction*, London: Tavistock, 1973, p. 178.

进入 20 世纪以来，中国民间艺术"再造"案例屡见不鲜。其中不乏经典之作：如京剧中反映革命传统的样板戏、相声中针砭时弊的新段子、东北二人转以新唱段登上大雅之堂、温州鼓词的艺术重生等，都足以说明唱词内容的改革与创新对于传统说唱艺术的保护与重生的至关重要性。

在新的文化形态和全球化趋势的背景下，非物质文化遗产作为传统文化，"并不是悬浮在真空中，它是通过作为社会成员的人们言行举止得以稳定持续下来的。构成文化的理解，只有当它们被人们共同分享时才会存在"。[①] 因此，成为国家级非遗项目的兰州鼓子，也应当鼓励更多的爱好者，特别是年轻人参与到兰州鼓子唱词的更新创作中来，关注现代社会热点和民众理想诉求，写出更多内容新颖、易传唱的新唱段。特别是还应该将专属于兰州地方性的节庆、神话、传说、故事等民俗文化内涵作为基础，改编鼓词，创新表演方法。这不仅能够丰富兰州鼓子的唱词内容，同时对打破各种制约因素也能起到好的作用。这是参与人员、鼓子内容方面的再造。

对于兰州鼓子方言的再造问题，可以参照传统曲艺的保护思路，一是把兰州话经过调查、研究，用通用的国际音标记录方法进行保存，通过录音等方式把方言整理、记录和保存下来（据悉，近几年由国家语委展开的"语保"工程，正在进行中）。二是可以考虑对传统曲目在不影响兰州鼓子唱韵的前提下适当地做调整，或者用普通话进行新的创作，以符合保护工作中"保留传统、不拒创新"的基本思路。三是寻求传统曲艺与现代技术手段的结合，在技术层面上再造兰州鼓子生命与活力的新途径。如借鉴当今剧院上演戏剧的经验，采用舞台两旁 LED 屏幕显示唱词的方式。又如，采取的传播手段既包括现场表演、传统的纸质媒体宣传、大型展板宣传以外，也包括基于互联网的各种新媒体传播方式进行宣传。再如改善兰州鼓子的演出环境，把兰州鼓子的演出艺人请入剧院演出，将传统的炕头艺术搬上舞台。

综上所述，"非物质文化作为民族社群民间文化，它的存在必须依靠传承主体社群民众的实际参与，体现为特定时空下一种立体复合的能动

[①] ［美］詹姆斯·皮科克：《人类学透镜》，汪丽华译，北京大学出版社 2009 年版，第 49 页。

活动。一切现存的非物质文化事项，都需要在与自然、现实、历史的互动中，不断生发、变异和创新"。① 如何让兰州鼓子在当代社会中焕发新的生机，再造其文化传承的功能，仍有很多问题需要全社会的积极作为。所幸的是，兰州鼓子的生存处境还没有沦为"装饰着人类学与民间博物馆的墙壁并且为私人住宅增添光彩的大量外来的乐器"② 之境地，国内外学者、鼓子艺人和相关部门的努力尚在进行时。

---

① 贺学君：《关于非物质文化遗产保护的理论思考》，《江西社会科学》2005 年第 2 期。
② ［美］阿兰·邓迪斯：《民俗解析》，户晓辉编译，广西师范大学出版社 2005 年版，第 46 页。

说唱类非物质文化遗产的保护与传承

——以云南少数民族说唱艺术为例*

董秀团

摘 要：非物质文化遗产的保护与传承日益得到全世界的广泛关注，除了整体性的原则和措施，还应针对不同类型的非物质文化遗产自身的特点探讨其传承和保护问题。说唱艺术是非物质文化遗产中的重要组成部分，以云南为例，当地少数民族说唱艺术可划分为不同类型，其保护与传承也有不同的切入点和侧重点：仪式型说唱艺术，应关注其社会文化环境的主导性；生活型说唱艺术，应强调传承人的关键作用；表演型说唱艺术，应以观众为核心来考虑其传承和保护问题。

关键词：非物质文化遗产 说唱艺术 保护 传承 云南

1997年，联合国教科文组织大会接受了人类口述和无形遗产的概念。这个概念包括了语言、故事、音乐、舞蹈、游戏、神话、仪式、风俗、手工艺和各种民间艺术表达方式。2000年6月15日，联合国教科文组织在巴黎总部召开首次"人类口头与非物质遗产代表作"评议会议，正式设立《人类口头和非物质遗产代表作名录》项目。2001年5月，联合国教科文组织公布了进入《人类口头和非物质遗产代表作名录》的第一批名录，包括中国昆曲在内的19项遗产登录其中。2003年，在联合国教科

---

* 原文刊于《民俗研究》2009年第2期。

文组织第 32 届会议上,通过了《保护非物质文化遗产公约》①。公约对"非物质文化遗产"的概念进行了进一步界定,认为非物质文化遗产是"指被各群体、团体、有时为个人视为其文化遗产组成部分的各种实践、表演、表现形式、知识和技能及其有关的工具、实物、工艺品和文化场所。这种非物质文化遗产世代相传,在各社区和群体适应周围环境和自然的过程中以及与其历史的互动过程中被不断地再创造,为这些社区和群体提供持续的认同感,增强对文化多样性和人类创造力的尊重"。

非物质文化遗产由于自身的特殊性,即非物质性、口头性和展演性等特点,也带来了其更大程度上的变异性、不稳定性和不可再生性,当然,也因之更凸显了其唯一性和不可替代的重要价值。在现代化和全球化浪潮席卷全球的今天,各地区各民族的非物质文化遗产受到了更大程度的冲击和挑战,世界各国对非物质文化遗产的重视和关注程度也越来越高。

目前,对非物质文化遗产这一概念以及其所包含的内容、范围的探讨,意见并不完全一致。总体来说,非物质文化遗产所涉及的范围较为宽泛,包含的内容也十分丰富。这势必要求我们在保护和传承非物质文化遗产的过程中,有全局性、整理性的眼光。然而,笔者认为,对非物质文化遗产的传承和保护的探讨,除了关注整理性、系统性的原则,也应结合非物质文化遗产中各内容、各层次不同的特点进行具体而微的分析。

在非物质文化遗产中,说唱艺术以其独特的表现形式、富有地方色彩的语言魅力和与各民族民众生活的紧密关系而独树一帜,成为非物质文化遗产中不可替代的重要组成部分。然而,也正由于说唱类艺术以口头说唱和现场展演为核心的表现方式,再加上是以具有浓厚地域色彩的方言为主要载体,其传承和发展不仅依靠掌握该项技艺的民间艺人,更需要观众的参与和关注,这使得民间说唱艺术在现代化和全球化浪潮的冲击下显得更加风雨飘摇,因此说唱类民间非物质文化遗产的传承和保护以及未来发展问题也显得尤其引人关注。

---

① 2003 年 10 月 17 日在巴黎举行的联合国教科文组织第 32 届会议上正式通过。

一 说唱艺术及其相关界定

与说唱艺术直接相关的一个概念是曲艺。过去,人们常将这两者等同起来,认为曲艺是"用来称谓以口头语言进行'说唱'表演的艺术形式的统称"。[①] 或更直接地将曲艺界定为是"民间的说唱艺术"。[②] 但是,也有一些学者提出了不同意见,有学者指出:"说唱艺术的范畴比较广泛,曲艺只能说是说唱艺术的一部分。"[③] 也有学者将说唱艺术作为"比曲艺的范畴要大,亦即包括了曲艺艺术的各种'说唱'文化现象的大概念"[④]来理解。还有学者说道:"说唱并不都是曲艺,曲艺只是指其中分化出来的表演艺术。那些至今仍未分化出来的各地民歌、民谣、号子及仪式歌等,虽然也是以说唱、吟唱或歌唱方式进行,但仍属民间歌曲或民间文学范围。这样,曲艺只能是说唱中的一部分,说唱大于曲艺。有的说唱就不是曲艺。"[⑤]

笔者同意后一种观点,换句话来说,曲艺是说唱艺术,但说唱艺术中的一些形式却不一定属于曲艺的范畴。

在这里,之所以要对这两个概念进行辨析,是因为在面对具体的地域和民族的非物质文化遗产的时候,我们不可避免地会涉及这个问题。比如在云南,少数民族当中存在丰富的说唱艺术形式和种类,但真正成熟的曲艺曲种并不多见。在 2006 年国务院公布的第一批国家级非物质文化遗产中,被列入曲艺名录的仅傣族章哈一项。在云南省第一批国家级非物质文化遗产名录中,列入曲艺的有 3 项,分别是傣族章哈、彝族梅葛和壮族渔鼓。而在 2008 年国务院公布的第二批国家级非物质文化遗产名录中,彝族梅葛被列入民间文学类中,显然这里主要关注的是文本形态的梅葛。因而,到底少数民族的哪些说唱艺术可被称为曲艺,学者们

[①] 吴文科:《中国曲艺艺术论》,山西教育出版社 2003 年版,第 5 页。
[②] 侯宝林、汪景寿、薛宝琨:《曲艺概论》,北京大学出版社 1980 年版,第 9 页。
[③] 倪钟之:《曲艺的特征与少数民族曲艺》,载天津艺术研究所编《艺术研究》1991 年"夏"季号,第 43 页。
[④] 吴文科:《中国曲艺艺术论》,山西教育出版社 2003 年版,第 7 页。
[⑤] 姜昆、倪钟之主编:《中国曲艺通史》,人民文学出版社 2005 年版,第 12 页。

的看法并不完全一致。白族的大本曲、傣族的章哈和喊半光、藏族的岭仲、哈尼族的哈巴一般被认同为是曲艺，但像彝族的《梅葛》、拉祜族的《牡帕密帕》这样以口头说唱演述的形式存在的神话、史诗、叙事诗在云南还有很多，包括藏族的岭仲即格萨尔说唱与史诗的关系也是密不可分的。这样的民间艺术虽然也是以说唱作为主要的表现方式，但由于这些艺术形式尚未完全从民众的仪式性或自娱性民俗活动中分离出去，离作为舞台化表演艺术的曲艺的特质尚有一定距离，所以很多学者认为这些艺术形式还不能被称为真正意义上的曲艺。

基于这样的原因，笔者以为，在讨论云南少数民族的非物质文化遗产时，用说唱艺术而不是曲艺一词来指代上述各种样式的民间艺术可能更加周全，能够兼顾到云南少数民族说唱艺术的各个层面、各种形态。

二　云南少数民族说唱艺术的类型

云南民族众多，很多民族都有自己独具特色的说唱艺术形式。但从发展程度、具体表现等方面考察，这些说唱艺术形式之间并非整齐划一的。为了更好地把握和理解云南少数民族的说唱艺术，我们有必要对这些说唱艺术进行类型上的划分。划分的角度可以是多样的，从不同的角度切入，相应的也会得出不同的类型。本文仅从说唱的目的、功能和表现形式上进行划分，则可将云南少数民族的说唱艺术划分为仪式型、生活型（日常型）、表演型。

仪式型说唱艺术指的是伴随各民族的宗教、仪式活动而生的说唱艺术形式，与该民族的仪式性活动密不可分。云南少数民族的神话史诗说唱，多数属于此类型。在过去的很长时期中，云南少数民族中讲述开天辟地、人类起源、本族历史的神话史诗，在各民族民众看来具有无比的神圣性，对其演述的场合、场所、参与人群均有着严格的要求，不是随随便便就可以说唱的，也不是谁都可以说唱的，更不是谁都可以去听去看的。通常只能在本民族重大节日、重大仪典中，才能由本民族的巫师、祭司展示和说唱传统的神话史诗。而说唱的目的，更多是出于宗教性、仪式化的考虑，即祭祀和娱神。所以，我们将之称为仪式型说唱。比如，彝族的《梅葛》、拉祜族的《牡帕密帕》，过去都有这样的规矩和讲究。

生活型说唱艺术也可称为日常型说唱艺术，指的是在民众的日常生活中展演的说唱艺术形式，与各族民众的生活紧密相关。这一类的说唱艺术，可能在各民族的传统节日等场合举行，也可能在各族民众的婚丧嫁娶，甚至是日常生活的常态状态下进行。总之，该类型的说唱艺术与民众的生活嵌合程度较高，几乎是民众日常生活中不可缺少的组成部分。其实，云南很多少数民族的说唱艺术都曾经历过这个状态。如藏族的《格萨尔》说唱，艺人每到一地，就在藏民的要求之下说唱格萨尔的故事，但是这样的说唱并不一定要讲究什么场合、地点、时间，多数情况下是艺人来了，民众就邀请他唱，或者直接找到艺人，到某村某地说唱。另外，傣族的章哈、哈尼族的哈巴以及白族的大本曲，也都有类似的情况。在白族地区，过去在春节、火把节、本主节等重要节日和婚丧嫁娶、小孩出生等场合，多数家庭都要请艺人前来演唱大本曲。在大本曲的兴盛时期，很多艺人一年到头外出走村串寨演唱都还忙不过来，所以村民一听到某位名艺人已经到了邻村演唱，就会去邀请他接下来到本村演唱，这种情况下，可能也就不讲究当时是不是节期，是不是有民俗活动了。大本曲的著名艺人李明璋，在大本曲兴盛时期平均一年演唱200多场，基本上是长时间出门在外，一旦出门，就从这个村唱到那个村，每一次出门，总会把大理坝子村村寨寨走遍唱遍才能回家。李明璋的妻子回忆道："他（指李明璋）20岁左右就开始去学唱大本曲，问村中的老大爹老大妈，让他们讲，然后记下来，自己又改，总是写到夜里很晚很晚。后来一去演唱就几个月不回来，我生气，和他吵，但他对儿女说：'你妈苦得生气了，我们不要理她。'就领着孩子出去玩，也不和我骂，但过不了几天他又会出去唱。"[①] 或许有人认为这样的说唱已经具有表演的性质，其实不然，因为这样的说唱，与完全舞台化的表演仍是有很大区别的，不论是说唱者的艺人一方，还是观众，都没有脱离他们所生存的本土环境和文化传统，说唱的形式和内容也与传统没有发生太大变化，说唱的曲目多是从老一辈艺人中继承下来的。

表演型说唱指的是已经在一定程度上脱离了民众的日常生活，成了舞台化的表演艺术的说唱形式。在这种类型的说唱中，艺人可能已经脱

[①] 2002年12月17日在大理市海东镇名庄村访问李明璋先生的妻子。

离了民众的生活，成为专门化的表演者，所表演的内容也可能经过了一定的加工再创造，与传统相比有了较大的变化。在云南的少数民族中，这一类的说唱艺术大多是在新的历史条件下，特别是中华人民共和国成立以后，在有关部门的引导下逐渐发展起来的。换句话说，在云南的少数民族中，一些生活型的说唱艺术，随着社会的发展，也逐渐有了一些舞台化的趋势，出现了向表演型转变的迹象。在各地建起了专门的团体，有专业的演员，编排着自己的曲目，多数在文艺会演中加以展示，却离普通百姓的日常生活比较远。如白族大本曲，在中华人民共和国成立后，一些艺人在党的政策的指引下，新编新创了很多反映时代脉搏和社会潮流的曲目，如杨汉的《大理好风光》、杨益的《苍洱换新天》等。到了20世纪90年代以后，更有艺人发行说唱的录音带、VCD等，很多艺人还在2002年开始的大理电视台"白族大本曲联播"节目中亮相表演。类似的情况，在云南的其他少数民族中也同样存在。

从云南少数民族的实际情况来看，仪式型说唱保留了更多的原初性特征，带有原始说唱艺术的特点，与神圣性的仪式、仪典密切相关。日常型的说唱则与民众生活融为一体，是民众生活中不可或缺的调味剂。表演型说唱从艺术的角度来看有了更进一步的发展，舞台化和艺术性更加突出，但却离开了其生存的原初土壤，也离民众的生活越来越远。很多民族的说唱艺术，都经历了从仪式型向日常型再向表演型发展转变的历程，但也有一些民族的说唱艺术，并未遵循这样的发展路径，保留了较多仪式性的色彩，也有的停留在日常型的阶段而未再向前发展，也有的民族，同时保留着几种形式、几个阶段的说唱艺术形式，体现了说唱艺术发展过程中的多样性。

三　云南少数民族说唱类非物质文化遗产的传承和保护

前面已述，非物质文化遗产的内容、范围较广，但其内部并非整齐划一、毫无区别，既然如此，对于非物质文化遗产的传承和保护，除了进行整体层面的探讨，还应就不同类别的非物质文化遗产的特点、性质和实际情况进行分别的研究。这样才更符合实际情况也才能更具操作性。

对说唱类型的非物质文化遗产的保护自然也要从说唱艺术的特点和实际情况出发，才能抓住问题的关键所在。

上文中我们将云南少数民族的说唱艺术划分为仪式型、生活型和表演型。那么，针对这三种不同特点、不同发展程度的说唱艺术类型，应该如何实施非物质文化遗产的传承和保护工作呢？

美国学者艾布拉姆斯在20世纪50年代提出了艺术品的四要素坐标模式，认为每一件艺术品总要涉及四个要点：作品、艺术家、世界、欣赏者，作品即艺术产品本身；艺术家是艺术作品的生产者；世界则指直接或间接地导源于现实事物的主题——涉及、表现、反映某种客观状态或者与此有关的东西，由人物和行动、思想和情感、物质和事件或者超越感觉的本质所构成；欣赏者即听众、观众和读者。居于模型正中的作品是四要素中的核心，以此为中心构成了一个完整的系统。如图1所示：①

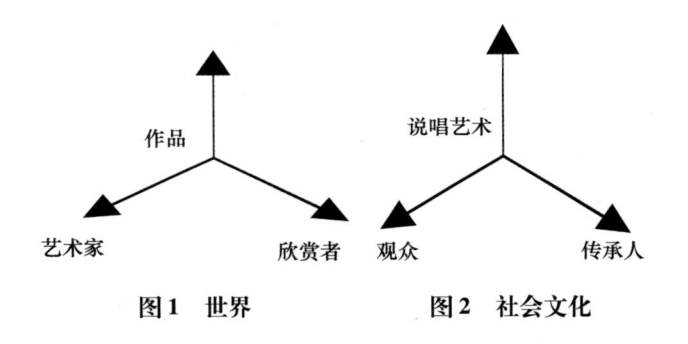

图1　世界　　　　图2　社会文化

笔者认为，可将此模型借鉴到说唱艺术这样的非物质文化遗产的研究当中。因为说唱艺术说唱神话史诗、故事，多数情况下还有说唱文本，如《格萨尔王传》、《梅葛》以及傣族的叙事长诗、白族的大本曲曲本等，这些可以说是各族民众集体创作的作品。所以我们完全可以将这一模型运用到说唱艺术的分析之中。当然，我们可将其中的一些要素进行相应的置换。作品，即各类型各层次的说唱艺术形式；艺术家，可置换为传承人，欣赏者则转换为观众；世界，可理解为说唱艺术生存发展的社会

---

① ［美］M. H. 艾布拉姆斯：《镜与灯——浪漫主义文论及批评传统》，郦稚牛、张照进、童庆生译，北京大学出版社2004年版，第4—5页。

背景和文化传统。这样，以说唱艺术为核心，便可建构起一个相关的文化体系，如图2所示。在这个文化体系中，说唱艺术的生存、发展、传承、保护不仅受到社会文化的制约，还与传承人有密切的关系，更离不开观众的参与和关注。当然，在不同的时期，针对不同的说唱艺术形式，这几者之间的相互关系会呈现出动态的变化，有时候是此因素占据主导，有时候是彼因素发挥作用。抓住了说唱艺术生存发展中的这些核心因素，我们就可在实施传承、保护工程的过程中在整体性原则的指导下进行有针对性的探索。

（一）仪式型说唱艺术：社会文化主导型

仪式型的说唱艺术，与各少数民族的宗教活动、仪式仪典之间的联系较为紧密，可以说是艺术与仪式交融并存，说唱艺术还未从宗教、仪式当中分离出来。这种情况的出现，实际上与各少数民族社会文化的发展程度有关。仪式型的说唱艺术普遍存在于各少数民族社会文化发展的初期阶段。从云南少数民族的实际情况而言，在那些生产力水平较为低下，社会形态、经济发展还不是十分成熟的民族社会中，说唱艺术多以仪式型的形态存在，神话史诗等说唱的神圣性、仪式性被大大强化。云南的很多少数民族在中华人民共和国成立前，说唱艺术的仪式性表现得特别突出，因为当时各民族的社会文化环境还带有更多传统和原初的色彩，在社会文化环境的主导和影响下，人们的观念、思维都指向宗教仪式的神圣性，因而说唱艺术也被作为仪式的一个组成部分。这一时期的各少数民族，受到社会、文化环境的影响十分巨大，可以说，是社会文化主导着该民族说唱艺术的发展形态和面貌。正因为如此，随着社会文化环境的改变，人们的观念意识也随之发生变化，原本的神圣性、仪式性逐渐淡化，说唱艺术才逐渐从仪式当中分离出来。

由于各民族社会文化环境和发展情况的差别，在云南的一些少数民族当中，至今还保留着仪式型的说唱艺术。对于这一类型的说唱艺术，我们在考虑其传承、保护的时候，也应针对其以社会文化为主导因素的特点，着重引导和培育新的适合说唱艺术发展的社会文化环境的生成。随着社会、文化的发展，想让年青一代的民众继续以先民的眼光看待周围的世界并对之怀有强烈的神圣性、仪式感可能已不再现实，这也是仪式型说唱艺术在今天会出现巨大变化的原因,很多少数民族的说唱艺术已不再和仪式相关联,有的虽然仍与仪式活动相连,却不再像以前那么强调其神圣性、仪式性,细节、内容与以前相比发生了很多变化。那么,如何解决这个问题呢?由于这一类型的说唱艺术,多数与本民族的神话史诗有关,而本民族的神话史诗,被誉为一个民族的百科全书,一个民族的"根",里面包含了丰富的本民族历史、文化等各方面的知识,所以我们应该关注的是该类型说唱艺术当中所蕴含的文化传统和民族精神,对这方面可有意识地加以强调,进行更多的宣扬,引导年青一代认识此类型说唱艺术中所蕴含的民族精神,从而让他们主动接触、理解甚至传承、保护这一类的说唱艺术。

(二) 生活型说唱艺术:传承人主导型

生活型说唱艺术,在一定程度上已经脱离了原初的宗教、仪式,与各民族民众的生活之间嵌合得更加紧密,是民众生活中不可或缺的部分。在这种类型的说唱艺术中,社会文化因素有所淡化,传承人的主导作用得到更多的凸显。因为正是依靠传承人的努力和智慧,才得以使仪式型说唱发展成生活型说唱。传承人的努力,不断地升华着自己的说唱技艺和说唱内容,使得说唱艺术在民众中得到更为广泛的传播,不再像以前那样仅局限于民族重大庆典、宗教仪式等场合,说唱艺术成为日常生活周期中可不断重复上演的常态活动,人们开始怀着一种艺术欣赏和自我娱乐的眼光来看待说唱艺术,而不再是人神沟通的中介。如果没有传承人的努力和付出,没有他们的改编和创造,很多民族的说唱艺术都不可能达到与民众生活相契相融的程度。

藏族的史诗说唱艺人、傣族的章哈歌手、白族的大本曲艺人,都是生活型说唱艺术中杰出的传承人。他们在本民族说唱艺术的发展中起到了关键性作用。他们走村串寨,脚步遍及四方,目的就是将自己的说唱艺术带到每一个角落。很多民族中,说唱艺术都曾经历过一个兴盛时期,比如白族的大本曲,在20世纪90年代以前,曾经盛极一时,涌现了大批著名艺人,大本曲说唱传遍苍山洱海间的山山水水。在那个时期,艺人付出了辛苦,也得到了回报,人们对艺人十分尊重,恭迎恭送,侍候周到,艺人也尽自己最大的力量锤炼自己的说唱艺术,回馈观众,形成了一种良性循环的局面。

然而，随着时间的推移、社会的前进，生活型说唱艺术也受到了很大冲击。原先能够凭借说唱艺术生活得很好的艺人竟然连养家糊口都出现困难，很多传承人不得不放弃对说唱艺术的全力投入，转而从事其他一些行业，有的务农，有的做工，总而言之，他们已经丧失了全力投入说唱的基本条件。一些年轻人看到这样的局面，更不愿投入传承人的队伍中。在这样的情况下，各民族的说唱艺术缺乏传承人，或者面临传承人的断代，后继乏人，难以为继。尽管很多少数民族中，偶尔还是会邀请艺人来说唱，但已与以前的兴盛局面不可同日而语。传承人的缺失成为当前说唱艺术这样的非物质文化遗产传承中的最大问题。

针对这种类型的说唱艺术，其传承和保护当中首先要解决的是传承人的问题。不仅要给予老一辈传承人应有的保障和地位，而且要培养新一代的传承人，不能让说唱艺术在传承人的断层当中走向消亡。目前，云南的各级政府、文化部门都做了很多有益的尝试，1997年，开展了民族民间美术及艺人调查命名工作，1999年6月召开了云南省民族民间艺人命名大会，命名了166位艺人。这其中，就包括了很多说唱艺术类的传承人。很多地方为了培养新一代的传承人，还组织开展了相关的培训工作，如2003年，大理州文化部门在湾桥镇文化站设立了白族大本曲培训站，在这里举行过多次不定期的大本曲培训，请老艺人前来授课，向年轻人传授技艺。普洱市的澜沧县在2007年11月举办了《牡帕密帕》免费传承培训，将能够比较完整地说唱《牡帕密帕》的艺人十多人集中起来进行学习，学习结束后再让他们各自返回所在乡镇开展传承工作。尽管这些工作都取得了一定的效果，但是力度、范围均还不够，我们应该想方设法让传承人主动担负起传承的职责，从物质保障、精神奖励等各方面解决传承人的缺失问题，让老艺人、年青一代都积极参与到传承工作中去。

（三）表演型说唱艺术：观众主导型

在云南少数民族中，还存在已经舞台化、艺术化的表演型说唱艺术。这类说唱艺术经过了专门的艺术工作者的提炼和改造，越来越适合舞台表演，但也离民众的生活越来越远，不像生活型说唱艺术那样紧密地嵌入民众日常生活之中。从某种程度上说，走向舞台，走向精致，这也是艺术发展的一条道路，但是表演型的说唱艺术却在走向表演的同时丧失了最亲密的生活土壤。表演型的说唱艺术也考虑面对观众，但面对的主要不是土生土长的民间百姓，而是艺术工作者。所以，白族民众总觉得新编的大本曲曲目没有传统曲目那么有味，电视和VCD中的大本曲艺人也不像平常生活中见到的那样可亲可近。其他少数民族中也大多存在这样的情况。

那么，这一类的说唱艺术该如何传承和保护呢？事实上，该类型的说唱艺术既然已经舞台化和艺术化，那么其中最主导的因素无疑应该是观众，要解决这一类艺术的传承和保护困境，当然也应该从观众这一主导因素入手。要想让表演型的说唱艺术获得传承和新的发展，必须要抓住更多观众的心。

表演型说唱艺术源自民间，但是在舞台化和艺术化的过程中，却离民间越来越远，与此同时，其本源上的民间性又让这样的说唱艺术始终无法逾越自身的特质，无法得到时尚社会和高雅舞台的认可，从而使这类艺术陷入了新的泥淖：抛弃了民间的观众却无法获得上层观众的认同，也就是没有了观众。没有了观众，这种艺术必然会走向僵死，丧失生命活力。所以，该类型的说唱艺术，要抓住观众的心，无疑也有两条路：一是重新回归民间本土，放低姿态，尽量创作、传承传统的艺术形式和内容，贴近民间百姓的生活；二是继续走舞台化的道路，考虑创新和发展，融入时尚元素，从形式上改变方言土语，让更多的观众能够听懂，在造型、灯光、舞美方面也要力求完美、超前，从内容上要大胆创新，新创反映时下社会生活和年轻人的曲剧目，以符合新一代观众的审美期待和审美心理。总之，都是抓住观众，但要区分想要抓住的是哪一部分哪一层面的观众，再根据情况制定不同的方案措施。

四 结语

非物质文化遗产的传承和保护中应该考虑整体性、系统性，对此笔者十分赞同。但是，与此同时，我们也应该意识到非物质文化遗产内部的复杂性，有针对性地制定传承保护的措施。说唱艺术类的非物质文化遗产具有自身的特殊性，这类遗产的传承和保护也应根据其具体情况来展开。以云南少数民族为例，其说唱艺术可划分为不同的类型，每一类型又具有各自的特点，所以在不同类型的说唱艺术的传承和保护中，关注点、侧重点也应该有所不同。仪式型说唱艺术，应关注其社会文化环境的主导性；生活型说唱艺术，应强调传承人在其中的关键作用；而表演型说唱艺术，应以观众为核心来考虑其传承和保护问题。对于其他地区的说唱艺术乃至其他的非物质文化遗产的传承和保护，这样的思路可能也是值得借鉴的。

表演理论视角下的郭德纲相声：
个案研究与理论反思*

祝鹏程

摘　要：本文借助民俗学表演理论，对郭德纲相声进行语境、观众、表演等层面的分析。郭德纲继承与改造了相声的传统表演模式，其表演具有释放都市观众压力、接续断裂传统的作用，同时也存在民粹主义与民族主义的弊端。以此为基础，本文反思表演理论忽视历史维度的局限，对该理论在当代中国学界的价值予以评估。

关键词：郭德纲　相声　表演理论　传统

　　作为民俗学最有活力的研究方法之一，表演理论正逐渐在中国学界发挥影响。目前学界已出现了一些相关成果，但成规模、有体系地借用表演理论观察民俗事象，同时从本土个案出发反思该理论的研究并不多见。本文尝试以民俗学与人类学界的表演理论（Performance Theory）的视角，从表演的场景、文本、观众等微观角度切入细致分析郭德纲相声①，同时结合时代语境，探讨郭氏相声中的意识形态与文化政治。以此为基础，本文将反思表演理论忽视历史维度的局限，对该理论在当代中国学界的价值予以评估。

---

* 原文刊于《民俗研究》2011年第1期。
① 传统相声是最被郭德纲强调的文类，限于篇幅，本文讨论的郭氏相声以传统为主，兼及创新。

一 60年来相声的社会生态：郭德纲相声兴起的社会/文化语境

2005年，郭德纲及其德云社"一夜走红"。六年来，凭借"传统相声"与反主流的姿态，郭德纲俘获了大量"钢丝"①，吸引了大众持久的关注。他是如何打造传统相声的？他的表演为何备受欢迎？透过郭德纲现象，我们能窥见当代社会怎样的文化生态？

我们先回顾一下1949年后相声的社会生态：1949年后的曲艺改造延续了《在延安文艺座谈会上的讲话》的基本思路，遵循"改戏、改制、改人"的指导方针，因而改造是全方面、多层次的。为了在新社会里生存发展，艺人们积极投身于"改造"中。随着从私人戏班到国营剧团的体制改换，相声的生存环境发生了根本改变——演员的收入不再直接来自观众，而是取决于剧团体制。从茶馆到剧场的场景变化，广播系统的大面积普及，从城市平民到"社会主义新人"的观众改换，带给相声新的表演期待。大量传统段子因"语涉猥亵""宣扬迷信"遭禁，得以留存的被过滤钝化，冠以新的政治主题后小心翼翼上演。同时，专业作者的出现，不仅强化了创作的主题先行，也分割了创演合一的生产过程。"文化大革命"后，在批判"四人帮"、宣传计划生育等社会参与中，电视相声曾盛极一时，但仍未能摆脱"配合运动"的政治束缚，而摄像机的过滤与排演制的出现，也进一步阻碍了现场互动。

新时期以来，混杂着民间与官方各自意图的传统复兴渐成气候。一时间，孔子学院、功夫大片、旗袍唐装等都用各自的方式书写着民族的过去。"老北京热"应运而生，"京味文学""皇城根""大宅门"等相继成为文化热点。在厌倦了歌功颂德之后，观众对相声的趣味必然会有逆向的反弹。然而，此时的相声界并没有捕捉到观众口味的变化，没有及时将货声、太平歌词等传统路数拉回自己的表演，而是不断重复着"农民富了""计划生育"等政治词语。尤其在侯宝林、马季等名家凋零后，在重塑老北京的文化工程中，相声一直是失语的。这样的发展既与传统

---

① "钢丝"为郭德纲粉丝的昵称，下文将沿用此称呼。

断裂，也与时代的怀旧情绪相悖，更与观众的欣赏预期相左。

相声由此陷入尴尬：在体制的荫蔽下，演员仍在舞台上、镜头前自娱自乐，只是这舞台是封闭的，镜头是过滤的，表演是淡化互动的。舞台光环的背后，是相声60年来沉重的政治包袱。正是在这种惨淡的现状下，郭德纲一鸣惊人。无疑，郭的走红扎根在广大"钢丝"的喜爱之上。因而，我们有必要深入分析："钢丝"们到底是些什么人？为什么郭德纲让他们如痴如醉？

二 "钢丝"的观赏期待：市民生态与都市怀旧

"钢丝"是一个数目庞大的非均质团体，但分析他们的言论、表达方式与欣赏口味，可以归纳出以下特点：首先是都市化，多数"钢丝"是城市人；其次是年轻化与时尚化，能接受郭德纲逗乐方式的，主要集中在中青年，既有都市白领、商人官员，又有大中学校学生、出租车司机、推销员，其中的精英人士则是花费数十乃至成百上千元到现场看相声的主力。就知识储备而言，他们精熟大众文化的一整套表达模式，对各种"无厘头"搞笑与网络话语耳熟能详，能熟练上网下载音像、发表评论，这一切是能消费郭氏相声的必要前提。就生存状态而言，他们都面对着都市沉重的生活压力：繁重的学业，紧张的工作、应酬与竞争，需要为生计而奔波。面对体制的种种不公与转型期的各类问题，他们又想一吐压抑之气。而都市的快节奏生活，决定了他们的娱乐必须是高浓缩、快节奏的。受传统复兴与怀旧情绪的影响，身处急剧现代化中的他们还对昔日的老北京叹惋不已，对"酒旗戏鼓天桥市"的草根江湖追怀不止。因而，他们需要这样的文化景观：它不需承担过多政治责任，但能承载当代人的怀旧情绪，同时能发泄都市生活的压力。

> 我来讲相声就是一种让人娱乐的形式，你不要给它加特别高深的东西……时代在发展，社会在进步，缺车的，缺房的，缺钱的，缺德的，（全场笑）缺什么的都有。进了这个剧场，我给不了你这些。但在剧场的这三个小时，我让你高高兴兴痛痛快快，很

好了。①

郭德纲很清楚时代赋予自身的文化定位，牢牢抓住了观众的需求。德云社相声演出为当代都市人提供了一个相对自由的娱乐空间，一种与主流文化不同的逗乐方式。需要指出的是，多数长在红旗下的"钢丝"们，未必看过"原汁原味"的撂地相声，未必精熟传统相声的一整套表演程式，他们对传统相声的认识是直接从郭德纲起步的。观众知识储备的缺失，为郭所标榜的"传统"提供了充分的诠释空间。郭所界定的"传统相声"因此是一个开放的、形成中的概念，与历史传统、社会现实形成复调的对话。

三 再情境化：传统相声的移植与发明

郭德纲多次说："好的相声演员是半个心理学家。"不同于主流相声占据荧屏、大唱赞歌，郭走的是回归剧场、凸显基本功、搬演传统段子的道路。借助表演理论，我们发现郭对传统相声的移植是一个复杂的行为，是一个把传统再情境化②的表演过程。它遵循了传统的程式，包含了大量传统元素，而为了适应当代人的欣赏口味，也进行了必要的改造与发明。

（一）小剧场：表演场景的回归

郭德纲回归传统的第一步，就是重返小剧场。德云社的剧场有"天桥乐""张一元""梦回天桥"等。在设计上，这些剧场的规模都较小，以传统茶馆风格为主：顶上是藻井、宫灯，脚下铺大红地毯，室内有序摆放古典木质桌椅，椅子并不像剧院内并排摆放，而是如传统茶馆般椅子围着桌子摆放。每桌备有茶水，茶具是一色的古典瓷壶瓷杯，同时备

---

① 参见郭德纲相声《论相声三十年之现状》。
② 再情境化是指在表演中一个文本被根植于一个新的语境，并由此带来在形式、功能与意义上带来改变的现象。参见[美]理查德·鲍曼《作为表演的口头艺术》，杨利慧、安德明译，广西师范大学出版社2008年版，第112页。

有瓜子点心、熟梨膏等传统小吃,有旗袍装的女服务员为观众续水。值得一提的是观众人数,一般都限制在二三百人。以前门"天桥乐"为例,舞台三面开放,台口也不设幕布。台上有繁体"天桥乐"匾,背景或为旧京风貌图,或为设有"出将""入相"上下门的京剧舞台,台柱上以清末易顺鼎《天桥曲》句"酒旗戏鼓天桥市,多少游人不忆家"为联。一楼有24张方桌,二楼9个包厢回廊半绕,可同时接待150余人看戏品茶。在古色古香的布置中,围桌而坐,品着香茗,嗑着瓜子,不由把人拉回旧京戏园子。这一场景为观众营造了传统取向的舞台期待——每张桌子各自形成一个观看的核心,节目若不精彩,观众尽可低头品茗,从空间的布局上消解了现代剧场以舞台为中心的阶序感与观赏秩序,[①] 以及由"第四堵墙"[②] 切断的观演互动,给人一种现代剧场缺乏的以观众为主的其乐融融之感,同时也要求演员有更高的掌控现场的能力。且二三百人的规模,可以产生频繁直接的互动,避免因观众太多而淹没个人的表达,为表演营造了一个有利于交流的氛围。

(二)互动与"现挂":表演的交流与新生性[③]

小剧场相声的最大魅力,就在于能产生频繁的观演互动与"现挂"。[④] 与电视有彩排、有审查、变异少、忽略肢体动作不同,郭氏表演的极具新生性,它不遵循固有的底本,强调与观众的互动与交流,注重观众的反应,根据现场临时发挥。电视上少见的"抓哏"[⑤] "现挂",乃至"砸挂"[⑥] 等传统技艺由此再现。郭德纲常说:"好的相声就是和您聊天,在

---

① 为了尊重观众,郭德纲在天津"省亲演出"时,甚至亲自搬动桌子的朝向,来适应舞台侧面观众。

② "第四堵墙"理论是西方戏剧理论重要的组成部分,要求演员在台上表演的时候,把面向观众的一面看成一堵墙。它的作用是试图将演员与观众隔开,使演员忘记观众的存在。

③ 新生性是表演理论的重要概念,指受社会结构、表演场景、观众等影响,表演者会在表演中体现出新的创造性,从而改变表演乃至社会结构。参见理查德·鲍曼《作为表演的口头艺术》,杨利慧、安德明译,广西师范大学出版社2008年版,第41—51页。

④ "现挂"是相声业内用语,指演员根据现场情况临时发挥所产生的笑料。

⑤ "抓哏"指相声等曲艺演出时,演员在节目中穿插可笑的内容,用以引起观众发笑的现象。演员往往现场抓去插话题材,并结合节目内容,以取得良好结果。

⑥ "砸挂"是相声演员之间彼此戏谑取笑的一种手段,在道德与情感的尺度上往往打伦理的擦边球。

不知不觉中把您逗乐。"他积极地把观众带到表演设置的情境中去，时时争取在交流中掌握主动。如定场诗，在单口表演中有标定表演，引出下文的作用，每段开篇只说一个。但郭德纲的表演打破了惯例：说完一段定场诗，观众会意犹未尽地要求"再来一个！"，而郭也会故作推托后多说几个，最后在"先来这几个尝尝"的调侃中进入正文。在这里，定场诗兼具结构与功能的多重作用：它标定了表演开始，集中了观众的注意力，同时凸显了表演的传统特色，更是郭和观众展开互动、进行情感交流的工具——在演员故作推托、观众强烈要求的你来我往中，增强了大众对表演的期待，牢牢占据了表演的主动。而观众也形成了互动的惯例，每当段子到了精彩处，或用了尺度较大的"现卦"，观众常长呼一声"吁……"，以起哄式的方法叫好，借此调动气氛，抒发感情。

郭氏表演的另一特色是"垫话"① 特别长，或从现场"抓哏"，或从热点新闻或现场实情说起，让观众随便插话，并从插话里找笑料，还不时拿观众打趣开涮，以至某些观众反应：爱听郭的开场"垫话"甚于"正活"。② 如一次表演《你要高雅》，有观众在开篇插话，郭并未听清，但立马拿搭档开涮："喔，那边说打倒于谦！"引起全场爆笑。郭还会根据现场反应，及时调整自己的表演策略，或将观众的种种意见编进相声中反馈出来，或将社会中的热点问题编进相声里进行调侃，或急智地挽救自己表演中的口误。如单口相声《蒸骨三验》，郭正表演县官审案的情节，忽然台下手机响，表演受到干扰，于是一拍惊堂木："堂下是谁的手机响？"效果也同样火爆。对突发事件的急智处理体现出演员丰富的舞台经验与高超的智慧，只要演员能牢牢掌握表演的主动，突发事件就能转化为有利于表演的重要部分，这样的处理成功化解了观众的尴尬，维持了现场秩序，产生了意想不到的审美效果，最终增进了观演间的情感交流。

（三）老段子与基本功：传统的炫技

一百多年来无数的相声前辈和搞笑的高手们，他们已经把中国

---

① "垫话"即相声的开头部分，起到拢音与带出下文的作用。
② "正活"指相声表演的主体部分。

语言里值得构成搞笑的这些个技巧都提炼出来了,只要你是用中国话说的,在我们传统节目里都有……哪怕你弄出多新的一个相声,我也能告诉你,传统节目里有你这个框架,都能给你找出来。①

在郭的话语里,传统相声是一个具有极强再生能力的整体,它不仅是一堆宝贵的表演文本,还意味着为再创编提供大量结构框架与表演程式,同时也为表演提供了必须遵守的"基本规则"。②

传统段子是郭氏表演的主体。近年来,德云社陆续上演的段子不仅有《卖布头》《八大吉祥》等中规中矩的传统节目,还有《反七口》《怯洗澡》等问题段子。这些段子作为一个整体,涵盖了近世以来北京市民阶层衣食住行、婚丧嫁娶的方方面面,生动刻画了老北京的器物、生活与心理。2006年,郭德纲还将有关北京的单口段子整理成《郭德纲话说北京》出版发行,其中既有《开殃榜》这样表现旧京丧俗的段子,又有《轿子胡同》等介绍故都风物的篇目,呈现给人的是浓烈的传统取向与老北京色彩,为人们打造了一个极具互文性与风俗画色彩的传统相声库。陆续展开的"大字""怯字"等专场(即名字以"大""怯"开头的段子),若干段风格相似的相声专场演出,则是郭将统相声整体化推出的重要举措,借此可窥见他重塑传统的苦心。

郭德纲回归传统的另一举措,就是凸显基本功在相声表演中的地位。在德云社相声表演中,包括了双簧、京剧、评戏、西河大鼓、北京琴书等一系列传统门类。郭德纲并没有简单地移植这些,而是把这些门类化入相声大会、相声剧、开场小唱等表演中。在这些艺术门类中最被突出的是太平歌词。郭德纲的"返场"③ 总会唱太平歌词,唱的内容不外乎《单刀会》《白蛇传》《秦琼观阵》等传统曲目。在演唱前,郭每每都会强调:

---

① 参见郭德纲相声《论相声三十年之现状》。
② 基本规则是影响表演结构的重要因素,它由一系列文化主题及伦理的和社会互动性的组织原则构成,支配着表演的实践,表演要受制于社区的基本规则。参见[美]理查德·鲍曼《作为表演的口头艺术》,杨利慧、安德明译,广西师范大学出版社2008年版,第33页。
③ 返场指演员演完下场后,应观众要求,再次上场表演。返场的前提是正式节目演得好。

一个好的演员从七八岁学艺要学十几年，我们是需要基本功的。传统节目需要基础，不是什么人来都能表演的。……相声基本功的唱，是太平歌词，要在过去，不会唱这个，演员在后台都抬不起头来。

借助太平歌词等基本功，郭德纲从技艺上把自己和撂地相声的传统联系起来，标明了自己才是传统的真正继承人。也有行家质疑郭氏太平歌词"不正宗"，但对"钢丝"来说，"正宗"与否并不重要。郭对太平歌词的推重，是一种在表演中求诸传统的行为，[①] 借此标明了表演实践的文化价值与自身权威。太平歌词是被作为传统的标签来打造的——会唱就代表接续了撂地相声的正宗血脉，代表了真正的草根和正统。唱太平歌词代表着复归传统，每一次表演都是一次炫技，通过炫技，现代人得以想象辉煌的旧京风华、中断已久的天桥绝技。

各种传统文类的杂糅，增加了表演的历史感，而老段子的搬演则使表演更具权威性。这一切是吸引观众的话语策略，也是迎合时代的文化资本，更是郭德纲标明"传统"的实践。当然，为了适应观众，郭德纲对传统相声做了大量调适与改动。

（四）传统的发明

由于"钢丝"的欣赏口味与知识储备不同于百年前的老北京，郭德纲就须做出相应调适：郭氏相声的笑料与网络笑话、短信段子的更新是同步的，比如他加入了"躲猫猫""超女"等社会热点和时尚元素，加快了表演的节奏，减少了程式化的表演，削删了气氛较淡的枝蔓。一系列改动，较准确地抓住了都市人的口味。郭德纲还上演了大量的单口段子。在过去老先生的演绎中，单口多为节奏慢，气氛淡，典故迭出，讲求史实。郭选择了其中公案、神怪、时闻等最吸引人的段子，经过改编，段子的节奏加快，包袱增多，并新增了大量时尚语汇。原本以叙述为主的单口相声，被改造成了以逗乐为主、包袱频出的长篇笑话。

[①] ［美］理查德·鲍曼：《作为表演的口头艺术》，杨利慧、安德明译，广西师范大学出版社 2008 年版，第 24—25 页。

以传统的表演方式"抖包袱"为例,传统表演讲究"三翻四抖",通过若干组平行关系,再三铺垫,对故事加以渲染,最后将包袱抖开以产生笑料,因而前面的铺垫往往并不逗乐。而郭的段子则不同,为了增强效果,加快节奏,每一段平行关系采取的多是"抖小包袱"的方式,每一翻都有笑料,但往往会因翻得太过急促而使叙事结构、文本锤炼尚显粗疏。快节奏的包袱破坏了表演的规则,冒犯了传统,但这一改动却迎合了当代观众的趣味。

郭氏相声往往都遵循着原来的叙事结构与表演框架,但郭总会把离现实较远的人物、器具乃至时代背景改去,换上与当代社会密切相关的人和事。历史掌故被纳入日常化的生活场景后,就更易被人接受。如在主角身份的设置方面,郭就极下功夫,叙述者"我"多为一个远离体制荫蔽、生活不如意的底层小人物,他言行没谱,爱逞强却又备受挫折。郭氏的一系列新编段子"你要××""我是××"系列,更是从命名上直接与民众个体相关。低姿态的人物设置,为表演争取了更多的自由空间,借助对倒霉遭遇的展示,也有利于观众在对比中获得自身心理平衡。改编后,相声的框架还是旧的,但内容则是新的,传统的框架为人们提供了想象传统的语域,而新的内容则拉近了与观众之间的距离,成功地将相声与日常生活联系起来,因而更符合观众的审美经验,有利于争取最大数量的观众群体。① 正是挪用了传统框架,并加入新的时尚叙述,郭德纲成功地将传统相声"再语境化"。

以《西征梦》为例,百年前的原型为《打白郎》或《堆儿兵做梦》,说的是某个无名小兵梦中前去讨伐叛逆,一路吹嘘战绩,实则出尽洋相的故事。随着时代变迁,已多年不演,郭德纲的改动使它重获生命。郭将主人公"我"设置成一个从"老和部队"(老得维持和平部队)退役,挣扎在温饱线上的小市民,在"金发闭眼"的美国女大使引荐下,坐直升机到美国见布什总统(后来的版本则改成了奥巴马),协助打击恐怖分子。郭德纲特意让布什说河南话,让白宫拉着"热烈欢迎郭德纲师傅"的横幅,门口挤满了卖盗版碟的妇女。布什称用龙虾请客,端上来的却是麻辣小龙虾,席间敌人打进白宫,"我"戴上钢盔仓促应战,最后发现

---

① 郭氏新编段子"你要××""我是××"系列,更是从命名上直接与民众个体相关。

自己顶着个痰桶在做梦。段子用的还是小人物白日梦的叙事框架，又加入了新的元素：用布什、恐怖分子等耳熟能详的人物代替早先慈禧、白郎等角色，用中国式的官场氛围来描绘白宫，再以小龙虾、盗版碟等日常物品搭配之，这就与日常经验接到一起，拉近了与观众的距离，而对国际事务的"山寨化"处理，则营造出了无厘头的幽默效果。白日梦的叙事框架揭示了日常生活的荒诞无聊，在一定程度上缓解了当代人的精神压力。

四　文本细读：表演及其政治分析

为了凸显表演理论细读文本的优势，进一步揭示表演背后的文化政治，下文将以郭德纲2005年5月28日在天桥乐与于谦、李菁表演《扒马褂》后的返场小段为例，展开细致分析。这一段子改编自网友"竹林第八贤"的博客文章，随后以《不让播的相声》为名，在网络风靡一时。通过对文本的细读，我们发现：这郭氏相声的流行依赖于高妙的表演技巧，同时也和表演背后的政治密切相关。

A

（1）郭：哎呀，（擦汗）大家很热情。咱们说点儿电台不让播的……

于：嗯？

郭：（强调地）电视台不让放的。（观众忽然有人鼓掌，大声喝"好"）

于：噢。

（2）郭：有的时候我们也是很为难，实话实说。今天开场，徐德亮说的这段叫《揭瓦》，是传统节目，三四十年代就有这段，前段时间我也说过这个。

于：是。

郭：说完之后呢，大鹏（北京文艺广播主持人）录完了拿回电台播了，因为这个大鹏还罚钱了。

于：为这事儿？

郭：电台有监听（重音）的，给这段下一评语。

于：什么？

郭：（模仿官方腔调）说这段节目反映了小市民的丑恶嘴脸，对当前构建和谐社会是个抵触！中国 50 年精神文明建设都毁在这段节目上了。（众笑）

于：不挨着！

B

（1）郭：老实说，现如今好多事儿也是没法说得清。外边流言很多，很多流言你去查去吧，有根有据比新闻还真；你看这新闻一屁两谎！（众笑，鼓掌）你分得清哪是流言哪是新闻吗？

于：分不清楚。

（2）郭：你看那教授，有什么卖什么，光想着钱；你看那商人一个个戴个眼镜谈吐很儒雅，你分得清哪是教授哪是商人吗？

于：嗯。

（3）郭：你看那大夫，不给钱不做手术，心狠手辣跟杀手似的；你看这杀手组织性纪律性很强（众笑，鼓掌）……你分得清谁是大夫谁是杀手吗？

于：噢……

（4）郭：你看好多官员，伸手要钱，跟贼似的；你看那贼有组织有纪律的，你分得谁是官谁是小偷吗？（众叫好，长时间鼓掌）

于：越说我越瘆得慌！

（5）郭：你看那好多大老板，挣好几个亿了，抠的跟什么似的，不给人工资，做点什么还扣钱，和乞丐似的；你看那要饭的出了酒店进酒店，你分得清哪是老板哪是要饭的吗？（众乐）

于：全分不出来了！

（6）郭：你看那电影明星，一个比一个贱，今儿跟你睡明儿跟他睡跟妓女似的（众笑）；你看那妓女她不愿意的她不接！（众长时间喝彩）你分得清谁是明星谁是妓女吗？

于：好么！

（7）郭：你看那导演，一个比一个流氓，上了这个上那个；你看那流氓很文雅，彬彬有礼戴个眼镜，（做戴眼镜的手势）跟导演似的，你分得清谁是导演谁是流氓吗？（众笑，长时间鼓掌）

于：哈哈！

（8）郭：有的警察说打人就打人，说骂人就骂人，比流氓还狠了；你看流氓客客气气什么事都帮得了你，谁是流氓谁是警察？（众叫好，鼓掌）

　　A部分出自临场发挥。由于之前的《扒马褂》情境性较强，与观众的互动并不强，因而郭一上来就以敏感的"电台不让播"来重建互动，吸引观众注意，还以重复强化效果。A（1）是一个承上启下的段落，它将观众从前段的情境引到下文火爆的表演中，弥补了前段相对封闭的弱点，拉近了观演距离。同时用郭氏特色的套语"说点不让播的"，来强调表演的敏感性，吊足了观众胃口，标定了新的表演的开始。A（2）从开场的《揭瓦》说起，通过强调"三四十年代就有"来求助传统，凸显这一段子的合法性，接着陈述落差较大的事实，还特意强调了"监听"二字，强化了媒体控制严密的形象，通过古今对比，用"50年精神文明建设都毁在这段子上了"的夸张表达，讽刺了官办媒体的僵化，昭示了自身"很为难"的生存的现状，进而强化了德云社是体制外的受害者的形象。并为接下来的高潮做好了情绪的铺陈。

　　B部分是表演的高潮，由8组平行关系组成。每组平行关系都是一组优劣错位的对立：每组前半句都将一种崇高的职业拉下神坛，后半句将卑下的职业捧上九天。通过在当代社会语境下的解读，郭发掘并渲染了医生、教授、导演等强势群体在当代社会中的种种劣迹，同时又美化了流氓、小偷、妓女等底层群体。在多次对举中，完成了贯口式的炫技，增强了表演的戏剧冲突，同时也撩拨起观众情绪上的快感。在表演中，每组开头"你看那××"后恰到好处的停顿，又引起了观众的期待。通过对两者形象与品格上的置换，整个段子营造出荒诞可笑的搭配效果，为观众带来了崇高与卑下倒置的狂欢快意。同时串联起医生收红包、娱乐圈潜规则、警察打人等屡见不鲜的社会现象。借助错位式的调侃，揭示出职业道德沦丧、社会阶层差距日益扩大等问题，强化了主流与非主流、强势与弱势之间的二元对立。

　　通过分析，我们发现：首先，整段表演是在观演互动中完成的。观众在推进表演中起着重要作用，观众的每一次笑声与掌声都推动了表演的进程，影响了表演的节奏；演员需要在表演中积极引导观众的情绪与趣味，必须顺着观众的喜好进行发挥。其次，演员个人的创造性起到了至关重要的作用。在表演中，郭使用了暗示、模仿等多种表演框架，巧妙结构起整场演出。最后，虽然表演的是新段子，但它也求诸传统：B组的平行关系由传统的贯口构成，而优劣错位的对比也与《珍珠翡翠白玉汤》等老段子常用的"高贵者最愚蠢，卑贱者最聪明"的对立模式一脉相承，只是在"再语境化"后，郭又加入了时事与笑料。

在德云社的表演场景中，随机应变的新生性、掌控现场主动的能力、丰富的肢体动作、逾越纪律的快感给观众一种反主流、反权威、秩序颠倒、尊卑失序的感觉，为观众提供了一个比官媒更为自由的娱乐空间，一个抹平阶层差序、获得补偿性地位的机会。观众暂时忘记了现实的种种不如意，社会不公造成的心理失衡得以暂时舒缓，精神紧张与生活压力得到了释放，因此郭氏相声起到了社会减压阀的作用。而郭德纲经营的"传统相声"，又满足了当代都市人的怀旧情绪，借助太平歌词、"封箱"等传统符码，德云社重建了相声消失已久的现场快感，迎合了观众的欣赏期待，重塑了人们渴望看到的"老北京"，为急剧城镇化进程中的市民提供了"北京人"的身份认同与主体意识，还借此获取了"发扬传统"的道德优越感，并将其打造成标榜身份的新时尚。德云社由此成为都市人重新认识相声的起点，想象传统的途径。在这里，德云社给观众双重的文化治疗，既释放了当代人的生活压力，又接续了断裂的传统。

自出道以来，通过一系列话语与实践，郭塑造起了宣扬正义、真实诚恳的公众形象。大众对郭"是条汉子"、代表广大民众心声、爱说真话的认可越来越热烈，德云社对抗体制、无依无傍的社会形象也深入人心。在2010年传闻因"徒弟打假记者"而"被封杀"后，郭的民间口碑达到了顶峰，成了反抗主流的草根英雄。① 不少人甚至将郭与韩寒、郎咸平等公共知识分子相提并论。这一形象的形成，得益于他精心塑造的官方与民间、主流与非主流之间鲜明的二元对立。

---

① 如孔庆东甚至说："郭德纲是我们国家相声界唯一的，敢于讽刺权贵、敢于讽刺不正之风、敢于反对潜规则的，这样一个民族英雄！"参见孔庆东《北大教授语出惊人力挺郭德纲为民族英雄》，人民网娱乐频道，2010年8月18日，http：//ent.people.com.cn/GB/12469943.html。

表演与社会语境和政治实践密切相关，郭德纲也不例外。他固然也在表演中讽刺了大量社会丑恶，但是他的讽刺多是对民间普遍性情绪的重复，对民粹思潮的迎合。如果郭安于做一个"大兵黄"①式的民间艺人，那么这样的言行倒也合理。但进一步分析他的"反主流"，正如施爱东指出的，其批评乃是一种"概念偷换"，为人们设置了一个"竞技黑哨"式的假想敌，以对主流相声的揶揄代替了对社会问题的批判②，结果是造成了其"说真话"的公共形象与民粹主义的表演实践之间的错位。"概念偷换"为他塑造了相对安全的话语姿态，既避免了对社会根本问题的直面，又以挑衅的姿态吸引了这个时代足够的目光，把观众的情绪调动到了极点。虽然迎合了大众情绪，但郭的讽刺并没有超越普遍的民粹情绪，而小人物的自我定位反使讽刺堕入犬儒主义的表达境遇。当郭德纲喊出"我要幸福"的呼声，试图代言底层的努力旋即就被他"鸡要吃'天上人间'"的游戏话语解构殆尽。

在不同场合，他多次强调："相声是国粹""支持相声就是支持传统文化，多听相声就是爱国"，还多次暗示相声是拯救道德堕落、挽救传统流失的利器，力图把相声打造成与国学平起平坐的经典文化。在他的营销话语中，民粹主义与民族主义交织在了一起：相声＝传统文化＝国粹，听相声＝支持传统文化＝爱国。民粹主义使"草根"获得了平民群体的青睐，并使之登堂入室，民族主义则使非主流融入"大国崛起"的合唱中去，而《抗日斗法》等节目，更以旧式天朝颛顸自大的排外情绪，满足了不少国人内心深处的义和团情结。当郭德纲试图把相声提升为代表民族精华的"国粹"，在刚被卸下社会教化的包袱，尚未从危机中摆脱出来时，相声又被他这位解救者戴上了"民族精神"的沉重桂冠。在刚被去意识形态化的同时，相声又再次被意识形态化，与国学、中医等一起，被卷入"民族复兴"的众声喧哗中。在民间与庙堂之间，郭德纲用民粹之杆挑起了传统的大旗。投射在地上的，既有光环，也有阴影。

---

① "大兵黄"为民国时期"天桥八大怪"之一，在天桥卖糖，靠斥权贵、骂世道招揽顾客，但所骂的大员均为下台军阀。

② 施爱东：《郭德纲及其传统相声的"真"与"善"》，《清华大学学报》（哲学社会科学版）2007年第2期，第57页。

五　个案总结与理论反思

　　结合上文，我们发现，表演理论与郭氏相声具有天然的亲缘关系：借助表演理论，我们得以揭示郭氏相声在小剧场语境中的表演过程，细致观察其新生性，捕捉观演互动的进程和细节，进而讨论郭如何在创编上汲取传统资源、嫁接多种表演方式与文类，如何从民粹主义切入观众的口味，并在传统复兴的时代特色与都市生存的大语境中观察郭氏相声的生存与发展，发现其不同于主流的独特之处。借助表演视角，我们得以在动态的语境中全面了解郭氏相声的存在形式与接受现状。

　　反观相声研究，一直以来，学界对相声的关注总是在文本层面，文本记录也总是去语境化的：段子总是被砍去"垫话"，删去"现挂"，成为一个封闭的文本后再记录下来。汪景寿先生指出："（整理脚本）与当年演出的原始风貌存在着程度不同的距离，鲜有保持原始演出风貌的记录本，为传统相声评析带来无法逾越的困难。"[①] 而现有研究也多集中于历史溯源、流派评点上，对表演层面的关注相对不足，因而总是难出新意。表演理论为我们提供了观照语境的必要性与细读文本的可能性。从表演入手，深入分析语境、场景、过程，我们获得的是一套与传统以文本为中心的研究完全不同的方法。对研究者来说，相声不再仅是案头的文字和卡带里的声音，更是活生生的与观众能够对话的存在。它指引我们要深入动态的表演情境中去，当我们把观众、场景等因素考虑进去时，我们得以从文本回到生活世界，重建各个时代相声表演的语境。同时，对语境的强调，还促进了多学科的协作，结合曲艺研究、文化批评、民俗学研究等多种方法，我们得以更全面地看待相声表演。

　　在对郭氏相声的分析中，表演理论的弊端也得以显露：从根本上讲，表演理论是语言人类学分析语言交流的方法，对共时性交流的格外关注，使它对历史的维度、表演者的个人背景是相对忽视的，而这一切与表演均密切相关。表演理论不会重点考察表演的组织模式，而德云社采取的传统戏班制对表演形式与剧班生存影响巨大：在效率上，戏班制比文工

[①] 汪景寿、[日] 藤田香：《相声艺术论》，北京大学出版社1992年版，第236页。

团制更合理，戏班制的人际关系更亲密，演员互相"现挂"的素材更多，尺度更大，且不易生嫌隙，鼓励竞争促进了节目的更新。而以"角儿"为中心的制度又赋予郭德纲生杀予夺的大权——由此我们就能理解利益纷争下王文林与徐德亮、李菁与何云伟的退社风波，从而全面了解德云社及其表演。

由于缺乏历史的维度，表演理论对表演传统的把握并非全面。以表演的基本规则为例，笔者在更微观的层面将表演的基本规则分为公开的与秘传的两种。公开的规则如"三翻四抖"等是演员与观众都能领会的，而秘传的规则指表演中不公开的知识，这些知识是群体认同感形成的关键，也是演员内部的评判标准。从表演文本到表演方式，乃至表演的"褃节儿"①：姿势的讲究、翻包袱的火候等，往往是秘传的知识，若无师父耳提面命的亲授，众多微妙而关键的细节外人无从得知。② 艺人刘文步就曾以局内人的眼光审视郭德纲："他翻那包袱都不对。我们翻包袱的时候，等在台底下'起了尖'（观众鼓掌）之后才能翻，而他没等到台下观众互动，自己就翻了。说穿了这里面啥都没有，就是一层窗户纸。"③ 所谓"外行看热闹，内行看门道"，外来者较容易掌握公开规则的细节，但若无丰富的内部知识，若无对表演传统的长期关注，就无法把握秘传的一整套规则，对表演的记录与阐释就会流于浅层次的形式主义，远远达不到"深描"的学术追求。

尽管如此，当我们面对当代社会丰富多彩的民俗事象，面对试图有所突破的中国民俗学时，表演理论仍极具启发性。它提醒我们注重当下的价值：当代中国正处于一个急速而复杂的社会转型期，在各种力量的角力下，在历史传统与现实需求的混杂下，民间文化成为各种力量纠结与较量的场域：崛起幻象下的非遗运动、市场经济逻辑下的民间文化产业、城镇化运动中村落生活与变迁……这一切提醒我们：借助表演视角，我们可以用抽丝剥茧的方法，从动态和建构性的视角，以民俗事象为路径，从民俗学的学科关怀记录与阐释中国社会现实。

---

① "褃节儿"指表演的关键点，通常可以在这些点上看出演员技艺的高下。
② 曲艺界将此作为一种行业保护手段，有"宁赠一锭金，不赠一句春"之说。
③ 刘文步语，见《郭德纲被曝偷录同行表演》，《南都娱乐周刊》2010年第32期。

当然，前提是我们能扬长避短，将内部的结构性研究与外部的社会文化研究，将历时的民族志材料与现时的田野调查结合起来。在历时的纵深中观照表演传统，同时在共时的层面探讨表演的语境，在微观的角度观察表演的达成，在宏观的政治文化历史背景中考察表演的发展、变异和转型。从本土的社会现实出发，统合结构和过程的视角，体现历时与共时研究结合的思路，或许这将是中国学人对表演理论的发展与贡献。

佛山"龙舟说唱"的活态传承与保护研究[*]

谢中元

摘　要：主要存活于佛山顺德的龙舟说唱因其地方性、底层性、流动性特点历来缺少学术观照，因此以帕里—洛德"口头程式诗学"及鲍曼的表演理论为参照并辅以田野调查法，从文字文本转向表演中的说唱，考察龙舟说唱艺人学艺的阶段性状态，论析龙舟说唱表演的惯常和即时情境，深描其程式化的唱腔及锣鼓技艺，从而呈现龙舟说唱以口传身授为传承方式、以表演情境为依存场域、以声腔锣鼓为生成技术的活态传承特点。最后认为在表面热闹的传承传播景象背后隐藏着致其濒危的诸多因素，调动保护主体的可持续性参与、实施对重点传承人的供养式保护、激活遗产的造血式传承是实施龙舟说唱保护的尝试性路径。

关键词：龙舟说唱　口传　活态传承　表演　濒危

申遗节奏的放缓以及"申遗热"的降温意味着非遗保护进入了"后申遗时期"，对非遗个体施以"面向特殊性"的审视与反思就成为当前紧急而关键的任务。作为2006年入围首批非遗国家级名录，龙舟说唱无疑是一个值得注目的个案。

龙舟说唱被称为"龙舟歌"或"唱龙舟"，目前存活于佛山、东莞、广州等珠三角州粤语方言区，其艺人数量、表演风格、活跃程度等因时因地而异，尤以佛山顺德的传承最为凸显，"一向以来，凡以演唱龙舟为

---

[*]　原文刊于《文化遗产》2014年第2期。

生的，十有八九是顺德人，故行内公认以顺德话为正宗"。① 然而由于其方言障碍、底层气息以及流动特质所限，身为乡民小传统的龙舟说唱并未得到足够的学术观照，国内已有少量研究要么仅作基本介绍，要么只解析其唱词文本，忽略了它作为口头非遗的活态传承特性，其口头诗学价值和濒危趋向并未得到充分阐述。本文参照国外的帕里—洛德"口头程式诗学"以及鲍曼的表演理论并辅以田野调查方法，对佛山濒危非遗龙舟说唱的活态传承机理与保护路径试作探讨。

一　口传身授：佛山龙舟说唱的传承方式

龙舟说唱一般有两种形式：一种是艺人个体挨家串户说唱吉利的祝颂词，博取住户打赏零钱和食物，与"莲花落""鲤鱼歌""喃呒树"等沿门乞讨的"乞儿歌"相似。康保成先生曾认为，广东的龙舟歌是莲花落的一种，且源于沿门逐疫。② 另一种是艺人个体或群体以短篇为主、中长篇为辅的说唱表演，具有曲艺的舞台特征，有的甚至直接演变为粤剧的一种曲牌。艺人表演龙舟说唱以手持带有木雕小龙舟的长棍为标识，以敲击胸前所挂的小锣小鼓作为间歇吟诵的伴奏，以在村落乡间"祝颂"为主要功能；表现形式上，以七言粤语韵文为基本句式，四句一组，唱词浅白，内容从神话故事至时政生活无所不包，宜于叙事抒情；表演时声腔短促，高昂起伏，诙谐有趣，富于现场感染效果。就其本体而言，"龙舟是口语的作品，多数是写民间疾苦，生活琐事。这类唱书本来很多，可惜收进木刻本的却不多"。③ 作为粤语方言区的民间"小传统"，龙舟说唱及其传人在精英书写与经典叙述中一直缺席并失语。文献记载的阙如，导致产生了多种关于龙舟说唱来源的纷纭说法——"乾隆年间广东顺德县破落子弟所创、天地会为宣传革命所制、由南音发展而来、由弹词发展而来、源于木鱼"，④ 且至今未有确实定论。这意味着龙舟说

---

① 陈勇新：《龙舟歌》，广东人民出版社2005年版，第12—13页。
② 康保成：《"沿门逐疫"初探》，《戏剧文学》1990年第3期。
③ 符公望：《龙舟和南音》，载《方言文学》（第一辑），新民主出版社1949年版。
④ 参见吴瑞卿《广府话说唱本木鱼书的研究》，博士学位论文，香港中文大学，1989年，第44页。

唱与文人文艺不同,正是依靠"口传"的方式在地方社会代代延续。

所谓"口传"是指以传授者的口头讲授、承习者的耳朵承接共同完成,又称"口耳相传"。关于口头传统的传承过程与方式,哈佛大学学者阿尔伯特·贝茨·洛德的研究可提供有价值的启思。20 世纪 30 年代和 50 年代洛德与老师帕里专门到南斯拉夫地区对活态的口传文艺开展长期田野调查,所提出的口头程式理论揭示,不以书面材料为辅助的"口传"具有独特的传承机制、表达方式以及自身法则,即在传送环节中不立文字、不依文本,口头歌手不需要逐字逐句地记背文本。他们的依据是,在口头语境中表演与创作是同一时刻的两个方面,口头歌手以表演的形式来进行创作,既坚持从传统中传承而来的主题、类型、技巧、语言等,也根据现场的表演情境进行即兴的创作。当然"口头表演中的创作"是口头艺人臻于佳境的表演状态,表演和创作的同步进行要求口头传统的承习者强化记忆以便准确复述,并依靠记忆和重复掌握关键技术。正如美国传播学者沃尔特·翁所论,在口语文化里,记忆术和套语,使人们能够以有组织的方式构建知识[1]。顺德已故和健在的龙舟说唱老艺人所受教育程度普遍不高,大多为小学及以下文化程度,处于文盲或半文盲状态,他们怎样才能抵达即兴编创的表演状态?洛德在南斯拉夫地区的田野调查可提供有价值的参考。他发现口头歌手学艺要经过三个阶段:第一阶段,聆听老艺人的演唱,熟悉并吸收口头诗歌的韵律、节奏、主题和内容等;第二阶段是学歌阶段,年轻的歌手必须学会足够的程式以演唱诗歌,这需要反复模仿、不断实践以及大量运用,从而在不知不觉中抵达融会贯通的状态;第三阶段是增加演唱篇目,提高演唱技巧,这个时候歌手开始进入咖啡馆、节日以及非正式的集会场合演唱,听众的要求使他不断积累、重新组合、反复修正口头诗歌的程式和主题,最终使他在传统中游刃有余。口头歌手成熟的标志在于,能驾驭程式化的技巧进行熟练地演唱,有足够的主题素材成竹在胸,能按照自己的意志扩充、

---

[1] [美]沃尔特·翁:《口语文化与书面文化——词语的技术化》,何道宽译,北京大学出版社 2008 年版,第 25 页。

缩小或重新创作他的歌。① "三阶段"说呈现了口头传承的表现形态，对"表演中的创作"机制给予有效解释。

借此观之，龙舟说唱的口传方式契合了洛德所提出的"三阶段"说。艺人学习龙舟说唱都是从聆听开始，通过长期的耳濡目染以及循序渐进的模仿构建记忆模式，并在传授者有意或无意的表演示范下反复自我纠正，渐渐达到"表演中的创作"佳境。两位已故的龙舟说唱国家级传承人尤学尧、伍于筹的从艺经历就是鲜活的例证。②尤学尧十六七岁与龙舟说唱结缘，拜在老龙舟艺人尤镇发门下，每天帮着师傅挑行李，挨家挨户唱龙舟，在久而久之的聆听揣摩中掌握了说唱腔调和锣鼓技艺。伍于筹做过小生意，也当过鱼行师傅，他学唱龙舟并未正式拜师。据他回忆，在龙舟说唱的兴盛期，仅杏坛就有二十多个以唱龙舟为生的"龙舟公"，每遇年节喜庆、嫁娶乔迁等喜事，"龙舟公"就会被邀请唱曲助兴，"龙舟德""龙舟九"等一批"龙舟公"白天出外卖唱演出，晚上经常寄宿在伍于筹家里，伍于筹耳濡目染，再加上老艺人的指点，慢慢掌握了龙舟说唱的技巧。现为广东省级传承人的陈振球也自述没有正式拜师，他是用拉感情、套近乎的方式获取老艺人的信任，慢慢靠近"龙舟宁""龙舟迈""龙舟会""龙舟镇""龙舟崧"等老艺人并反复聆听他们的龙舟歌并暗自揣摩演练。如陈振球所言："你听得多，吸收得多，自然会唱。如果你听得不多，也唱得不多，唱起来就会是半桶水的状态。"③ 三位传承人的学艺经历表明，老艺人既不教唱龙舟歌，也不授予文字稿，没有简谱，只有音韵，学习者只能通过聆听、默记、说唱的长期训练才能达到圆熟程度。

由于文化程度不高的龙舟老艺人很难用书写方式记录龙舟唱词，而且不会轻易手把手传授用以讨赏谋生的说唱技艺，因此学艺者需要经历聆听、默记、说唱的长期过程，以自修自炼的方式达到熟能生巧的状态。

---

① ［美］阿尔伯特·贝茨·洛德：《故事的歌手》，尹虎彬译，中华书局2004年版，第28—35页。

② 参见蔡敏珊《顺德龙舟说唱艺人尤学尧、伍于筹：国家级非遗传承人》，《南方日报》2008年2月29日，第FC02版。

③ 陈志刚、陈晓勤：《陈振球：龙舟说唱有韵无谱，都是口耳相传》，《南方都市报》2012年11月8日，第RB16版。

其中聆听是源泉，是感知和学习的过程；默记是基础，旨在模仿和储藏；说唱则属于传播和传承的阶段。口头艺人经过三个阶段的聆听记忆、吸收消化、内化创造，在口头传承的实践中磨炼出自己的表演技艺，进而形成具有个人特色的表演风格。杰出的龙舟说唱艺人尽管不善文墨，不通书写，但都经历曲折，博闻强识，储歌丰富，能即兴说唱龙舟。由是可知，"口传"作为龙舟说唱的传承方式是毋庸置疑的。不过对于口头非遗这样的传承特点，非遗研究者多以"口传心授"予以概纳。有论者认为："一般在使用'口传心授'这一说法时，常常主要说的是'口传'，强调的是其'口传'的含义。'心授'二字，在'口传心授'这一说法中实际已经虚化了。"口传心授中的心授"只是一个无法落实、没有多少实际意义的说法。"① 也就是说承习者心智悟性的高低固然影响着他对说唱技艺的接受程度，但不能忽视的是，"口传"和"身授"在表演型非遗的实际传承过程中是融合在一起的。比如，龙舟说唱艺人表演时除了输出声音唱腔，还以"一龙两锣三条棍"为道具，以敲击锣鼓为辅助手段，表现为嘴、喉、手、眼等身体部位的综合性演绎。在表演中，"一龙"（木雕龙舟）只是艺人的身份标识；"两锣"（一锣一鼓）和"三条棍"（竹管、敲锣鼓小棒以及支撑木雕龙舟的龙舟棍）中的竹管、小棒则是辅助说唱的操演工具。对锣鼓敲击技艺的熟练与否，影响着学习者的说唱水平。

在龙舟说唱学艺者的习得过程中，老艺人的口头传递与身体示范相互配合与补充，共同发挥着传承说唱技艺的作用。受益于民间心照不宣的"口传身授"方法，龙舟说唱的传承谱系得以构织，其中以"师传"最为典型。在顺德杏坛镇北水村，老艺人何龄（1896年生）、尤庆崧（1914年生）、尤镇发（1925年生）、尤伟明（1928年生）、尤学尧（1937年生）等人构成了一条清晰的师徒传承链；而已故国家级传承人伍于筹则拜师于龙舟德等艺人；现为广东省级传承人的陈振球（1941年生）则转益多师，先后承艺于尤镇发（杏坛北水人）、尤庆崧（杏坛北水人）、刘万奇（龙江官田人）、龙舟宁（顺德勒流）等艺人。此外"家传"也

---

① 海震：《论戏曲音乐传统传承方式——"口传心授"辨析》，《戏曲艺术》2012年第2期。

是不可忽视的一脉，杏坛吕地的龙舟艺人刘仕泉（1947年生）祖辈都以唱龙舟为生，他从其父刘万成（1902年生）、其祖父刘万奇（1850年生）等传承而来，成为刘家的第六代说唱传人。这些成熟艺人的技艺能力、表现水平决定着龙舟说唱的价值程度以及文化含量。得益于他们的传续接力，龙舟说唱才不至于断裂消亡，并一直存活至今。

二 "惯常"与"即时"：佛山龙舟说唱的表演情境

与文字文本不同，口头传统还以在语境中的表演为存在形式。而语境包括文化语境和社会语境，并可细分为意义语境、风俗制度语境、交流系统语境、社会基础、个人语境、情境性语境等六个小层面。[①] 口头非遗的语境既能扩延到文化、社会、历史、国家和民族等宏大背景，也可缩微至表演行为发生的具体场景和时空。研究龙舟说唱之类的口头非遗，不能仅仅关注脱离了活态表演情境的歌本、刻本或者唱本，因为"被我们习惯性地视为口头传统素材的文本，仅仅只是对深度情境的人类行为单薄、部分的记录而已"[②]。表演情境是观照龙舟说唱的必要切入点。

从宏大语境而言，龙舟说唱存活于"好歌"之风盛行的粤方言区。如屈大均所云："粤俗好歌，凡有吉庆，必唱歌以为欢乐"，"其歌也，辞不必全雅，平仄不必全叶，以俚言土音衬贴之，唱一句或延半刻，曼节长声，自回自复，不肯一往而尽，辞必极其艳，情必极其至，使人喜悦悲酸而不能已，此其为善之大端也"，"而风俗好歌，儿女子天机所触，虽未尝目接诗书，亦解白口唱和，自然合韵"。[③] 粤地盛行的"好歌"风俗为龙舟说唱的被认同与被传承营造了充盈的地方文化气息；而顺德水乡村落的人文地理作为与龙舟说唱关系最为密切的环境范围，是滋育龙

[①] 杨利慧：《表演理论与叙事研究》，《民俗研究》2004年第1期。
[②] ［美］理查德·鲍曼：《作为表演的口头艺术》，杨利慧、安德明译，广西师范大学出版社2008年版，第103页。
[③] （清）屈大均：《广东新语》卷12《诗语》，中华书局1985年版，第358页。

舟说唱存活延续的"文化生态壁龛"①。龙舟说唱的主要存活区域——顺德杏坛地处西江下游，形似锦鲤鱼，古称锦鲤沙，四周环水，西江干流、东海水道、甘竹溪、顺德支流、容桂水道、一更涌等六道水道流经境域，致使各村落河涌贯穿，房舍集中，形成了一个由河涌、古桥、巷口、祠堂、榕树、集市等构织而成的水乡村落空间。再加上这里属亚热带季风气候，冬短夏长，春秋两季长短相当，温暖湿润，乡民户外活动时间长，易聚易散，为龙舟说唱艺人沿门说唱、登台表演提供了适宜的文化生态环境。

龙舟说唱本身属于活态的表演，其所依存的表演情境具有惯常性，而惯常性的表演情境正是表演的理想状态。这种理想状态表现为，由惯常的表演者，在惯常的时间地点，以惯常的表演方式，为惯常的听众表演②。正因具有约定俗成、相对固定的表演时间，理想状态的表演情境一经形成便具有稳固性、规约性，牵引着口传艺人和听众自觉遵守并沿袭传统的表演习惯。杏坛镇北水村的何龄、尤庆嵩、尤镇发、尤伟明、尤学尧以及杏坛镇吕地村的刘奇、刘万成、刘仕泉等职业与半职业艺人是惯常的龙舟说唱表演者；年节祭仪、庙会庆典等水乡村落民俗时间是惯常的表演时间。说唱表演尤以正月初一至初七最为频密，从正月初一开始，龙舟艺人走街串巷，沿门说唱，祝颂讨赏，意为"贺正"，元宵节之后转淡，说唱进入消歇期。据陈振球回忆，20世纪70年代大良、北滘、陈村、勒流和伦教等是比较兴旺的城镇和半城镇，家家户户都是平房，过年的时候家家户户敞开大门，每到一户献唱，户主会拿出元宝、蜡烛和香举行仪式。而过年以外的说唱表演时间一般是龙潭圩日、土地诞日等具有地方民俗意义的特殊时间，如杏坛镇苏马大队的马家每年八月初二会进行祭拜土地公的土地诞仪式，并邀请龙舟公说唱龙舟。③显然，在地方社会约定俗成的龙舟说唱惯常表演时间具有特定的社会、文化和历史意义，不会被轻易干扰并更改。

---

① 参见高小康《文化生态壁龛：非遗保护的生态"红线"》，《中国文化报》2012年11月19日，第8版。
② 杨利慧：《从"自然语境"到"实际语境"——反思民俗学的田野作业追求》，《民俗研究》2006年第2期。
③ 根据笔者于2013年10月18日上午在杏坛文化站二楼对陈振球所作的访谈记录。

龙舟说唱表演的惯常情境还意味着，龙舟说唱形成了标准化、程式化、结构性的表演体系。艺人表演时遵循传统既成的表演方式、主题、内容以及风格等，以契合粤语方言人群的接受习惯。比如，龙舟艺人经常肩扛木雕龙舟，手拎一锣，身缠一鼓，一边敲打一边唱"敲锣鼓，唱龙舟，唱首龙舟可解闷愁"，从而开始龙舟说唱的惯常性表演。此外，还随着表演空间的迁移形成惯常的表演体式。龙舟艺人沿门说唱讨赏，和在码头渡口、集市商铺等地方面对来去匆匆的人群表演，均以简短的说唱为主；而在村头树下、地堂茶楼、神坛社庙等地方面对歇息的受众，则可以进行中长篇故事的演绎。更为重要的是，龙舟说唱的表演对象为村落街巷的粤语乡民，龙舟艺人便以运用顺德方言俚语说唱为惯常的表演方式，塑造粤语听众的地方文化认同。在说唱表演中，艺人会运用非正式性的口语语句，使之符合乡村市井之中的娱乐需求。以极受欢迎的龙舟歌《新年祝愿》为例，该歌有句"只喺（是）寥寥无几，个个都已经上咗（了）七八十勾（岁）"，此句运用了"喺""咗""勾"三个俚语，以"勾"字最为特别。在顺德杏坛的语言惯习中"勾"兼具动词和名词属性，意为"岁"，代表年龄。虽然"勾"属于俚语中较为粗俗的部分，但并无贬义色彩。巧唱"勾"字，不但实现了押韵，也增添了诙谐色彩，容易引发粤语听众的笑声。

　　龙舟说唱的表演情境除了具有惯常性，还具备即时性。这意味着由表演时的时空、气氛、听众等元素构成的表演情境有着动态生成的流动性特征，"口头传统的形式、功能和意义无法通过将他们视为静止的、与现实相剥离的文本而获得完全的理解；口头传统植根于生产与接受的过程当中"。[①] 对龙舟艺人而言，需要在即时性情境中根据现场交流互动的活动主题、人数气氛、时间限度等因素即兴编创。老一辈龙舟艺人的表演正是如此，每逢龙母诞，年轻人对龙母传说陌生而好奇，他们就说唱《龙颜如丽日，母泽似甘霖》，引导年青一代认知龙母传说；遇到土地神诞，则说唱《土地公旦（诞）好热闹》，唤起老一辈村民的怀旧共鸣；在村民集会之时，多说唱有警醒世人意义的故事，如将《聊斋志异》改编

---

① ［美］理查德·鲍曼：《作为表演的口头艺术》，杨利慧、安德明译，广西师范大学出版社2008年版，第110页。

成《杜小雷》，通过儿媳妇刻薄婆婆而变成猪的故事来警醒世人尊老爱幼；而在宣传戒烟戒赌、破除迷信等政策的官方场合，则说唱《大闹烟公》《正字龙舟大闹鸦片老》规劝烟民戒烟，营造家庭和谐。

从根本上说，表演的即时性情境源于"影响诗歌形式的演唱的核心成分是听众的可变性和不确定性。听众的不确定性，要求歌手要有全神贯注的能力，以便使自己能够演唱；这也能考察出他的戏剧性的应变能力、能够抓住听众注意力的叙述技巧"[①]。听众的接受反应会即时传递给表演者，表演者同时根据听众的反应创造性利用自身储备的文化资源，即时调适说唱内容和风格，与现场听众形成双向的互动。据龙舟艺人叶潮回忆：龙舟说唱的题材和乐谱是恒定的，而歌词是即兴的。正月唱迎春花，"迎春花开放，又到了末年，大门柑橘摆放，多顺境，柑橘摆放，恭喜你发财又添丁……恭喜你子孙代代传"；店铺开张，商家卖什么就唱什么，卖衣唱衣，即兴编创内容；端午唱"一帆风顺，夺得锦标归"之类的吉祥话。[②] 在笔者所听的一次龙舟说唱表演中，艺人直接将"四"忽略，把"三""五"连接起来说唱，使歌词改成"龙舟到，到你门来，一添贵子二添财，三添福禄寿，五添状元来"，避免发生因"四（sei3）"与"死（sei2）"发音相近而引发的粤语听众的抵触情绪。

进而论之，一个成熟的龙舟艺人既能遵循惯常性情境，又能在即时性情境中根据听众的表情反应、掌声大小、喝彩程度等即时改变词语，拉长音调，或者转换韵脚。在即时语境中采取灵活的表演策略，意味着艺人不是要完成固态文本的单向输出，而是在互动的交流语境中促生表演的新生性特质。因此，在表演者与听众互动中即时生成的龙舟说唱本就没有权威的定本，每一次的龙舟说唱表演都是一个独一无二的表演事件。表演者在遵守惯常音韵的压力下甚至会违反逻辑、因韵造句。比如在龙舟歌《扬正气，促和谐》中，艺人为确保押韵，唱出了"要似雷锋、焦裕禄、孔繁森咁样谱写出密切联系群众，艰苦奋斗的英雄史诗"的生

---

① ［美］阿尔伯特·贝茨·洛德：《故事的歌手》，尹虎彬译，中华书局2004年版，第22页。
② 肖楚熊：《龙舟说唱艺人——番禺"顺德公"叶潮的故事》（未刊稿），肖楚熊博客，http：//gdssh.blog.163.com/blog/static/17568208020112298233367/。

硬词句。临场即兴编创的不规则唱词，肯定会对听众的接受带来理解上的障碍。不过，"表演中的创作"作为口头非遗的表现方式，决定了龙舟说唱的特殊美学价值，所以不能从文本诗学的视角对龙舟说唱予以简单的否定性阐释。

三 程式化的声腔锣鼓：佛山龙舟说唱的生成依托

口头艺人的即兴编创能力是如何形成的？在洛德看来，歌手的记忆传统和表演创新相结合，形成了以重复的片语为恒定形态的程式，程式有助于对说唱长篇史诗的歌手快速进入创作的状态。龙舟说唱历来以短篇幅为主，与演唱长篇史诗相比，短歌说唱给艺人带来的即兴编创压力较小，艺人不必调遣大量程式化的片语，因此龙舟说唱各类表演中的词语重复现象几无可见。洛德也指出，程式研究必须首先考虑到韵律和音乐，在表演中一个词从语音上预示着下一个词的出现，一个词组对于下一个将要出现的词语的暗示，不仅仅是由意义、意义出现的先后顺序，而且也是由声学价值所决定的。① 所以龙舟说唱艺人的即兴表演不以调遣片语为手段，而以声腔韵律的重复为主要生成技术。

龙舟说唱的常见唱腔包括虾喉、玉喉、猫喉、豆沙喉等，由于没有音乐伴奏、起板和过门，腔调为吟诵式，基本是循字取腔（俗称"问字攞腔"），节拍无严格限制。据龙舟艺人刘仕泉陈述，龙舟说唱的唱腔达到十一种之多，而他自己因为长期表演，所掌握的唱腔达到十三种，可以根据不同的场景随时运用②。此外，龙舟歌的唱词以七言韵文为基本句式，四句一组，上句押韵自由，下句必须押韵，唱词可以突破七字句、十字句的限制；唱词之韵，可为 8 韵、16 韵甚至 36 韵，最常用的韵有"家头韵""多河韵""闲难韵"等，用韵可加可减。据此，龙舟艺人在学艺阶段经过听和学的反复训练，大量聆听说唱腔调并沉浸其中，从而

---

① ［美］阿尔伯特·贝茨·洛德：《故事的歌手》，尹虎彬译，中华书局 2004 年版，第 42—44 页。

② 根据笔者于 2013 年 10 月 18 日下午在杏坛文化站二楼对刘仕泉所作的访谈记录。

对意义以及表达意义的词语的组合方式形成足够的听觉积累，并把对词语语音模式的习惯转化为对声音韵律的本能敏锐。所以龙舟说唱老艺人普遍认为，学徒只要专心聆听唱腔二至三个月并辅以基本的学习训练，就可以在头脑中形成龙舟说唱的节拍以及说唱模式，熟练把握住韵律与词语的关系。

由此，"程式本身并不太重要，对理解这种口头技巧来说，这种隐含的程式模式，以及依这些模式去遣词造句的能力，显得更为重要"①。艺人在头脑中形成龙舟歌的旋律、格律、句法以及声学上的模式，从而帮助自己即兴编创。以龙舟说唱的声韵构形进行分析，可予以印证。每一首龙舟歌的开始都是用"影头"或"影头音段"起韵，用在全篇的开头或每转一个韵的开始处。"影头"一般是由三个句子构成，第一句是三至五个字的仄声句，第二句是三至五个字的尖平句，第三句是七字或七字以上的沉平句。如陈振球表演的龙舟说唱《好人之星》"大家静，我开声，龙舟唱出鼓不停"，以及《龙颜如丽日，母泽似甘霖》"龙舟唱，锣鼓响，鼓声带来如意与吉祥"，就是这种"影头"模式的体现。如果将"影头"的句数增加至四句，就变成了"影头音段"，这样的话第一句是三字及以上的仄声句，第二句是三字及以上的沉平句或尖平句，第三句是仄声句，第四句是沉平句。比如，陈振球的《为桑麻人扶街欢庆八月初二土地旦而歌》"土地公旦好高兴，家家都将佳肴整，初二神社香火盛，香烛果品奉神明"，陈振球的《土地公旦好热闹》"今日是土地公旦，做会的有二十多班，一早便商量各样的筹办，忙这忙那冇得闲"，便是"影头音段"的声学构形。龙舟说唱的主体部分是"中间音段"，它由一句仄声句、尖平句、仄声句和沉平句组成，句子均为七字或以上，但段数往往没有限定。在龙舟艺人的即时编创过程中，"中间音段"每一句不管是平声还是仄声均保持押韵，以达到顺利生成句子、制造听觉美感的效果。正是因为熟悉了程式化的结构以及可以不断重复的韵律模式，成熟的艺人可以在表演中快速创作。

当然，不能忽视龙舟说唱的辅助工具"锣鼓"的声律功能，有龙舟

---

① ［美］阿尔伯特·贝茨·洛德：《故事的歌手》，尹虎彬译，中华书局2004年版，第60页。

艺人认为"锣鼓是龙舟说唱的灵魂,敲不好,没法体现龙舟的味道"[1]。龙舟艺人刘仕泉、陈振球等也在接受笔者的访谈中认为锣鼓敲击技法是艺人需要掌握的主要技艺。从形态上看,龙舟说唱表演所用的铜质小锣直径约 15 厘米,吊挂于艺人左手食指;小鼓为木边、牛皮面(双面),鼓高约 3 寸,直径约 20 厘米,鼓边设有小铁环并连接一根麻绳,挂于左手食指上;右手小鼓棒木质,长约 15 厘米,直径约 1 厘米。至为关键的是锣鼓敲击方法,小鼓棒先斜角敲击小锣,同时落点在鼓正面,也可直接敲击小鼓。龙舟艺人一般打的是一长三短鼓,五大一小锣;有单打、双打、短点、长点之分;以小锣小鼓作间歇伴奏,用它代替起板和过门,以帮助艺人赢得即兴编创的缓冲时间,显得声腔短促、高昂跌宕。龙舟艺人陈振球在给学员培训时传授过用"得(敲鼓边)、督(敲鼓)、撑(敲锣、鼓)"组合而成的锣鼓击法,提炼出"得督撑、得督撑撑撑督督撑、撑撑撑撑督撑督撑督撑撑撑"的基本鼓点。龙舟艺人刘仕泉也积累了锣鼓敲击的固定程式,在与笔者交流时他表演了乔巴鼓、威风锣鼓、醒狮鼓等鼓点,并强调把常见鼓点变换组合可以达到复杂的效果。

那么龙舟艺人在聆听唱腔的基础上,再经过锣鼓敲击训练获得与之相匹配的节奏感,从而将节奏和韵律内化到记忆当中,这样有助于进入龙舟说唱的表演状态。对精于唱腔和锣鼓的老艺人而言,登台表演说唱一两个小时随意而轻松,因为他只需要根据不同的现场和主题说唱不同的祝颂词。所以,声腔锣鼓技法是艺人经过长期聆听、模仿、揣摩、表演实践后自觉形成的核心技艺,体现出口头非遗的表演性、规律性、程式性。当然,其程式本身是在传统的互动表演语境中积淀而成的,与听众所处的社会、文化、历史交流语境形成互文关系。如鲍曼所言:"在一个社会的交流体系的所有话语中,表演形式往往存在于那些最显著地文本化的、通常是集结成群的、可记忆的和可重复的形式当中。同样的,在一个社区的交流性的传统语料库当中,表演往往存在于那些被最为有意识地传统化的形式当中,也就是说它们被理解和建构为一个通过互文

---

[1] 林凤群:《看龙舟鼓,说龙舟曲——访龙舟说唱歌手陈石》,《中国文化报》2000 年 8 月 10 日,第 8 版。

关系连接起来的更大的重复序列的一部分。"①

四 佛山龙舟说唱的濒危趋向及其保护

龙舟说唱以口传身授为传承方式、以表演情境为依存场域、以声腔锣鼓程式为生成依托的传承特点，决定了它的活态传承具有变异、流动特性且是易趋于断裂的。就可见的现象而言，由于村落环境的改变，传统民居多为平房，大门敞开，有利于龙舟艺人逐户表演，而现在户户都是装有铁门铁栅栏的高楼，"你在下面唱，上面还是一无所知，不知道你在下面唱过龙舟，没有人会给龙舟公利是"。②龙舟说唱原生形态的单人"沿门说唱"趋于消失，而具有"文化展演"性质的表演成为龙舟说唱的存活方式。具体包括两种：一是在神社祭仪场域说唱龙舟歌，笔者在顺德杏坛调研时发现了《杏坛各村庄神坛社庙吉旦表》，表上所列的神社活动多达一百一十一个，贯穿了从正月初一至十二月底的一整年时间。陈振球等龙舟艺人会受邀或主动到这些在特定时间举办的以祭神为旨归的神社祭仪活动说唱龙舟；二是在娱乐舞台上进行纯粹的说唱表演，这类由官方、商家或者个人设立的表演舞台以娱人造乐为目的，艺人受邀参演多会被付以两百元至一千元不等的报酬。这两类表演契合了乡民受众的怀旧想象与认同心理，客观上有助于扩大龙舟说唱遗产的传播范围。

此外，自龙舟说唱2006年入围国家级非遗之后，顺德杏坛文化部门开办了"民俗民间艺术培训基地"，招募近三十名学员开展龙舟说唱培训，并组织这批老学员编印了《龙舟说唱词集》；同时在麦村小学、杏坛中学选拔中小学生开展龙舟说唱培训。正因社会力量的介入，龙舟说唱从仅有二三个艺人的濒危险境进入"起死回生"的状态。经过办班教学和推广传播，龙舟说唱除了拥有技艺相对成熟的传承人陈振球、刘仕泉、陈广等，也聚集了一批通过学习培训而掌握部分技艺的学习人员黎银凤、

---

① [美]理查德·鲍曼：《作为表演的口头艺术》，杨利慧、安德明译，广西师范大学出版社2008年版，第78—79页。

② 陈晓勤、麦靖怡：《陈振球：龙舟说唱有韵无谱，都是口耳相传》，《南方都市报》2012年11月8日，第B16—17版。

梁章来、梁群有、周途科、梁永昌、梁桂芬等。随着非遗保护的逐渐深入以及龙舟艺人的集体助推，原本属于私人卖唱技艺的龙舟说唱开始转换为带有公共文化属性的非物质文化遗产，并从艺人个体安生立命的依凭过渡为凝聚乡民文化认同的符号。虽然艺人也可以通过表演龙舟说唱获取酬劳，但已跟历史上沿门说唱讨赏的情形大不相同，艺人更多地以展演非遗的名义在各类空间表演说唱。省级传承人陈振球每次表演时都会挂出国家级非遗的宣传小旗及海报，以强化民众对遗产符号的认知。

佛山顺德杏坛的龙舟说唱传承与传播看似景象繁荣，但其背后的问题与危机不容忽视。可见的事实是，艺人老龄化现象十分突出，经济回报太少导致年轻传人难招；成熟艺人的人数不多且年龄均在六十岁甚至七十岁以上，"人亡艺绝"极易发生。更为隐秘的趋势在于，龙舟说唱艺人的技艺衰退不可逆转。由于龙舟说唱的活态传承特性，艺人的表演从未产生所谓权威、勘定的文字文本，其精华并不以"正确""优美"等为评判标准，而是呈现出"在表演中创作"的口头特质。但在当下的龙舟说唱传承中不仅出现了指导性的唱词歌本，而且老艺人的表演也多以背诵底稿的方式出现。笔者在访谈陈振球间隙临时邀请他即兴表演，他表示老艺人伍于筹、尤镇发就可以脱离任何稿本，即景生情，根据不同的时间、场合、受众以及环境进行"表演中的创作"，而且保持唱腔圆润、吐字流畅的风格。而他自称无法临场编创，只能提前创作并背诵底稿之后说唱。洛德曾指出，从口头创作到一种对固定文本的简单表演的过渡，从创作到重复制作的过渡，是口头传承可能死亡的最普遍的形式之一。[①]从即兴编创的口头表演衰减为对文本唱词的复述背诵，将是龙舟说唱丧失口头魅力的根本原因。

龙舟说唱技艺的代际衰减还体现为复杂技艺的失传。据艺人刘仕泉陈述，其父龙舟万临终前口传"三点五环"技艺，希望下一辈掌握传承。"三点"指同时用左右脚底、膝头打钢锣，"五环"指右手趾扎棍，打背后中鼓，左右五指分别夹碟、竹筒，尾二指挂两面钢锣、苏碟，食指挂一面小鼓，右手穿带钢铃、风铃配音，手脚全身齐动，以此表现令人惊

---

① ［美］阿尔伯特·贝茨·洛德：《故事的歌手》，尹虎彬译，中华书局2004年版，第187页。

叹的音声效果。但刘仕泉坦承无法领会父辈的复杂技法,最多只能在锣鼓的基础上用中指套竹管击打小碟,即便这样的技法在顺德也无第二人可以操演①。

龙舟说唱传承过程中的技艺遗失、特色打折已经渗透到最近的"社会传承"环节。在"杏坛民俗民间艺术培训基地"经过速成培训的老学员除了能够表演写定的个别唱本,大多缺乏歌词编创能力以及熟练的锣鼓技巧,而且在"申遗热"之后普遍热情冷却。而经过艺人指导的中小学生思维活跃,接受能力强,是传承龙舟说唱的好载体,但是他们除了参加有限的晚会和比赛,一旦学业转换,就会脱离杏坛水乡,不再参与说唱表演。如陈振球所言:"只是某些学校例如麦村小学等,就会有这种开设课程。就教会他们一首简单的歌曲,但也只是一首,其他就不会的了。学生学业比较紧,这些事情他们也不会紧张的。我也没有很多精力去抓紧他们每一个人,他们自己不重视,学校也不重视,当学完之后,学会了一两首,表演完就算了,就等于散水了。"② 老龄学员和学生学员不能称为学理意义上的传承人,只能被定义为基于某种兴趣或目的而暂时参与其中的学习者。学习者在扩大非遗的传播半径、提升民众的认同指数,固然能起到良性的助推作用,但如果学习者没有通过持续性的习得训练变身为传承人,龙舟说唱仍然缺乏后继的传承主体。

最让人忧虑的是,水乡村落中的大量中青年人外出务工,导致整个受众环节发生了断裂。正如刘魁立所言:"比传承人去世更关键的是听众的消失。与其说传承人代表了那个传统,不如说听众代表了那个传统。"③ 缺乏新生听众将是龙舟说唱濒危不可逆转的因素。如上迹象表明,传承人和受众是龙舟说唱得以活态传承的主要力量。调动保护主体的可持续性参与,激活传承主体的传承能力,唤起年轻受众的文化认同,就成为保护龙舟说唱的尝试性路径。

首先,保护主体的可持续性参与不可或缺。对龙舟说唱而言,政府、高校、媒体及社会团体等都是实际保护主体,在以往的保护实践中民间

---

① 根据笔者于 2013 年 10 月 18 日下午在杏坛文化站二楼对刘仕泉所作的访谈记录。
② 根据笔者于 2013 年 10 月 18 日中午在杏坛文化站二楼对陈振球所作的访谈记录。
③ 参见胡妍妍《民间文学的当代命运》,《人民日报》2013 年 8 月 6 日,第 24 版。

与官方保护主体的作用已经显现。杏坛镇行政权力的运用以及机构人员的主观重视，使得自生自灭的龙舟说唱传承人得以重新被认识，使他们从水乡村落的普通民众变身为享有荣誉的非遗传承人；陈勇新、任百强等地方研究者的阐说建言，让龙舟说唱脱离了无名状态，获得了被认同的文化身份；本地媒体的聚焦关注、宣介传播，让龙舟说唱被认可的进程加快，也使传承人的影响力有所提升。在"后申遗时期"各方保护主体应继续发挥各自的行政、学术、舆论、资金等方面的优势，持续扶持、参与推进龙舟说唱及其传承人的保护。特别是要举荐技艺成熟、根基纯正的龙舟艺人（如刘仕泉、陈广等）进入传承人名录，避免发生"劣币驱逐良币"的现象；也可以启动龙舟说唱的"数字化保护"，采用数字采集、储存、处理、展示、传播等技术，将龙舟说唱转换、再现、复原成可共享、可再生的数字形态，并以新的视角加以解读，以新的方式加以保存，以新的需求加以利用。

其次，实施对重点传承人的供养式保护尤须施行。龙舟说唱这种"活"的口头传统依托传承人载体，并以技艺、形象与声音为表现手段，在活态传承中极易式微消亡，传承人的"人亡艺绝"正是非遗保护中的常见悲剧。保护龙舟说唱的重点就在于，对龙舟说唱艺人尤其是对全能艺人、高才艺人、老龄艺人等重点传承人予以养护。这就需要以传承人为本位，通过关心传承人的生活，保养传承人的身体，保障他们的身体健康和寿命延续，由此让他们的文化传承生命也得以有效延长。必要时可针对老弱多病、老无所依的传承人实施"温室型""圈养型"的静态养护，比如：把高龄艺人送至福利院，为其提供良好的医疗和生活条件，给予全方位的供养呵护；或者开辟绿色通道，定期供应衣食，发放生活补贴，提供医疗保险等；或者为失业的老艺人安排工作，提供住处，将其生活和医疗费用纳入财政预算；等等。总之，尽量解决传承人的后顾之忧，让传承人延长传承生命，是保护重点传承人的基本措施。

最后，激活龙舟说唱的造血式传承值得探索。在粤语方言区活态传承的龙舟说唱不能脱离水乡村落文化空间与生活场域，在此基础上探索"生产性保护"，旨在通过生产性措施将龙舟说唱转化为文化资源和效益。比如，依托逢简水乡的旅游景观，开展商业性的龙舟说唱表演活动；支持艺人开展龙舟说唱表演创新，将单人说唱改为双人对唱及群口齐唱，并尝试添加小乐队伴奏等，让它融入歌舞剧表演，使其实现新的空间转换；在大型文化演出和娱乐活动中邀请艺人参与，为其提供专门面向公众的表演机会；将艺人表演的龙舟说唱艺术楔入传统节庆活动、群众文娱活动；等等，以此培育年轻听众的审美认同。也就是说，通过给艺人提供社会表达机会、经济增值渠道，扩大他们的民间影响和表演空间，让艺人在升腾的文化自信中自觉开展传承实践。

对保护主体的调动有赖于地方政府的顶层设计与机制筹划，非某个力量独立可为。而对非遗项目及传承人实施"静态养护"，不仅需要地方魄力和财力的双重支撑，而且在不与他法配合的情况下极易陷入临终关怀的窠臼。激活龙舟说唱的自我造血式传承，让龙舟说唱从遗产转换为资源，从而探索适度的市场化、商业化，将是帮助艺人获取自信自尊以及传承动力的必经之路。只有让龙舟说唱更好地融入生活、贴近需求、适应变化，才能赢得受众的认同以及社会的容纳。在这个利益博弈、话语交锋的时代，保护龙舟说唱注定是一场持久战！

非物质文化遗产保护与温州鼓词多元传承生态的形成[*]

包媛媛

摘　要：传统的温州鼓词有着作为谋生方式的"门头敲"、娱人的"平词"和酬神的"大词"三种表演与传承形态。20世纪后半叶，温州鼓词出现了传承危机。随着温州鼓词入选国家级非物质文化遗产保护名录，各级政府设立社区词场，媒体加大了对于温州鼓词的报道，大量研究者投入对温州鼓词的研究中，传承人和民众也强化了自身对温州鼓词的传承自觉。在此背景下，温州鼓词作为地方标志性文化的身份得到了进一步的确认，并依托《温州曲艺场》的栏目登上了电视荧屏，形成了温州鼓词新的传承形态。温州鼓词的案例显示着非物质文化遗产保护赋予了底层民众生活文化的合法性，激发了多元社会主体的文化自觉，构成了非物质文化遗产新的传承生态，这也正是非物质文化遗产保护中国意义的重要组成。

关键词：非物质文化遗产保护　合法性传承生态　温州鼓词

在现代化转型和全球化的浪潮中，无形文化是一种社会特性和地方文化的表达，在当下正面临着日渐衰弱的境况。基于此，联合国教科文组织在21世纪初通过《保护非物质文化遗产公约》，旨在世界范围内开展非物质文化遗产保护工作，中国则较早地加入了这一工作之中。截至

---

[*] 原文刊于《民间文化论坛》2019年第4期。

目前，中国不仅已有 32 个项目入选联合国教科文组织人类口头与非物质文化遗产名录，同时也在国家层面制定和颁布了《非物质文化遗产保护法》，并建立起了国家、省、市和县四级非物质文化遗产保护体系。可以说，近些年来，中国的非物质文化遗产保护工作取得了较为可观的进步。

然而，非物质文化遗产保护的实践操作及其实际效果，在学界依然存在着诸多批评声音。有一种观点认为，非物质文化遗产保护作为一项政治性的自上而下的文化保护行为，在实际层面上承载了包括政治认同[1]、经济发展[2]等多元诉求，这使得遗产保护的举措与实际效果大打折扣。围绕本真性的话语，针对国家对传承人开展的技能培训，有的学者研究认为这一保护措施改变了非物质文化遗产保护的原生态，是对文化传承的破坏。[3] 不同于上述的观点。本文认为，作为一项国际性的文化实践，非物质文化遗产保护工作在中国的开展，是国际文化理念和国内文化发展实际的结合。因此，应当在中国社会的语境中认知、评估非物质文化遗产保护工作的实际意义。虽然并不完全同意高丙中将非物质文化遗产保护工作的开展等同于文化革命终结的论断[4]，但本文认为其对于思考非物质文化遗产保护的意义仍然具有一定的参考价值。作为一项多元主体共同参与的文化保护实践，非物质文化遗产第一次将参与文化实践的多元主体集结在一起。虽然在保护策略上不同主体的角色、定位及其意志体现存在差异，但这样一个多元主体共同协商契机的建立，对于激发参与文化实践的多元主体的自觉意识，建立非物质文化遗产保护多重机制，仍然具备重要的意义。因此，中国实践的非物质文化遗产保护也是对全世界非物质文化遗产保护贡献中国经验。

基于这一基本的认知，本文将以国家级非物质文化遗产项目——温州地区口头传统"温州鼓词"为个案，在介绍其表演形态与历史传承的

---

[1] 安德明：《非物质文化遗产保护：民俗学的两难选择》，《河南社会科学》2008 年第 1 期。

[2] 陈华文：《论非物质文化遗产生产性保护的几个问题》，《广西民族大学学报》（哲学社会科学版）2010 年第 5 期。

[3] 苑利：《非物质文化遗产传承人保护之忧》，《探索与争鸣》2007 年第 7 期。

[4] 高丙中：《中国的非物质文化遗产保护与文化革命的终结》，《开放时代》2013 年第 5 期。

基础上，试图对非物质文化遗产保护语境下，多元主体参与保护实践以及建立多元传承与保护机制建立的过程进行分析。本研究力求以此为个案，对非物质文化遗产保护的中国意义进行论述。

一 门头词[①]、平词与大词：温州鼓词的原生表演形态与传承

"温州鼓词"是指以温州市瑞安地区的城关话作为标准音，以表演艺人自弹地方特色乐器牛筋琴为表演形式，以"吟调"作为基本演唱曲调，以板腔体作为唱腔音乐的一种地方说唱艺术。艺人在演唱时会登上小高台，边弹边唱，或白或演，说表齐全，非常具有瓯越地域色彩。作为浙南地区的一种具有标志性意义的地方口头传统，温州鼓词于2006年入选了第一批国家级非物质文化遗产保护名录。

"此日豆棚人共坐，盲词听唱蔡中郎"[②]，无论是城镇还是乡间，庙会祭祀还是夏日乘凉，在温州地区处处都可听见琴声音韵，终年不绝。每逢节日、佛诞日、庙会、会市或宗谱完谱、庙宇兴筑，佛殿开光，均有唱词酬神保太平。孩子新生、周岁、嫁娶、寿诞、出殡丧葬、乔迁等红白喜事，延请艺人前去演唱鼓词也是不能避免的。鼓词表演多则数夜，少则一夜即可。一户或一家族请词，周边的邻里都会赶来欣赏，来听的人越多，表明"事"办得越隆重，主人家也就越有面子。在日常生活中，即使夏日乘凉、接待客人也都可邀请艺人前来演唱娱乐。

基于民众不同生活情境的诉求，温州鼓词依托不同的物理空间和艺人群体，形成了"门头敲"、词场"平词"、庙宇"大词"三种生产方式。在1949年以前，温州地区经常可以看见一些鼓词艺人肩背一条纱麻袋，一头放扁鼓，一头盛米纳粮，挨家挨户地进行演唱。主人家一般会看其可怜，给些米粮，但也经常对其进行驱赶，这种演唱方式被称为

---

① 门头词：温州当地民众也称之为"门头敲"，是指无固定演出场所，由艺人走村串户沿门说唱卖艺而形成的一种鼓词表演形式。

② 方鼎锐：《温州竹枝词》，载雷梦水、潘超等编《中华竹枝词》（第3册），北京古籍出版社1997年版，第2178页。

"门头敲",即指艺人的演出场地为居民的家门口,也有称为"街词"或"路词"。民国 14 年(1925 年),《永嘉县境内杂艺的调查》曾这样描述"门头敲"这种表演方式:

> 都是双目失明的残人,不能劳动,又没有技能,只能唱些小《段头》,不能登台演唱,为了谋生,只好到街坊、村庄,挨门逐户登门演唱,唱十来分钟,又转到别屋。有的到舟船、市头扎唱小词,一日过东,一日过西,掏钱度日。①

门头词的另一个常见的演唱场合是"舟船"。温州水系发达,航运普遍,明清时就已通船,发展至民国又通轮船,船舱成为"门头敲"艺人卖艺的重要场所。根据宋维远记录,在中华人民共和国成立前,汀田牛塘村有位旅法华侨在乘船中,听到艺人演唱集合瑞安各地地名的鼓词时,感慨万千,以三枚银元付予艺人。②

至民国时期,明目艺人逐渐成为主要的从艺人员,但"门头敲"还是以盲目艺人为主。演唱鼓词是盲人群体无法从其他劳动的情况之下的一种卖艺乞讨方式。身体的缺陷使他们成为社会中的边缘群体;学艺不精又使其沦为艺人群体的底层,成为不被艺人群体认可的"讨饭人"。在对北京天桥艺人的调查中,岳永逸发现了艺人群体内部存在着等级差序的现象,他认为"尽管在价值观念、生活方式、信仰等方面,天桥街头艺人与良民有着明显的不同,但在其社会组织与结构上,二者并无本质上的差异"③。温州鼓词的艺人群体中也同样存在阶序等级,"门头敲"艺人是"下九流"艺人群体中更低贱的存在。鼓词行业中流传着俗语,"词学弗起,只讨饭",指的就是"门头敲"艺人一般学艺不精,同时也暗含着艺人群体对这一类艺人的不屑和轻蔑。

---

① 黄一九:《永嘉县境内杂艺的调查》,载温州图书馆藏《温州之戏剧》(手稿本),1922 年,无页码。
② 政协瑞安市文史资料编委会:《瑞安文史资料二十二辑》,瑞安市文化馆藏 2003 年版,第 30 页。
③ 岳永逸:《空间、自我与社会——天桥街头艺人的生成与系谱》,中央编译出版社 2007 年版,第 197 页。

随着鼓词的发展，民国年间，温州城镇中出现了专门供鼓词艺人卖票坐唱的词场和词园。解放初期仅瑞安就有固定的词场47处，温州城区有18家，永嘉地区则有39家，每一家词场都能够容纳二三百人，是这一时期鼓词演唱的主要场所。① 词园一般是由商人开设，卖票经营，但票价非常低廉，能够吸引大量生活底层的民众。艺人阮世池回忆了自己20世纪40年代在词园表演时的盛景：

因这个词园太小了，来的听众太多了，老板临时加些座位还是不够，就连楼梯阶上、水缸沿上、床杠上都挤满了人。这下可乐坏了茶坊，他的茶碗被租借一空，只得到周围群众家中到处借，整个词场被围的水泄不通，热闹非凡，连唱五场，场场爆满。②

无论是村落里的农民，还是城镇中的底层市民，他们的生活空间非常狭小，偶尔到请词人家或词园里欣赏鼓词演唱成为他们重要的娱乐方式。通过欣赏鼓词，底层民众的身心能够从繁重的劳作中解脱出来，获得超越日常生活的快感，释放为生计奔波的压力。经过正式的拜师学艺，并能够完整地演唱小说、传书的艺人可以登台进行表演，被称为"唱词人"。与门头敲的艺人相比，演唱平词的艺人的学艺成本、内容和时间都是大大增加。

鼓词艺人在拜师的时候不仅要交一定金额的学费，而且要"自己带米买菜，在师父的家里帮着干活"。③ 一个师父通常只教授一两本鼓词，如果艺人想要丰富自己的词目，通常还要再另拜师父，另交学费，基本是"边唱边学"。艺人阮世池的学艺生涯就是跟随多位师父学习：

赚了钱之后，为了使我学到更多的好词目，母亲四处为我访名

---

① 政协瑞安市文史资料编委会：《瑞安文史资料二十二辑》，瑞安市文化馆2003年版，第5页。
② 阮立忠著，瑞安市文化馆、瑞安市鼓词研究办公室编印：《阮世池鼓词选》，瑞安市文化馆2006年版，第166页。
③ 访谈人：包媛媛；访谈对象：唐孙文；访谈时间：2013年3月4日；访谈地点：瑞安西山词场。

师，一听说哪个词师的词本好，就去拜师学唱。我先后拜学的师父有：陈宝生，董田村人；阿奴，大较场人；锡贵，瑞安城关人。①

学习之初，艺人要先学习牛筋琴，跟着师父学习演奏基础的鼓词曲调，如流水板、慢板、紧板、正调、低调、高调等。根据艺人群体介绍，掌握基础的乐器演奏技巧并不需要花费特别多的时间和精力，一般三个月左右就能完成学习。此后便开始传授词文，这被艺人认为是最为艰辛和需要下苦功夫的环节。中篇鼓词文本多达上千乃至上万句，想要完全记住必须花费大力气，而这也正是出师的"唱词人"与"门头敲"艺人之间最大的差别。直到能够记忆所有的词文，艺人可以陪同师父出去演唱，在现场观察、临摹师父的表演。在贯彻日常生活的学习和潜移默化之下，艺人不仅逐步学习演唱的技艺，同时也明白种种行业规范，从技艺与身心，获得了全面的传承。

温州地接八闽之地，深受吴、越、闽文化的影响，信鬼神、重淫祀，宗教信仰活跃。在"尚鬼神"风俗之下，以歌舞戏曲酬神娱神同样兴盛。温州鼓词同样会与敬神娱神的宗教信仰活动结合在一起。每遇到神佛开光、社日庙会、许愿还愿等民间俗信活动，鼓词艺人就会被邀请去表演。各地的寺庙、祠堂亦设有戏台，以供艺人们演戏和唱词之用。在温州，正月里唱"还愿词"②"太平词"③，二月、三月温州城内"拦街福"④ 唱词不断，六月初一请人演唱"土地词"⑤，七月十五时争抢艺人请唱"三

---

① 阮立忠著，瑞安市文化馆、瑞安市鼓词研究办公室编印：《阮世池鼓词选》，瑞安市文化馆2006年版，第154页。

② 在温州，几乎每一个村落都会有庙、寺或佛殿。每到了年节时节，辛苦了一年的人们会纷纷去庙宇供奉牲礼，进行许愿还愿。如果当年收成很好，生意兴隆，得偿所愿，就会敬献香火，延请艺人演唱鼓词，俗称为"还愿词"。

③ 每年，为保一方平安，各个庙宇也会到所属的村镇集资，延请鼓词艺人前去表演鼓词，酬神娱仙，称为"太平词"。

④ 每年，农历二月初一到三月十五日，温州城内的主要街巷会举行为期一天的拦街祈福的活动。在那一天，各条街巷，会分段按序依次轮值，在街道的两旁摆设鸡、鹅、鸭或其他的山珍海味作为祭品，并搭建有诸多的戏台，请演各种曲艺戏剧节目，既酬神也娱人，祈福保安，俗称"拦街福"。

⑤ "土地词"指的是在温州地区，在农历六月初一时，土地神诞辰的时节，一般供奉有土地神的庙宇会延请艺人前去演唱鼓词酬神。

官词",① 八月开始唱"娘娘词",各家户各村镇轮流集资筹办,终年不绝。

传统意义上的"大词"指的是《南游》,即是在《陈十四宝卷》基础之上融合在温州地区流传的有关陈十四娘娘的民间传说进行改编。主要内容是歌颂温州的地方民间女神陈十四娘娘(也称为"陈靖姑")除恶收妖的功德。"娘娘词"演唱历史悠久,深受民间大众的喜爱。张棡曾在《杜隐园日记》记载"娘娘词"的演唱情景:"晚,是处搭一戏台,悬灯结彩,雇以盲人唱《陈十四收妖》的故事。台下男女环坐,听者不下千余人,少年妇女浓妆艳服,轻摇圆扇,露坐至五更始返。"②

无论是作为谋生方式的"门头敲",还是娱人的"平词"和酬神的"大词",温州鼓词的传统传承与表演方式在20世纪受到了严重的影响。随着社会生活方式的变化,街头卖艺的艺人已尽绝迹,"门头敲"的鼓词已经无人传承。随着城镇化在温州地区的普遍发生,娱人的鼓词也只在一些尚未拆迁的村落里传承。唯依靠着民间信仰活动的复兴,酬神的大词表演得到了一定程度的复兴。虽然如此,也难掩温州鼓词出现传承危机。然而,在2006年入选国家级非物质文化遗产名录后,温州鼓词迎来了新的传承机遇。

二 卷入"非遗"浪潮:21世纪以来温州鼓词的传承

温州鼓词成功进入国家级非物质文化遗产名录,对其表演和传承产生了极大的影响。诚如高丙中所言,非物质文化遗产保护运动"改变了主流的思想,重新赋予长期被贬低的文化以积极的价值"。③

温州鼓词进入国家级非物质文化遗产保护名录,意味着国家权力体

---

① "三官词"指的是在温州地区,在农历七月十五时,是地官大帝的诞辰,一般供奉有三官神灵的庙宇会延请艺人前去演唱鼓词酬神。

② 张棡:《杜隐园日记》,载谷曙光、陈恬编《京剧历史文献汇编(清代卷)·日记》,凤凰出版社2011年版,第816页。

③ 高丙中:《中国的非物质文化遗产保护与文化革命的终结》,《开放时代》2013年第5期。

系对其文化价值属性予以认同。这大大强化了温州鼓词作为温州地方社会标志性文化的地位，各方力量对其进行管理、建构和传播，进而形成了新的传承生态。

（一）政府设立"社区词场"

在进入国家级非遗名录之后，在专项资金的支持下，温州市各个级别的文化部门相应采取了一系列措施对温州鼓词进行保护。其中，最为重要的措施就是恢复词场演唱。2006年，温州市文化局开始在全市境内恢复词场，力求"在全市范围内，所有乡镇、社区普遍设立词场，开展温州鼓词演唱活动。并结合地方有益民俗活动进行演唱，活跃广大群众文化生活"[1]。在这一有效保护措施之下，"社区词场"开始进入民众的日常生活之中。其中以瑞安地区和温州城区社区词场的建设最有成效。瑞安市的西山词场坐落在安阳镇西3巷7号。这里曾是瑞安地区传统的鼓词演唱场所，也是第一个得以重新恢复演唱的词场。2010年3月17日，在沉寂十来年之后，西山词场重新开馆。如今，西山词场是由瑞安市文化馆非物质文化遗产保护办公室提供专门资金，再由瑞安市曲艺家协会协调并安排艺人在每周的周五和周六这两天进行表演。笔者在2011年9月23日、2014年3月8日两次到西山词场进行田野调查，观察到可以容纳八十余人的词场座无虚席。"词场开馆至今，听众的数量一直比较可观，至今运作都十分顺利。偶尔有名师演唱，听众就更多，词场都挤不下。"[2] 此外，在温州市的市区也陆续建设了几个社区词场，既有鹿城区的华盖词场和龙湾区的永中词场这两处固定表演词场，也有市、区各个级别的文化局下属的非物质文化遗产保护办公室与各地的社区联合举办的流动词场，如瓯海区的杨宅社区词场、鹿城区的下吕浦社区词场等。正是得益于这些社区词场，平词的现场演唱开始重新出现在温州民众的日常生活之中。

虽然温州各地都在极力推广"社区词场"的建设，但时至今日，数

---

[1] 瑞安市文广新局：《温州鼓词国家级非物质文化遗产申报书》，瑞安市文化馆，2006年。
[2] 访谈人：包媛媛；访谈对象：金增眉；访谈时间：2011年9月27日；访谈地点：瑞安市安阳镇家中。

量仍非常有限。如前所述，温州鼓词是依存于传统生活空间，在社会的各项礼俗中得以维系并强化，这是温州鼓词不可或缺的传承方式。但随着现代化的发展和社会结构的变化，传统生活空间不复存在。政府部门虽然试图以公益运作的方式将温州鼓词的现场演唱重新植入当代社会，以实现其自然的传承，但也可以看到，"社区词场"的建设和开放并不是一种民间自发的行为，而是政府部门进行文化管理和建设的结果。在"社区词场"中，观众观听鼓词并不需要支付费用，艺人在各级非物质文化遗产办公室的安排下以极少的报酬进行义务性的演出。可见，"社区词场"的形成与发展并非民俗传承主体的民众的内在需求，而是政府部门推广下深入民间的"民俗植入"行为。在缺少传承土壤的情形下，这一政府部门主导的"民俗植入"的行为并不具普及和深层传承的可能，但这并不意味着政府设立的"社区词场"并无积极效果，政府设立社区词场的行动在相当程度上激发了民众对于温州鼓词传承的自觉，在相当程度上促成了公众对温州鼓词传承的广泛参与。

（二）公众的广泛参与

入选国家级非物质文化遗产名录后，除了开设公益性词场延续温州鼓词在民众日常生活的传承之外，各类文化机构以多种形式对温州鼓词这一地方文化传统进行展示和宣传，培育民众对于温州鼓词的认知与传承自觉。首先是各类媒体的大力宣传。在温州鼓词获批国家级非物质文化遗产后，温州市的报纸发表大量相关报道。以《温州日报》为例，自2007年至2014年，有关温州鼓词的报道有147篇。省级报纸媒体《钱江晚报》《浙江日报》也有对温州鼓词的现代传承进行报道。在报纸之外，温州本地最具影响力的温州电视台也对温州鼓词的相关活动进行持续报道，且开办《温州曲艺场》栏目和制作专题纪录片《温州鼓词》，全面呈现表演和传承状况。现代传播媒体的参与，不仅使温州鼓词突破特定的传承场域，开始进入公众的视野中，而且伴随着"温州本土地域文化"叙事话语的建构，温州鼓词作为一种地方标志性文化的形象逐渐被民众认知。

其次，在温州各级文化部门的力推下，不少研究者开始关注温州鼓词，这也是温州鼓词对外传播的重要途径。在入选国家级非物质文化遗产名录之前，就已有瑞安市、温州市文化局的工作人员开始对温州鼓词的资料进行整理，并到温州鼓词演唱现场进行拍摄录制。在国家级非物质文化遗产申请成功之后，以中国曲艺家协会的"中国曲艺之乡"授牌为代表的文化考察、温州地域文化研究之下的学术观摩及部分研究者深入田野作业等开始出现在温州鼓词演唱的现场。文化管理者、研究者对于温州鼓词的调查和关注，不仅促进了温州鼓词在地方社会乃至全国范围的推广与传播，同时照相机和录音笔的介入，使艺人和在场的民众深切感受到文化精英对这一民间艺术形式的参与和关注。这对他们的生活经验而言是罕见的。文化精英的这一行为强烈震撼他们的认知，进而促使他们重新审视自身的文化。这意味着在非物质文化遗产这一自上而下的保护运动中，来自上层精英的"凝视"[1]在某种程度上促进民众产生文化自觉，形成文化认同。

无论是政府高度参与推广"社区词场"，还是来自媒体、研究者的关注与宣传，在非物质文化遗产保护工作的开展下，民众不断地修正对温州鼓词的认知，并不断强化其作为地方文化象征的认识。在源于西方社会的民主与科学理念的影响下，民间文化被标签为落后的、愚昧的特征，成为提升、改进的对象。这一对待民间文化的态度在中华人民共和国成立后越发明显，在社会主义先进文艺论理念的影响下，民间社会土生土长的民俗文化成为社会主义道路上落后的代表，对其的改造贯穿了中华人民共和国成立后的近三十年。即便是在改革开放后，国家仍然没有对民间文艺的价值属性给予明确肯定。然而，作为一项官方主导的文化活动，非物质文化遗产保护运动的开展及其将地方社会的民俗文化纳入保护的对象。"成为遗产"无疑是社会大众与政府部门从体制层面上确认民间文化的价值。在这一过程中，在现代化阴影之下被视为落后的民间传统得到了行政部门、社会大众的认可。外在的、行政层面上对民间传统文化价值的肯定，以及在此基础上宣传推广，对于地方社会文化自觉的

---

[1] "凝视"是指带着欲望纠结或者权力运作的观看方法。观者被权力赋予了"看"的特权，通过"看"的行为确立了自己的主体位置，被观者则是在沦为"看"的对象，同时也会体会到由观者眼光所带来的一种权力压力，出现通过内化观者的价值判断而进行自我物化。参见赵一凡等编《西方文论关键词》，外语教学与研究出版社2006年版，第349页。

形成起到了重要的作用,重塑了民众对于自身文化传统的认知。同时,非物质文化遗产保护名录分为联合国、国家、省、市各个等级,越高的等级意味着文化越具有代表性。温州鼓词入选首批国家级非遗名录,使之从地方文化中脱颖而出,具有了代表温州地域文化的属性。而在保护措施的运作之下,如博物馆的建设、纪录片的拍摄、词本的收集与出版等,温州鼓词借助外力在地方文化生态中扩张,呈现主导态势,成为地域文化的代表和温州的文化象征。

三 《温州曲艺场》:非物质文化遗产语境下新的传承形态

(一) 非物质文化遗产保护与电视鼓词的兴起

对于有着数百年传承历史的温州鼓词而言,由文化部门推动的国家级非物质文化遗产名录申报的行为,无疑是从官方层面对温州鼓词作为地方文化传统的属性与价值的肯定。在温州鼓词申报国家非物质文化遗产名录过程中,温州电视台就曾专门制作申遗的纪录片。在纪录片的制作中,温州电视台的工作人员吴向东认识到温州鼓词不仅在民众中流行并对他们的生活有着重要意义,同时具有地域文化的价值。于是,他产生了在电视媒体上播放鼓词的想法:

> 当时我们想做这么一个栏目主要是因为它要申请非物质文化遗产了,算是蛮大的事情,好像是第一批,宣传得也挺大。我看到地方上都有唱词录像片,想着电视台也可以这么弄。栏目制作计划报上去的时候,领导也觉得这个非物质文化遗产很重要,应该有宣传和保护的必要,主要因为考虑这个原因才同意开播的。①

从栏目制作者的叙述中可以看出,国家级非物质文化遗产申报是电视鼓词重要的生产语境。由政府文化部门主导实施的申报国家级非物质文化

---

① 访谈人:包媛媛;访谈对象:吴向东;访谈时间:2014年2月10日;访谈地点:温州市广播电台。

遗产，意味着温州鼓词作为地方传统文化的意义与价值被国家权力认可，不仅使其成为被现代文化制度识别的文化事项，而且一跃成为地方社会标志性文化，从而具备了宣传与展示的价值。作为地方社会主流的公共媒体，电视是地方社会文化展示的平台之一。在开始准备申报非物质文化遗产后，温州鼓词被话语生产媒介选择，并进入电视这一大众媒体中。

温州鼓词积极申报非物质文化遗产的历史语境也使电视鼓词节目得到上级主管单位温州市文化局和合作单位温州市曲艺家协会的大力支持。首先，作为大众媒体，电视具有强大的传播能力，电视鼓词的生产和传播可以对温州鼓词进行宣传和推广，从而扩大其在温州地方社会的影响力，推进申报工作的开展。其次，在非物质文化遗产保护运动之下，电视鼓词的传播被视为在社会变迁中缺失传承场域的温州鼓词重建新的适应现代社会变革的表演空间，从而使濒临危机的非物质文化遗产得以生存发展。

基于此，温州市文化局非常重视电视鼓词的制作，为电视台联系了温州市曲艺家协会作为合作单位，以保证节目的顺利展播。在申请国家级非物质文化遗产被赋予地方文化的价值，全球化语境中地方化的社会文化现实和电视媒介个性化和观众构成变化的传播情境之下，以温州鼓词演唱为主的地方口头传统栏目《温州曲艺场》于2005年12月5日在温州电视台都市生活频道试播。

（二）《温州曲艺场》的运作与内容

在黄业双演唱的《关公斩子》试播之后，温州电视台都市生活频道正式推出以温州鼓词演唱为主要内容的《温州曲艺场》栏目。播出时间为每周一到周五下午5点15分，2006年1月1日调整为下午6点。每期25分钟，此后则调整为每期40分钟。

开播以后，《温州曲艺场》栏目受到了观众的热烈欢迎。"根据央视索福瑞的收视率调查显示，2006年、2007年《温州曲艺场》平均收视率都在3个点以上，日平均最高达到了5.5，市场占有率达3.1%，在温州电视台四个频道同类栏目中名列前茅。"[①] 在高收视率的保证之下，栏目

[①] 洪剑锋：《地方台本土栏目运作的传统资源挖掘——对〈温州曲艺场〉运作的思考》，《青年记者》2010年第27期。

一直持续运作。从 2006 年至 2010 年，温州曲艺场邀请了近百位艺人进行表演录制，是媒介传播历程中艺人参与人数最多的，基本涵盖了温州鼓词艺人群体的全部。

《温州曲艺场》栏目以项目组的形式进行运作，有编导、摄像、监制三位工作人员，编导吴向东负责节目制作的全部流程。相对于作为国家宣传机器的广播而言，21 世纪的电视产业已经充分市场化了，电视栏目的运作完全遵循市场机制，以展示地方传统文化为目的之一的《温州曲艺场》栏目在少量的政府资金支助之外自负盈亏。经历市场化改革之后的电视媒介，以广告收入为主要盈利手段，也是维系节目运作的主要资金来源。这使得电视鼓词深受市场的制约，并将收视率作为衡量艺人、词目的重要标准。

《温州曲艺场》开播之初，主要通过与温州市曲艺家协会合作，由曲艺家协会向温州电视台推荐艺人，再由编辑人员进行筛选。随着制作者与鼓词艺人逐渐熟悉之后，吴向东开始承担组织艺人的任务。同时，在市场化的运作中，每天更新的收视率成为直观的衡量艺人受欢迎程度的标准。为了保证节目的稳定和质量，电视台以签约的形式网罗具有较高收视率的艺人。不同于其他艺人每次录制获得 600 元的象征性报酬，签约艺人以年薪进行支付。签约艺人在获得较高报酬的同时也要明确一年鼓词固定场次的演唱，不能随意减少。

《温州曲艺场》栏目不设主持人，也没有播音人员对艺人和词目进行简单介绍，由鼓词艺人直接上场表演。电视鼓词中以中篇为主，采取长时段的连续播放为形式，通常要播放 7—10 天。也有选自长篇的摘唱，但篇幅都较长，至少要保证与中篇相似 4—5 个小时的演唱时长。另外，电视鼓词在音像呈现上做了较大的革新，利用电视媒介在影视资源上的优势，在艺人演唱的画面中插入同名的影视剧和动画，以丰富鼓词演唱的画面感。

随着制作规模的扩大，有限的艺人和词目都难以维持栏目的运作。2009 年，《温州曲艺场》进行了一系列的革新。播放时间由日播改为每周六、日周播。在减少播出次数的同时，增加每期节目的内容，将每期节目延长至 55 分钟。同时，将节目内容分为两个板块：一个是鼓词板块，即邀请艺人演唱鼓词；另一个则是动态板块，主要安排主持人介绍曲艺动态以及温州鼓词的相关知识。可见，至后期，电视对于温州鼓词的传播不再仅限于表演，而是试图呈现传统的整体形象。

进入非物质文化遗产保护名录对温州鼓词的传承产生了重要的影响。来自国家权力对温州鼓词文化价值的肯定，以及在此基础上的宣传推广，促使民众形成地方社会文化自觉并广泛参与。在非物质文化遗产保护运动的影响下，以及当前世界全球化与反全球化的博弈中，为了宣传、保护作为地方文化象征的温州鼓词，电视台开始参与温州鼓词的电子媒介化制作，促使形成了电视鼓词这一新的传播形态。

结　语

20 世纪下半叶，随着社会生活的剧变，温州鼓词遭遇了一定的传承危机。在入选国家级非物质文化遗产保护名录后，各级政府鼓励设立社区词场，力求恢复传统鼓词的演唱场域。虽然效果不佳，但政府部门的行动却在一定程度上激发了多元主体的文化自觉，各级媒体加大了对温州鼓词的报道，大量研究者也开始了对温州鼓词的研究。政府对温州鼓词的保护也在极大程度上促使了传承人和民众的自觉，形成了温州民众广泛参与的传承生态。温州鼓词作为地方标志性文化的身份得到了进一步确认，并使其依托《温州曲艺场》的栏目登上了电视荧屏，形成了温州鼓词新的传承形态。

作为国际性的文化保护实践，非物质文化遗产保护的兴起在于推动文化多样性的保护。在中国，文化多样性除了表现在横向层次上的区域性、民族性外，还表现为分层社会中的文化差异性与多样性。然而，在长期的进化论的叙事中，底层民众创造、享用和传承的生活文化被视为是落后的、粗俗的，是被教化和改造的对象。温州鼓词入选非物质文化遗产名录后传承生态的改变显示着非物质文化遗产保护中国化的意义在于，其在相当程度上赋予了底层民众生活文化的合法性，激发了社会大众作为生活文化传承者的主体地位与文化自觉，并由此构成了非物质文化遗产新的传承语境，这对于改变非物质文化遗产既有的传承危机，形塑非物质文化遗产新的传承生态无疑有着更为重要的意义。

第三编

传统戏剧

牡丹亭：从"至情版"到"青春版"

——一部昆曲经典的建构、重构与解读*

宋俊华

摘　要：白先勇精心策划和制作的"青春版"《牡丹亭》，自2004年问世后，先后在中国内地和港澳台和国外演出近百场，在海内外掀起了"白旋风"和"牡丹热"，与400多年前"至情版"问世时的盛况遥相呼应。从汤显祖"至情版"到白先勇"青春版"，《牡丹亭》经历了从建构到重构、解读的历程。"意趣神色"的创作理念与"个性解放"的时代思潮相激荡，使汤显祖打出"至情"的大旗；而昆曲情结、文化复兴的使命感与"文化遗产与文化经济"的时代潮流相呼应，则使白先勇用"青春"来感召观众。在经典热的今天，梳理《牡丹亭》经典的建构、重构与解读的过程，反思文人如何用自己的理念来塑造经典，不仅对于审思当下的"经典热"具有借鉴意义，而且对于揭示中国戏剧发展中的文人化规律有一定的参考价值。

关键词：《牡丹亭》　至情版　青春版　建构　重构　解读

一　引言：经典热与"牡丹亭热"

对于"经典"这个概念，不同人有不同的解释。所谓"经典"，就是一个民族、一个时代最有意义最有价值的著作。而且，它的意义和价值

---

* 原文刊于《文化遗产》2009年第3期。

还是永久性的。什么叫"经"？经就是恒常、经常；什么叫"典"？典就是模范、典范。换句话说，经典就是"恒久的模范"。① 所以，不同的学科领域具有不同的经典，如哲学经典、历史学经典、文学经典等。

1949年德国哲学家雅斯贝尔斯在《历史的起源与目标》一书中说，公元前800年至公元前200年，是人类文明的"轴心时代"。在这个时期，世界各民族都出现了伟大的精神导师，古希腊有苏格拉底、柏拉图、亚里士多德，以色列有犹太教的先知们，印度有释迦牟尼，中国则有孔子、老子，等等，他们的思想塑造了不同的文化传统，成为世界各大文明的标志，也成为一直影响着人类生活的经典。

可见，经典的创造，需要时代文化的滋润；同样，重构、解读经典，也需要时代的激荡。无论是中国南宋时期以"程朱理学"为代表的儒家经典重构，还是清朝时期以"乾嘉朴学"为代表的经典解读，都和其特殊的时代背景密不可分。当下，中国台湾王财贵博士等倡导的中小学生经典诵读，北京大学、武汉大学等举办的面向企业总裁的国学班，中央电视台举办的"百家讲坛"，还有针对"四大名著"恶搞②等"经典热"，无不是时代文化激荡的结果。

这样，一方面被视为人类"恒久的模范"而受到尊崇和热捧，一方面则被视为娱乐对象而遭到恶搞和亵渎，经典在今天正处于一种尴尬的境地。这种有点怪诞的"经典热"不能不引起我们思考：究竟是经典出了问题，还是这个时代出现了问题？在今天，我们应该如何面对人类的经典？

著名作家白先勇精心策划和制作的"青春版"《牡丹亭》，自2004年

---

① 易中天：《我读先秦诸子（一）》，http://blog.sina.com.cn/s/blog476e068a01000a4m.html。尽管学界对"经典"有不同的解释，但易中天这种解释基本反映了学界的共识，具有一定的普遍性。

② 2008年3月13日，日本宣布日版电影《西游记》杀青并确定7月14日正式上映。3月15日，好莱坞版"美猴王"正式定名为《功夫之王》。而近日的网络上，更是惊现日本色情漫画版的《西游记》。美国NBC电视网曾播放过《西游记》改编的4集电视剧，在剧中，观音菩萨竟然和唐僧谈起了恋爱，还有俩人接吻的镜头。网上出现的一套三国人物插画中，三国人物中铁骨铮铮的男性人物全被女性化。据了解，该套插画根据三国游戏中较热门的"三国无双"改编，作者使用漫画手法将曹操、刘备、孙权、关羽等人物画成身形窈窕的女性，而且每张图配有人物名称注释。

问世后，在海内外掀起了一阵"白旋风"和"牡丹热"。引起了学界的广泛关注，有的肯定，也有的批评，也引发了大家对如何传承和发展经典问题广泛而持久的讨论。那么，从汤显祖"至情版"的产生到白先勇"青春版"的出现，《牡丹亭》经历了一个怎样的过程，它的建构、重构与解读对于我们今天解读和传承经典究竟有哪些启示呢？对于认识戏剧的发展规律有哪些意义呢？

二 前经典：民间"还魂"故事

汤显祖《牡丹亭》以《杜丽娘慕色还魂记》为蓝本，以女子慕色亡、慕色死而复生的"还魂"故事为梗概，是在民间还魂故事基础上发展起来的。

还魂故事，在中国民间传说和民间文学中十分常见。如《齐东野语》言："嘉、熙间（1237—1240）有宰宜兴者，县斋前红梅一树，极美丽华粲。一夕酒散，见红裳女子，自此恍然若有所遇。有老卒颇知其事，白曰：'昔闻某知县之女有殊色，及笄未适而殂。其家远在湖湘，因藁葬于此，树梅以识之。'遂发之，其棺正蟠络老梅根下，两和微蚀，一窍如钱，若蛇鼠出入者。启而视之，颜貌如玉。妆饰衣衾，略不少损，真国色也。令见，为之心醉，舁至密室，加以茵藉，而四体亦和柔，非寻常僵尸之比，于是每夕与之接。既而气息憯然，瘦苶不可治文书。其家忧之，乃乘间穴壁取焚之，令遂属疾而殂。"① 故事中虽然未出现还魂情节，但尸体不腐的离奇细节，却极易使人引发灵魂不灭的想象。

另外，《法苑珠林》"张子长"条记载，晋代武都太守李仲文之女死后与张子长幽合，因被人发现，未能死而复生。《幽明录》"冯孝将"条记载："广州太守冯孝将，男马子，梦一女人，年十八九岁。言我乃前太守徐元方之女，不幸早亡。亡来四年，为鬼所枉杀。按生录乃寿至八十余。今听我更生，还为君妻，能见聘否？马子掘开棺，视之，其女已活，遂为夫妇。"《列异传》"谈生"条记载，谈生与睢阳王已死之女结为夫妇，且生有一儿。女子曾有言："我与人不同，勿以火照我也。三年之

---

① （宋）周密：《齐东野语》卷18，"宜兴梅冢"条，文渊阁四库全书本。

后，方可照。"谈生未能遵守诺言，翌日偷偷照看，发现其腰以上生肉如人，腰下则为枯骨。女子发现后，将一珠袍送给谈生，然后诀别。后来睢阳王买下珠袍，发现是女儿殉葬品，拷问谈生。谈生说出真相，视其女冢，完好如故。于是认谈生为婿。①传奇《牡丹亭》情节就是从这三个"还魂"故事脱胎而来的，此外，《倩女离魂》《两世姻缘》等戏曲作品中也有还魂故事的描写。

民间传说和文艺之所以热衷"还魂"故事，原因大概有三点：一是受佛教轮回思想的影响。佛教认为人有前世、今世和后世，三者有因果关系。前世的行为是今世的原因，今世的行为会导致来世的后果。二是表达一种意志——感天动地。古代人们普遍相信，人受制于天地，但人可与天地相通。当人为了实现某一个目标，忍受了常人不能忍受的痛苦，做出常人所不能的举动，天地会通情的，会帮助人去实现他的愿望。正因为如此，才会有天地主持公正，昭显善恶报应。如《窦娥冤》窦娥"三桩誓愿"的应验。三是作为说故事的一种伎俩。古代人往往把神奇的故事叫"传奇"，"传"即传写、传达，"奇"即奇人奇事，"耳目之外"的东西。"慕色而亡、慕色死而复生"这样的事情在日常生活中难得见到的，是"奇"，自然也就吸引人。人天生就有好奇、猎奇的心理，这种心理成就了说故事、编故事的人。

当然，民间传说的"离魂"故事尽管神奇瑰丽，令人神往，但它仍然是粗糙的毛坯，还不能被称为戏曲或文学的经典，最多只能算是经典的原型或原料。它们要真正成为经典，还需要经过作家或艺术家的加工和改造过程，即经典化、文人化的过程。因此，要认识《牡丹亭》这类以"离魂"故事为骨架的经典，就不能不研究它们经典化、文化化的过程。

三 建构经典：汤显祖的"至情版"

汤显祖的《牡丹亭》，又名《还魂记》，全剧共五十五场，以杜丽娘游园伤春、梦书生折柳伤情，竟至一病不起，死后魂魄不散，寻觅梦中

---

① 此三则故事，均引自（唐）释道世《法苑珠林》卷92，文渊阁四库全书本。

情郎不止。三年后，书生柳梦梅掘棺，丽娘复生，共结情缘。它是一部四百多年来被人们反复阅读、盛演不衰的文学经典、昆曲经典。

那么，汤显祖是如何建构这个经典的呢？

1. 对"还魂"故事的传承

前面已言，《牡丹亭》是在民间"还魂"故事基础上形成的。对此，汤显祖在《牡丹亭·题词》说得很明白："传杜太守事者，仿佛晋武都守李仲文，广州守冯孝将儿女事。予稍为更而演之。至于杜守收考柳生，亦如汉睢阳王收考谈生也。"其中"晋武都守李仲文事""广州守冯孝将儿女事""汉睢阳王收考谈生"，均属于"还魂"故事。

对于《牡丹亭》援用民间"还魂"故事之事，清代戏剧理论家焦循也说："玉茗之《还魂记》，亦本《碧桃花》《倩女离魂》而为之者也。又《睽车志》载：'士人寓三衢佛寺，有女子与合。其后发棺复生，遁去。达书于父母，父以涉怪，忌见之。'柳生、杜女始末，全与此合，知玉茗《四梦》皆非空撰，而有所本也。"①

所以，汤显祖《牡丹亭》从名义上以《杜丽娘慕色还魂记》话本为蓝本，实质上根源于中国悠久的民间说讲"还魂"故事的传统，是对民间"还魂"故事的传承与创新，以至"化腐朽为神奇"。

2. "至情"的理想

如果汤显祖在《牡丹亭》中仅照搬或模仿民间的"还魂"故事，那么其作品充其量也只是对"还魂"故事的量的增加。事实上，汤显祖在继承民间"还魂"故事的同时，也赋予这个故事以个人理想色彩，也就是移情于故事，从而使故事呈现出新的面貌。这就是在故事中蕴含的"至情"理想。他说：

> 天下女子有情，宁有如杜丽娘者乎！梦其人即病，病即弥连，至手画形容传于世而后死。死三年矣，复能溟莫中求得其所梦者而生。如丽娘者，乃可谓之有情人耳。情不知所起，一往而深，生者可以死，死可以生。生而不可与死，死而不可复生者，皆非情之至

---

① （清）焦循：《剧说》卷2，《中国古典戏曲论著集成》第八册，中国戏剧出版社1959年版，第113—114页。

也。……嗟夫，人世之事，非人世所可尽。自非通人，恒以理相格耳。第云理之所必无，安知情之所必有邪！

——《牡丹亭·题词》

汤显祖在《牡丹亭》中标榜"至情"，在当时及后代的青年妇女心中产生了强烈的共鸣。沈德符《顾曲杂言》讲《牡丹亭》一出，"家传户诵，几令西厢减价"。① 《柳亭诗话》记载，娄江俞二娘酷嗜，读之，断肠而死。②《三借庐笔谈》说，扬州女子金凤钿，读后给汤写信，愿以身相许，未等汤赶到，竟自死去。《碉房娥述堂随笔》也说，杭州女演员商小玲，演《寻梦》，泪随声下，气绝身亡③。另外，有女子冯小青看了牡丹亭，写下这样诗句："冷雨幽窗不可听，挑灯闲看《牡丹亭》。人间亦有痴于我，岂独伤心是小青。"《红楼梦》第 23 回"西厢记妙词通戏语，牡丹亭艳曲惊芳心"中，林黛玉偶尔听到《牡丹亭》的几句艳曲，便"不觉心痛神驰，眼中落泪"。这些表明，汤显祖在剧中标举的"至情"理想，符合了时代的要求。

当然，"这个'情'较之男女之爱要深广得多，抽象得多，含义也要丰富得多。丽娘在'惊梦'中回答春香赞他'今日插的好'有句'可知我一生日爱好是天然'，就是作家对'情'的最确切的解释。换言之在作家看来，顺乎人性的天然，让他们饥得食，病得医，成年长大得男女婚媾，这就是合乎人性的真'情'"。"整个《牡丹亭》，似乎并非鼓吹反'礼教'，反'政治'、怀疑'理'和'天道'，而是揭示了人的最深的痛苦乃是'情苦'，人的最高的价值，乃是情深、情至、情真，情是最个人化的、最根本的价值，所有的'礼教'、政治、理、道，都以这个为根本。在这个意义上，汤显祖是明代的中国式的'宗教革命'——这是对

---

① （明）沈德符：《顾曲杂言》，"填词名手"条，《中国古典戏曲论著集成》第四册，中国戏剧出版社 1959 年版，第 206 页。

② （清）焦循：《剧说》卷 2，《中国古典戏曲论著集成》第八册，中国戏剧出版社 1959 年版，第 117 页。

③ （清）焦循：《剧说》卷 6，《中国古典戏曲论著集成》第八册，中国戏剧出版社 1959 年版。

于程朱'理学'的'革命'——的重要人物之一。"①

3. 启蒙思潮的激荡

汤显祖（1550—1616）所处的时代，已是明代的后半期，史学界通常认为这时明代已在衰落。政治上，皇帝倦怠政事，官员结党斗争，宦官擅权用事，专制统治已有所松动。经济上，15世纪欧洲新航路和美洲新大陆的发现，是世界经济网路成形之转捩点，中国的经济形态因此发生了重大变化。中国接受了欧美大量白银的流入，刺激外销商品如丝绸、瓷器、茶叶等的生产和贸易。受惠于海上贸易的便利，东南沿海市场经济十分活跃，资本主义萌芽已开始动摇封建经济的基础。思想上，王阳明一反理学性理为主体，而提出了"心"的自主性。王学门下，泰州学派王艮主张自学自安，以百姓日用之道为实践的身学。王艮后学何心隐尤其强调尽天之性，即自然，反对压制人的情感欲念。泰州学派中，最为激烈的是被号称异端思想家的李贽，他以为人即道，道即人，一切欲念，如好色、好货、好勤学、好进取，都是人之常情，自然之理，而人之本性，乃是绝假纯真的"童心"。凡此理论，在理学传统当然是惊世骇俗，但在当时的南方，泰州学派影响极大，门人遍及士农工商，形成了"以个人为主体，以人性为自然"的"启蒙思潮"，对当时理学构成了巨大冲击。

汤显祖是受泰州学派罗汝芳、李贽和达观和尚的影响，为人耿直，不肯阿谀权贵，具有知识分子的倔强和骨气。在戏曲创作上，与当时的李贽、冯梦龙有相似的主张，强调"意趣神色"理念。这种理念与时代启蒙思潮相激荡，决定了他的"四梦"创作，尤其是得意之作《牡丹亭》。汤显祖推崇"至情"、以情反理的创作思维成为《牡丹亭》的基本风格。

陈继儒在《批点牡丹亭题词》指出："张新健相国尝语汤临川云：'以君之辩才，握麈而登皋比，何渠出濂洛关阁下？而逗漏于碧箫红牙之间，将无为青青子衿所笑？'临川曰：'某与师终日共讲学，而人不解也。

---

① 黎湘萍：《闻弦歌而知雅意——从昆曲青春版〈牡丹亭〉开始的文艺复兴》，载白先勇主编《白先勇与青春版〈牡丹亭〉》，花城出版社2006年版，第178页。

师讲性，某讲情。'张公无以应。"①

4."意趣神色"的理念

汤显祖完成《牡丹亭》第二年（即 1599 年），写信给友人吕玉绳："'唱曲当知，作曲不尽当知也。'此语大可轩渠。凡文以意、趣、神、色为主，四者到时，或有丽词俊音可用，尔时能一一顾九宫四声否？如必按字模声，即有窒滞迸拽之苦，恐不能成句矣。"②

汤显祖在这里指出，作品的意旨、风趣、神情、声色，高于音律。意、趣、神、色，主要是指作品的内容和表现风格，兼及文学剧本的内容和形式，与印度《舞论》所谓的"情""味"，与日本世阿弥所谓的"花"，有部分的近似和交叉。但是，汤显祖特别强调贯注于剧本始终，并作为剧本灵魂的情，把它作为意、趣、神、色的核心和归宿；而这个情，是他对抗理学的武器，显然属于内容的范畴。他曾说《牡丹亭》中"情不知所起，一往而深，生者可以死，死可以生"，分明在描绘一种强烈专注的精神、情态。因此，以情为核心的意、趣、神、色，比《舞论》中的"情""味"更具有活生生的实际内容，比世阿弥的"花"也更偏向作品的内容方面。它们与音律的关系，虽不能简单地等同于内容和形式的关系，但却是以内容加部分表现形式为一方，与另一部分表现形式的关系。

"意趣神色"主要是指作品的内容和表现风格，以贯注于剧本始终并作为剧本灵魂的情为核心和归宿。

四 解读与重构经典：白先勇的"青春版"

2004 年 4 月 29 日至 5 月 2 日白先勇"青春版"《牡丹亭》在台湾"国家"戏剧院首演，2004 年 5 月 5 日"青春版"精华版在新竹市演艺厅演出，标志着白先勇打造的"青春版"正式面世。自 2005 年起，"青春版"开始在京沪杭、香港、台北、广州等国内高校及国外演出，掀起

---

① 徐朔方校：《汤显祖诗文集》（附录），上海古籍出版社 1982 年版，第 1544 页。
② （明）汤显祖：《答吕姜山》，《汤显祖诗文集》卷 47，上海古籍出版社 1982 年版，第 1337 页。

了"白旋风""牡丹热"。有人对其给予高度评价:"于中国新文化发展,具有里程碑意义,其奥义大矣哉。姑名之曰:'白先勇文化范式'",它"以民族使命感点穴""以集体记忆建构""古典文本,现代为用""复兴不守旧""文化事件与文化人捆绑""主事者、组织者、制片人、经纪人多元合一的'知识主管'"。[1] 这实际上涉及了白先勇对经典解读与重构的理念和范式问题。

(一) 青春梦的积淀

白先勇"闻弦歌"是他九岁(1946)那年,偶尔得闻梅兰芳的昆曲《游园惊梦》,便也像黛玉那样,对于那悠扬的笛声、婉转的歌声、那背后蕴含多少沧桑心事的戏文,再也无法释怀,终于蚌病成珠,写成小说《游园惊梦》。1978 年 8 月,根据这篇小说改编的首部舞台剧开始在香港上演,激发了白先勇改编旧作的兴趣,1982 年、1988 年白先勇亲自参与改编《游园惊梦》舞台剧分别在台湾和大陆上演。渐渐地,小说人物钱夫人(蓝田玉)曾清唱的昆曲《皂罗袍》开始脱离钱夫人命运的轨迹,而成为读者进入昆曲世界,了解中国传统艺术精华的"快捷方式"。以 1992 年在台北制作的华文漪版《牡丹亭》为标志,白先勇的意兴转而放在昆曲《牡丹亭》的制作上,一直到 2003 年制作,2004 年问世的青春版《牡丹亭》,才算真正完成了白先勇对《牡丹亭》和昆曲的青春梦。

(二) 文化复兴的使命感

白先勇在接受陈怡蓁访谈中,承认自己二十几岁创办《现代文学》,三十几岁制作舞台剧《游园惊梦》与现在制作青春版《牡丹亭》都源于自己对中华传统文化衰微的焦灼感和对文化复兴、创新的使命感。他说:"我从年轻的时候就一直对中华文化衰微感到焦急忧心。'文革'的时候我人在美国,从电视上看到了保存几千年的文物就这样被砸毁,我的内心真是痛到了极点。这些年来,这么一直衰落下去,好像止不住往下的趋势,对我来说总有一种文化上的焦虑和乡愁",之所以选择昆曲,他

---

[1] 黄树森:《白先勇文化范式》,载白先勇主编《白先勇与青春版〈牡丹亭〉》,花城出版社 2006 年版。

说:"昆曲是一个切入点。整个中国文化的断层如何弥补起来,如何让中国人产生文化认同,我认为一定要先有一个实际的、看得见的表演艺术来感动人心","中国人的文化认同却破碎了……中国人的文化认同在十九世纪时几乎整个被斩断了","'文革'的断层让精致的美在中国更形稀有了"。①

(三)"青春"的理念

白先勇概括"青春版",认为大概包括如下几个含义:(1)主题。(2)演员。(3)受众。(4)包装。② 即主题、演员、受众、包装等方面体现"青春"。

白先勇在《牡丹还魂》中说:

> 为什么要制作"青春版"《牡丹亭》?这是我两年来在两岸三地常被问到的问题。因为昆曲演员老了,昆曲观众老了,昆曲本身也愈演愈老,渐渐脱离了现代观众的审美观。制作青春版《牡丹亭》的目的就是想做一次尝试,借着制作一出昆曲经典大戏,举用培养一群青年演员,而以这些青春焕发、形貌俊丽的演员来吸引年轻观众,激起他们对美的向往与热情;最后,将昆曲的古典美学与现代剧场接轨,制造出一出既古典又现代,合乎二十一世纪审美观的戏曲。换句话说,就是希望能将有五百年历史的昆曲剧种振衰起疲,赋予新的青春生命。③

白先勇在接受《竞报》记者提问时说:"我用'青春版'这三个字有好几个含义,一是这个戏本来就是讲的青春爱情故事,二来这次戏里选用的演员主要是年轻人,还有,很重要的,这个戏是演给年轻

---

① 陈怡蓁:《创造新的文化方向:三件大事一种精神——专访白先勇》,载白先勇主编《白先勇与青春版〈牡丹亭〉》,花城出版社2006年版,第80—90页。
② 向勇:《牡丹亭姹紫嫣红,燕园春色如许——组织青春版〈牡丹亭〉北大公演系列活动有感》,载白先勇主编《白先勇与青春版〈牡丹亭〉》,花城出版社2006年版,第241页。
③ 白先勇:《牡丹还魂》,上海文艺出版社2004年版,第13页。

人看的。"①

"昆曲已有五百年的历史,曾经一度成为我们的国剧。从明朝万历年间到清朝,有大量的文人、音乐家、表演艺术家投入创作,它的表演方式和音乐等各方面已经达到了高度的精确、精美、精致,这种风格一致传承下来——这就决定了我们做青春版的时候,应该把传统的、精髓的表演方面的东西留下来。但是,要留住观众,还要赋予它现代的、青春的面貌。"②

(四) 文化遗产时代与文化经济的时代影响

白先勇非常重视"昆曲"作为民族文化遗产的意义,他说,"每个国家,每个民族,一定有它最精致、最深沉,能够代表民族精神的一种表演艺术。一提到英国就有莎士比亚,意大利有歌剧,德国有古典交响曲、贝多芬、莫扎特,美国也有爵士乐,日本人则拼命去维护'能剧',这些各有特色的表演艺术可以代表民族的心声","联合国教科文组织经过多年仔细地筛选,结果是选昆曲为'人类口述非物质文化遗产'名列第一的"。③ 显然,白先勇着力打造"青春版"《牡丹亭》,是与当下非物质文化遗产热的时代背景分不开的。

此外,白先勇还十分重视对现代艺术手段的运用,体现了文化经济时代对艺术的影响。对于很多初次接触昆曲的年轻观众来说,青春版《牡丹亭》给他们的第一印象该是一种强烈的视觉冲击:演员绚丽多彩的服装,众花神摇曳生姿的舞蹈,灯光和布景变换所产生的奇异效果,甚至舞台上书有"牡丹亭"三个大字的彩屏,都给人以赏心悦目之感。白先勇对青年大学生热捧《牡丹亭》是这样理解的:"也许他们是被中国式的美给震撼了,没想到中国的古典文化这么美,能够用昆曲的方式,整体表现出中国式的美学,它引用现代但不滥用现代,产生的剧场震撼力,

---

① 邹红:《在古典与现代之间——白版昆曲〈牡丹亭〉之青春意蕴的诠释》,载白先勇主编《白先勇与青春版〈牡丹亭〉》,花城出版社2006年版,第224页。
② 见《白先勇:中国文化是我的家》,《中国青年》杂志专题,2005年5月30日,http://news.sina.com.cn/c/2005-05-30/17186792471.shtml。
③ 陈怡蓁:《创造新的文化方向:三件大事一种精神——专访白先勇》,载白先勇主编《白先勇与青春版〈牡丹亭〉》,花城出版社2006年版,第84页。

深入人心。也许真正打动人心的,是从失落的民族美学中重拾的自信心。'原来中国的艺术如此美!'这个讯息捉住了观众,潜伏心底下的骄傲豁然被挑动了。"①

"很显然,青春版《牡丹亭》的制作引入了现代娱乐艺术的制作理念,其中尤以精品意识、市场意识和文化意识三者最为突出。首先,青春版《牡丹亭》无疑是一部艺术精品,无论是其制作团队的构成,还是其制作过程中财力、物力的投入,乃至对若干细节的考量斟酌,都贯彻了一种精品意识。……其次,制作者的市场意识相当明确。尽管青春版《牡丹亭》并不以赢利为主要目的,但能够走向市场,成为文化消费市场的一个著名品牌,却是整个剧组上下一致的目标。特别是演出前后的宣传造势方面,制作者采取的做法,如充分利用白先勇的知名度举办座谈会、学术讨论会,以及借助电视、网络等现代传媒扩大影响等,的确颇有成效。再次,青春版《牡丹亭》是作为一项文化工程来制作的。这里说的文化包含了两重意义:一是指以昆曲表演为主体,相容音乐、舞蹈、绘画、服饰、园林等因素的古典综合艺术;二是指整个中国传统文化。"②

青春版《牡丹亭》正是迎合文化遗产时代、文化经济时代的脉搏,大胆引入了现代娱乐艺术的制作理念,即精品意识、市场意识和文化意识,才赢得了观众,取得了演出的巨大成功。

(五) 继承与革新

清代戏剧家洪昇说《牡丹亭》:"肯綮在死生之际。记中《惊梦》《寻梦》《诊祟》《写真》《悼殇》五折,自死而生;《魂游》《幽媾》《欢挠》《冥誓》《回生》五折,自死而生。其中搜抉灵根,掀翻情窟,能使赫蹏(小幅薄纸)为大块,渝糜(墨)为造化,不律(笔)为真宰,撰精魂而通变之。"③

白先勇对青春版《牡丹亭》的构思,显然受了洪昇对《牡丹亭》认

---

① 陈怡蓁:《创造新的文化方向:三件大事一种精神——专访白先勇》,载白先勇主编《白先勇与青春版〈牡丹亭〉》,花城出版社2006年版,第86页。
② 邹红:《在古典与现代之间——白版昆曲〈牡丹亭〉之青春意蕴的诠释》,载白先勇主编《白先勇与青春版〈牡丹亭〉》,花城出版社2006年版,第231—232页。
③ (清)吴仪一:《三妇评牡丹亭杂记》(附洪之则文),上海国学扶轮社排印本。

识的影响。青春版总导演汪世瑜谈及青春版的舞台构思时说："上本写的是'梦中情'，由生到死，要表现的是爱的向往；中本写的是'人鬼情'，由死到生，要表现的是爱的追寻；下本写的是'人间情'，由生到活，要表现的是爱的实践，侧重点是那份实践的热力与勇气。"①

同时，白先勇对《牡丹亭》解读也是与其对昆曲的理解密不可分的，据吴新雷教授统计，近一个世纪以来，《牡丹亭》的改编上演本有三四十种。白先勇之所以把《牡丹亭》改编为三本，围绕杜、柳情展开，第一本启蒙于"梦中情"，第二本转折为"人鬼情"，第三本归于"人间情"，既呈现了原著"情至"精神，又遵循了昆曲艺术精神的表演原则为前提，对音乐、歌唱、舞蹈、戏情、诗词等诸种艺术元素，做出新的整合与调配，还根据现代舞台的需要，以及青年观众的审美需求，将昆曲的古典美学与现代剧场接轨，赋予它以青春生命。

五　结论：经典解读引发的思考

黑格尔说："历史的东西虽然存在，却是在过去存在的，如果它们和现代生活已经没有什么关联，它们就不是属于我们的，尽管我们对它们很熟悉；我们对于过去事物之所以发生兴趣，并不只是因为它们一度存在过"，"我们自己的民族的过去的事物必须和我们现在的状况、生活和存在密切相关，他们才算是我们的"，"如果要把情节生疏的剧本搬上舞台表演，观众就有权利要求把它加以改编，就连最优美的作品在上演时也需要改编"。

然而，从经典的建构者看来，他们的作品却是不能被随意修改的。汤显祖的"理念"是不容许被人改动的，他曾为吕玉绳没有按自己的"意趣"扮演《牡丹亭》而大动肝火。据王骥德《曲律》卷四《杂论》记载，汤显祖当时情绪很激动，给吕玉绳写信说："彼乌知曲意哉？余意

---

① 赵山林：《肯綮在生死之际——对青春版〈牡丹亭〉改编构思的理解》，载白先勇主编《白先勇与青春版〈牡丹亭〉》，花城出版社2006年版，第163页。

所至，不妨拗折天下人嗓子。"① 事后，他又给演员罗章二叮咛说："《牡丹亭记》，要依我原本，其吕家所改的，却不可从。虽是增减一二字以便俗唱，却与我原作的意趣大不同了。"（《与宜伶罗章二》）无独有偶，洪昇对他的《长生殿》在演出时遭到删改也非常不满："是书义取崇雅，情在写真。近唱演家改换有必不可从者，如增虢国承宠，杨妃忿争一段，作三家村妇丑态，既失蕴藉，尤不耐观。其《哭像》折，以哭题名，如礼之凶奠，非吉祭也。今满场皆用红衣，则情事乖违，不但明皇钟情不能写出，而阿监宫娥泣涕皆不称矣。至于《舞盘》及末折演舞，原名《霓裳羽衣》，只须白祆红裙，便自当行本色。细绎曲中舞节，当一一自具。今有贵妃舞盘学《浣纱舞》，而末折仙女或舞灯、舞汗巾者，俱属荒唐，全无是处。"② 孔尚任也熟知艺人擅改剧本之习，故在编写剧本时处处防范，如《桃花扇·凡例》中说："各本填词，每一长折，例用十曲，短折例用八曲。优人删繁就简，只歌五六曲，往往去留弗当，辜作者苦心。今于长折，止填八曲，短折或六或四，不令再删故也。""旧本说白，止作三分，优人登场，自增七分；俗态恶谑，往往点金成铁，为文笔之累。今说白详备，不容再添一字。"不惟对曲白如此，对脚色化妆也谆谆叮嘱："脚色所以分别君子小人，亦有时正色不足，借用丑净者。洁面花面，若人之妍媸然，当赏识于牝牡骊黄之外。"③

我们可以想象一下，如果汤显祖复生，看到白先勇的"青春版"不知作如何感想？当然，也可以反过来想象：如果汤显祖的《牡丹亭》与此后洪昇的《长生殿》，与孔尚任的《桃花扇》几百年间的舞台上不做任何改编，"和我们现在的状况、生活和存在"没有关联，它们还能存活于今天舞台上吗？

显然，白先勇对《牡丹亭》的解读、重构与汤显祖当初的建构，既有共同点又有不同点，体现了历史与现实的关联。两人都是文人、作家，都有一种知识分子的良知和使命感，也都有知识分子的清高乃至偏执。

---

① （明）王骥德：《曲律》卷4，《中国古典戏曲论著集成》第四册，中国戏剧出版社1959年版，第165页。
② （清）洪昇：《长生殿·例言》，人民文学出版社1983年版。
③ （清）孔尚任：《桃花扇·凡例》，人民文学出版社1998年版。

汤显祖以"至情"反理学、解放人性的理想,是通过他"意趣神色"的编剧理念来执行的。为了他的理想和理念,他可以表现出极端偏执和绝不宽容一面,显示出知识分子的童心。白先勇为了"复兴传统,文化创新"的理想,是通过展示"青春""美"的理念和现代文化包装与传播手段来实现。他们的理想都迎合了时代的潮流,汤显祖的"至情"与晚明激越的启蒙思潮相呼应,白先勇"复兴传统,文化创新"的理想则与当前蓬勃发展的"遗产热""文化经济热"相激荡。他们的创作理念也都与时代的文化发展趋势相切合,"意趣神色"是晚明文艺创作思想中重视创作主体,抒发主体情志的集中体现;展示青春、美则迎合了现代文艺制作中重视视觉冲击力、渲染特色的倾向。

由此看来,解读经典既是对经典的传承,又是对经典的创新,其中包含了"变"与"不变"的辩证关系。一方面作为经典的建构者、重构者的文人,在经典中注入了与时代潮流相适应的理念,塑造了经典的文人个性与时代个性,这是他们最看重的也是最不希望被改变的;另一方面作为经典的解读者或重构者的文人或普通民众,他们只有从经典与现实的关系中,从经典适应现实的变化中才能理解经典、传承经典,因此在他们眼中经典建构者、重构者从时代的角度赋予经典的意义与形态是可以也需要改变的。这似乎成了经典建构者、重构者与经典解读者之间无法克服的一种悖论。但恰恰是经典建构者、重构者的固守与经典解读者的坚持,使得经典的传承与创新变得难分难舍且具有魅力,也导致了维持经典"自身存在"的"不变"与促使经典"自身发展"的"变"的界限变得难以捉摸,成为富有挑战性的学术课题。我们很难评价汤显祖当年的坚持与白先勇当下的变通孰对孰错,但从他们身上我们发现:从历史与经典建构者的关系中理解经典,是解读经典必由之路,也是重构经典、传承与发展经典的基础。

当然,更重要的一点,"文人的参与,使传奇或戏曲,不再仅仅是自发的民间社会的娱乐方式,而且构成前媒体时代所特有的自觉的'公共空间'"[①]。在这个"公共空间"中,不仅民间故事言说变成了文人情志

---

① 黎湘萍:《闻弦歌而知雅意——从昆曲青春版〈牡丹亭〉开始的文艺复兴》,载白先勇主编《白先勇与青春版〈牡丹亭〉》,花城出版社2006年版,第180页。

言说，而且文人情志言说与时代的话语结合，使得文人言说变成了时代的言说。这既反映在言说的内容上，又体现在言说的方式上。民间戏剧就是这样被文人化、经典化的。

昆曲的雅俗与保护传承

王廷信

摘 要：昆曲是雅俗共赏的艺术，不宜仅局限于"高雅艺术"的范畴来认识；昆曲不只是遗产，更是活的艺术形式，不宜让昆曲进入凝固不变的死亡状态；昆曲生存空间需要在更大范围内拓展，需要在大众中推播，需要在新的社会背景和环境中为其寻找适宜的生存土壤。

关键词：昆曲 雅俗 保护

近20多年来，我们一直把昆曲定位为"高雅艺术"。这是因为在新的时代背景下，当新的娱乐品种、娱乐方式、娱乐观念在我们周围渐渐形成时，昆曲这样的艺术也渐渐被挤到了大众娱乐选择的边缘。在大众不再青睐昆曲之时，恰恰是需要昆曲引导大众之时，但昆曲并未适时抓住这个时机，而是转换思路，把自己包装成有别于大众趣味的"高雅艺术"。于是"高雅艺术"被当作一面旗帜成为挽救昆曲窘况的基本策略。在这种情形下，昆曲更多地把目光瞄向知识群体，似乎只有知识群体才能理解和接受这样的艺术。这种做法从根本上把大众撇开，于是昆曲进入一个狭小的圈子，发展空间受到束缚。进一步讲，即使是在这样一个小圈子里寻找空间，也未能做得很成功。因为现代知识群体对于昆曲的认知与古代知识群体对于昆曲的认知从程度上而言也有很大距离，其中最明显的原因是现代知识群体不像古代知识群体那样悠闲。在现代社会，

---

* 原文刊于《民族艺术》2009年第4期。

知识群体的生存竞争压力是最大的，其忙碌程度也是最高的，他们不像古代知识群体那样优游从容，更因过度专业化的背景而缺乏古代知识群体那样博学的知识结构和优雅的生活趣味。所以，完全把注意力集中在这样的群体当中，是远远不足的。

当"高雅艺术"的旗帜没能奏效时，联合国教科文组织把昆曲列为"人类口头和非物质文化遗产"又成为挽救昆曲的一个契机，昆曲开始打出了"遗产"的旗帜。在这面旗帜下，政府投入专项资金保护昆曲，昆曲院团和研究机构也想了各种办法寻找对策。令人庆幸的是昆曲在这面旗帜下还是出了不少成果，大多数院团都排了新的剧目，抢救出不少老剧目、冷剧目，昆曲研究机构也投入精力。但从"遗产"热过去的近两年时间来看，除了少数院团巩固了成果在继续发展以外，大多数院团开始变冷了。变冷是因为大家不知去向了，观众对于昆曲的关注度变低了，少数院团出现了主动送戏上门也遭拒绝的情形。

笔者认为，昆曲要不断地寻找自己的观众，不断地培养自己的观众，不断地扩大自己的生存空间，才能维系昆曲自身的保护与发展。要做到这一点，昆曲必须把大众纳入自己的观众圈。

那么，我们是否要担心普通大众无法接受昆曲这样的艺术？这就要追究到昆曲的品性特征，从昆曲的品性特征寻找依据了。根据笔者自己长期以来的感受思考，笔者认为昆曲应当属于雅俗共赏的艺术。

一方面，昆曲的创作群体和观赏群体都曾在高阶层的群体当中流行过，这种流行导致昆曲积累了比别的剧种更为丰富的表演程式和音乐唱腔。相对于其他剧种而言，昆曲表现生活的方式更加细腻一些，昆曲在表现形式上也就更加雅致一些。因此，昆曲在有闲知识圈子受人喜欢是大有可能的。

另一方面，昆曲也是最接近平民的艺术，因为昆曲在内容上体现的是一种世俗精神。正因为如此，昆曲以往曾在平民圈子广泛流行。明代末年出现的黄儒卿编辑的《新选南北乐府时调青昆》，清代康熙年间所出现的"家家'收拾起'，户户'不提防'"的景象都是昆曲广泛流行于平民当中的显证。

我们说昆曲是最接近平民的艺术，更多是因为昆曲对平民精神状态的表现更加淋漓尽致。昆曲经典剧目当中的绝大多数人物都是平民形象，即使是表现帝王将相、才子佳人的人物形象，其所体现的都是一种痛快淋漓的平民精神。这种精神也是昆曲的"恋俗精神"。只有明白这一点，我们才会有勇气、有信心、有策略地把大众纳入昆曲观众的视野。

恋俗并非媚俗。媚俗是为了博取观众的喜爱，不惜牺牲自己的特质而去取悦于流俗，依靠讨好观众的低级趣味来生存，而恋俗则是热衷于对人的世俗精神进行表现，这种表现集中于人们对于世俗情感的基本需求上，如爱、恨、情、仇、喜、怒、哀、乐等。至于借助昆曲对于人生的思考、对于战争的思考、对于国家危亡的思考当是世俗精神的副产品。这种副产品是人们借助昆曲陶冶情感之后所悟得的意义。也就是说，这种意义不是直白地告诉观众，而是让观众在观看演出、体会人与人之间情感关系的基础上自然生发的较为模糊、较为不确定而又耐人寻味的意义。倘若缺乏对于人的世俗情感的表现，那么这种意义就不会让人在不同的情境中不断揣摩、不断回味。因此，恋俗精神的核心体现在情感上。

人们在观赏昆曲的时候更多地是为了娱乐性情。孔尚任写《桃花扇》是为了"借离合之情，写兴亡之感"，离合之情集中于一个"情"字，兴亡之感集中于一个"感"字。前者为了悦情，重在过程；后者为了悦性，重在结果。离合之情是具体生动的感情，兴亡之感是基于具体生动之情之上较为理性的感受。汤显祖写《牡丹亭》也是为了"情"，借助生生死死这种具体生动的感情让人获得对于美好爱情的认知，是将情与性有机融为一体。其他经典戏曲也莫不如此。因此，我们在思考昆曲的创作、演出、传播时不能脱离人的世俗之情，我们也需要在世俗之情的基点上为保护昆曲、发展昆曲寻找出路。

世俗之情是人人都会经历、人人都会拥有的人的基本情感。因此，昆曲的恋俗精神带有明显的普适性，绝不会仅止于知识阶层。昆曲曾经的辉煌也不仅止于士大夫阶层，在朴野草民当中也相当流行。因此，倘若我们仅仅把昆曲定位为"高雅艺术"，就会缩小昆曲的传播范围，就会把大众拒之门外，就会有悖于昆曲文化遗产保护的初衷。因此，笔者认为没有必要担心普通大众的接受水平问题。重要的是昆曲创演团体要改变那种居高不下的保守态度，抢救、创作出更加适合大众趣味的剧目来，凸显昆曲的平民意识，用更加有力的方式把昆曲在大众当中推播开来，为昆曲艺术寻找更加广阔的生存空间。

现在还有把昆曲只看作"遗产"的说法,更有甚者,把昆曲看作像文物一样的遗产的看法。笔者觉得这都是有问题的。昆曲首先是一种艺术,一种活着的艺术。如果我们能够明白并正视这一点,就会用一种积极的心态对待昆曲,就不会把昆曲看作一种僵化的遗产。艺术是在变化中赢得生存的。笔者不赞同不合规矩的变化,但更不赞同一成不变的艺术。考订昆曲的规章制度,并非为了把昆曲捆死,而是要让昆曲按照昆曲的规律发展,活得比现在更好。如果以遗产为由把昆曲捆死,那我们就真的无法对得起这份遗产了。

2003年10月17日联合国教科文组织在巴黎通过的《保护非物质文化遗产公约》是在"承认全球化和社会变革进程除了为各群体之间开展新的对话创造条件,也与不容忍现象一样使非物质文化遗产面临损坏、消失和破坏的严重威胁"的情形下进而"承认各群体,尤其是土著群体,各团体,有时是个人在非物质文化遗产的创作、保护、保养和创新方面发挥着重要作用,从而为丰富文化多样性和人类的创造性作出贡献"[1]的前提下制订的。很显然,该公约强调了非物质文化在全球化进程中濒临消亡、面临威胁的境况,强调了制订公约的目的在于"丰富文化的多样性和人类的创造性"。该公约是这样定义非物质文化遗产的:

定义的第一条:"非物质文化遗产"指被各群体、团体,有时为个人视为其文化遗产的各种实践、表演、表现形式、知识和技能及其有关的工具、实物、工艺品和文化场所。各个群体和团体随着其所处环境,与自然界的相互关系和历史条件的变化不断使这种代代相传的非物质文化遗产得到创新,同时使他们自己具有一种认同感和历史感,从而促进了文化多样性和人类的创造力。在本公约中,只考虑符合现有的国际人权文件,各群体、团体和个人之间相互尊重的需要和顺应可持续发展的非物质文化遗产。

定义的第三条:"保护"指采取措施,确保非物质文化遗产的生命力,包括这种遗产各个方面的确认、立档、研究、保存、保护、宣传、弘扬、承传(主要通过正规和非正规教育)和振兴。[2]

---

[1] 郑培凯主编:《口传心授与文化传承》,广西师范大学出版社2006年版,第3页。
[2] 郑培凯主编:《口传心授与文化传承》,广西师范大学出版社2006年版,第5页。

联合国教科文组织在其"口传非实物人文遗产杰作"国际荣衔公告中强调:"口传非实物遗产是复杂、广博而形式多样的活遗产,在不断地演变之中。"在谈到该公告的目的时认为,"引起关注,认识到口传非实物遗产的重要性,知道需要加以守卫并使其复苏","推动传统艺人及本土创作人员参与认证非实物遗产并使其获得新生"。[1]

在以上两份文件中,联合国教科文组织对于非物质文化遗产的保护策略体现出如下几点精神。

第一,认识到非物质文化遗产的复杂性,认为非物质文化遗产是"活遗产","在不断地演变之中"。正因其复杂,正因其是"活遗产",我们才不能把它僵化。正因其"不断演变"的特点,我们才不能违背这种特点而在新的时代让昆曲进入一种不变状态。

第二,认识到应当使这种"代代相传的非物质文化遗产得到创新"。昆曲是数百年来艺人与文人在传统文化背景下不断积累、不断探索、不断创造的文化成果。要保护它、传承它,不是把这项非物质文化成果"封存"起来,放在博物馆里供人瞻仰,而是要继续积累、继续探索、继续创造,使之生生不息。保护昆曲这样的非物质文化遗产,是要保护其灵魂、特质,是要让这些灵魂与特质在新的时代中焕发出新的风采,但脱离"创新"二字,这些东西都无法做到。

第三,认识到对非物质文化遗产在"保存、保护、宣传、弘扬、承传"的同时,还要使其"振兴"。对于非物质文化遗产,"保存"很难,"保护"很难,但"宣传、弘扬、承传"并非一件难事,只要肯做,是可以做到的。至于"振兴",也不是一种幻想。只是不要一提到"振兴",就要"振兴"到一统天下的状态。要知道,在新的时代背景下,任何艺术一统天下的局面都将不复存在,只要有一部分人喜爱昆曲、关注昆曲、支持昆曲、观看昆曲就够了。

第四,认识到在"守卫"非物质文化遗产的同时又能"使其复苏",认识到使其"获得新生"的重要性。"复苏"是指让非物质文化遗产恢复其生态、在适其生存的环境中萌发生机;"获得新生"是指让非物质文化遗产在一种新的生态下孕育出新的面貌。对于昆曲,我们要恢复其兴旺

---

[1] 郑培凯主编:《口传心授与文化传承》,广西师范大学出版社2006年版,第23—24页。

时期的生态已很困难,故要在新的社会背景、社会环境中为其寻找适合其生存的土壤,从而使其在保持艺术特质的情形下以新的姿态屹立于世。

2004年10月26日,联合国教科文组织非物质文化遗产处官员斯密特在中国艺术研究院听取昆曲和古琴保护工作的汇报后指出:"保护人类非物质文化遗产要保护现存的、不断发展的、不断更新的文化遗产,而不是要保护那些凝固的、一成不变的东西。"他认为对于非物质文化遗产的认定有四点:第一,是某个社区有特点的,而不是世界性的;第二,对社区的存在起了关键作用;第三,对社区的持续发展有重要意义;第四,对社区的认定起关键作用。[①] 联合国教科文组织把昆曲列为非物质文化遗产,不是要让昆曲成为"凝固的、一成不变的东西",而是看到昆曲是一种"不断发展的、不断更新的文化遗产"。此外,昆曲对于我们认定中华文化、对于中华文化的生存、对于中华文化的持续发展都具有不可忽视的作用。保护昆曲就是保护与我们自身密切相关,反映我们自身文化特点,使我们的文化持续发展与更新的活的艺术形式。

以上几点说明了联合国教科文组织对于非物质文化遗产的科学态度。因此,我们需要秉承这种科学态度来保护昆曲、发展昆曲,为昆曲寻找更大的生存空间。

昆曲在其辉煌时期是雅俗共赏的,是从社会底层到上层均曾得到认同和喜爱的艺术。我们保护昆曲、发展昆曲也需要从底层到上层为昆曲寻找空间。我们既不能只以"高雅艺术"的定位对待昆曲,也不能以对待物质遗产的态度对待昆曲这样的非物质文化遗产。

---

① 刘文峰、谢玉辉、张艳琴:《山西戏曲生存现状调查》,载中国艺术研究院戏曲研究所、山西省戏剧研究所编《全国剧种剧团现状调查报告集》,中国戏剧出版社2005年版,第44页。

我国表演类非物质文化遗产的传承与创新

——以昌黎皮影戏为例*

王卫华　孙佳丰

摘　要：随着现代化的迅速发展，表演类非物质文化遗产受到严重冲击。昌黎皮影戏作为具有鲜明艺术特色和重要文化价值的传统表演艺术，在现代化语境中逐渐失去了年轻的观众群，演出市场极度萎缩，技艺传承后继乏人。但是，新技术手段的出现与文化传播的新环境也带来了发展机遇。紧跟时代潮流、结合文化传播的力量进行创新探索，才能保持昌黎皮影戏等表演类传统艺术的持久生命力。探讨昌黎皮影戏在当代的发展困境与机遇，能够为我国表演类非遗保护项目的发展提供借鉴经验。

关键词：非物质文化遗产　表演艺术　文化传播　昌黎皮影戏

表演类非物质文化遗产是非遗的重要组成部分，它不仅包含了传统音乐、传统舞蹈、传统戏剧、曲艺、民间美术以及传统体育、游艺、美术和杂技7个品类，[①] 而且与口头文学、礼仪民俗、民间信仰等非遗项目紧密关联。然而，不同于现代消费市场中适应情况相对较好的传统饮食、

---

* 原文刊于《云南师范大学学报》（哲学社会科学版）2018年第6期。

① 郑春林：《浅议表演艺术类非物质文化遗产的博物馆化保护》，《遗产与保护研究》2018年第1期。

传统服饰等手工艺技术类非物质文化遗产，以及在现代文明建设中发挥重要作用的传统民俗节日等礼仪、节庆类非物质文化遗产，在现代媒体和流行文化的影响下，曾流传于民间并受到广泛欢迎的表演类传统艺术受到了严重的冲击，面临着年轻观众群缺失、演出市场极度萎缩、技艺传承后继乏人等传承困境。

作为我国非物质文化遗产中占有极大比重的表演类非遗项目，其在当代的传承衰落问题亟待解决。近年来，随着我国非遗保护运动的蓬勃发展，关于非物质文化遗产保护问题的研究专著层出不穷，[①] 其内容多为对我国非物质文化遗产的保护现状、问题及方法等方面的整体论述。在非物质文化遗产传承保护相关的著作中，对于表演类非遗项目及其特殊发展境遇的关注与针对性研究相对缺乏。而关于舞蹈、音乐、戏曲等表演类非遗项目的个案研究著作虽然数量较多，[②] 但这些个案研究大多是对其历史起源、艺术特点、流派风格、行规习俗及相关民俗文化的介绍性论述，对其当代传承现状与问题的讨论较少。相较之下，以探讨表演类非遗项目传承问题为主题的期刊论文则较多。孙明跃的《表演艺术类国家级非物质文化遗产保护研究——以云南省为例》一文，以云南的39项表演艺术类国家级非物质文化遗产为研究对象，在对其艺术特点、传承规律进行调查基础上提出相应的保护措施；[③] 刘坚平、袁绍成的《文化空间视角下的湖南区域表演类非物质文化遗产保护与传承》一文，从文化空间的视角，对湖南区域音乐、舞蹈、戏剧、曲艺等表演类非物质文化遗产的存在现状及发展困境进行分析，并提出传承保护策略；[④] 刘春玲的《内蒙古表演艺术类非物质文化遗产旅游开发探析》，则以地方表演类非

[①] 此类专著如：乌丙安《非物质文化遗保护理论与方法》，文化艺术出版社2016年版；董晓萍《民俗非遗保护研究》，文化艺术出版社2016年版；苑利、顾军《非物质文化遗产保护前沿话题》，文化艺术出版社2017年版；等等。

[②] 相关专著有：包世轩《京西太平鼓》，北京美术摄影出版社2016年版；王蓓蓓《中国民歌回望与陕北民歌的现代审视》，吉林大学出版社2016年版；杨旸、杨朴《二人转与东北文化传统》，中国社会科学出版社2015年版；等等。

[③] 孙明跃：《表演艺术类国家级非物质文化遗产保护研究——以云南省为例》，《民族艺术研究》2011年第5期。

[④] 刘坚平、袁绍成：《文化空间视角下的湖南区域表演类非物质文化遗产保护与传承》，《艺海》2016年第12期。

遗项目个案为例，分析其在当代市场经济中的产业化策略。① 此外，郑春林的《浅议表演艺术类非物质文化遗产的博物馆化保护》②、王培喜的《表演类非物质文化遗产的学校传承问题探究——以湖北地方戏曲、曲艺等为例》③和张菲菲的《表演艺术类非物质文化遗产濒危评定因子体系构建及运用——以闽剧为例》④等论文，也在分析表演类非遗项目传承现状的基础上提出相应的保护策略。但从以往研究成果来看，学者们对表演类非遗项目在当代传承困境下所提出的传承保护方式，是以"保护式"的传承方式为主，其策略大多是站在传承人的立场，对政府方面的资金投入、技术支持和法律保护等提出要求。这种在很大程度上依赖于政策的传承策略，虽然具有合理性，但却有一定的"被动性"和"保守性"。而在科技文化不断发展的当代社会，我们更应该从文化传播的角度，站在受众接受意愿及可能性的立场，将表演类非物质文化遗产的自身特点放在时代发展的背景下进行重新分析，并发挥传承主体的能动性，对表演类非物质文化遗产进行大胆的创造革新。

　　皮影戏是我国重要的表演类非物质文化遗产，作为我国古老的民间戏剧表演艺术，皮影戏具有重要的文化价值。它同其他民间表演艺术一样，是伴随着民习、民生、民俗、民情而生存的，也是随着历史时期的变化而几度兴衰。⑤ 如今，大部分皮影戏已濒临失传的边缘；随着非遗保护运动的开展，皮影戏的传承发展重新得到重视。2011年，"昌黎皮影戏"被列入国家级非物质文化遗产代表作扩展项目名录。在传统表演类艺术面临生存危机的局面下，昌黎皮影戏的当代发展面临着诸多困难，昌黎的皮影艺术家们在坚守传统中不断进行新的探索与尝试。探讨昌黎皮影戏在当代的发展困境与机遇，能够为我国表演类非遗保护项目的发

---

① 刘春玲：《内蒙古表演艺术类非物质文化遗产旅游开发探析》，《内蒙古师范大学学报》（哲学社会科学版）2013年第1期。
② 郑春林：《浅议表演艺术类非物质文化遗产的博物馆化保护》，《遗产与保护研究》2018年第1期。
③ 王培喜：《表演类非物质文化遗产的学校传承问题探究——以湖北地方戏曲、曲艺等为例》，《湖北社会科学》2010年第2期。
④ 张菲菲：《表演艺术类非物质文化遗产濒危评定因子体系构建及运用——以闽剧为例》，硕士学位论文，福建师范大学，2014年。
⑤ 魏力群：《中国皮影艺术史》，文物出版社2007年版，第3页。

展提供借鉴经验。

一 昌黎皮影戏的艺术特点及存续状态

昌黎皮影戏流传在河北省秦皇岛市昌黎县及其邻近地区，是一种以灯光照射和人物剪影表演历史故事与民间传说的民间戏剧。① 昌黎皮影戏与滦州皮影戏、唐山皮影戏和乐亭皮影戏实为一脉，是冀东皮影的一个分支。昌黎皮影戏历史悠久，它产生于辽金时代，传承发展于元明，至清初基本成熟定型，民国时期得到初兴，中华人民共和国成立后进入繁盛期，20世纪六七十年代开始渐渐没落，再到21世纪初的复苏，经历了一个曲折的传承发展过程。② 在长期的传承发展中，昌黎皮影戏融合具有地方特色的民间工艺美术与戏曲表演艺术，形成了自身独特的艺术风格。

作为一种综合性的戏曲表演艺术，昌黎皮影戏的表演包括前期的影人制作、剧目编写，以及表演过程中的演唱念白、音乐伴奏和皮影操纵。昌黎皮影戏区别于其他各路皮影戏的最主要特征在于"唱"，主要表现在三个方面：第一，昌黎皮影戏唱腔和对白基本是昌（黎）滦（县）乐（亭）一带的"老奤话"语调，其语音悲时如泣如诉，乐时说而似唱，影戏角色的喜怒哀乐，都在这生动传情的唱念中被淋漓尽致地表现出来。第二，昌黎皮影戏不与其他剧种同腔共韵，创出了自身别具一格的唱腔。尤其是演员用手指掐扪着喉头部位进行的假声唱法，不仅使唱腔声调柔媚，更能使音域拓宽，达到三个八度。③ 第三，昌黎皮影戏具有完整的唱腔体系与行当分工。表演中，不同行当以各异的唱腔与调式匹配不同的人物角色与故事情节，使影戏的形象性和感染性都大大增强。在伴奏与操纵方面，昌黎皮影戏也有其独到之处。昌黎皮影戏的伴奏乐器主要有四胡、扬琴、三弦、二胡等丝弦乐器和鼓、板、钹、锣等打击乐器。多种乐器的配合，使表演更具节奏性与情境性。在皮影戏表演中，皮影操

---

① 魏力群：《昌黎皮影戏》，中国戏剧出版社2014年版，第1页。
② 高永荣：《河北省冀东昌黎皮影戏的传承研究》，硕士学位论文，西北民族大学，2014年，第2页。
③ 高永荣：《河北省冀东昌黎皮影戏的传承研究》，硕士学位论文，西北民族大学，2014年，第17页。

纵是十分关键的。昌黎皮影戏在影人的操纵上生动而细腻。演出时一般由两人操纵影人，被称为上线和下线，分别负责影人的准备与操纵。[①] 根据剧情与场景的需要，有时一位操纵演员要同时操纵几件影人进行武打、换装等表演，这需要操纵演员基本功扎实、眼疾手快；有时为突出表现人物复杂的动作细节，还会由两到三人同时操纵一个影人。而从造型艺术上来说，这些皮影制品本身就是不可多得的艺术品。它在中国传统戏曲服饰、道具、脸谱的基础上，采用散点透视的绘画技法，使平面二维造型的皮影具有立体感和层次感，加之大胆又合理的夸张变形、巧夺天工的精美雕刻，有着极强的视觉冲击力。[②] 昌黎皮影戏的表演都是围绕影卷展开的，"影卷"即皮影戏的文学剧本。昌黎皮影戏的传统剧目十分丰富，从其内容来看，多为宣扬仁义礼智信、忠君爱国、忠孝节义等正面题材的历史演义和民间传说。一般每唱完一本影卷需两三个小时，大套的连台戏则常常要唱一两个月才能完成。[③]

冀东皮影戏最为兴盛的时期是清末至20世纪60年代，昌黎县是冀东皮影戏的高手云集之地。那时昌黎观众对影戏的喜好达到极为热烈的程度，只要有村子演唱影戏，附近一二十里的乡亲都会赶去看热闹，演出场地车水马龙，观者如潮。[④] 不论是逢年过节还是农闲时候，老百姓都会请影戏班子来村子表演，以此为乐。张向东老先生说："以前在农村，老百姓最爱看皮影了……那影戏一唱起来，邻村的一听就知道——'啊！那是影！'"[⑤] 然而，曾经广受欢迎的皮影戏，如今却渐渐淡出人们的生活。现代化的迅速发展虽然带来生活的便利与演出手段的多样化，但是各种新事物也快速进入人们的生活，尤其是电影、电视、网络手机等现代传媒的普及，改变了人们的娱乐与交流方式。而伴随着经济的发展，

---

① 茹子晏：《昌黎皮影戏价值点、价值量、存续环境与保护要点研究》，《大众文艺》2015年第6期。

② 杨志芳、高宏蕊、王玲：《唐山皮影跨文化传播策略探析》，《廊坊师范学院学报》（社会科学版）2017年第1期。

③ 高永荣：《河北省冀东昌黎皮影戏的传承研究》，硕士学位论文，西北民族大学，2014年，第30页。

④ 魏力群：《昌黎皮影戏》，中国戏剧出版社2014年版，第11页。

⑤ 访谈对象：张向东，小学文化，71岁，昌黎"向东皮影剧团"团长；访谈人：孙佳丰；访谈时间：2018年9月22日；访谈地点：昌黎县张向东家。

喧闹的城市向宁静的乡村蔓延，楼房取代了田野。在新的文化环境与生活环境中，皮影戏逐渐失去了其原有的观众群体以及与之相联系的表演空间。目前，"向东皮影剧团"是昌黎县保存下来的唯一一个具有演出能力的皮影剧团。它是由昌黎县交通局退休干部、昌黎皮影戏国家级代表性传承人张向东于2001年组建的。该剧团目前主要在国内外的文化展演、文化交流等活动中进行宣传、表演和教学。"向东皮影剧团"集结了鲁绍民、杨金波等著名皮影戏艺术家，但这些技艺精湛的老一代传承人的年龄不断增大、新一代传承人的技艺又尚未成形、中坚力量的缺失断层造成了传承结构的不稳定。

二　昌黎皮影戏的发展困境与创新探索

表演类非物质文化遗产受社会环境因素影响大。当前商业化裹挟着工业化和城镇化席卷转型期中国社会的每一个角落，导致非物质文化传承面临一种多元而立体的特殊语境。① 在这种语境下，昌黎皮影戏正面临前所未有的传承困境，也在进行积极的生存探索。

从当前的发展状况来看，昌黎皮影戏在演唱念白、剧目编写、影人制作、音乐伴奏和皮影操纵五个方面的传承与发展情况不尽相同，既有困境也在探索发展。其中，唱腔是最能够突出昌黎皮影戏地方特色的表演元素，却也是限制其传播与传承的最主要因素。昌黎皮影戏是以唱功见长的表演艺术，但以"老奤话"语调为基础的影戏唱腔，冀东地区以外的人是很难听明白的。观众听不懂唱词，自然也就不能理解剧目的表演内容。为解决这一问题，"向东皮影剧团"在冀东以外的地区进行演出时，虽然仍以传统的影台作为表演舞台，但将剧本中的唱词以幻灯的形式展示在影幕上。这样既保留了昌黎皮影戏表演的"原汁原味"，又照顾了不同语言背景观众的欣赏体验。然而，昌黎皮影戏唱腔在传承方面的问题却不易解决。杨金波先生坦言："（昌黎皮影戏）现在在演唱方面太薄弱了。……演唱得需要他（学习者）嗓子先天条件一定要好，还得下

---

① 黄龙光：《当前非物质文化遗产传承的三条路径》，《思想战线》2017年第1期。

好多苦功夫。"① 昌黎皮影戏艺人不仅需要有一副音域宽、音色佳的好嗓子，还要用抑扬顿挫的咬字去刻画人物，这不是一般人能够轻易掌握的。而且，对"老奤话"这一方言的陌生感不仅仅是对非冀东地区的人而言的，即便是冀东地区长大的年轻人，在普通话教育普及的当下，也渐渐失去了讲、听"老奤话"的能力与兴趣。因此，昌黎皮影戏在演唱方面的退化最为严重。

昌黎皮影在剧目编写与更新方面也面临难题。一方面，现在仍在使用的影卷主要是明末至清末之间的作品，是由晚清时代、民国时代以及中华人民共和国成立前后的皮影艺人抄录流传下来的。其中影响较大、流传较广的有《双失婚》《金石缘》《镇冤塔》《五锋会》《二度梅》《珠宝钗》《青云剑》《三贤传》，这些都是多年来脍炙人口的影卷。② 这些脱胎于演艺故事与民间传说的剧目在传统社会中曾广受欢迎，但冗长的剧情以及对传统礼教的宣扬却未必适合当代人的审美需求，程式化的剧情也会造成观众的审美疲劳。为适应当代人快节奏的生活，"向东皮影剧团"在皮影戏的展演中，选取影卷中最为"精彩"的段落进行表演。所谓"精彩"的段落，即在短时间的剧目情节中，既包含唱、念、做、打等诸多表演元素，同时又能有机会展现灯光布景特技。2007 年，为迎接中国"文化遗产日"，"向东皮影剧团"在中国国家博物馆以每场 10 分钟、一天演出 6 场的方式表演《火焰山》《穆桂英招亲》等代表性剧目，37 天共展演 197 场，其有趣的情节与变幻莫测的操纵吸引了许多观众，反响强烈。但是选取"精彩"段落进行表演的方式并不是解决剧目革新问题的根本方法。目前昌黎皮影戏剧本编写方面存在的最大问题就是剧作家的缺失。张向东老先生无奈地表示，曾经专门编写剧本的人已经随着时代消逝了，寻找具有文化基础的新编写者又太难。皮影艺人大多只能对传统剧目的表现方面稍作改动，但却不具有编写剧本的文化水平和能力。③

相比之下，昌黎皮影在影人制作、音乐伴奏和皮影操纵三方面的传

---

① 访谈对象：杨金波，48 岁，皮影雕刻艺术家；访谈人：李洁；访谈时间：2018 年 9 月 2 日；访谈地点：昌黎县文化馆。
② 魏力群：《昌黎皮影戏》，中国戏剧出版社 2014 年版，第 117 页。
③ 访谈对象：张向东，小学文化，71 岁，昌黎"向东皮影剧团"团长；访谈人：孙佳丰；访谈时间：2018 年 9 月 22 日；访谈地点：昌黎县张向东家。

承发展状况则比较乐观。以往影人的制作主要是为演出服务的，如今，昌黎皮影的影人则在表演类基础上衍生出工艺收藏类。工艺收藏类影人同表演类影人在造型特点上是一致的，只有在做工的细腻程度上显出差别。一般来说，表演类影人的做工不及收藏类影人细腻，因为其用途主要在于表演，以驴皮、牛皮等制作的影人虽然具有一定的韧性，但过多的雕镂会使影人脆弱易损。收藏类的影人则大多被装裱悬挂，所以不必因其实用性考虑而减少刀口。这类工艺收藏性质的影人，根据档次，价格为几百元至上千元。昌黎皮影雕镂精美、地方特色鲜明，尤其在近年传统手工艺复兴的背景下，工艺收藏类皮影的形成为昌黎皮影制作发展提供了新的契机。由于皮影雕刻技术与许多民间传统雕刻工艺是相通的，因此，昌黎皮影的阴雕阳镂、上色上油、人影装订、旧影翻新等技艺也都得到较好的传承。近年来，随着当地旅游业的发展，昌黎皮影人与文化创意产品结合在一起，用机器制作出相较于工艺收藏类影人在价格方面更为低廉的旅游纪念品，其价格在几十元至上百元之间，销路良好。

　　昌黎皮影戏的乐队也得到了较好的传承。昌黎皮影戏的曲牌大多来自对民歌、歌舞、戏曲、说唱、器乐等民间音乐的借用，[①] 因此，掌握乐器使用与演奏曲调技能的艺人不仅能给皮影戏配乐，还能给其他表演和剧种配乐，这类具有"通用性"的技艺在当代有比较广泛的传承机会。但是，在十人左右的影戏班中，乐队就要占三四人，在外出演出时队伍庞大，开销也大。"向东皮影剧团"在近年来的全国性展演活动中，采用了录音配乐的方法，即将乐队的伴奏事先录制好，在演出时用播放的录音进行伴奏，以替代乐队的现场演奏。这种做法有利也有弊：一方面，利用现代数字记录与传播手段可以使演出更为便捷，且从一般观众的角度看，其与现场演奏效果差别并不大；另一方面，这种方式在一定程度上破坏了表演的整体性。对于这一问题，不同的观众也持有不同的看法。冀东皮影戏的老戏迷田大娘说："还是现场伴奏的好听，有味道。录音（伴奏）的也行，只是（我）心里觉着别扭。"[②] 而影戏的新观众刘同学

---

　　① 魏力群：《昌黎皮影戏》，中国戏剧出版社2014年版，第134页。
　　② 访谈对象：田大娘，小学文化，62岁，家庭主妇；访谈人：孙佳丰；访谈时间：2018年9月23日；访谈地点：昌黎县东山公园。

却说：" 对我来说（录音伴奏和现场演奏）都一样的呀，我听着差不多，反正我主要就是看（皮影的动作）。"① 不同年龄段的人对皮影戏表演有不同的要求与期待。

皮影的操纵表演虽然需要很高的技术，但是它对于年青一代的传承人来说还是能够掌握的。手指灵活、反应灵敏的年轻人只要掌握人物表现的基本要领，多加练习就可以培养出很好的操纵技术。但目前皮影的操纵与表现还是趋于程式化的，其技术与效果没有得到很好的突破与创新。

三　文化传播视域下昌黎皮影戏的发展策略探讨

表演类民间艺术通过文化传播实现其功能与影响。传播是普遍存在于人类社会中的一种信息流动与共享过程，是信息交流的主体凭借某种渠道、手段有意识或者无意识地把某种符号所蕴含的信息传递给受众，从而实现信息的交流和共享。② 千百年来，"以声感人，以动传情"的昌黎皮影戏，一直是以技艺为依托，通过皮影艺人的演唱与实物表演，将文学脚本中的信息直接诉诸人的听觉、视觉，使观众获得审美享受的表演艺术。从传播的角度来看，昌黎皮影戏的表演，就是一个信息传递、文化传播的过程。而传播也正是保证表演类非物质文化遗产代代相传的重要机制。因此，在以传承为目的的非物质文化遗产保护工作中，应当以传播为措施和手段，发挥其在保护昌黎皮影艺术中的关键作用。然而，现代艺术与技术的发展，使人们对表演艺术的审美趣味与审美期待都发生了变化。因此，要使昌黎皮影艺术更好地传播，就要从受众的角度出发，思考在当下这一快节奏文化和视觉文化发展的时代，皮影戏观众的审美需求与方式，利用文化传播的背景与手段，更新其表演内容、创新

---

① 访谈对象：刘明，高中文化，21 岁，秦皇岛职业技术学院学生；访谈人：孙佳丰；访谈时间：2018 年 9 月 25 日；访谈地点：北戴河区中海滩。
② 韩晓：《传播学视角下民俗文化国际传播体系建构及译者主体性》，《牡丹江大学学报》2018 年第 9 期。

其表现形式、拓宽其传播路径、创造其传播场域，以保持其持久的生命力。

（一）创新传播主体，更新表演内容与形式

要使昌黎皮影戏长期生存下去，就必须使其回到人们的生活当中，让人们能够接受它、欣赏它。据张向东老先生讲述，剧团有一次在北京演出，而在几出传统剧目表演结束后，一个五六岁大的小女孩跑过来哭丧着脸对他说："爷爷，这个'动画片'不好看。"① 这句话引起了张老先生对于皮影戏表演内容与形式方面的一些反思：儿童是最有好奇心的，但对于看过现代动画片的他们来说，皮影这种传统的"动画片"已经不再新鲜、不再有趣。况且，年幼的儿童尚能够将皮影表演直接类比于电视动画，更何况是见识更广、思维更成熟、对事物"见怪不怪"的青年人和成年人呢。所以，想要使皮影戏被观众们接受、欣赏，就需要使其表演内容和表现形式更符合当代观众的文化心理。

昌黎皮影戏的传统剧目大多是曾经脍炙人口的民间传说故事，在传统社会表演时往往能够引起观众的共鸣。但是，这些故事却未必能够引起当代观众的兴趣与认同。皮影戏的剧目题材应结合时代，进行及时更新。皮影戏剧目作家群的消失使其内容创造艰难，但是，皮影戏剧本故事却可以直接借鉴于多种文学与影视作品。神话剧、仙侠剧及武侠片等具有奇幻性情节的作品皆适合改编用于皮影戏表演。近年来备受观众欢迎的《捉妖记》《大鱼海棠》《大圣归来》《画皮》《寻龙诀》《龙门飞甲》等影视作品都能够为皮影戏剧本的编写提供很好的素材。一方面，这些作品本来就是对中国传统神话故事的改编创作，具有一定的文化内涵与观众基础；另一方面，这些作品中个性鲜明的人物、曲折跌宕的情节、神秘奇幻的环境，能够发挥出皮影戏在表现人物夸张动作、场景风云变幻方面的优势，这是其他剧种所达不到的。虽然皮影表演难以企及影视作品的画面效果，但这种尝试能够激励本就传承较好的皮影操纵技术进行更好的发展与创新。

---

① 访谈对象：张向东，小学文化，71 岁，昌黎"向东皮影剧团"团长；访谈人：孙佳丰；访谈时间：2018 年 9 月 22 日；访谈地点：昌黎县张向东家。

皮影戏是视觉与听觉相结合的艺术，为配合新的表演内容，在影人形象、伴奏配乐等表现形式方面也要进行创新。昌黎皮影戏的影人具有造型结构严谨、雕镂精细等特点，但却略显僵化；《狼牙山五壮士》等表现近代历史故事的皮影戏，影人的造型又远不及传统皮影戏的影人制作精细。其实，传统影人形象的工艺造型，完全可以在保留雕刻等核心技艺的前提下进行大胆的创新，重新设计出不同文化与时代背景中的、具有不同性格特征的影人角色，在服装、发型、五官等方面进行创造性尝试。对动画类影视剧中原有的动画人物形象进行艺术加工，也不失为一种好的方式。我们现在所见的昌黎皮影造型，大多也是借鉴和吸收了同时代民间剪纸、雕塑、壁画、戏剧脸谱和服饰等造型的艺术特征而形成的，所以对人物原有形象的借用、加工并非"抄袭""取巧"，而是从受众的文化背景和审美趣味中寻找传统与现代的衔接点。但需要注意的是，影人的创新决不能破坏"皮"与"影"的艺术本真。在冀东一带的皮影戏表演中，一些剧团为了增强演出效果，将影人的制作材料换为木板，再在上面直接以荧光颜料进行绘制。表演时更是取消传统皮影的影窗，直接以黑幕为背景。这种表演方法虽然能够产生很生动的视觉效果，但其表演中既无"皮"又无"影"，彻底改变了皮影艺术的本质，这是不可取的。昌黎皮影戏的配乐也可在保持其传统性的基础上进行创新。为增强表演的生动性、趣味性，可在剧情的发展中加入流行音乐、西方音乐等作为背景音。2012年，"向东皮影剧团"在国际木偶节上表演传统剧目《火焰山》时，极富创意地将《西班牙斗牛曲》作为孙悟空智斗牛魔王这一情节的配乐，音乐响起时引得国内外观众一片欢呼、掌声连连。可见，这种创新的形式是能被观众接受并受到欢迎的。

（二）拓宽传播路径，创造传播场域

虽然昌黎皮影戏是典型的地方戏剧种，但其发展却不能局限在昌黎以及冀东一带，而需要探索更广阔的传播途径。近年来，中国政府对于皮影艺术的重视与扶植为昌黎皮影戏在国内外的传播提供了许多重要的机会。2005年的国际皮影艺术节、2006年开始的"文化遗产日"、2008年中韩文化交流活动、2009年的"影中戏——中国美术馆藏皮影艺术珍品展"活动以及2012年的"皮影木偶嘉年华"活动等，都为昌黎皮影戏

提供了重要的传播平台。"向东皮影剧团"就是凭借在这些活动中的出色表现，影响越来越大，从而使昌黎皮影艺术呈现出较好的发展前景。昌黎皮影也应当抓住时机，既在展演交流活动中展现其独特魅力，同时又吸取其他表演团队的优秀经验，不断进行自身的完善与发展。同时，现代数字传媒技术为传统技艺提供了便捷的传播途径，如果通过电视、电影以及网络媒体、手机媒体等手段，将皮影戏艺术以民众喜闻乐见的形式进行传播，其影响范围会大大扩展。在传承人老龄化、表演人员不足的情况下，现代数字传媒技术能够起到一定程度的替代作用，协助增强民间文化的传播与扩布，加大其影响力。

此外，昌黎皮影还可以通过"文化创意产业化"的方式进行传播。皮影制作与当地旅游产业相结合，生产作为旅游纪念品的影人，是将传统皮影文化融入市场经济的很好尝试，但可惜还没有形成产业化的发展模式。而且，旅游纪念品的销量会受到季节、政策等多方面因素的影响。或许，皮影除了作为收藏品和纪念品外，还可以融入玩具市场。利用其工艺特征和可操纵的特性，用纸板、塑料等材料制成影人半成品，推出手工组装式、绘制式和雕刻式，或直接操纵式的玩具产品。这样不仅可以拓宽其传播途径，又能潜移默化地培养儿童对它的兴趣，从而培养潜在的新一代皮影戏从业者和观众。

昌黎皮影艺术除了以现场演出、影像视频和道具实物的形式进行传播外，还可以通过当地民俗博物馆扩展其传播场域。民俗博物馆是应该有效利用的皮影艺术承载空间，它不仅可以将皮影表演的相关物品和信息以实物和数字档案的形式保存和展陈，还可以通过定期演出、讲座教育等方式，为观众提供常态化视觉与听觉体验。皮影戏对表演环境的要求较高，因为它要利用灯光照射和人物剪影来进行表演，白天不适于在户外演出。博物馆由于相对良好的建筑格局，可以为皮影戏提供理想的表演场地，形成具有地方特色的传承基地和相对固定的表演场所。目前，张向东老先生已向昌黎县文化局申请，计划在当地建一个以昌黎皮影为主题的博物馆，皮影演出场地是博物馆设计的组成部分。按照计划，博物馆将展示皮影作品、影人制作工艺、影戏道具、皮影戏演出过程，以及视频资料与照片等。这不仅能够加强当地民众对皮影戏的认识与认同，能更与当地旅游业相结合，有效地将其信息传递给外地游客，增强其影响力。

结　语

皮影戏是在文化传播、民俗传承视域下生存沿袭的一种民间表演艺术。正如文化人类学家莱斯特·怀特所言："文化是一个连续统一体，是一系列事件的流程，是一个时代纵向地传递到另一个时代，并且横向地从一个种族或地域播化到另一个种族或地域。"① 现代化的发展是皮影戏等表演类非物质文化遗产传承困难的根本原因，但其传承困难这一问题的关键不在于时代发展本身，而在于传统艺术的发展跟不上时代前进的步伐。我们应当认识到，当代文化环境的改变、新技术手段的出现以及观众审美趣味的转变，在对表演类非遗项目造成冲击的同时，也为其在当代的发展提供了更多的可能性。现代化传播手段虽然使民间表演艺术面临前所未有的挑战，但它亦能打破其传承与传播的时间与空间限制，增强感染力与创造力，重新唤起当代人对皮影戏的关注与热情。

昌黎皮影戏在当代的发展经验与问题对我国表演类非遗项目的保护与发展是具有借鉴意义的。在以往的非物质文化遗产保护工作中，坚持"本真性"与"原生性"是表演类非遗项目保护工作所强调的重点。然而，面对这些鲜活的、面向观众的表演艺术，若只固守传统却不变通、只局限于技艺传承却不放眼于文化传播，就必然会导致其与社会发展相脱节，与民众的现实生活渐行渐远。因此，在传统表演艺术的传承与传播的过程中，应当坚守传统，更应当顺应潮流。既要重视传统表演艺术的"本真性"与"原生性"，又要保持其"活态性"，尊重其"流变性"。

对于任何一项表演类非物质文化遗产来说，其在当代的传承都意味着"适者生存"。传统表演艺术以完全"传统"的方式活跃在当代以及未来民众的生活中是不可能的。即便是在非物质文化遗产保护运动蓬勃发展的今天，传统表演艺术的存在、变化或消亡也依然是由社会时代环境所决定的。抢救式的记录保存、政府资金的投入以及法律政策的支持，虽然能够对传统表演艺术起到有效的保护作用，但仅仅停留在"保护"

---

① [美] 莱斯特·怀特：《文化的科学》，沈原等译，山东人民出版社1998年版，第34页。

层面的表演艺术会逐渐脱离民众，逐渐失去其发展的生命力。所以，要使表演类非物质文化遗产在新的时代能够继续生存与发展，就要在演出内容和形式上顺应当代观众的审美趣味，在传播途径与方式上依靠现代技术与媒介并紧跟市场经济的步伐。对于不同的表演类非物质文化遗产，我们还需投入更多的精力，需要在不断地探索与反思中寻找与其相适应的更加合理的发展模式，使它们在新的时代中成为我们文化自信建设的组成部分，永葆生机。

论非物质文化遗产在现代社会中的应用

——以"绍剧"为例[*]

陈志勤

摘　要：在现代社会中，我们不可避免地会利用传统文化、民俗文化和非物质文化遗产。与其争论这种利用本身的是是非非，不如更切实地探讨如何"以更好的方法和目的利用这些民俗文化资源"。就非物质文化遗产而言，需要我们不断调查和挖掘其各具特色的文化内涵，对那些适应于现代社会的理念和方法加以积极而有效的运用。这里的"用"，也许可以称为"应用"而非"利用"，它是民俗学研究应用于现代社会的一种实践。

关键词：非物质文化遗产　有效利用　绍剧　自然资源管理

一　非物质文化遗产的保护、利用和应用

非物质文化遗产是一种"动态"的存在，我们不应该对它进行收藏式的保护，虽然在地方上的具体操作中还存在着类似的现象，但这一观点在学术上应该被视为共识。从承认非物质文化遗产其本身是一种活态的存在的角度，从认识到非物质文化遗产与人们生活之间的关系的角度，这都是不难理解的。对于如何保护非物质文化遗产、如何看待保护和利

---

[*] 本文曾刊于《文化遗产》2009 年第 2 期。收入本书时，文字略有改动。

用的关系等一些问题，是现阶段正在探讨的一个重要课题。我们可以从以下两个侧面来思考保护和利用的关系。从理论上来理解，对一项非物质文化遗产进行收集、申报、评定的工作，具体说可以下至地方管理部门和文化人士所进行的内容和形式的确定，上至国家主管部门和专家学者对其文化价值的认定等，其实都是对文化的一种选择过程，都已经对非物质文化遗产有了新的诠释、新的创造，也就是说非物质文化遗产已经处于一种被利用的状态。从实际操作来说，无论是为了弘扬一个国家一个民族的传统、精神，还是为了促进一个地区一个村落的经济、旅游等，围绕非物质文化遗产保护活动都或多或少带着一种利用的目的。无论我们承不承认，民俗文化的被利用、非物质文化遗产的被利用已是一种不可避免的现象，保护总是和利用分不开的，保护的实践中蕴含了利用，而利用的过程也成为一种保护，保护和利用没有先后之分。我们与其争论这种利用其本身的是是非非，不如更切实地探讨如何"以更好的方法和目的利用民俗文化资源"。①

欧美和日本的很多研究已经表明传统文化、民俗文化的被利用，最为明显的大都表现在国家整合和旅游开发这两个方面，所以这也是他们在探讨传统、民俗被创造被利用时关注的两个主要领域。如日本民俗学教授岩本通弥所编的《ふるさと資源化と民俗学》论文集，② 基本上就是围绕这两个领域而展开的研究，一是通过对现代日本文化政策的发展和变化的探讨，分析"故乡"是如何作为国家的政治资源被使用的；二是通过对"故乡"的传统文化、民俗文化作为旅游资源被利用的现象和过程的探讨，分析这种事实对当地的经济发展和人民生活带来的影响。可见，这方面的研究已发展到文化资源化问题的探讨。

日本的文化资源学会对"文化资源"是这样进行定义的："是理解一定时代的社会与文化之线索的珍贵资料总体，我们称之为文化资料体。文化资料体包括没有被博物馆和资料库收藏的建筑物、城市景观，以及

---

① ［日］菅丰：《文化遗产·文化资源的政策与民俗学》，载王恬编《古村落的沉思》［中国古村落保护（西塘）国际高峰论坛论文集］，上海辞书出版社2007年版，第173—174页。
② ［日］岩本通弥编：《ふるさと資源化と民俗学》，吉川弘文馆2007年版。

传统的艺能、仪式等有形无形的存在。"[1] 日本人类学教授山下晋司则在其编的《資源化する文化》论文集[2]"序"中引用了这个定义，这本论文集其主要宗旨是试图阐明在地方、国家等各种各样的语境中所生成的文化资源化现象。香港中文大学人类学教授麦高登（Gordon Mathews）曾指出引起文化的资源化的两个基本语境：一是"国家"，二是"市场"，[3]而山下晋司在《資源化する文化》的"序"中又加上了一个"日常的文化实践"（家庭、工作单位、学校、地域社会等），认为它是"国家"和"市场"之外的另一个语境。这些都说明了"文化是如何被利用、文化是如何被建构的"等，这些蒙着厚厚面纱的问题正在被不断地揭开，也说明了有关传统文化、民俗文化、非物质文化遗产被利用的问题在文化资源化研究领域已经得到了深入地探讨。

有关文化资源化的研究给我们带来一个启示，即从无意识地利用文化到有意识地对文化进行利用的转向。特别是有很多传统性的理念、民俗性的方法，作为当地人民生产生活中的一部分，进行有意识地积极地为今所用是应该关注的课题，而这个"用"也许可以称为"应用"而不是"利用"，这也是民俗学研究应用于现代社会的一种实践。比如本文要论述的传统自然管理的理念和方法，不仅在中华人民共和国成立前发挥过作用，也曾经在中华人民共和国成立后产生过效果，就是对现代社会解决环境问题也有所启示，这样的理念和方法我们都可以在实际操作中加以应用。

现在，在有关非物质文化遗产的保护和利用的探讨中，深入挖掘文化内涵是一个迫切的课题。迄今在这个领域提到"文化内涵"的可能有两个方面的意义。一是就非物质文化遗产保护这项事业而言，对非物质文化遗产我们所理解的文化内涵，随着这项事业的不断深入和多方面实践，就不一定是现在所规定的几项内容所能涵盖，有可能得到进一步的扩展和延伸，不仅仅是艺术的、文学的等给人以美感的内容，还应该有

---

[1] 日本·文化资源学会，http://www.l.u-tokyo.ac.jp/CR/acr/index.html。
[2] ［日］山下晋司：《資源化する文化》，《資源人類学·02》，弘文堂2007年版。
[3] Mathews Gordon, *Global Culture/Individual Identity: Searching for Home in the Cultural Supermarket*, London: Routledge, 2000.

更多地反映人们生活和生产的切实内容,真正地体现文化的多样性。二是就某一项具体的非物质文化遗产而言,我们需要深入挖掘其丰富的文化内涵,不仅仅是为了地方文化展示或者旅游经济发展,更主要的目的在于体现这项非物质文化遗产所具有的全貌,反映当地人民在这片土地上生活生产的全景。我们可以从具体的一项非物质文化遗产其本身,来提炼一些对国家、民族、现代社会都有意义的文化内涵,但比之这些放之四海皆准的意义,更重要的还是要调查和挖掘那些具有地方性特色的,与传承人、传承环境相关联的丰富内容,而这样的调查和挖掘,无论在非物质文化遗产评定前后都需要我们不断地坚持,本文也试图在这个意义上提供一个具体的事例。

二 社戏、罚戏与绍剧

社戏的"社"在古代原指的是土地神,祭祀社神的日子为"社日",在社日以酒肉供神以歌舞献祭,进行与祭祀社稷神有关的活动。而社日演戏在绍兴自古就有,可以绍兴人南宋陆游的"社日"诗为证,其中有"太平处处是优场,社日儿童喜欲狂"之句。而后以祭社活动为中心在民间逐渐形成了社会组织,这种社会组织也叫作"社",也就出现了以"社"命名的乡村和地域组织,绍兴至今还有以"阮社""谷社"称呼的地名。陆游在《稽山行》有"空巷看竞渡,倒社观戏场"的诗句,这里的"社"已指一种乡村组织了。在陆游的诗句里,我们也可以窥知当时在绍兴的"社"中演戏之盛况。但绍兴的社戏为人所广知,还要得益于鲁迅的《社戏》一文。《社戏》是鲁迅1922年在北京生活期间创作的,回忆少年时代在绍兴外婆家看戏的情形,但当时的社戏已经不仅仅是与祭祀五土之神的社神有关的了,更多的是在关帝、包公、龙王、火神、五猖、城隍等这些地方神的祭祀活动中所演出的戏,所谓在举行庙会时上演的戏即庙会戏。鲁迅在《女吊》中提到过"非普通的社戏"这个说法,《鲁迅笔下的绍兴风情》的作者认为是鲁迅把社戏分为"普通的社戏"和"非普通的社戏"两类了,并指出"普通的社戏"指为祭神或供神位而演的戏,是演给神看的,多是绍班演出,但也有徽班和京班;而"非普通的社戏"是指大戏和目连戏,是演给鬼看的,其中大戏有专业戏班演出,也大多是绍班,早期也有过徽班和京班,而目连戏则是一些业余戏班的演出。① 这里的"绍班"即"绍兴大班",就是现在的"绍剧"。

　　社戏之传统不仅在绍兴,在浙江其他地区以及江苏、安徽、福建都有传承。因为地方不同演戏的种类和内容也就不一样,但大多是各地的地方戏,在绍兴就是以绍剧为主了。据《绍兴市志》② 介绍,"绍剧,即绍兴乱弹,俗称绍兴大班,兴起于清康熙、乾隆年间""剧作内容多为忠奸争斗、征战杀伐之事""1950 年定名绍剧,流行于绍兴、宁波、杭州、嘉兴、湖州及上海一带"。③ 绍剧在初期,"演员以坐唱形式上演,一人兼唱多行脚色,并以大锣、大鼓、铙钹等伴奏,广受喜爱。至清乾隆年间,绍剧一度走出越地故土,传唱遍浙北、苏南,盛极一时"。④ 但在解放初期,在绍兴只剩下四个绍剧团,已经濒临危机,后在当地文化部门和老艺人的努力下才得以幸存下来。⑤ 在新中国这个剧种得到了很大的发展,浙江绍剧团的主页上做了以下的介绍:"绍剧是浙江三大剧种之一,已有300 多年历史,拥有 400 多个剧目。绍剧以高亢激越的唱腔、粗犷朴实的音乐、豪放洒脱的表演和文武兼备等特点形成了自己独特的艺术风格,特别是悟空戏独树一帜,达到了较高的艺术水平。"⑥ 悟空戏指的是由浙江绍剧团在 1961 年排演的《孙悟空三打白骨精》,后由上海天马电影制片厂将该剧拍成彩色电影,为绍剧的发展谱写了新的一页。现在,在非物质文化遗产保护的活动中,"绍剧"继入选市级、省级的非物质文化遗产名录之后,由绍兴市提出国家级非遗申请,于 2008 年 6 月被列入第二批国家级非物质文化遗产名录。

　　"全国文化信息资源共享工程·艺术知识"网页中介绍绍剧时,有如下的一段话:早期绍剧,主要流动演出于水乡农村,多为"社戏"性质。农历正月演"灯头戏"、二月演"酬神戏"、三月演"青苗戏",四月开始农村庙会不断,迎神赛会,经常演戏。至七月中元节,到处盛演"祭

---

① 裘士雄等:《鲁迅笔下的绍兴风情》,浙江教育出版社 1985 年版,第 33—38 页。
② 卷三十六"戏曲曲艺"第二章"绍剧"。
③ 任桂全等:《绍兴市志》,浙江人民出版社 1995 年版。
④ 高王忠:《越地文化之奇葩:绍剧》,《浙江档案》2008 年第 8 期,第 29 页。
⑤ 洪春台:《为绍剧呼吁》,《中国戏剧》1956 年第 11 期,第 6 页。
⑥ 浙江绍剧团,http://www.shaoju.net/index2.htm。

鬼戏"（在整本戏中插入目连戏折子，叫作"平安大戏"）。之后，主要演出"祠堂戏"：有调解两村相争的"和事戏"，对盗伐山林者而设的"罚款戏"，商贾在外埠发迹的"还愿戏"，富户豪门添丁、做寿的"庆贺戏"，以及村镇间轮流值年的"年规戏"等。[1] 其实绍剧除了主要流动演出于水乡农村以外，直到解放初在绍兴山区也会经常演出庙会戏，下面将要介绍的就是绍兴南部山区的事例。这里所说的"祠堂戏"的"罚款戏"，在具有社戏传统的地方以及一些历史文献中一般被称为"罚戏"，这里说的是对盗伐山林者的惩罚，在当地其实还具有较为宽泛的意义，比如"有人做了坏事罚一台戏"，[2] 在本文中这种"罚戏"除了山林以外，还涉及水域、水产等其他自然资源。

以研究祭祀戏剧闻名的日本学者田仲一成教授认为明清时期的社戏中已经有一种具有惩罚意义的"罚戏"，他是这样解释"罚戏"的："村落为了确保和维持自己再生产的基础，把村人召集在社庙里，协定禁止侵害山林、沼泽、湖水等的规约……这时，为了酬神，多以演戏以献纳。而对于违反规约者，不少是以让其演戏献纳作为惩罚。这样的演戏献纳被称为'罚戏'。"[3] 也就是说，如果有人违反有关村落自然环境以及自然资源的村规民约，作为惩罚就要让这个违反者出资请戏班演戏。下面主要是以绍兴南部山区王坛镇舜王庙周围一带为例，介绍以祭祀为目的而结成的共同体利用绍剧——罚戏，进行传统自然资源管理的理念和方法。

三 舜王庙的罚戏、罚宴与自然资源管理

在绍兴南部山区王坛镇有一条南北流向的双江溪，中华人民共和国成立前曾是当地经上虞到上海的一条水路，双江溪西侧有一座乌龟山，山上耸立着气势颇大的舜王庙。传说在农历九月二十七日舜王生日那天，双江溪上舜皇潭的鱼类都会浮于水面，并排成行列抬头朝向舜王庙，当

---

[1]《全国文化信息资源共享工程网站·艺术知识》，http://www.ndcnc.gov.cn/datalib/2002/ArtKnowledge/DL/DL-171947。

[2] 裘士雄等：《鲁迅笔下的绍兴风情》，浙江教育出版社1985年版，第38页。

[3] ［日］田仲一成：《明清戏曲——江南宗族社会の表象》，创文社2000年版，第123页。

地人以为是鱼类对舜王的敬仰,自古以来就有在舜皇潭周围禁止捕鱼的传承。现在舜王庙中保存的一块石碑"禁潭碑",记录了在1869年重新制定舜皇潭周围禁渔规约的情形:

今立公议重禁文约、缘舜皇潭乃钟灵之地、故鱼鳖虾蟹得以类聚。前人向有禁规、盖体舜帝好生之心、去网罟除毒害、使以泳以游、咸若其性意甚美也、法甚良也。厥后世道递更、人心不古、以至临水而毒鱼虾者甚众。又咸丰拾壹年间、贼匪窜扰、人民遭累、戕及物类、禁规遂以大壤。蒙舜帝保佑、幸际升平、民康物阜。倘此弊不除、无以对神圣、爰是会同各庄耆绅、于舜庙演戏置酒、公议重整禁规、并府宪出示严禁。上至老坝、下至象家潭、永行严禁。不但禁药物之毒、即打网垂钓以及鹭鹚鸟偷窃、一概禁止。庶生机鼓荡、太和翔洽、物类咸被舜恩也。如有不遵约束、仍犯禁规、一经撞获、众同攻击、呈官究治、决不徇情。为此立公议重禁文约、一式贰伯纸、每庄各执壹纸、永远存照。

同治捌年贰月□日立合社公具

从碑文的内容来看,在舜皇潭周围禁止捕鱼是自古以来的规定,虽然我们没有更多的资料判定源自什么时代,但可以知道至少在清同治年之前它已经存在了。碑文中不仅明确了禁规所涉及的水域,其范围比以前更为扩大,包括舜皇潭在内的上至老坝下至象家潭一带,同时还记载了禁规一式两百份发于各庄的事实,以告示乡人。把社会规约让大众知晓是一件很重要的事情,碑文中的"演戏置酒"都起到了乡村聚集众人的作用。在这个碑文中虽然没有直接提到罚戏的内容,但在当地流传着对违反者进行"罚戏一台""罚戏两台"的说法,并还有在舜皇潭抓鱼一条就要"罚酒席十桌"的传言。"罚酒席"在田仲一成教授的《明清戏曲——江南宗族社会的表象》中被称为"罚宴",与罚戏的性质一样,就是让违反者出资办酒席,对违犯者以惩罚和警示,同时,也起到了召集和告示乡人的作用,以便今后对违犯者进行监督。

但当地虽有"罚戏一台""罚戏两台"的说法,真正经历过的人已经没有了,至今访问到的最年长者也只经历过罚宴,是发生在20世纪30年代的事件，因为没有得到主人同意私挖邻村人的莲藕而起。事情发生以后，对方要求以罚宴谢罪，于是，通过本村村长与邻村村长取得联系，在邻村置办了四桌酒席。这位老人在回忆往事之后非常感慨地表示，这件事影响了他以后的人生，足以成为他一生的教训，从此以后就再也没有犯此类过错。以罚戏、罚宴作为惩罚手段，把这种违反行为让村人、乡人甚至社会认识，与一次性的普通惩罚手段——罚钱相比，其程度是完全不同的，其有效性也是不言而喻的。对于违反者来说具有约束一生的效果，同时也唤起当地社会对这种违反行为的警觉。

　　罚戏的形式据说是在舜王庙会上演社戏时加演一台、两台戏，罚戏要在舜王庙里的戏台加演，加演戏的经费由违反者承担。罚戏不是随时进行的，一般是上一年的罚戏在下一年的庙会期间处理。中华人民共和国成立前，在舜王庙会期间有三个地方演戏，主场戏是在舜王庙里的戏台演出，这里只准上演绍剧（当时应该称为绍兴大班），不准上演其他地方戏，其他还有双江溪村的包公殿和附近罗镇茶站的戏台演社戏，大多是演越剧为主。[①] 所以，可以认为舜王庙周围一带的罚戏，是舜王庙会期间在庙内的戏台加演的绍剧。在绍兴当地有"绍剧争天下，越剧讨老婆"的说法，如绍剧传统剧目《龙虎斗》《芦花记》等都反映了为国为民、侠义忠烈的主题，在过去的舜王庙会以及绍兴其他庙会上是经常被演出的，而《芦花记》因为表述的是闵子骞行孝的故事，其内容与歌颂舜王孝心有关，在舜王庙会上年年必演。在以前的绍兴社戏中上演的还有越剧和目连戏，现在也都是非物质文化遗产，越剧先于绍剧在2006年被列入第一批国家级非物质文化遗产名录，绍兴目连戏于2007年6月被列入浙江省第二批非物质文化遗产名录。但越剧和目连戏是否也曾作为罚戏，目前还没有资料来证实。

　　这样的"罚戏"，在中华人民共和国成立后的社会主义建设中演变成"罚电影"，在山林、河道的管理中发挥了积极的作用，罚电影一直持续到20世纪70年代中期。如绍兴南部山区为了保证幼苗成林、幼竹成丛，有禁山割草的护林公约，违者要罚电影一场。[②] 绍兴中部水乡的安昌镇在

[①] 俞日霞：《绍兴虞舜文化研究》，浙江人民出版社2006年版，第174—175页。
[②] 阮庆祥等：《绍兴风俗简志》，绍兴市、县文联编印1985年版，第164页。

爱国卫生运动开始以后，为了维护镇中心街河周围的环境，也对破坏绿化、乱倒煤屑的行为采取了罚电影的措施。当时还没有电影院或剧场，一般在空地上搭起银幕放映，违者被罚的是租用电影胶片的钱，在建了电影院或剧场以后，违者被罚的是买电影票的钱。从田仲一成教授在《明清戏曲——江南宗族社会的表象》中所收集的资料来看，可以知道明清时期的罚戏除了绍兴以外，还遍布浙江各地以及江苏、福建、安徽等地，[1] 可以说有社戏传统的华东地区，历史上都存在过这样的罚戏。罚电影也是一样，不仅在绍兴地区也遍及周围地区和省市，也许可以做这样的推测：在历史上存在过罚戏的地方，在中华人民共和国成立后都出现过罚电影。

由上述碑文可知，清同治八年（1869）舜王庙的禁渔规约是"合社公具"的，可以推测对于违反者的罚戏也是由"合社"为名来进行处理的。这个"社"是当时的一种乡村组织，在舜王庙周围就是一种祭祀舜王的组织，以前有"36 社""32 社"的说法，到民国时期只剩下"13 社"或"12 社"了。"社"比村大，几个村形成一个"社"；又比乡小，有几个"社"形成一个乡的。"社"不是一种行政组织，是跨越村与村、宗族与宗族的一种共同体，在舜王庙周围是以祭祀舜王为基础而结成的。舜王庙会就是由这些"社"的"社头"（或"社首"）组成的团体来共同管理，而每次的庙会运营是落实到各"社"，由各"社"轮流担当。由此，可以认为以舜王庙会为基础的惩罚手段——罚戏，其有效性是超越于各宗族、各村落之上的，至少可以影响到信仰舜王的绍兴南部山区，以及嵊县、诸暨、上虞等地。

田仲一成教授的研究表明，在中国江南地区的山林、土地、河川等村落的自然资源，是由宗族进行全面管理的，[2] 因为这一带大多是一村一族，但这是根据宗族内部以及村落内部的资料状况而下的结论。而本文所探讨的是超越宗族、村落之上的管理事例，因舜王庙会而结成的共同体以及以此为基础的禁规，其所具有的效力和影响力显然与宗族内部的

---

[1] ［日］田仲一成：《明清戏曲—江南宗族社会の表象》，创文社 2000 年版，第 123—155 页。

[2] ［日］田仲一成：《明清戏曲—江南宗族社会の表象》，创文社 2000 年版，第 123 页。

情况是不同的。在超越宗族和村落以对更多的人群、更广泛的区域发挥管理效能的时候，必须要具备对这些人群和区域产生影响力的手段，而信仰和祭祀这种神圣的力量就具有很重要的意义。并且，为了聚集乡人以告知社会，采取具有一定社会基础的罚戏这种惩罚手段，其有效性来自传统社会的历史经验，而根植于当地社会受人喜爱的绍剧作为罚戏的剧种，就更进一步加强了广而告之、教化民众的效果。现在，自下而上的以社区为基础的环境治理、资源管理正在实践之中，这种超越血缘、地缘的传统资源管理的理念和方法，必将对以现代社区为基础的资源管理实践带来诸多启示。并且，从这种因为信仰、祭祀而结成的共同体在传统自然资源管理中所发挥作用，可以看到中国传统社会在共有资源利用和管理上的一些特质，它与日本的以村落为基础的共有资源管理有明显的区别，[①] 在日本的环境社会学、生态人类学、环境民俗学等领域有关共有资源利用和管理的探讨中也有着重要的意义。

四　非物质文化遗产在现代社会中的应用

戏剧和其他文艺形式一样来自生活服务于社会。综上所述，以信仰、祭祀而结成的共同体利用罚戏、罚宴，在传统的自然资源管理中发挥了一定的作用，起到了惩罚违反规约者和教育民众的效果，而绍剧在其中担当了重要的角色。这种适应于当地社会环境的传统性的理念、民俗性的方法，在现代社会中也具有很重要的意义。不仅仅是在解决当今社会的环境问题和资源管理上，就是广而大之在建设和谐的社会中，像这样的软社会力、软社会制度对我们都有着可操作性的实际意义。

这个例子，也将对非物质文化遗产的保护和利用产生一些启示。对于非物质文化遗产，我们还需要深入进行田野调查，揭示具有地方特色的传统理念、民俗方法，以丰富非物质文化遗产的文化内涵。并且，像这样的具有可应用性可操作性的民间传承，也为非物质文化遗产的利用开拓了一个途径，研究传统自然资源的利用和管理，其目的就是探求传

[①] 陈志勤：《中国紹興地域における自然で伝統的な管理——王壇鎮舜王廟における「罰戯」「罰宴」を中心として》，《東洋文化研究所紀要》第152册，2007年。

统社会合理的管理方法，应用于现代社会的环境治理。同时，也使我们对传统文化、民俗文化的利用有一个新的认识，从无意识的被动利用转为有意识的主动利用，也将对民俗学研究应用于现代社会有所促进。

随着非物质文化遗产保护工作的展开，对这方面的研究和探讨正步入一个新阶段。如安德明的《非物质文遗产保护：民俗学的两难选择》一文分析了有关非物质文化遗产活动的建构过程，揭示了在保护工作的诸多措施中制造新的官僚体系、话语霸权以及强调文化遗产所有权的现象；[①] 而菅丰的《关于民间文化保护的学术思考——应该保护的民间文化究竟是什么？》一文，则以非物质文化遗产评选中对有关生产方式内容的忽视为例，探讨了划定非物质文化遗产标准的难度，指出了参与文化遗产工作的研究人员将带着"先验性的框架"对文化进行选择和取舍的可能性。[②] 他们都对非物质文化遗产保护工作进行了学术反思，揭示了从上至下对非物质文化遗产的建构过程，也说明民俗学研究要面对的非物质文化遗产保护工作，并不是一个纯粹为了保护而保护的真空世界。所以，如果认真地面对非物质文化遗产被利用已是一种不可避免的现象，如果认真地探讨以更好的方法和目的有效利用非物质文化遗产的问题，也许有可能把非物质文化遗产保护的研究引向深入，并在今后的实践中付诸行动。

[①] 安德明：《非物质文遗产保护：民俗学的两难选择》，《河南社会科学》2008年第1期，第18—19页。

[②] ［日］菅丰：《关于民间文化保护的学术思考——应该保护的民间文化究竟是什么？》，载王恬编《守卫与弘扬》［第二届江南民间文化保护与发展（嘉兴海盐）论坛论文集］，大众文化出版社2008年版，第75页。

失语与言说之间

——非遗语境中池州傩的不同话语与角力[*]

李 静

摘 要： 自《保护非物质文化遗产公约》通过以来，国内外都掀起一股"非遗热"。毫不夸张地说，这股"非遗热浪"从庙堂刮到了江湖，非遗名录上报、甄选在全国范围内热烈地展开着。本文受福柯所做的知识考古研究启发，首先对安徽池州傩相关的学术作品与非遗申请的政府文件等文本进行话语形成过程、话语使用偏好的分析，了解权力关系结构在这些文本言说中的再现和生产。然后通过呈现日常生活实践中与池州傩相关的多元主体（傩艺团、公司机构、地方宗族等）分别言说傩、实践傩的过程与状态。试图勾画出非遗语境中各层级主体之间相互作用、角力之下所形成的动态而又混杂的图景，借此反思《中华人民共和国非物质文化遗产法》条例中一些模糊之处，同时反思非遗实践中乡村文化特色化的同时也存在狭义化倾向的现状。

关键词： 非物质文化遗产　池州傩　话语　权力　实践

技术主义和工具理性大行其道的当下，人们享受技术带来便利的同时也反感工具理性的日益膨胀，非物质文化遗产的兴起可被视为试图逆流而上的努力，以人文精神消解价值理性和技术精神对人的压制

---

[*] 原文刊于《民族艺术》2018年第2期。

和异化。中国文物学会会长单霁翔就指出，"文化遗产……是直接关系民生幸福指数的文化大餐"。① 中国加入《保护非物质文化遗产公约》（以下简称《非遗公约》）后，社会中有关非遗的言说与受听互动更为频繁，非遗语境也在这样联系的动态过程中逐渐生成。各行动主体都有表达自己的愿望，置放于非遗这一语境中，在互相影响与渗透中形成各种类型的言说。作为国家级非遗池州傩，是如何在不同话语之间的碰撞、互动过程中被理解、被构成？非遗的申报与管理是自上而下的权力过程，而同时非遗又是生发于地方的，这两套逻辑之间是否产生裂缝？

笔者受福柯所做的知识考古启发，对傩相关的学术研究与政府文件的话语分析，并呈现日常生活实践中多元实践主体的言说傩与失语的状态，力图整体化、立体化地呈现非遗语境中各层级主体之间相互角力的动态、混杂图景。从话语形成过程、话语限制形式等入手分析知识与权力的内在关系。虽然这样的图景是具有不稳定性、相对性和变化性的，但仍可辨析出其中复杂的权力结构关系，也能借此反思非遗保护中未尽之处。

一　非遗语境的生成

回溯非遗语境不断生成的过程，20 世纪中期联合国教科文组织（UNESCO）与其他非政府组织便逐渐开始发展"文化遗产"保护的国际协定和文本。1954 年联合国通过的《关于发生武装冲突时保护文化财产的公约》是国际上最早的相关文本，② 同年 UNESCO 又接受了关于执行考古挖掘的提议，并在接下来的几年相继推进了多项关于保护博物馆、自然景观、濒危文化财产等提议。直到 2003 年《非遗公约》的通过，非遗便开始频频出现在公众视野并引发讨论，可以说上至庙堂，下至江湖，

---

① 晓言：《守望"乡愁"——20 世纪建筑遗产委员会成立》，《人民日报》（海外版）2015 年 5 月 9 日，第 15 版。
② Janet Blake, "On Defining the Cultural Heritage", *International and Comparative Law Quarterly*, Vol. 49, No. 1, 2000, pp. 61 – 85.

"非遗"都是耳熟能详的词。

非遗语境的形成与学者们言说数量和频率的上升有着极大相关性。2003年之后,界于江湖与庙堂之间的学术圈内关于"非遗"的讨论热情也是持续高涨。举例来说,ProQuest以非遗为主题(1853年至今)的文献就有44530篇,其中自2003年《非遗公约》后这十几年间发表的文章数量是之前两百多年的三倍,中国知网有287464篇相关文献(1955年至今),其中2003年之前的文章不到200篇。通过纵向时间维度的巨大对比可以看出与《非遗公约》问世有很强的关联性,不过一定程度上与当前全球学术近些年发展也有关。

当然这个语境并不是固定、明晰的,在不同的学者对话中不断改变,仅就非遗概念这一基本的定义探讨为例便可感知一二。《非遗公约》中非遗被定义为"被各群体、团体、有时为个人视为其文化遗产的各种实践、表演、表现形式、知识和技能及其有关的工具、实物、工艺品和文化场所"(载《非遗公约》第二条)。然而非物质文化遗产(无形遗产)这个术语复杂且难以确定,一些学者对非遗公约给出的定义不甚满意。Renato Rosaldo认为非物质文化遗产是个关系性术语,只能在对比物质文化遗产情况下被理解。[1] 遗产的概念化依靠的是当前需要重铸与之切断的过去的纽带的现代化感觉。近十年来出现一种概念转变,使"非物质"这个术语正当化地定义为文化表达和实践(故事讲述、手艺、仪式等)带着普遍包容的目的以回避涉及社会阶层或劣势,这些都被认识到存在于一些术语中,像"民俗""传统",或"大众文化"等[2]。更有学者如Laurajane Smith将非物质遗产泛义化理解,她认为由于附属于遗产上的价值及其社会影响,所有的遗产都是非物质的。[3] 此外还有许多学者对非遗公约中

---

[1] Renato Rosaldo, "Evaluation of Items on Intangible Cultural Heritage", in Lourdes Arizpe and Cristina Amesua, eds. *Anthropological Perspectives on Intangible Cultural Heritage*, Heidelberg: Springer International Publishing, 2013, pp. 37 – 38.

[2] Kristin Kuutma, "Concepts and Contingencies in Heritage Politics", in Lourdes Arizpe and Cristina Amesua, eds. *Anthropological Perspectives on Intangible Cultural Heritage*, Heidelberg: Springer International Publishing, 2013, pp. 1 – 15.

[3] Laurajane Smith, *Uses of heritage*, London: Routledge, 2006.

的非遗概念表示异议（Janet Blake[①]；Yahaya Ahmad[②]；李世涛[③]；Marilena Vecco[④] 等）。

但是纵使有大批量关于非遗的研究，也有学者直率地指出虽然物质文化遗产保护工作——这个在国内的媒体和社会上搞得风风火火，但是主流学术圈并没有太在意的一个大事件。[⑤] 不过无论如何大批量的学术生产说明非遗的高关注度以及非遗研究的必要性。

笔者所选择的安徽省池州市 LJ 社区并不是一块鲜被研究者涉足的处女地，而是许多学者研究过，媒体报道过的地方，在这个过程中生产出了关于傩的言说。"熟地"的价值在于其复杂与充盈[⑥]，在这个交织各种话语的熟地，不同层级的行动者差异性地言说傩并在不同情境中呈现出失语或缺席的状态是复杂、流动的，因此这些行动者的不同状态也同时反映了他们之间的权力结构的关系。

二　文本中的言说与失语

池州傩源远流长，关于它的学术言说数见不鲜，包括历史、艺术、民俗等多元化的言说视角。在国家申遗运动中，池州傩申遗的政府文件也是颇为重要的言说类别。聚焦学者和政府产出关于池州傩的文本，研读其中的言说风格以及隐含的失语状态，了解这些文本言说对权力关系结构的再现和生产。

[①] Janet Blake, "On Defining the Cultural Heritage", *International and Comparative Law Quarterly*, Vol. 49, No. 01, 2000, pp. 61 – 85.
[②] Yahaya Ahmad, "The Scope and Definitions of Heritage: From Tangible to Intangible", *International journal of heritage studies*, Vol. 12, No. 3, May 2006, pp. 292 – 300.
[③] 李世涛：《关于"非物质文化遗产"概念的理解与规范问题》，《学习与实践》2006 年第 9 期。
[④] Marilena Vecco, "A Definition of Cultural Heritage: From the Tangible to the Intangible", *Journal of Cultural Heritage*, Vol. 11, No. 3, 2010, pp. 321 – 324.
[⑤] 高丙中、赵萱：《文化自觉的技术路径：非物质文化遗产保护的中国意义》，《中南民族大学学报》（人文社会科学版）2014 年第 3 期。
[⑥] 高丙中、李立：《用民族志方法书写非物质文化遗产——在作为知识生产的场所的村落关于写文化的对话》，《西北民族研究》2009 年第 3 期。

(一) 学术文本中有关傩的言说与失语

傩是一种历史悠久、内容丰富的文化事象。中国历史上关于傩文化的记载颇多，最早可追溯至先秦时代，《礼记》《论语》《周礼》等古籍中均有部分文字记载傩活动。一直到民国前的文本中都只是单纯以少量文字记述傩活动，而缺乏系统、深入的分析研究。民国时期学者对于傩的言说有了更全面、多样的角度，多是考据傩的起源、字形发音、仪式等（姜亮夫[1]；陈梦家[2]；予向[3]；傅芸子[4]等），仅卫聚贤是以具体的调查资料呈现湖南的傩仪[5]。在之后的三十年左右时间里，由于各方面原因，各地傩活动进行得较少，言说傩的学者寥寥无几。

20世纪80年代以来，学界关于傩的言说激增，主要是从戏曲发生学、史学、艺术审美、民俗文化等角度言说傩。并且这些傩（包括池州傩）的言说都有一个较大的学术逻辑前提，即傩是原始文化或戏曲的"活化石"，基于这个前提下从各角度分别展开对傩研究分析。似乎学者们的研究都是来源于乡土，但实际上除了傩生发于乡土的这个事实外，却罔顾乡土的背景，只有少数研究傩仪的学者对乡村背景有所观照，傩成了剥离于鲜活生活背景的纯粹研究对象。此外，这些言说中普遍缺少对"人"的关注或关怀，"人"更大程度上只被视为傩的载体。

在这些没有"乡土味""人味"的言说中，傩的实践者们处于无力的"失语"状态。虽然那些傩研究者们是通过研究各类行动者所表达的傩戏、傩仪、傩祭等具体内容而形成学术型的言说，但是当地人实际是消弭在学者的言说中，因为当地人"只会"实践而"不懂"意义。而学者所解析的傩舞含义、象征等才是唯一"正确"的，相关学术知识的大量生产不断加强这种"活化石"论调的真理化程度。

---

[1] 姜亮夫：《傩考（古代之逐疫礼俗）》，《民族杂志（上海）》1934年第7—12期。
[2] 陈梦家：《商代的神话与巫术》，《燕京学报》1936年第20期。
[3] 予向（黄宾虹）：《释傩》，《中和月刊》1940年第12期。
[4] 傅芸子：《关于撒豆追傩》，《艺文杂志》1944年第3期。
[5] 卫聚贤：《傩》，《说文月刊》1940年第1期。

（二）官方文本中的言说与受听

池州傩作为戏曲类别于 2006 年被列为第一批国家级非物质文化遗产名录，在国务院批准为国家非遗项目之前是需要经过省市等各级政府的审核。根据 2005 年国务院发布的《国家级非物质文化遗产代表作申报评定暂行办法》中规定，省、市、县各级非物质文化遗产代表作名录由同级政府批准颁布，并报上一级政府备案，国家级非遗代表作名录最终由国务院批准颁布。

池州市文化馆保存有池州傩戏的"安徽省申报第一批国家级非物质文化遗产代表作项目书"（2005 年 9 月制作）的复印本。目录中的前三项是政府类文件，分别为：池州市文化局《关于申报国家级非物质文化遗产代表作的报告》（池文字〔2005〕43 号）；池州市人民政府《关于同意推荐池州傩戏和青阳腔申报国家级非物质文化遗产代表作的批复》（池政秘〔2005〕63 号）；池州傩等活态文化遗产抢救保护工作领导小组办公室《关于池州傩戏申报国家级非物质文化遗产代表作的报告》（池傩字〔2005〕6 号）。第一份文件发文对象为"省文化厅"，发文机关署名为"池州市文化局"（盖有文化局公章），日期为二〇〇五年八月九日。文件正文共 384 个字，其中第一段 175 个字介绍了池州的文化底蕴，及池州傩戏和青阳腔急需抢救性保护传承现状，第二段 209 个字列举了从国务院到省级文化厅等各级单位所公布的文件通知，同时表明已按照申报程序呈上相关资料。接下来便是池州市人民政府的批复文件，发文对象为"市文化局"，署名为"池州市人民政府"（盖有公章），落款日期为二〇〇五年八月九日。公文主体内容共 75 字，为同意推荐池州傩和青阳腔申报国家非遗。第三方非遗领导小组办公室文件是关于池州傩戏申报非遗的报告，发文对象为"市文化局"，署名为"池州傩等活态文化遗产抢救保护工作领导小组办公室"（下简称为"保护工作领导小组办公室"）并盖有公章，落款时间为二〇〇五年七月三十日。主体分为两段，第一段 247 字介绍池州傩戏概况与急需保护的境况，第二段 210 字列举各级单位的相关通知或意见并要求文化局书面报告市人民政府并批转省人民政府。

然而在这样官方文本中存在一些"随意的"地方。其一，三份公文的排列顺序。无论从发文单位的行政级别高低，还是从以上三份公文文本的落款日期，都可以了解池州傩申遗的步骤为"保护工作领导小组办公室"向"池州市文化局"递交申遗报告，再由"池州市文化局"递交申请给"池州市人民政府"，但是这几份文书的顺序却是打乱的，并没有严格按照单位级别或发文的时间排列。其二，文件文本内容出现错字。第三份"保护工作领导小组办公室"的报告主体内容的第一段出现错字。例第一段第一行"池州傩戏……是中国仍至世界人类口传和非物质……"中"仍至"是个显然的错误。但是为何这么明显的错误却没被发文对象与发文机关发现，短短百字的内容也会出现这样低级的错误？

池州市专门负责非遗工作的原馆长LDC对于池州傩戏项目书的不严谨给出的解释是："抢救小组的文件出错是有可能的，有没有抢救小组无所谓的，当时傩申请非遗是国家非遗刚开始的时候，不规范，不知道怎么做。"抢救工作小组文件虽然在现在的申遗程序中是不需要的，但在当时没形成规范申报之时仍是重要文件，否则也不会放入申遗项目书中。没有规定的程序为何选择成立由行政领导主要组成的抢救工作小组，同时以上所提及的疏忽的背后意味又着什么？

抢救工作领导小组12名成员中，仅3名文化工作者，其他都是行政官员，领导小组组长由当时的人民政府副市长LGQ[①]担任。虽说在2006年之后的非遗申请中不需要抢救工作小组，但是全国非遗刚开始的时候，选择成立抢救工作小组及选择什么成员组成抢救工作小组，很大程度上暗含了表明非遗工作开展的自上而下属性。同时在此项目书中附有池州活态文化遗产保护工作通讯录，除了已提及的抢救工作小组外，还有池州活态文化遗产抢救保护工作联系专家。需要指出的是这些专家通常是各村的书记、支书等行政工作人员，根据笔者的田野调查，他们对傩的了解并不能与傩戏具体的行动者相比。这进一步佐证了非遗语境下权力在场。

官方文书的错字是出现在第一部分介绍池州傩戏的文化价值和发展现状中，而且在第一行就出现错字。如此简短的文件，加之错误十分明显，却被忽略了，这在一定程度上说明池州傩戏的概况介绍是不重要的。

---

① LGQ毕业于安徽一所医学院，之后也一直在从事医学方面的工作，担任过医师、卫生局局长等。

因为只要文件的言说者"保护工作领导小组办公室"和受听者"市文化局"两个单位中有一个仔细阅读了这部分内容，就不会出现这样低端的错误。而反观第二段中列举的各项通知与各级机关单位的名称完全没有错别字，各类通知的排序也是完全按照单位级别从高到低排列，很显然这部分内容的逻辑是有精心安排的。因此，细究之下就可发现言说者和受听者对第一段内容的重视程度远远低于第二部分，这并不是无意义的。实际上这里传达了两层含义：

其一，关于池州傩的介绍是形式化的，不被重视的，而接下来列举的各级政府所下达的通知或意见才是最重要的，换而言之，只要这部分言说的内容没有出错就是合格的官方文件。因为这是给上级批示的文件，受听者只被考虑为行政管理中的上级。需要强调的是行政逻辑在此申遗文本中随处可见，"池州活态文化遗产抢救保护工作联系专家"人员中，村级的专家都是村委干部，而根据笔者的调查他们不行傩，对傩的知识也了解有限。上文提及的抢救工作小组成员组成也是这样逻辑的体现。

其二，文件中的错字也从另一侧面表现了傩表述者与行动者们的失语状态。第一部分概论性介绍傩的文本中，采用了学者常用的"活化石"言说，但是上文已指出该文件正文第一部分属于形式化介绍，即使学者的言说显性地呈现在文件中，实则对于受听的对象而言是无足轻重的。因此学者的言说在官方文书中主要是起着装饰性作用。更不用说傩实践者们的缺场与失语，纵使他们是傩的实践者，在申遗文书中他们更是傩的中介，是无须提及的，这样的失语来自权力关系的遮蔽。

三　傩实践中的言说与失语

一些关于傩文化的学术型"言说"采取较为静态的分析视角，将傩抽离出人们的日常生活，忽略了傩根植的社会历史、日常生活背景，忘记了傩是实实在在"活"在人们的生活里。而对于傩文化在当前社会中的动态变化、各方行动者对傩的理解、言说等并没给予重视。

（一）池州市傩艺团：作为艺术的傩

池州市傩艺团于 2006 年，经池州市编委批准设立，与池州市黄梅戏剧团一个机制，两块牌子，因此展演傩戏或傩舞、黄梅戏的是同一套班子。但是这两块牌子实际上以黄梅戏为主。黄梅戏剧团始建于 1970 年，远早于傩艺团，根据剧团团长 WYQ 的介绍，"黄梅戏演的居多，市场条件好，傩戏一般都是出国交流演，平时不会演"。[①] 并且，在剧团网站中傩艺团只是作为黄梅戏剧团的次级目录陈列，剧团办公室内演员们的介绍也都是关于黄梅戏方面的资料。而黄梅戏剧团 55 名演员中女性占了大部分。这与一般意义上的傩戏表演禁忌相冲突，在各村的傩戏表演中，女性是被禁止参与傩戏的任何表演，即使是文场（即敲锣打鼓），甚至女性上台都是忌讳的。

傩艺团选择强调自身的艺术性以消解展演中与农村傩展演禁忌之间的紧张，WYQ 认为："农村里女的不愿搞，艺术要创新就必须有男有女，而且面具一戴也谈不上男女。"这句话可以看出 WYQ 对农村女性不能事傩原因的理解错误，他对傩的理解是"一种文物，主要是给人看"，身为傩艺团团长曾经带队出境演傩十余次却对傩知之甚少，合理的解释就是他不需要了解这些。就像他提到的艺术创新，作为艺术的傩，只需展现其舞蹈、唱腔、面具之美即可。

他们出境演出的主要为傩舞《开天辟地》《钟馗与小鬼》《圣帝登殿》《高跷马·花关索战鲍三娘》《魁星点斗》《醉胡腾》，傩戏《孟姜女·洗澡结配》《刘文龙和番记·分别》《章文显赶考》。这些傩舞傩戏都是池州市文化馆原馆长 LDC 与 WYQ 等从贵池各家的傩戏中挑选的更具艺术性的剧目、舞蹈，同时进行艺术加工，使之更具审美性。

没有演员性别的限制，加上表演上大量的艺术加工，傩艺团的"艺术创新"放大了傩的艺术性。在境外的演出中，主办方宣传时往往将已经过艺术打磨的傩戏表演等同于村里的傩戏表演。以 2015 年第 26 届澳门艺术节为例，在其官方的 Facebook 中给出的池州傩戏节目介绍中，表演团体为池州市黄梅戏剧团，并以简短的几句介绍傩戏，"又称嚎啕神戏、杂戏、地戏、南戏，通称傩戏。池州傩戏是以宗族为演出单位，以请神

[①] WYQ，池州市黄梅戏剧团团长，国家一级演员。关于 WYQ 的访谈时间：2015 年 6 月 1 日；地点：池州市黄梅戏剧团。

祭祖、驱疫祈福为目的，以戴面具表演为特征的古老仪式性艺术形式"。① 显然此言说所指涉的对象是村里的傩，然而这样的言说极易误导观众，使观众将所看到的即等同于主办方宣传的言说。因此纵使村里的傩在主办方的宣传中处于被言说的状态，却在实际的黄梅戏剧团舞台表演中沉默失语。

（二）YQ 公司：作为文化资源的傩

商人 LZG 于 2015 年 8 月成立非遗艺术团，基于非遗艺术团 12 月注册了 YQ 文化发展有限公司，此公司的主要负责人还有编剧 CYJ，有一定表演背景的 NXY、QXH，参与过一些非遗工作的 LSD 等人。此公司主要是将池州的非遗项目进行公开的商业性演出，主要扮演的是经纪人的角色，在行傩的村民与政府或其他组织之间牵线搭桥而获得利益。

在 YQ 文化公司（非遗艺术团）组织的各项对外演出或活动中，他们的言说往往以传承传统文化为包装，试图淡化其实质的商业性意图。2016 年举办的"风雅池州非遗曲目荟萃展演"的宣传资料充斥着类似于传承传统文化、非遗的言说，无论是关于 LZG 的个人小传中提及"……未及天命之年，而阅历颇深，备尝人生况味，感念生活馈赠，痛感文化之重要，遂于文化转型期转型文化，兼事于非物质文化遗产"。② 还是 LZG 的采访中的言说"整理和发掘地方优秀的历史文化，使之在传统文化传承中发扬光大……我觉得投资文化产业发展，传承池州非遗文化有着极其重要的意义"。甚至是 YQ 公司其他负责人在宣传时的论调，都大量反复使用传承并弘扬传统文化的言说话语。

傩在 YQ 公司的言说中，属于一种可被用以商业盈利的文化资源。但是这样的宣传用语一定程度上是为了迎合国家的文化政策导向及普遍的大众心理。在其公司注册的登记信息中，经营范围处填写的是"黄梅戏、傩戏、罗城民歌及其他文艺创作与表演服务，演出经纪服务，广告设计、制作、代理、发布服务，农业技术开发、推广服务，工艺品生产、销

---

① 引自 Facebook 网页上内容，https://www.facebook.com/MacaoArtsFestival。
② LZG，YQ 文化有限公司总经理，同时还经营餐饮行业。访谈资料来自该公司在 2016 年 1 月 26 日举办的"风雅池州"非遗曲目荟萃展演中所发宣传资料。

售"。这段登记于全国企业信用信息公示系统中的言说将 YQ 公司的商业性表达得直白明晰。与非遗艺术团副团长 QXH 的交谈中，她略带愤慨地说："非遗有费用的，不到农民头上，他们（指政府）都吃喝用掉……我们就是觉得这个东西好必须要传承下去，让政府给我们提供平台，让我们自己可以养活自己。"QXH 在这里把自己与村民列为同一阵营，与政府相对，但实际上他们在演出活动中通常具有主导的权力。

他们不仅可以随意指定不同村子传承人参演活动，决定表演的剧目，"我们不要（表演）时间长了，让人家一看就知道池州还有这种好东西"（QXH）。[1] 甚至也可以决定傩戏演出的部分形式。比如秋浦剧院的演出中，YQ 公司的负责人认为太和 Z 家傩戏戴半脸[2]的高腔[3]演唱形式会让观众看到老演员的脸从而影响舞台观赏效果。[4] 秋浦剧院演出排练前，NXY[5] 要求太和章的老人们戴全脸唱傩戏，因为"唱傩戏，脸子是特色。戴全脸看得清"。太和 Z 家的 ZDZ[6] 提出异议，"我们全部是高腔，戴全脸发不出声，换气不招（地方话，同'行'）"，NXY 也没有继续坚持。但是在彩排过程中，戴全脸的要求再次被负责人们提出，"舞台比较高，戴半脸就看不到脸子"（NXY），"都是老人，牙齿还漏风"（CYJ），[7] 而且他们针对戴全脸发不出声也给出了解决方案"有耳麦就可以发出来"。太和 Z 家的老人们也就没有再反驳，不过由于他们戴的脸子是文化馆提供的，并不适合戴全脸，最后协商之下，一同表演的南山 L 家傩戏会把

---

[1] QXH，女，原曲非遗艺术团（原曲文化发展有限公司）副团长，平时负责给 LZG 的餐饮公司打工，有时演出罗城民歌。

[2] 在 LJ 的各家傩戏脸子中，有戴全脸和半脸之分，全脸即用面具完全覆盖面孔，半脸即遮住面部的一半，露出嘴，以便演唱时唱腔清晰，易于听见。

[3] 属于戏曲声腔的一种，主要特点是曲调高亢激越。

[4] 不过，需要强调的是，太和 Z 家正月在村里事傩时，除了傩舞戴全脸及傩戏中庆寿一出戴半脸以外，其他都是化妆。太和 Z 家傩戏队伍在秋浦影剧院表演的《刘文龙·分别》，这出原本不戴脸子的选段，自 2005 年始作为太和 Z 家对外交流的代表节目，出外演出演员们都会戴半脸以凸显太和 Z 家傩面具的特色。

[5] NXY，女，原曲文化发展有限公司艺术总监，主修表演专业，有多场舞台演出经验，并经营过文化传媒产业。

[6] ZDZ，30 岁，在太和开办茶厂，是太和章傩戏的活跃分子，在过年期间也会参演傩戏，每次出外演出他都会与老人同行。

[7] CYJ，原曲文化发展有限公司副经理，戏曲编剧。关于 CYJ 的访谈地点：2016 年 1 月 26 日；地点：秋浦剧院。

自家的脸子①借给了他们使用（因为他们都唱刘文龙）。演出时太和 Z 老人们的高腔没法正常施展，老人们换气不畅通，演唱过程中不断停顿、调整，还被观众们嘲笑"老了不招"。演出结束后，两家参演傩戏的村民也没有领到应有的报酬，"我们为了这次的晚会花了二十万，其他演出的都没有（费用）"（QXH），对于这样的托词两家傩戏队伍也无计可施，最后只报销了餐饮和出行费用，还耽误了几天的农活。

在这整个情景中，所呈现出的只是 YQ 公司的单边言说，他们利用非遗这样的新语境使傩戏沦为文化商品，从而呈现出商业性的言说特点，一定程度上解构或重构傩。这种由经纪人主导的权力结构中，言说的只有 YQ 公司，虽然表面上舞台上表演、吟唱言说的主角是村民，但他们实际只是被操控的"演员"，处于失语状态中，无力表达自己的意图。

（三）LJ 当地人：作为"敬菩萨"的傩

无论是黄梅戏剧团还是 YQ 公司，关注的都是傩戏剧目表演，同时这也是诸多学者们所聚焦的。不过对于 LJ 居民而言，傩戏最重要的特点和作用是敬菩萨，这不仅在每年傩戏表演的时空中可明显感知，在日常生活中也有所体现。

首先在村子每年固定的表演时空，敬菩萨是占首要重要性的。以 LJ 村 L 姓为例，正月初二至初九及十五共九晚的傩戏表演，戏台上的行傩者与台下的观众都在共同构建"敬菩萨"的空间。行傩者带着脸子（面具）跳傩、唱傩都是为了敬菩萨，因此每个行傩者在傩戏开场前须沐浴并用稻草"qiu"（熏）以净身，并在戴脸子前向该脸子跪拜，戴上脸子以后不能胡乱言语。并有某位行傩者戴上脸子后胡说而倒霉或生病的事例。在傩戏表演的空间中，除了戏台上的行傩者和台下的观众，戏台的侧边（通常为面对戏台的左侧）不断有来自各村的村民朝着龙床（摆放脸子的桌子）烧香跪拜。实际上看戏的观众大多并不太懂傩戏的具体唱

---

① L 家傩戏出外演出一般不会使用自家的脸子，因为脸子被认为是神，不能随意惊动。出演都是使用文化馆仿制各家傩戏所制成的脸子，但是文化馆的脸子太大，唱戏时经常会掉下来，因此为了不影响演出，L 家内各家傩戏会商量可以把自家脸子请下来带去表演，但是前提是需要得到 L 家傩戏会长的同意。

词，加上敬菩萨时放烟花爆竹的声音几乎掩盖了戏台上的戏曲音乐，往往傩戏进行了个把小时就只剩零星的观众，敬菩萨的人却是络绎不绝。对此，村民都会说"菩萨迎来了就要敬，请神容易送神难，对他不尊重不好"（LCB），① 尊重的方式就是带上香纸马并燃放爆竹。

其次在平时的初一、十五或有事相求时，敬菩萨也是不能懈怠的。鲜有学者注意到池州傩戏在人们日常生活中的言说、实践，学界将仪式作为主要的文化表现，Michael J. Sallnow 指出，某种程度上说，人类学应为这种过度重视仪式的现象负责，因为有太多的人类学家倾向于过度关注仪式的神秘而忽视日常实践。② 同样以 L 姓为例，L 姓宗族内九个分支为一个傩神会，供一堂菩萨（即共用一套脸子）。九支按照规定的顺序从上家接龙亭（内装脸子）唱傩，在接龙亭的路途中，只要菩萨经过的家庭都会在门口烧香纸马敬菩萨。并且龙亭会停在最后唱傩的那家，待来年由下家来接，在龙亭停放的这一年内，该村的村民需要去敬菩萨，"哪家菩萨蹬位（蹲位）哪家就要去敬，不敬不行啊"（LDR）。③ 不过并不是村内的每个村民都会去敬，一般是行傩中较积极的或信傩的人敬。有时一些村民在生活中若有不顺的时候也会去敬菩萨。

从以上的叙述可以看出对于 LJ 村民来说，演傩戏本身就是敬菩萨，村民个人最需要做的也是敬菩萨。春节做田野期间，很多村民都提醒笔者去每家看傩戏最好要带上香纸马，"就像你到别人家做客要带点东西一样，毕竟是菩萨，不带点香纸马去烧烧不好"（LJ）。④ 敬菩萨的重要性还体现在一些已不唱傩戏的村子，如双龙 W 家，虽然已有八年不再唱傩戏，但是每月初一、十五仍会有村民去祠堂敬傩菩萨。

池州傩戏在官方及学者的言说中是古老的地方传统文化，是"戏曲活化石"，具有极高的学术研究价值。显然在村民的言说与实践中，敬菩萨才是更为重要的，傩戏只是敬菩萨的一部分而已。在非遗语境中，学者和行政单位的言说更具权威性，他们可以决定傩哪部分更有"价值"

---

① LCB，L 家傩戏舞伞，傩戏活动中的积极分子。
② Michael Sallnow, "Cooperation and Contradiction: The Dialectics of Everyday Practice", *Dialectical Anthropology*, Vol. 14, No. 4, 1989, pp. 241 – 257.
③ LDR，LJ 童村生产队队长，热衷傩活动。
④ LJ，LJ 凤岭村主要的傩戏演员。

和"意义",哪部分值得成为非遗,村民的言说便是微不足道,村民也自然是失语的群体。

但是,在 LJ 村自然语境中,如平时的初一、十五、春节期间的活动,村民敬菩萨的意愿得到相对自由的言说,其他层级的行动主体都让渡了言说的权力。因此整个权力关系结构并不是恒定的,而具有一定的流动性和不稳定性。不过需要注意的是,在这样的情况下,村民所获得的权力,部分仍由其他主体让渡所得,如池州市文化馆的 LDC 所说,"村里,还是根据他们自己演,我们是不管的,给予他们每个傩戏会一定的资金支持",这也说明文化馆是有权力"管"村里的傩活动。无论如何,村内的傩活动中村民拥有更充分的言说权力,是一定意义上是对权力中心话语的消解。

四 非遗理论与实践之间的断裂

非遗热兴起的部分原因是与过去、传统保持联系,这被认为是对抗价值理性和技术精神的有效途径,然而矛盾的是同时又无奈地被想抵抗的工具理性所裹挟,非遗语境中滋生出商业化或以盈利为目的的主体。市场化、商业化也无甚不对,不过这些主体是在挤压或是促进傩的发展?那些交叠于"庙堂"与"江湖"之间不同行动主体在非遗语境中复杂、不稳定的言说与失语状态,这样的状态是否有效于傩的发展?这些都只能留给时间去解答,笔者目前能做的就是以池州傩为例的田野调查资料作为参考,以此探讨、思考非遗保护工作中的一些模糊处。

(一)《非遗法》与非遗实践之间的距离

建立规范、有效的非遗保护标准对于非遗保护工作的进行是非常有必要的(高小康[1];王霄冰、胡玉福[2]等)。2011 年中国颁布《中华人民共和国非物质文化遗产法》(简称为《非遗法》),在法律上规范了非遗

---

[1] 高小康:《"红线":非遗保护观念的确定性》,《文化遗产》2013 年第 3 期。
[2] 王霄冰、胡玉福:《论非物质文化遗产保护工作的规范化与标准体系的建立》,《文化遗产》2017 年第 5 期。

认定、记录、建档等保护工作的实施,但正如冯骥才先生所指出的:"首部《非遗法》或许在概念、学理,特别是可操作性方面,应该还有进一步完善的空间。"① 比如,第四条中规定:"保护非物质文化遗产,应当注重其真实性、整体性和传承性,有利于增强中华民族的文化认同,有利于维护国家统一和民族团结,有利于促进社会和谐和可持续发展。"这项条款中指出应注重非遗的真实性、整体性和传承性。就池州傩来说,其"真实性"、"整体性"和"传承性"是含混不清的。每个行动者从自己的利益、立场出发阐释着傩,这个多方力量交织的过程中所谓的本真性何谓?整体性、传承性又何为?

什么是真实性?这点也是很多学者提出讨论的。非遗的语境滋生出诸多的行动者,这些行动者如 YQ 文化公司、黄梅戏剧团将傩从其原生的村落里抽离出来重新阐释或置于新的情景中,傩就成为一种资源,可被人占有、表述。Laurajane Smith 的原本遗产的西方式理念就具有物理性,意味着"遗产"可以被测定、被研究、被管理、被保存②。因此这样"脱域"(disembeding)的傩被抽空了神圣性和原有的意义而被诟病。但是实际上这与整个现代社会中处理文物的手段是一致的,看看全世界的博物馆便可知晓,将各种文物剥离于原生环境转移至各类博物馆、展览馆供人观赏,本就是当前社会对待"过去"的普遍态度。既然文物的"脱域化"实属常见,"脱域化"的池州傩戏是条款中所认可的真实?

整体性和传承性的范围?官方、学界在言说池州傩戏时通常是"去迷信"的话语特点,只关注傩戏中的唱腔、音乐、面具等,这与实际生活中池州当地人的想法相左,当地人认为傩戏就是敬菩萨。甚至当地参与敬菩萨的中学教师 WXS③ 认为傩在"严格意义上说就是迷信,现在都不这么说,迷信就是傩文化嘛",显然他看到了敬菩萨对于傩文化的重要性。这样的现象并不鲜见,在其他地方也有发生,涉及民间宗教的活动被承认具有"历史的"和"文化的"价值只要它们被定义为"文化的"

---

① 冯骥才:《文化先觉——冯骥才文化思想观》,阳光出版社 2014 年版,第 315 页。
② Laurajane Smith, *Uses of Heritage*, London: Routledge, 2006.
③ WXS,LJ 中学教师,是 LJ 岸门村的 L 家女婿。

而不是"宗教的"就可以被允许。① 民间文化的泛义性和模糊性被用以遮蔽了池州傩的宗教属性,但在村民的日常生活世界中,傩戏只是敬菩萨的手段之一,因而傩戏的整体性是否包括了敬菩萨活动?并且,傩戏的传承除了包括傩戏剧目舞蹈外,是否包括唱戏时村民烧香跪拜的敬菩萨行为?村民出外表演傩以及傩艺团的傩表演都属于"是我,又非我,是表达我,也是消解我",非遗保护的究竟是哪个"我"?

(二)对非遗保护实际工作的反思

自2006年中国第一批非物质文化遗产名录确定以来,非遗保护工作已走过十余年,从识别、管理都积累了相当的经验,但也存在一些问题。鲁春晓[2]、张秉福[3]等探讨了非遗项目旅游开发中产生的一系列问题;还有不少学者关注非遗传承中传承人队伍建设问题:包括黄文辉[4]、文永辉[5]、郑雪松[6]等探讨传承人的青黄不接;陈竟[7]、张东萍等[8]考察高校非遗人群培训中存在的问题;王霄冰[9]、田艳[10]、杨征[11]等提出非遗保护中

---

① Yoshiko Ashiwa and David L. Wank, *Making Religion, Making the State: the Politics of Religion in Modern China*, Stanford University Press, 2009.
② 鲁春晓:《非物质文化遗产开发与"公地困局"问题研究》,《东岳论丛》2014年第10期。
③ 张秉福:《我国非物质文化遗产与文化产业互动关系的现状与问题探析》,《出版发行研究》2017年第6期。
④ 黄文辉:《湘西非物质文化遗产项目的整理与保护研究》,《中南大学学报》(社会科学版)2012年第3期。
⑤ 文永辉:《少数民族"非遗"传承人保护存在问题及制度完善:基于对贵州的田野调查》,《广西民族研究》2013年第1期。
⑥ 郑雪松:《教育人类学视域下的非物质文化遗产传承体制研究:以河南非物质文化遗产的传承为例》,《河南大学学报》(社会科学版)2013年第5期。
⑦ 陈竟:《谈谈非遗教育中的有关问题——对高校非遗人群培训研习班的探讨》,《文化遗产》2016年第5期。
⑧ 张冬萍、邹丰阳:《大学与社区——对中青年非遗传承人群培训回访调研的思考》,《文化遗产》2017年第1期。
⑨ 王霄冰:《民俗文化的遗产化、本真性和传承主体问题:以浙江衢州"九华立春祭"为中心的考察》,《民俗研究》2012年第6期。
⑩ 田艳:《非物质文化遗产代表性传承人认定制度探究》,《政法论坛》2013年第4期。
⑪ 杨征:《论非物质文化遗产"代表性传承人"保护政策中"群体性"的缺失》,《云南社会科学》2014年第6期。

存在过度突出代表性传承人而对传承群体的关注等。在笔者的调查也发现了这些问题，脱域性的舞台式傩戏表演在一定程度上消解了当地人对傩面具的尊敬程度；年轻人外出打工导致傩戏队伍以留守村里的中老年为主；村内对代表性传承人名额的争议；等等。除了这些外，还有一些问题较少受到关注。

  非遗使乡村文化特色化的同时也有狭义化的趋向。以笔者田野点 LJ 为例，因为傩戏入选国家非遗项目以后，无论是村口一排排宣传栏中傩戏介绍，还是中学墙上傩戏图画，几乎只要是当地的公开宣传中都会以傩戏作为其地方特色。当然这些政府的宣传对该社区打造特色文化形象大有帮助，但是在另一方面也使 LJ 的丰富地方文化几乎被"傩文化"遮蔽，变得单一化、狭义化。除了基层政府宣传策划中有狭义化倾向外，当地人生活中亦有所体现。由于傩戏有政府的政策与资金的支持，相比其他民间文化活动（如当地春节期间的舞龙灯活动）举办规模也更为盛大，受到的关注度当然也就不可相比。尤其近几年市文化馆还借傩戏庙会的契机举行傩戏展演会，在展演会上有很多市领导以及外来研究者参与。对于当地人和外地人而言，傩戏既成了当地文化的显眼名片，也似乎成了唯一的文化。因为非遗本身就已经赋予入选的项目以言说的主动权力，而未入选的项目，纵使有生命力有文化传统，由于雷同于已申请上的项目或没有足够的专家调查支持，在公众视野中也是属于失语的。

  因言说是生产和实现权力的手段与表现形式，更是一种话语的筛选机制，符合权力主体出发点与利益的话语才被采用，而不符合的则在权力主体能控制的语境中被屏蔽、删除，也就是被迫失语。就像傩文化言说中，敬菩萨鲜少被言说，除了与唯物科学理性话语体系的原因外，还在于将傩戏切割出地方生活世界，可以更为方便被作为非遗保护，但项兆伦也驳斥道："非遗不是文物，也不是什么'活态的文物'。"[1] 非遗是一种话语，一种语境，也是一个动态的文化"过程"。因而，"把非遗视为'物'是不恰当的，非遗是作为文化和社会过程，与记忆的行为相洽

---

[1] 项兆伦：《正确认识非遗，是正确有效地保护、传承和发展非遗的前提》，《文化遗产》2017 年第 1 期。

从而创造出新方式以理解和参与当下"①。以物质文化遗产的思维去对待非物质文化遗产显然是不能被接受的,具体的非遗保护途径还需要更多的探讨和研究。

---

① Laurajane Smith, *Uses of Heritage*, London: Routledge, 2006.

"采茶"人生路

——粤北采茶戏国家级传承人吴燕城访谈录[*]

王静波

吴燕城，粤北采茶戏国家级传承人、国家二级演员，中国戏剧家协会会员，广东省戏剧协会韶关分会理事，曾任韶关市第五、六、七届市政协常委。主演多部采茶戏作品，包括大型古装戏《白蛇传》《生死牌》《恩仇记》《皇亲国戚》与大型现代戏《红灯记》《爱情审判》《一撞钟情》《人生路》《紫色风流》《青山水东流》《母亲岭》《霜雪山梅红》等。吴燕城的艺术人生，伴随着粤北采茶戏几十年的变革和发展。她是粤北采茶戏表演艺术的杰出传承人，也是粤北采茶戏发展历史的亲历者和见证人。

2016 年 7 月 14 日，笔者很荣幸地采访了吴燕城女士。她多年的老同事李学慧女士[①]与之同行。广东省文化厅原副厅长，曾任韶关地区采茶剧团团长、与吴燕城和李学慧共事多年的陈中秋先生[②]为访谈提供了场所——广东省京剧促进会办公室。访谈在融洽的氛围中进行。

---

[*] 原文刊于《文化遗产》2018 年第 3 期。

① 李学慧（1955— ），广东省韶关市仁化县人。1979 年调入韶关采茶剧团工作，至 2010 年退休。曾在《恩仇记》《皇亲国戚》《人生路》等剧目中担任角色。

② 陈中秋（1946— ），湖南湘乡人，剧作家、词作家。1969 年毕业于武汉大学中文系，1970 年分配至韶关地区文艺办公室从事文艺创作，1981—1983 年任韶关地区采茶剧团团长，1987 年调省文化厅任副厅长，2000—2008 年任广东省文联党组书记。

一　与文艺结缘：连县的成长经历和进入训练班

吴燕城出生于 1949 年。她的家就在连县县城。20 世纪五六十年代，各艺术团到连县的演出、年节期间民间的欢庆演出、家附近的连县歌舞团的平日训练，以及父母爱好的熏陶，在她幼小的心灵中种下了文艺的种子。巧合之下，她进入了韶关地区采茶剧团训练班，在那里开启了她与粤北采茶戏长达半个世纪的缘分。

王：吴老师您好。作为粤北采茶戏的研究者，我对您已经久仰，非常荣幸有这次宝贵的采访机会。我们从您的成长经历谈起吧。首先想请问，您在连县长大，您成长的环境对于您后来学习和从事文艺事业有着怎样的影响呢？

吴：谢谢你对于粤北采茶戏的关注。

我成长的环境对我从事文艺有很大影响。我们连县原来艺术方面还可以。因为我们是大县，我们那里有个大广场，韶关很多地方的团体都到连县演出。韶关那时候有粤剧，还有杂技，韶关歌舞团也经常去演出。原来每个县都有歌舞团，连县也有。另外湖南有祁剧、花鼓戏，都会去演出。我们小时候很爱看，经常放学以后去看。他们演白天场，到下午四五点钟开演一会（儿）后，不用再买票了，我们就去看最后的一两场。

逢年过节，不只在剧场演，白天还围着墟镇，在广场上、街上演出。我最记得采茶歌，是歌舞团演的，演员拿个茶篮，拿个扇子。那时候我还在上小学，我们在街上围着看。连南歌舞团有瑶胞——跳舞的瑶胞，也会经常出来演出。这个氛围对我在文艺方面有启蒙的作用。以前歌舞团来演出，我很崇拜那些演员。我有个同学的表姐就在韶关歌舞团的，他们那时候歌剧团挺出名的。他们去演出的时候，我同学偷偷带我进去，后来同学的姐姐演《洪湖赤卫队》《雷锋之歌》，我们都上后台那里去看。

我家在学校住，我妈是老师。刚好连县歌舞团住在我们学校大门里头，在文化馆里面。所以他们每天练嗓子练功，我们听得见、看得到。另外我母亲也喜欢搞文艺，我父亲喜欢美术，这些都对我热爱文艺影响很深。

王：我听到您与李老师交谈用的是粤语，您的母语不是客家话？您什么时候学会客家话的？

吴：我是来到团里才开始学客家话的。我们连县是客家地区，县城就是（使用）白话，也有部分人讲客家话；周边很多人都会讲客家话的。连县语言非常复杂，因为靠湖南，又有湖南话，还有连南的瑶胞（讲瑶语）。（客家话）我听得多，但是在家里没讲过。后来来到韶关以后，我们一句句跟着台词走，学习客家话，所以我们的客家话不是那么准。韶关的客家话有好几种，有曲江客家话、翁源客家话、南雄客家话，不同地方的客家话有所不同，我们就以曲江的为主吧。我们觉得曲江的比较白，容易听懂。我们团讲的话也基本以这个话为主，平时在生活中，我们很少使用。但是在舞台上念台词的时候，我就会慢慢跟着走。顺了以后，现在就会说。

王：连县本身采茶戏氛围怎么样？

吴：我小时候对采茶没什么印象，只觉得是跳舞唱歌。一到过年过节的时候，农村的人也会出来唱唱春牛啊，拿个大头啊，或者花篮、扇子啊，演演那些带采茶的文艺形式。

连县有一个叫唐家村的地方，是采茶的发源地之一。唐家村的西岸这个地方，农民一唱开口就是采茶调，就等于唱山歌一样。采茶戏的发源地之一还有南雄的南亩。① 我小时候读书到处去②，不知道这些。我是来到团里以后，差不多演戏演了十来二十年后，才慢慢去关心这些。以前我们除了排练演出就是下乡，很少专门去研究什么，后来慢慢有时间了，去了解它，才知道那个地方是发源地。

王：您的采茶戏基础是在哪里打下的？

吴：我的功底是在训练班的时候打下的，才三个月。不过那时候年纪小啊，很容易。再加上是有一些天分，不用压腿就可以劈叉的。那时候也容易上手，老师教什么都记得住。而且当时整个学习氛围是很浓的。

---

① 根据《中国戏曲音乐集成》（广东卷）记载，粤北采茶戏的来源分三派："南雄灯子"，源于南雄的龙凤茶花灯；"韶南大茶"，源于旧韶州府以南的纸马花灯；"连阳调子"，源于连阳舞狮唱调子的狮子堂。参见《中国戏曲音乐集成》（广东卷），中国ISBN出版中心1996年版，第1784页。

② 吴燕城的母亲是老师。在小学四年级之前，吴燕城随着母亲的工作调动在连县不同的乡镇生活和念书，到四年级返回连县县城。

我们下乡，等公共汽车来的时候都要压腿，车还没到，我们就拿木头箱、道具箱，就开始练。有时候有些老同志也挺热情，看出来哪里不对，就提醒一下。自己也有心，在舞台上表演的时候也认真去看，慢慢积累下来。

王：1963年，您进入了韶关地区采茶剧团训练班。是什么样的契机让您去考训练班了呢？

吴：我家住在文化馆旁边。考试的时候，是采茶训练班来招生。那时候我刚好小学毕业，就陪着我们同班同学去考试，我没想考。后来老师说："你也唱一首吧。"我就唱了《洪湖赤卫队》的一段。结果好像那个同学没有被录取，我被录取了。我爸妈不让我来，那时候我太小了，才13岁多，又考上中学了。我妈对戏的印象也没有那么好，对歌舞的印象好一点。

后来，第二次采茶训练班招生，刚好派了歌剧团的一个人代表采茶班招生，他就直接找到我们家了。我爸妈听说是歌舞团，就说："你去试一下吧。"那时候还正在放假，我听了之后很高兴，就坚决要来了。之后他们说是采茶训练班招生。我就问歌舞团招不招生，招考人员回了韶关打听，说歌舞团叫我去复试。那时候交通不便，去韶关也不容易，我是跟着我爸学校的毕业生，刚好考上韶关技术学校的学生一起来的。复试以后就没有回去了。

到了之后，刚好歌剧团没有小学员，人家也下乡演出了，结果又把我丢回采茶训练班去学习。我也很高兴，因为采茶训练班有好几个是连县招来的。采茶训练班办了三个月，我就被分到团里了。分配的时候，采茶剧团在排《血榜恨》，导演叫王癹。在采茶训练班，学员们都很熟了。我来都来了，觉得能唱歌跳舞就行了，也没管分到哪个团。加上那时候采茶还是比较兴旺。歌剧团下乡呢，不吃香；采茶一下乡很热闹。分配的时候，我就说"好啊，去哪里都行啊"，就在采茶剧团里一直待到退休。

我父母对我的帮助和支持很大。我小学毕业就进入剧团，写信还是有错别字的。我父亲把我寄回去的信中的错别字，拿红笔圈住改掉，又把信寄回给我。这些信到现在我还留着。

王：采茶剧团训练班的教学方式是怎样的？

吴：那个时候我们学得比较系统。有三位老师：一位是教练声的男老师；一位教基本功的女老师；还有一位教文化课的女老师，历史、文学是她上的。老师原来也是采茶剧团的演员。给我们上课的时候，一般都是按戏曲的常规功底来上。既有戏曲功、采茶表演功，还有采茶的小片段，一般是传统戏的小片段。功底还是挺齐的，毯子功也有，其他基本功也有。加点采茶的东西进去，比如男的矮步，女的采茶步。还有《钓蚂》《补皮鞋》这些小戏的片段，让我们练。

具体的曲牌当时还没有教我们，教我们以发音、练声、练气为主。那时候大家的声音还像小孩一样的，不统一。到团里头以后，排练的时候才跟着老演员学唱曲牌。老演员唱，我们就听，自己有时候也琢磨一下。进了戏以后，有戏排了，我们也进到曲牌里头去了。那个时候我们的曲牌还是挺地道的，是一整套一整套的。该是什么人物，就按曲牌套进去。

王：您在师承关系里讲何瑶珠是您的老师，能谈谈她对您的影响吗？

吴：首先是艺德。因为我来到团里的时候，她就是主演，是这个团的花旦。20世纪五六十年代的时候，团里面的大戏包括《血榜恨》《牛郎织女》《刘三姐》等，都是她担纲。一举一动，我都很认真地向她学习。他们老一辈演员在台上表演很认真。另外，我们虽然是学员，但老同志很关照我们。以前下乡条件很辛苦，去到一个地方，有一间房子就不错了。他们就说，你们这些小孩住里面，我们就住外边吧。排练的时候，她对我们也挺严格的。她虽然不是（像）导演那样地指点你，但是平常演出的时候，她会给你提建议。

唱功方面，我的声音没她好。她的声音很漂亮，人家叫她"小郭兰英"。细节方面的东西，一个她，一个罗发斌[1]（处理得好）。虽然我学不像，但是他们演出的时候，我会认真去听。特别刚来团里的时候，她演的都是大戏，长的唱段比较多。我的性格比较内向一点，我喜欢听了

---

[1] 罗发斌（1936—2009），广东乐昌人，粤北采茶戏著名演员。1956年进入粤北民间艺术团，演艺生涯基本在粤北采茶剧团（后改称"韶关地区采茶剧团""韶关市采茶剧团"）度过。应工以丑行为主，在《张三借靴》《王小二过年》《女儿上大学》《人生路》《青山水东流》等剧目中担任角色。

以后，慢慢地琢磨，有时偶尔问问他们。我没有很明显地拜她为师，但是我就默默地认为她是师父了。

王：您对包括何瑶珠在内的老一代演员的艺术风格有怎样的印象？

吴：何瑶珠是老一代的艺术家。他们戏比较浓，唱比较下功夫。他们比较好地传承了传统，但向前发展地少一点。他们表演起来虽然有动作，但是舞蹈少一点，只是拿两个扇子动一下，但采茶的味道是很浓厚的。

王：根据您的学习和这么多年的积淀，您领会到的采茶戏的特色是什么？

吴：采茶戏主要反映的是我们这片区域客家劳动人民的生活。它本身有三大特色：走矮步、竹筒袖、扇子。它是把劳动使用的道具、生活中的动作，艺术加工成歌舞道具和动作。茶农经常在山上跑，摘茶叶要半蹲，炒茶也是蹲，所以农民在劳动过程中自己动脑筋，对很生活化的动作进行艺术加工，变成采茶戏里的"矮子步"。竹筒袖也是类似的。它原来是腰上绑的一条带子，有些堂倌用它扇扇凉、抹汗。把它变成表演服装以后，就做了半个袖子，这个特点，其他戏剧绝对没有的，是采茶独有的。另外，扇子的使用也是很普遍的，劳动人民上山时经常会使用。采茶戏就把这三个结合起来，这是动作的特点。采茶戏的服装也有特点，不像才子佳人戏的服装是有水袖的。

另外，采茶戏的唱也有特点，一段一段小调地唱。它原来是唱山歌的，就是一段一段地唱。山歌里头有很多词：看见一棵树他唱树；看见花他唱花；看见你，他就跟你对歌。就像讲话一样，只是用音律唱出来。它的小调慢慢演变，就像歌一样，也挺好听。采茶戏的曲牌有很多，就是看到什么唱什么。

角色方面，一般是"两旦一丑"：旦角是小旦，不叫花旦；一个是彩旦，是泼辣一点的农村妇女；还有一个小丑。最早是三个角色，由"三脚班"发展成采茶戏。

王：传统粤北采茶戏的表演有流派的区别吗？

吴：有，分南派和北派。我们团虽然小，我也从中看到和了解了一点。谢福生①他们那一代,就没有说是具体的哪一派了,什么好就取一点。对于流派的区分,我知道一点。在唱法方面,一个是地方语言、发音不一样;另外,北派更戏曲化一点;南派就白一点,就是现代一点,粗犷一点。做功方面,北派比较美,开放一点,动作方面,矮步上取中高桩比较多;南派矮步比较多,粗犷一点。从唱腔到表演,南派没有北派那么优美。韶关没有多大,所以南派和北派其实分得不是很清,它的区分没有大剧种的派别那么讲究。

二 崭露头角:舞台上的历练

训练班的学习结束以后,吴燕城便正式登上舞台。她从出演小角色开始接受锻炼。不久,政治运动袭来,粤北采茶剧团也受到冲击。幸运的是,她在军分区宣传队、粤北文工团等文艺单位,仍进行着艺术方面的积累。粤北采茶戏移植现代京剧《红灯记》时,她出任李铁梅,开始崭露头角。

王:您在《探山》(1963)中出演角色小青梅,您自己说过这是舞台实践的开始,能谈谈当时的感受吗?

吴:《探山》我不是A角,我是跟着A角来唱,唱的一般是小调、小曲牌。有一段表演,要甩辫子、走圆场。那时候是小孩,开始上台有点紧张,手忙脚乱。

王:您入团不久,就到了"文化大革命"时期,粤北采茶剧团也受到影响。②您参加了军分区宣传队,后来进入粤北文工团。这段时期,您都参演了一些什么样的节目呢?

吴:那时候小歌舞挺多的。我参演了联合队③的《一根扁担》《红色

---

① 谢福生(1936—),韶关市曲江区人,粤北采茶戏演员。应工为丑、武生,在《王小二过年》《阿三戏公爷》《青山水东流》等剧目中担任角色。

② 笔者注:1965 年,粤北采茶剧团被抽调参加农村的"四清"运动。1968 年,全团进入"五七干校"。1969 年,韶关地区革委会从"五七干校"抽调原剧团四五十人,组建"韶关地区毛泽东思想宣传队",又在全区专业、业余宣传队中选拔人员,扩充成近百人的"粤北文工团"。参见范炎兴《粤北采茶戏》,广东人民出版社 2007 年版,第 49—51 页。

③ 据吴燕城回忆,1971 年,专业和业余的几个单位合在一起代表韶关地区文艺界参加省调演,所以称"联合队"。

饲养员》《红灯记》片段，后来又演了《红灯记》全剧。《探山》中，我负责打锣。那个时候小，什么都学一下。

王：粤北文工团用粤北采茶戏移植了现代京剧《红灯记》。在这部戏中，您担任李铁梅B角。可以说从这时候起，您开始承担有分量的角色。您可以聊聊这当中的心路历程吗？

吴：演《红灯记》的时候，我心里很怕。文工团的乐队比较大，有五六十人，又全部是精英，其中大部分是音专①的毕业生，他们比较有才华，也很严格。我就硬撑吧。那时候我在宿舍里贴了一张李铁梅的照片，一天到晚对着她，一点点学。之前我只看过几次电影，是别人到广州学习，学回来以后告诉我是怎么演的。

李：她演《红色饲养员》的时候是演一个小孩，我看了。她演小戏的时候都是演小孩。所以一开始曾有人怀疑，她这么矮小，能演成人的女主角吗？演《红灯记》的时候，还没有麦克风，她嗓子是比较细的那一种，就有人担心她节奏跟不上，担心乐队听不到，等等。我看到她在台上的演出后，觉得她胜任这个角色绰绰有余。后来大家看到她演得这么好，认可了她。

王：您曾经提到郭仙梅、周思明等前辈对于您的帮助，具体影响是怎样的？

吴：郭仙梅原来是珠影②演员队的队长，下放到英德，后来又被我们韶关抽去。周思明是省话剧团的，也是团长。他们在艺术界都挺有名气的。周思明对我的印象很好。他觉得我演戏有另外一种风格和味道。那时候（我）年轻吗，记忆力也还可以，模仿样板戏模仿得很细。对于能不能胜任演出那么大的戏，唱那么长的唱段，我确实有点怕。他说试一试，演吧，所以他对我的鼓励很大。郭仙梅很严格，她是演员队的队长，演员出一点点差错都不行的。她对我影响也很大。我那时候是有压力的。压力归压力，人家那么信任你，我还是硬上了。

王：样板戏剧目是怎么用采茶戏这一地方剧种来表现的呢？观众的接受程度又怎么样呢？

---

① 全称为"广东音乐专科学校"，为星海音乐学院前身。
② 即原"珠江电影制片厂"。

吴：采茶戏把样板戏移植过来，是以采茶唱段为主。音符都要是一样的，不能变，主要是唱腔发生变化。用采茶来唱样板戏的时候，音乐是搞音乐的人创作的。作为演员，唱的时候会觉得有些奇怪。因为原来是京剧嘛，移植以后，观众说我们是唱京歌。但是那时候不能改。只能按唱腔，唱自己的声音，按节奏来哼，一点都不能动，一个小音符也不敢动。表演也是按样板戏的。样板戏就是这么严格。这种形式观众也是喜欢的。我们去每个县演，观众都很热情，很多人看。

王：您个人觉得，在这段时期，您获得了哪些方面的成长？

吴：那时候开了一个头，胆子大了不少。在文工团自己也锻炼了不少，唱歌、杂技、变魔术，都有所接触。

王：在这个阶段，您对采茶戏的唱法是否因此出现了一些变化呢？

吴：其实在唱里边，我内心有过很多的斗争。因为我们曾经有过一段文工团（的时期）。文工团有歌剧团。歌剧唱法和戏曲的唱法不同，我就在当中纠结，自己不知道向哪个方面走。我为什么没练得很深的嗓子呢，因为那时候我斗争得很厉害：光是唱戏呢，好像觉得声音很单，觉得自己年轻，应该尝试新事物；但是说唱洋、唱歌剧吧，不适用于采茶。你能唱出一首歌来，但是唱戏不一定能唱得完，因为气息不同。所以说，那时候我的思想斗争很厉害。我的声音是细的、单的那种，应该说唱戏曲比较合适。但是我那个时候又想唱唱歌，既然在文工团，我也想学一学。后来1974年以后分采茶团、歌舞团、杂技团，我被分回采茶剧团了，那时候我才决定：你还是唱回采茶吧，不要学那么多。从那时候开始，我才向这方面琢磨。采茶的发音很蹩，但唱得是有味道。那时我参加了一次唱歌比赛，我就按土的唱法来唱。有些参赛人员声音唱得比我顺，很好听，结果我还得了第一名。其实可能搞曲子的人懂，这个就是"味道""风格"。那时候我的想法还没真正理清楚，但是我觉得既然比赛，就按戏曲吧，人家就说"有韵味"。

三　融会贯通：担纲期的摸索与创新

1974年，韶关地区采茶剧团得以恢复。"文化大革命"结束后，随着文艺氛围回暖，粤北采茶戏渐渐恢复生机，剧团也在摸索采茶戏的发展道路，传统戏、古装戏、现代戏并举。吴燕城在各种戏中都曾出任核心角色，也曾担任编舞，对于在坚持采茶戏本色的前提下，如何打通它与其他大戏剧种、话剧之间的表演技法，将自己接触和学习过的民间歌舞、现代歌舞融会贯通，她有着切身和独到的体会。在多种角色的磨炼当中，她渐渐走向成熟。

王：改革开放以后，演戏看戏的氛围是怎样的呢？当时进行了挖掘和恢复传统的一系列工作，1979—1980年，剧团排了《睄妹子》《卖杂货》《南山会》《钓蚼》《阿三戏公爷》等一批采茶戏传统戏，您如何看待这段时期恢复传统的工作？

吴：改革开放之前呢，有段时间古装戏不能演。1977年前后，恢复古装戏，剧团演的是《十五贯》，在韶关演了三个月，场场爆棚。因为观众很久没机会看了嘛，另外这个戏也很热闹。

恢复传统的时候，比较热闹。"百花齐放"对我们这个剧种比较有利。虽然这个剧种不是很古老的那种，但也是几百年过来的，有一些传统的东西，继承它们对我们剧种的发挥会很有帮助。不过那时我个人正在恢复排古装戏。

王：1978年，剧团排练大型古装戏《白蛇传》，您扮演小青。您是怎么进行古装戏基本功的学习和训练的？出演古装戏，您有哪些体会？

吴：这出戏我演的青蛇。道具有刀、剑什么的，戏里有踢枪，所以肯定是要练的。老师是黄文富①，还有一两个（老师）是杂技的。那是文工团时期过后，所以有杂技的（演员），都一起练功。我也去增城看了两场粤剧，看了之后就自己琢磨。

那时小孩才三个月，我还在产后恢复的阶段。孩子就放在排练场。白天练功辛苦，晚上小孩都没奶吃。最苦的是第一场化妆。我是第一次尝试古装戏，要戴冠，头纱不扎紧怕它掉，扎紧了头酸得不得了，还没出场就想怎么办。后来慢慢就习惯了。再后来我们下乡演了好多场。

王：这一时期排演了不少新的剧目。既有现代戏，像《爱情审判》（1979）、《一撞钟情》（1981移植现代戏），又有古装戏，像《皇亲国戚》

---

① 黄文富（1941—），广东省佛冈县人。担任韶关市采茶剧团团长多年，曾任演员、导演等。

（1982）、《真假王岫》（1983）等。现代戏和古装戏哪个更受观众欢迎？采茶戏的古装戏演出是否存在一些困难呢？还能运用采茶戏的表演程式吗？音乐又如何设计呢？

吴：我感觉我们那时候演的戏下去，观众没有说不喜欢的，古装戏和现代戏都很爱看。就是现在下到农村，我们那一代都会很喜欢看。

古装戏好办。因为采茶戏离不开矮步。本身男生穿的服装都是竹筒袖，拿的都是扇子，所以人家有个说法，"手巾、竹筒袖、扇花"是不离手的，跟矮步结合，动起来就是绝配。另外古装戏有很多程式动作，比较花一点，可以把它用上去。现代戏就要考究了，看什么角色该用什么动作。因为服装不同了吗，同样是走矮子步，要看是什么人物，英雄人物和反派肯定是不同的，所以比较考究一点。

采茶原来是曲牌体，没有板腔，后来慢慢发展到板腔。发展到演大戏以后，就要看创作音乐的人怎么去编曲，很多相当于从头作曲。我演过那么多大戏，所以有体会，每个曲子都不同了，但是采茶的调也有所保留。采茶戏使用板腔体音乐，早在五十年代演古装戏《牛郎织女》[①] 的时候就开始了，那时候是饶纪洲作曲。大戏如果没有板腔，人物根本不好唱的。

李：我最佩服她演的《皇亲国戚》和《人生路》，她都是演的女一号，花旦。剧情里面需要她怎么表演，如果今天导演排练的时候跟她说了，她做不到，她也不会胡乱去表演。但下一次排练，她就能做到。她能把导演要求内心怎么处理，表演上比如舞蹈、身段怎么做，很正确地反映出来。她就住在我家楼下，我从来没有听她练练唱、讲讲台词啊。一回排练场，就看到她的变化。

王：那应该是您回去之后不停地在琢磨吧？

吴：会的。做饭切菜都在那里想台词的。脑子里都会想，也不是刻意的。

---

① 《牛郎织女》为粤北采茶剧团成立之后移植排演的第一部戏，参加了1959年韶关地区专业艺术会演。其唱腔音乐由饶纪洲设计。

王：《人生路》① 的演出将您推上了演艺事业的高峰，您在这部戏中扮演女主角"巧珍"。您对塑造这个人物角色有什么心得体会？当时在塑造巧珍的时候，是否考虑加一些采茶戏的动作特点？

吴：那个角色确实印象很深。我记忆最深的是第二场卖鸡蛋，那个唱段我下了不少功夫，身段也做了不少研究。另外还有一段令我印象深刻的是高加林变心以后，她去找高加林时的表演。巧珍是一个农村姑娘，单纯朴实，对于角色那时候的思想变化，我自己很有感触。另外还有"寻梦"那一段，她神情恍惚；还有最后跟高加林见面，跟马三结婚；还有一段就是她在井边跟德顺公交流。因为要演到人物里面去，要带着感情。角色是我自己创造的，一点一点想出来的，肯定有印象的。

这个戏里面有很多采茶的动作。而且角色戴有头帕，我特意把它拿下来当手巾用。剧中就有很多手巾（的动作）了。

我们那时候创作角色，不像现在有录像（能加以模仿），就是自己看剧本。看了剧本之后，需要自己思考这个角色是什么样的性格、什么样的形象。导演只安排你从舞台哪个位置进场，哪个位置出场，安排位置调度。你把唱词、台词背熟以后，你的歌配什么样的动作要自己编，怎么出场，怎么走法，人物的形象塑造，都要靠你自己去（设计）。那时候对我的锻炼确实很大。

王：那演采茶戏的现代戏跟演传统戏有什么区别呢？

吴：现代戏就很生活嘛，做功没有那么多，以唱为主。传统戏很多做功，很多动作。演现代戏也不会有很多困难。因为我们没有很多功底作为局限。不像京剧、粤剧，一招一式都有程式。我们一练就是民间歌舞动作，就像跳舞一样，当然表演起来是稍微收一点，没那么大幅度。一演起现代戏，我们就很自如。不会像那些（大戏剧种），演现代戏走路都不舒服。

王：1995年《母亲岭》您饰演"山姑"、2000年您饰演《霜雪山梅红》中的"山梅"，您对于这些人物角色的创作有怎样的体会？您个人最欣赏哪个戏？

---

① 根据路遥小说《人生》改编。编剧陈中秋、张云青，作曲蓝曼，导演陈东明。该剧于1983年参加广东省新编剧目观摩调演，1984年参加首届广东艺术节演出。

吴：《母亲岭》跟《霜雪山梅红》的角色截然不同。《母亲岭》故事发生的时代是革命时期，《霜雪山梅红》的主题是改革开放以后农村致富，这两个角色性格不一样。排练《母亲岭》的时候，我们借了广东省粤剧院的钟汉秋做导演。他的手法传统一点，布景这些都是按原来古老一点的样式。排这个戏的时候就是按照程序、按照对人物的理解慢慢去走。这个角色，我觉得自己进步不是很大。

我印象比较深的是《霜雪山梅红》。原来广东话剧院的周瀛跟他妻子梁咏两个人都是导演。他们很细心，很认真地去考究，他们甚至半夜睡不着的时候就改道白，考虑怎样讲观众能够接受。对这个人物，每一个动作、道白、眼神，他们都会亲自帮我磨出来。台词轻重，他们都会慢慢地帮我理。有些道白，偶尔也运用了话剧的道白。他们导演手法活一点，任我发挥人物。但如果有不到位的地方，又会马上提醒我。所以这个角色，我觉得自己提高比较快。除了《人生路》印象比较深，这个角色也是不错的，自己觉得比较有戏，演得投入。

王：您接受话剧影响是从这个戏开始吗？

吴：也不是。以前也经常会借鉴的，但是真正地有人指点，还是第一次。

王：《青峰山传奇》（1986）您担任编舞，这个戏也产生了较好的反响。对于粤北采茶戏中舞蹈的编排，您有怎样的理解？怎样使戏剧作品保持采茶戏和粤北民间的特色？

吴：我们排《青峰山传奇》，2/3都是采茶歌舞。那个剧本写得很巧，有要把粤北民间的东西给皇帝看的情节，我就想借这个节目把粤北民间文艺展示出来。我在里面运用了春牛、纸马等民间舞蹈，我想到了小的时候在连县看过的春牛、纸马，刚好用上了。道具师傅也很认真很配合，制作了好多道具——扇子、花篮、龙头、凤尾、鱼肚、春牛、纸马等。

与老一辈艺术家单纯做戏不同，我们这一代演员接触面广一些。我们吸收了其他剧种的一些特点，也要逐步地对采茶戏有所发展。在军分区宣传队和文工团的时候，我也接触吸收了一些歌舞，也把它运用到这个戏的编舞当中。

李：《青峰山传奇》舞蹈全是她编的，吴老师排第一个舞蹈的时候，就要求我们：虽然大家都不是学舞蹈表演出身的，但是可以把韵味表演出来,一定要把采茶歌舞的特色表演出来。我们这个舞蹈跳得非常好。到省里演出的时候,本来没有群众奖的,加了一个群众奖。①

四 坚守:传承生态的变迁及对发展的思考

20世纪80年代,由于粤北采茶戏佳作频出、屡屡获奖,韶关曾被称为广东省的"戏剧强市"。近三十年来,与全国其他剧种一样,粤北采茶戏也经历着政策环境变化、娱乐方式多样化等的洗礼。与粤剧等大剧种相比,粤北采茶戏的抗冲击力稍弱,得到的扶持也相对有限,其作为地方小剧种的尴尬处境,具有一定的普遍性。对于当下它的传承和发展状况,老粤北采茶人往往感到心痛。作为国家级传承人,吴燕城一方面身体力行,践行着传承的职责;另一方面,她也在对采茶戏的发展出路进行着思考。

王:粤北采茶戏一直有下乡演出的传统,你们的演出范围有多大?

吴:多数在韶关境内。那时候韶关地区很大,包括新丰、翁源、连县、连南、乐昌②……但是我们多数走新丰、翁源、曲江、始兴、南雄,我们在清远一个县都走半年呢,在那些乡镇都有人看的,一个晚上演几场。像一些很小的镇,白天根本看不到人,就只有几个合作社、供销社开门,晚上就好多人来看,而且还有人买不到票,还要订票。

王:20世纪80年代,轻音乐开始流行,它也影响到了剧团的演出。1985年,粤北采茶戏曾吸收流行文化,编排音乐歌舞节目,二位老师能讲讲当时的情况吗?

李:八十年代,我们也去歌厅唱歌。那时候叫轻音乐,有老板承包的。从我们团请五个乐队成员,请几个歌手,唱当时最流行的《酒干倘

---

① 《青峰山传奇》导演陈东明,编剧杨澄璧、朱玉醒、郭福平。该剧于1986年参加第三届广东省艺术节,获剧本创作三等奖、表演艺术二等奖、舞台美术一等奖、音乐唱腔三等奖、艺术革新奖、导演二等奖以及演员个人奖、群众演员奖等奖项。

② 1963年6月起,韶关辖1个市15个县,为韶关市,曲江、乳源、仁化、乐昌、始兴、南雄、英德、翁源、连县、连南、连山、阳山、清远、佛冈、新丰。1970年10月,改设为韶关地区(辖区不变)。后又经几次调整,2004年5月起辖3区7县(市),为浈江区、武江区、曲江区,乐昌市、南雄市、始兴县、仁化县、翁源县、新丰县、乳源瑶族自治县。

卖无》《是否》《雨中即景》这些香港老的歌星的唱段。慢慢地我们自己也组织了一个轻音乐团。采茶本来载歌载舞，我们曾经把轻音乐团叫"山茶花"轻音乐团，结果没多久就失败了。

吴：那时候经济开始紧张了，团里靠自己多了，迫不得已向社会求生存。那时还没有（开始）差额拨款①，但是办公费什么的已经比较欠缺了。我们也尝试过把《斑鸠调》之类的唱进轻音乐，也挺受欢迎的。本身调子比较活跃。那时候卖票，要经济划算，要是只演采茶戏可能一下子没人接受了。我们那段时间很少下乡，整天围绕轻音乐，都在城市里头演出。

王：出于什么原因，那时候放弃了在乡村的演出？

吴：要是下了乡，租赁场地要花钱，要自己找酒店，住宿、车费都要花钱，肯定要亏本。所以只能在附近县城演出。《青峰山传奇》时还挺正规的。那个戏以后，就说文艺界要改革，轻音乐一阵风吹进来，剧团又要搞差额单位了。那时候三四十个人下去乡镇，一个公社已经不好接待了。像韶关每个乡镇的剧场都没了，拆的拆，变的变，搞成歌厅了。所以我们那时候很少下乡，多数走大城市了。

王：1989年剧团排大戏《青山水东流》，风气是不是好多了？

吴：好多了。那时候又有调演②了，后来我们还是恢复原来的样子。轻音乐搞的（时间）不长，试过一两年，还是回到创排大戏。

王：1979—1980年间，采茶剧团分客家话队和普通话队巡回演出，演出的对象分别是谁？接受度如何？您个人如何看待采茶戏演出的语言问题呢？

吴：演出对象都是下边的县、镇，农民多。因为有很多工矿，讲普通话。我们（客家话队）就是去新丰、翁源这些讲客家话的老采茶区，群众特别热爱采茶。普通话队有些现代歌舞节目。因为我和李老师都会讲客家话，而且我们原来也演戏，所以被分到客家话队；有些（演员）

---

① 早在20世纪80年代，许多院团已经开始实施"差额拨款"。这个制度的实施，是为促进剧团走市场化的道路。韶关市采茶剧团是从1992年开始实施"差额拨款"，即只发放工资的60%—70%，对于"差额"的部分，剧团需要通过商业运作，从市场挣回来。

② 指1989年第四届广东省艺术节。

是其他省来的，客家话讲得不准，就分在普通话队。

对于采茶戏演出使用的语言，我们现在的看法是应该保留客家话。这是它的特色之一。本身这个剧种没有很多传统留存下来的东西，地方戏就是使用地方方言的。为了广泛宣传，或者推向全国的话，也可以偶尔变一变，像粤剧讲英语一样，但不是长期的。回到这个地方，要改回来，这是你的根。

王：您现在带徒弟吗？具体情况是怎样的？

吴：我们很少说收什么徒弟之类的。他（她）认真好学，跟你联系，只要能的话，我就指导他们。这个一定要有心，没有心，再有条件，没有用的。现在不是以前的戏班了，不可能说我叫你来跟我学。

学生里面我指导比较多的是张波和王云芳。张波现在是韶关文化馆副馆长。去年韶关采茶剧团解散了以后，他考上文化馆。他很用功，之前他排每一个戏都会叫我去辅导。所以那时候我觉得他对业务还是很有信心的。王云芳现在是南雄文化馆副馆长。她原来是翁源县的，后来调到南雄。她一向对这方面很有爱好，也有兴趣钻研。我原来不认识她的，她找过我好几次。通过省、市局搞的个人大赛，我跟她才有来往。她很认真，很刻苦，现在南雄也是主演。现在南雄的节目也是她一手负责了，而且主要角色她都会担当。①

王：您认为对于粤北采茶戏的传承，困难在哪里？应该如何改善它的境况？

吴：困难之一在于缺乏人才，剧团招不到人。这些年剧团招人挺苦的。从九十年代开始，外省的，包括江西的，我们招了很多。有些人来了，有的条件挺不错的，等学得差不多了，因为没有指标，人家又走了。一个真正的戏剧人才很难得。以前挑演员，声音、条件、形象都要挑。另外，演戏要有悟性、要有心。戏剧的表演需要慢慢地磨炼，能坚持下来。也要有好的环境，给他们充分的角色和机会多演戏、多锻炼。

如果想传承好，应该办个学校，最起码可以办些培训班。一方面学员来源广泛，另一方面方便传习。单个传授也可以，但不是长久之计。要是有资金，就像粤剧院一样办个学校或者办个班，这样可以把老一代

---

① 本段所介绍的是 2016 年采访时的情况。

（演员）都动员起来，一起来传。

粤北采茶戏需要更多的重视和政策扶持。赣南有一些措施值得学习。他们有个艺校，办采茶训练班。赣南还有一批一批的老艺人，不管退休了也好，没退也好，他们都集中起来研究，等团里演出一回来，就有新的戏出来给他们练，给他们学。赣南采茶戏是大剧种，在当地的地位相当于我们的粤剧。

我们毕竟还是一个小剧种，在广东的一个角落，自身条件有限，所以受局限。现在粤北采茶很孤单的，它有四个角色，有丑、生、花旦、彩旦。现在只有一个小旦（花旦）行当有传承人，其他角色都没有传承人。演整个戏的话我可以帮忙，但不是整个套路都理得起来。所以我们这个剧种，肯定要多几个这方面的人。这几十年，我发觉自己积累的表演经验的来源包括几支：我们吸取了一些老艺人传下来的采茶戏的特点；赣南的东西我们很接近，大同小异，我们也吸取了一点；还吸收了别的剧种一点东西，这样自己慢慢琢磨出来。

我们也需要更多的政府和社会的扶持。一些统筹组织的工作需要政府来牵头。作为国家级传承人，这几年我尽量去跟人打交道，但是跟学校等单位的联络，需要政府出面。目前韶关建立了一个传承中心①，也是很好的消息，可以充分利用起来，开展传承工作。这几年我年年去南雄搞集训，都是他们的相关政府部门来安排。他们有热情，去组织了，我尽我的能力来传。只要人家用得上的，我都会去。

另外，采茶戏也缺少观众，要培养观众。观众的流失是一个很大的问题。不过我们先要演起来，把传承的工作做好，来吸引观众。

王：经过这么多年的积累，您认为采茶戏可以向其他剧种、其他艺术样式学习什么？又应该保持哪些要素？

吴：很多东西应该向其他剧种学习。很多套路要规范，例如说动作、表演，因为毕竟是小剧种，演大戏虽然能演出来，但还是在深度上有所欠缺。这些方面要向大剧种学习。

要保持住地方的东西，首先就是客家话了，其次就是矮子步、袖筒、

---

① 2015年，韶关市采茶剧团一度停止演出和解散。2016年5月，在多方努力下，"韶关市粤北采茶戏保护传承中心"成立，粤北采茶戏又有了自己的传承和演出队伍。

扇子这三个特点，再次还有它的曲牌音乐；在表演上，它也是有独特的东西，比如小丑、彩旦各有自己的特色。

　　王：请您回顾几十年的采茶人生路，做一个总结吧。

　　吴：我在剧团几十年，是很幸运的。我能够担当大梁，一个是运气好，当然也下了一点苦功。另外也碰上了一帮舞台好姐妹，她们帮了我不少。比如下台赶妆，不用叫，马上来帮忙，有点什么事就互相关心、互相帮忙。我们团互相之间很关照。另外，我这一辈子能演上几个大戏，也碰上几个好导演，这很难得。你喜欢搞这一行，很难碰上好老师。团里面每次比赛，都从外面请导演。其他方面也有一些老师，对我也挺关照的。我13岁就到剧团了，是采茶剧团把我养大的。来的时候不知道是搞什么，也没有恒心。唱戏吧，开始感觉一般；歌舞吧，挺喜欢，后来是慢慢地搞上这一行，看到观众的热爱。有人说"采茶很土的"，就算是再土，我们觉得好像也没这个想法了，对它是热爱的。不改行，也是因为这个热心。搞的时间长了，待了几十年，对这一行业确实是有感情了。

　　王：您对年青一代采茶人寄予怎样的期望？

　　吴：希望当然很多喽。很希望他们能够接上班，也希望他们有心传承下去。这毕竟是几百年的历史流传下来的，是我们韶关地区特色民间戏。如果丢失了，我们广东就损失了这样一个特色的东西。我希望年轻人能把它继承下来。

　　王：吴老师，感谢您与李老师接受今天的采访，也谢谢陈老师一直给予的帮助和支持。希望这篇采访刊出以后，能够唤起更多人关心和支持粤北采茶戏。

后　记

　　与笔者之前对于一位著名演员的设想有所不同，吴老师性格偏于内敛，不事张扬。继续接触之后发现，吴老师是一位格外的有心人。她在讲述自己的艺术成长历程时，经常提到自己在默默地观察、揣摩；谈起粤北采茶戏，脉络非常清楚，话不多，却都讲到了要点；而与笔者结识之后，她也在关心着笔者的成长。吴老师演戏被评价"别有一番味道"，而她的经历也说明，成为一名好演员的道路并非千篇一律。《人生路》是粤北采茶戏的一部里程碑式的作品，也是吴燕城老师的代表作，而她也一直走在粤北采茶戏相伴的人生路上。这条路虽然艰辛，但她在言谈之间是幸福的，她也希望，有更多优秀的年轻人能够选择采茶人生路。

第四编

传统音乐

西北花儿的研究保护与学界的学术责任[*]

赵宗福

摘　要：保护西北花儿等带有表演性质的程式化的遗产，不仅要求学者学习和运用先进的理论与方法，更新学术观念，还应该深入花儿存活的文化传统实际，解密花儿口头传承的普遍的内在机制，挖掘出各地区各民族花儿口头传承的个性价值，从宏观和微观上全面准确地理解和把握花儿，进而在非物质文化遗产的保护中真正发挥学者应有的参与层次和学术功能。

关键词：非物质文化遗产　保护　专业学者　学术责任　花儿

中国的非物质文化遗产保护，以其规模宏大的政府行为引起了全社会的关注。尤其是与民间文化相关的诸学科似乎因势得宠，一大批学者自觉或不自觉地参与到了非物质文化遗产保护的时代潮流中，成千上万的专业学者兴致勃勃地高谈阔论遗产保护。诚然，大批专业学者在非物质文化遗产保护方面的参与是功不可没的，也是非常必要的。因为没有他们的参与策划、论证乃至主持把握，这项伟大的事业十有八九会搞得不伦不类，非但不能得到有效的抢救保护，反而有可能因非专业的行为使文化遗产的前景更加恶化。但是，相关学科的专业人员一窝蜂地都去做"宏观指导上的伟人"，靠着手头已有的资料，谈理念、做规划、发号召令，做指挥官，也未必是一件好事。在笔者看来，在非物质文化遗产

---

[*] 原文刊于《民间文化论坛》2007年第3期。

的保护中，我们既需要高层次、大手笔的指挥者，更需要大量的、有专业素养的具体工作者。也就是说，更多的专业学者需要在具体的非物质文化事象上深入实际，做一些扎扎实实的田野工作和理论研究。唯其如此，才能真正实现非物质文化遗产抢救保护的战略目标。基于如上思考，本文将以花儿目前的存活状态和与之相关的学术缺憾为个案，讨论非物质文化遗产的抢救保护与专业学者的学术责任问题，以求表达本人对非物质文化遗产保护的一些观念。

一 "非物质文化遗产保护"形势下的花儿研究

在中国非物质文化遗产抢救保护的大背景下，对花儿及其花儿会的调查研究也呈现出了很好的形势，不仅花儿流行的青海、甘肃、宁夏、新疆等地区的学者特别关注花儿的田野调查、编纂与研究，而且东部地区的学者也十分热衷花儿的田野调查和文本研究，甚至美国、日本等国外的学者也来到西北研究花儿。半个世纪来，还形成了花儿研究的三次高潮，即20世纪50年代末60年代初对花儿源流的讨论，改革开放后对花儿的全面研究，近年来用新理论、新方法提升花儿的学术研究层次。值得注意的是，近年来一批博士生、硕士生参与到花儿田野研究的队伍中，因其独特的专业性和崭新的理论视角，其成果更显得卓尔不群。[①] 与此同时，一批对花儿素有研究的专家学者参加了非物质文化遗产的抢救保护工程。这是可喜可贺的。花儿为何在众多民歌中受到如此重视？因为花儿作为多民族共享的非物质文化遗产，是西部民歌乃至中国民歌中属于标志性的口承文艺，是最富有艺术欣赏价值、学术研究价值的民歌。关于其价值，可以从以下几方面来看。

1. 多民族共同用汉语演唱花儿，体现出民族亲和、兼容共存的精神。花儿流行于中国西部6省区和9个民族中间，地域之广，民族之多，在中

---

① 如兰州大学博士生李雄飞的《河州"花儿"与陕北"信天游"文化内涵的比较研究》、西北民族大学博士生闫国芳的《乡土社会视阈下的花儿研究》、青海师范大学硕士生李言统的《中国民歌的口头传统研究：以"花儿"和〈诗经〉的程式化比较为例》、青海民族学院硕士生阿进录的《一种地方文化的人类学解读：河湟花儿艺术论》。

外民歌中是极为罕见的。特别是这 9 个民族中，既有信仰儒释道的汉族，又有信仰藏传佛教的藏族、土族、蒙古族、裕固族，还有信仰伊斯兰教的回族、撒拉族、东乡族、保安族。大部分民族有自己的民族语言，其中藏族、蒙古族还有自己的文字。这些民族语言不同，宗教信仰不同，风俗习惯也不相同，但是他们都共同用汉语演唱花儿，体现出了一种民族亲和、兼容共存的内在精神。这种内在精神在甘青地区体现得尤为突出。世界上没有任何一种民歌像花儿这样被如此广阔的土地上 9 个民族共同拥有、共同喜爱。例如信天游主要流行于陕北地区的汉族中间，即使把它和蒙汉调视为一种民歌的不同流派，也只是流行在陕北、山西和内蒙古南部的汉族和蒙古族中间。至于许多少数民族中的民歌往往只在本民族中流行。

2. 独特的民歌形式表现出民间口承文化具有无穷魅力。花儿，特别是流行于青海地区的河湟花儿，不但从歌词的结构、韵律等方面体现出极强的口头程式，而且形成了在中外民歌中罕见的独特的表现形式。如歌词的整体结构是典型的"扇面对"（即使歌词句子拓展到十几句，也概莫能外），单双句遥遥相对应；单句单字节奏结尾，双句双字节奏结尾；押韵形式上除一般民歌采用的通韵方式外，经常采用交叉押韵的方式，而且单句押平声，双句押仄声；同时不论单句还是双句，都常常押重韵。这些奇特的格式韵律除了在《诗经·国风》中见到外，在世界上任何民歌中都找不出可以相媲美的。这使花儿具有了独特的艺术魅力，也显示出了其在中外民间文化史上无可替代的艺术价值和学术价值。

3. 丰富的音乐曲调表现出多民族音乐交融却又保持各自特色的民间艺术价值。花儿的曲调丰富多彩，20 世纪 90 年代搜集到的有 100 余种，目前已经丰富到 200 个曲令。它们虽然以高亢悠扬为主，但也不乏轻松愉快或委婉细腻的曲令。根据专家研究，这些曲调有些是直接继承了中原宋元文化，有些则是在河湟地区多民族音乐文化的土壤上新生的。所以，这些曲调都有着自己的旋律特点和音乐特色，但是由不同的民族歌手唱出来则又有其本民族的特色，同时不同的民族往往擅长于某些曲调，如土族的《梁梁上浪来令》《绿绿儿山令》《杨柳姐令》，撒拉族的《撒拉令》《清水令》《孟达令》，回族的《马营令》《河州令》《川口令》，汉族的《尕马儿令》《水红花令》《白牡丹令》，等等。这些具有异质文化意味的音乐现象，对研究多民族民间音乐的相互交融和衍生、再生状况有重要的学术价值，也对大力发展民族民间音乐文化有着重要的借鉴意义。

4. 包罗万象的内容表现出丰富的文化蕴藏及其研究价值。花儿来自各民族活态的日常生活生产，多民族丰富的生活现实决定了花儿内容的丰富性。花儿以情歌为主，生动地表达了不同民族不同群体乃至不同个体的复杂情感，对研究民族社会心理、民众情感模式有直接的参考价值。花儿的比兴句涉及的民众知识更是无所不包，据有的学者概括，大致上可分为60个方面，称之为地方性知识的百科全书是当之无愧的。另外，花儿作为一种区域性的民歌，语言上主要使用河湟方言，同时也夹杂了大量的藏语、土语、撒拉语等民族语言词汇。当地民众把这种使用多民族语言的花儿叫作"风搅雪花儿"。这些对研究方言和民族语言以及民族文化间的相互交融也是难得的材料。

5. 众多庞大的花儿会表现出的民俗旅游资源和民俗文化价值。青海东部以及甘肃的一些地方有数十场具有悠久传承历史的花儿会，一般都有数万人参加，多的可达到二三十万人。参加者包括各地各民族群众，届时云集一处，对歌数日。如果把各地的花会联结起来，足足有五个月时间，被一些学者称为"诗与歌的狂欢节"[1]。这样庞大的文化空间在世界上也是不多见的。它的民俗文化学学术价值以及文化旅游价值不说自明。

正是这些无可替代的独特价值，确定了花儿是西部民歌的标志性口头文艺精品。当然，从实际影响看，陕北信天游在国内外的影响要比花儿大一些，特别是在官方演出文艺中，信天游简直就是中国民歌的代表，这与陕北是革命圣地和文艺的政治化需要有着直接的关系。然而从纯学术的角度比较，两种民歌各有千秋，但花儿的实际内涵更为丰富。

但是，如此美妙瑰丽的非物质文化遗产在知识经济全球化的大势下，却处在濒危的状态。花儿是"张口就来，闭口即无"的口头文艺，而花儿会则是民间自发进行的以演唱花儿为主的歌节。在现代文化的冲击下，

---

[1] 柯杨：《花儿会——甘肃民间诗与歌的狂欢节》，《中国典籍与文化》1997年第3期。

其脆弱的生态环境遭遇了无法回避的空前困境。部分古老的花儿由于抢救不及而消失，有影响的歌手大多年事已高，年轻人又忙于外出打工挣钱，倾心新潮文化，不再热心花儿的系统传承，民间文艺后继乏人，传承链条已残缺不全。花儿会的空间日趋狭小，规模也日趋式微。尤其是一些历史悠久、影响面大的花儿会有逐渐冷落甚至停顿的趋向。而一些走了样的"洋"花儿正在以其强势的传媒手段逐渐成为主流，由城镇向乡村浸染，大有取代传统的原生态花儿的趋势。固然，花儿以再生态甚至新生态的形式适应社会发展形势，得到年轻人们的认同，并非完全是坏事，但也绝不完全是好事，长此以往，传统的花儿及其花儿会将不复存在，我们再也听不到原汁原味的花儿，看不到民俗意义上的花儿会。

花儿的这种存活状态，引起了民间文化工作者和政府的重视。在2005年申报首批国家级非物质文化遗产代表作的过程中，甘肃省康乐县的莲花山花儿会、岷县二郎山花儿会、青海省大通县老爷山花儿会、互助县丹麻土族花儿会、民和县七里寺花儿会、乐都县瞿昙寺花儿会以及宁夏回族山花儿会等一批花儿会就获得了文化部的推荐。花儿得到这样高规格的政府荣誉和强有力的保护措施，无疑是一次千载难逢的抢救保护机遇。

二　蒙古族不演唱花儿吗

然而在美好机遇到来、我们兴奋地要进行抢救保护的时候，作为一个专业学者，笔者不禁发出这样的疑问：我们对花儿的基本情况已经掌握了吗？如果连基本的家底都还不清楚的话，又怎样进行有效的抢救保护呢？

对这样的疑问，有人会认为：近一个世纪的花儿研究历史，那么多的学者出版发表了许许多多鸿篇巨制的论著，难道连基本情况还不清晰？而不幸的是事实偏偏如此。比如花儿流行的民族，习惯的说法是八个，而这八个民族中并没有蒙古族。笔者也曾这样认为过，笔者在1989年版的《花儿通论》中曾对花儿做过这样一个定义："花儿是产生和流行于甘肃、青海、宁夏以及新疆等四省区部分地区的一种以情歌为主的山歌，是这些地区的汉、回、土、撒拉、东乡、保安等民族以及部分裕固族和藏族群众用汉语歌唱的一种口头文学艺术形式。"①

对这一概括,从20世纪90年代以来出版的图书和网络文章屡屡袭用,即普遍地说:花儿流行于甘青宁新四省区八个民族中间。这似乎已经是一个不易的定论。当笔者在一些场合建议花儿流行的民族中加上蒙古族时,很多人并不认同,有人甚至坚定地说:蒙古族不唱花儿!

蒙古族真的就不演唱花儿吗?否。

根据笔者在河湟地区的田野调查和历史研究发现,花儿还较广泛地流行在青海东部的蒙古族中间,歌唱的人口有二三万人之多,而且传承的历史还很悠久。这部分蒙古人大致上分为两大部分三支。第一部分是平安、乐都等县的东、西两个祁土司的后裔。他们的祖先在宋末元初时从蒙古草原随成吉思汗大军进入青海,明代初年投诚明王朝,其首领被分别封为士官土司,成为地道的青海世居民族,其子孙繁衍生息,大多汉化。

其中,东祁土司始祖多尔只失结,原是蒙古西宁王宗亲,洪武四年(1371年)归附明朝,以战功封为西宁卫指挥佥事,其子孙世代忠于明清王朝,历代土司中出过不少高级将领,如祁秉忠曾任提督蓟辽左都督,与努尔哈赤大军鏖战于东北战场,以身殉国,明清两朝皇帝均敕封谥号,《明史》有小传。祁秉忠的孙子祁伯豸、祁仲豸兄弟在平定三藩之乱中屡建战功,颇受清廷赏识。民国时期该家族已有三千人之众。

西祁土司始祖祁贡哥星吉,是蒙古族的另一地方势力首领,洪武元年(1368年)归附明朝,封为土官,后世历代土司忠于明清王朝,官至总兵、副总兵的代不乏人。清末时该家族已有八百余户六千多人。

这两个蒙古族的祁土司家族,从明代中期开始就逐渐汉化,到清末时已经完全汉化,其庄园(土司衙门)的建筑装潢、家族谱牒、祭祀仪式以及追求功名的方式,与当地汉族家族毫无二致。因此,他们长期与当地汉、土、回、藏各民族和睦相处,花儿是该蒙古民众生活中不可缺少的,我们多次聆听过他们美妙的演唱。

青海东部还有一部分蒙古族,就是靠近海北州牧区的湟源县巴燕一带的蒙古族。这部分蒙古族是明末从新疆进入青海的和硕特蒙古后裔。

---

① 赵宗福:《花儿通论》,青海人民出版社1989年版,第24页。

其始祖是固始汗的孙子札萨克辅国公，属于青海蒙古二十九旗中的南左后旗，游牧于海北州的海晏县南部和湟源县西南一带。民国时期约有一百五十户，后来逐渐农业化，与当地汉藏民族杂居，生活上颇受汉文化影响。目前人口在万人左右，花儿是他们最喜爱的民歌。笔者曾经访问过当地居民，他们对花儿的热衷坦言不讳，一些中青年几乎都能随口唱上几句。

如此众多的蒙古人几百年来歌唱花儿，却被花儿研究者们长期以来视而不见，论述花儿流行的民族时忽略不计，这实在是令人拍案叫冤的憾事。

其主要原因是：首先，人们一说起青海蒙古族，自然而然地想到的是海西蒙古族藏族自治州的蒙古族。因为这部分蒙古族人口将近 8 万人，占中国蒙古族总人口的 1.45%。他们具有相对独立的聚居地，有自己传统的民族口传文化，与青海东部民族在地理上不接壤，日常交往也不多，因此的确不唱花儿。但是海西蒙古族又是青海蒙古族的主体，于是人们因为容易重视主流而忽视非主流的思维惯性，就习惯性地以海西蒙古族替代了青海蒙古族，把青海东部农业化的这部分蒙古族弃之不顾了。

其次，青海东部的蒙古族由于汉化较早，20 世纪开始在生活文化形态上与当地汉族没有多大区别。在对他们进行民族认定时，许多蒙古族后裔被认为是汉族，久而久之，连他们本身也往往自以为是汉族。直到近些年才陆续恢复为蒙古族。

因此，许多介绍青海蒙古族的文章、著作乃至于地方志，往往一字不提青海东部的蒙古族。这样的社会现实和学术背景，导致花儿的研究者们也就记不起蒙古族了。

当然，花儿研究上出现这样的低级错误，不能统统归罪于其他领域的学者，更应该检讨我们自身学术修养的不足与田野调研的不够。如果大家不仅仅坐在安乐椅上著书立说，而是真正深入花儿存活的民间现实中去，就不会出现这样的大疏漏。

因此在今天，我们对花儿的基本概念不得不做出修正：花儿是流行于西北甘青宁新四省区，汉族、回族、土族、撒拉族、东乡族、保安族以及部分藏族、蒙古族和裕固族等九个民族的民众用汉语歌唱的一种民歌。

由此也可见，尽管已经出版了几十部花儿选本和研究花儿的著作，发表了上千篇有关花儿的论文，涌现了一批"花儿研究家"，有的学者甚至提出了建立"花儿学"的学术构想，但是，我们连有哪些民族在唱花儿还没搞清，如何能真正把握花儿的民族属性呢？又如何能去抢救保护多民族共享的花儿遗产呢？作为专业学者，在呼吁和参与非物质文化遗产保护的同时，更应该发挥自己的专业优势，深入田野，首先要真正全面地掌握花儿的基本情况，准确把握花儿的民间存活状态。

三 各地花儿会的文化个性都是一样的吗

清楚了花儿存活的民族基本状况之后，是否就算全面把握了花儿呢？问题是花儿流行于如此广大的土地上、如此众多的民族中，尽管都是花儿或花儿会，但各地区各民族的花儿不尽相同。如果忽略了它们的文化个性，用普泛化的理论框框总结花儿或花儿会，同样会漏洞百出，或不得要领。多年来的花儿研究，基本就是如此。以这样的学术认识去指导或主持抢救保护花儿和花儿会的工作，其结果是令人担忧的。显然，这样的责任不在其他人，而恰恰是我们这些专业工作者。

为了说明这一问题，下面以青海互助县丹麻花儿会、大通县老爷山花儿会、乐都县瞿昙寺花儿会、民和县七里寺花儿会为例来看。这四个花儿会都是在河湟地区影响很大的花儿会，都进入了国家推荐的首批国家非物质文化遗产代表作名录。但是在"申遗"初期，对四个花儿会的文化个性却不甚明了。它们都是河湟地区有名的花儿会，从普遍的活动表现形态和社会功能看，都是多民族参加的民俗盛会，都是集花儿演唱、文化交融、商贸交流于一体的集会，同时又都面临着即将衰微消亡的危险。如果说四个花儿会是一样的，那只能从中产生"一个代表作"；而取一舍三，则又深感遗憾，因为似乎"一个也不能少"。相关人员都觉得这四个花儿会各有不可替代的文化个性，但就是说不出个所以然，因为以往学者们的论著中，所有花儿会的特点似乎都是一样的，难怪难住了申遗文本的制作者。

其实把四个花儿会放到一起稍加比较，不可否认的是，作为花儿会，其社会功能价值是基本一样的，在当地社会中发挥着青年男女社交、民族文化交流、民间物资交流、丰富民众生活、构建和谐社会等多重功能。但从深层次分析，就可以发现各花儿会迥异于其他花儿会的文化个性。试分别举其要者。

1. 互助县丹麻花儿会。丹麻在互助土族自治县丹麻镇政府所在地，是土族聚居的山区。每年的农历六月十三在这里举行花儿会，历时五天，是互助县规模宏大、影响很大的一项民族歌节活动。其文化个性是以下几点。

（1）独特民族的花儿会。土族是青海省独有的少数民族，主要聚居在互助土族自治县，此外在民和县、大通县、同仁县等地也有聚居。但以土族为主的花儿会主要集中在互助县，而丹麻花儿会是土族花儿会中规模和影响最大的花儿会，因此丹麻土族花儿会是花儿会中独具土族民族特色的花儿会。

（2）独有的花儿曲令。丹麻花儿会上演唱的花儿曲令大多是土族独有的，如《绿绿儿的山》《梁梁上浪来》《阿柔洛》《兴加洛》等。与汉族和回族花儿相比，更加古朴悠长，民族韵味浓郁。因此就其音乐来讲，丹麻花儿会在花儿会中也是独树一帜。

（3）多民族文化交融的盛会。丹麻花儿会的主要参与者是土族，但周边乡村的汉族、藏族、回族等民族也会届时赶来参加，和土族群众一起载歌载舞，你唱我和，呈现出一派民族友好、其乐融融的氛围。正是如此的民族友好盛会，使得该地区的民族和睦相处，共同发展，在构建和谐社会方面发挥着良好的功能。

2. 大通县老爷山花儿会。老爷山在青海省大通县城所在地，是青海东部地区著名的风景区。每年农历六月初三到初八在山上举行的花儿会，是河湟地区最具规模、最有影响的大型花儿会。由于该花儿会是在当地民间信仰仪式"朝山会"的基础上形成的、多民族参与的民俗文化盛会，其文化个性和文化价值十分突出。

（1）道教信仰与民间信仰、民间文艺共存。老爷山最早由于道教建筑而著名，于是出现了道教与"准道教"信仰的民众积极参与的大型信仰仪式"朝山会"，接着由于世俗化又出现了"花儿会"，迄今还保留着这样的二者共存状态，老爷山花儿会具有了浓郁的道教信仰和民间信仰色彩，这是与河湟地区其他花儿会迥然有别的，从而使老爷山花儿会具有了民间信仰与民间文艺密切相连的文化学价值，值得学界关注。

（2）青海东部最大的花儿会。青海东部农业区每年有十几场较大影响的花儿会，而老爷山花儿会则是其中规模最大的盛会。历时五天，有20万左右的群众参与。这些群众除了当地的外，还有方圆百余里的城乡歌手和游客；除本县的参加者外，还有如西宁市、湟中县、互助县、湟源县的歌手和游客。而在其周边地区还形成了一批"卫星"式的小型花儿会。如此规模，在众多花儿会中显得十分突出。

（3）多民族共同参与的文化交融。老爷山花儿会规模大、参与人数多的原因之一，就是众多民族的共同参与。参加老爷山花儿会的民族主要有汉族、土族、藏族、蒙古族、回族等，包罗了青海六个世居民族中的五个，此外还有为数不少的其他少数民族群众。这些民族语言不通，信仰不同，但在老爷山花儿会上都用汉语歌唱花儿，相互交流，共同提高。其多元文化交融互存的价值就不言自明了。

（4）独特而丰富的花儿曲调。据初步统计，在老爷山花儿会上演唱的花儿曲调将近100种，其中相当一部分是当地独有的曲令，如《老爷山令》《东峡令》《长寿令》《梦令》等，而且就这些曲令的来源还都有着美丽悠婉的民间传说，使得老爷山花儿会更加具有了文化意蕴，在民族音乐研究方面有重要的价值。

3. 乐都县瞿昙寺花儿会。这是河湟地区花儿会中有较大影响的大型民俗活动。花儿会以名刹瞿昙寺为中心，每年农历六月中旬进行，参与者以当地藏族和汉族群众为主。花儿会以其悠久的历史文化和独特的民族民俗风情，形成了自己的文化个性。

（1）佛教民俗信仰与民间文艺的共存性。瞿昙寺是明朝皇帝为藏族僧俗赐建的寺院，仿照故宫建筑，当地有"去了瞿昙寺，北京再甭去"的谚语。但是僧人多为藏族，是汉藏文化合璧之典型。因此当地群众以此为信仰中心，逐渐形成了聚会性的佛教信仰活动，演化成了大型花儿会。瞿昙寺花儿会始终与这种汉藏合璧式的佛教信仰共存，使得花儿会具有了浓郁的佛教信仰和民间信仰色彩，这是与河湟地区其他花儿会最大的区别点，值得从宗教社会学和宗教文艺学的角度予以研究。

（2）深厚的民族民间文化底蕴与花儿会的生成关系方面的独特性。乐都县是河湟地区有名的"文化县"，而瞿昙镇是被文化部命名的"中国民间艺术（花儿）之乡"、青海省文化厅命名的"特色文化乡"，瞿昙寺花儿会正是自这样的土壤上生成并传承的。因此，研究大型民俗活动与地方文化系统的关系，瞿昙寺花儿会无疑是最好的典型个案。

（3）独特的花儿音乐曲调。瞿昙寺花儿会是当地独有的文化土壤上生成传承的非物质文化，与他地不同的历史文化、民族欣赏习惯，造就了一批本地独有的花儿音乐曲令。如《碾伯令》就是以当地碾伯镇命名的花儿曲令，此外如《水红花令》《尕马令》《沙雁儿绕令》《马营令》等，都是瞿昙寺花儿会上最为流行的曲令。

4. 民和县七里寺花儿会。民和回族土族自治县古鄯镇境内的七里寺峡，以其原先有七里寺而得名。每年农历六月六，汉、回、藏、土族等民族的六七万群众，聚集一处，载歌载舞，漫唱花儿，其乐融融。该花儿会由于独特的人文地理环境和民俗活动形式，个性非常鲜明。

（1）民间歌手的非物质文化摇篮。这里先后涌现出了一大批驰名西北乃至全国的花儿歌手，如马俊、索南孙斌、张存秀、吕晓明、李永盛等，他们均在全省乃至全国文艺调研或民歌大赛中屡获大奖，在民间享有很高的声誉，有的被称为"花儿王子"，有的被称为"花儿公主"。如此集中地涌现著名歌手的花儿会，在河湟地区还不多见，因此七里寺花儿会与民间著名歌手的关系，是值得深入研究的。

（2）山水名胜与民俗空间的谐调。七里寺早已名存实亡，而其地则以风景秀丽著名，尤其是药水泉更是以具有多种医疗功能而被民间信奉。平日慕名而来饮取泉水的就络绎不绝，花儿会时参加歌会和饮取泉水的群众就更多，从而使花儿会与药水泉之间产生了一种相互依赖的关系，山水名胜为歌会提供了民俗活动的特别空间。

（3）民间思想史的演化史语境。七里寺虽然不复存在，但由民间信仰演化出的花儿会依然红火，对一些与会的群众来说，至今也不乏信仰的因素（包括对药水泉的崇拜）。这就为我们研究西北民间思想史提供了理想的田野个案。

（4）独特的民俗文化圈。七里寺花儿会虽然以当地群众参加为主，但由于其特殊的功能价值，在周边地区也很有影响。届时，民和、乐都县以及甘肃一些县市的群众也来参加。由此可以研究民俗文化影响圈的形成及其多重关系。

通过对不同花儿会文化个性的分析,我们可以初步认识到这四个花儿会不同的文化价值意义,进而明确抢救保护应该抓住问题的核心,遵循民俗文化个性,抢救保护措施要有针对性。也只有这样,方能真正保护好我们的非物质文化遗产。而研究同一类型的非物质文化遗产时,必须放弃那种不分对象大而空的笼统概括,而要做大量艰苦细致的工作,重在把握其文化个性。这一非常吃力的苦活,恰恰就是专业学者的学术任务。

四 花儿的口头传统与抢救保护

花儿作为典型的非物质文化遗产,我们也就不能不特别地关注其口头传统的学术研究,但可惜的是到目前为止,从口头程式理论以及表演理论角度研究的成果微乎其微。这样的学术研究取向,不利于科学的抢救保护工作,因此也就需要对此做出特别强调。

花儿在几百年来的传承过程中,基本上是依靠口头传承,形成了一套内在的创造演唱机制。正是凭借着这种口头传承机制,使这种非物质文化及其知识体系和价值观念得以继承和发扬。进而言之,花儿的这种口头传统还不是孤立存活或空穴来风,而是在中国民歌口头大传统影响下生成发展的,也就是说有着更为深远的历史传统。

程式化的创编和表达方式,是中国民歌乃至世界民歌的一大传统。比如相近甚至相同的句子、相同结构的句式、比兴稳定的意象,在同一种民歌的不同诗篇中反复出现,这是因为民间歌手们在口头文化的传统熏染下,对这些祖辈相传的句子、句式和特指的比兴意象不但非常熟悉,而且运用自如,在现实的创作演唱中根据需要即兴记忆和拼装,生成新的作品。歌手们编唱的成功的新作品,似新似旧,自然地继承了自己的文化传统,传递了固有的思想观念和审美取向,同时又有使人耳目一新的表达意境,受到听众的欢迎和传播。

花儿的口头传统就是如此。这里仅仅从花儿歌词的扇面对结构来看看花儿的结构程式传统。一首花儿分为两半部分,前两(三)句和后两(三)句相对称,形成了一种较为少见的"扇面对"结构,尽管这种扇面对还相对宽松,与文人诗词的扇面对有一定差距,但也使得花儿在形式上显得非常整齐协调。当然，形成这种结构的主要原因是受花儿音乐结构的限制，因为花儿曲式在结构上是上下两句式，即两个乐句组成一个乐段，一个乐段只能演唱一首花儿的一半。因此在花儿的实际演唱中，用一个完整的乐段唱完歌词的前半部分后，再重复一次乐段，唱完后半部分歌词。这种音乐结构使得花儿歌词不得不严格地分为前后两半，并且前后要相互对称，从而使花儿歌词呈现为奇妙的扇面对形式。

当然，用一个乐段演唱若干段歌词的民歌并不罕见，如藏族民歌"拉伊"往往是三段式，即用一个乐段演唱三次才完整地唱完一首"拉伊"；而大家熟知的信天游则可能用一个乐段演唱多次方能表达一段相对完整的意思。如："一道道山来一道道水，背起个那干粮看我的小妹妹……"但是为什么拉伊也好，信天游也好，扇面对结构都没有花儿这样明显呢？从句子的节奏和押韵形式来考察，就会看出它的奥妙。

首先从句子节奏说，初看，四句（六句是一种延伸形式，暂不论）花儿歌词似乎也是民歌中常见的七字句式，一般分为三顿，如："尕马儿/拉到/柳林里，柳林里/有什么/好哩？""两朵/牡丹/一条根，绿叶子衬红花儿/红者个/破哩。"但是，它的句子节奏与一般民歌不同的要害在于，单句的最后一顿是单字结尾，双句的最后一顿是双字结尾。在一首花儿中，单字尾、双字尾交叉出现，从而使它的歌词韵律大大不同于一般民歌，前两（三）句和后两（三）句一呼一应，一张一弛，既对仗又工稳，强化了扇面对的表现形式。

其次从押韵形式说，花儿的扇面对还在韵脚上表现得淋漓尽致、出神入化。花儿的押韵方式中最典型的是通韵、间韵、交韵三种，其中最典型的是交韵。以四句式花儿为例，一三句押一个韵、二四句押一个韵，遥相呼应，音乐感极强。如：

　　日头儿落到石峡里，包冰糖，要两张粉红的纸哩；
　　哭下的眼泪熬茶哩，好心肠，为我的花儿着死哩。

如此的交韵方式在各民族民歌中十分罕见。此外，还有两个在其他民歌中不多见的押韵特点。一是复韵：一般来说，双句（六句式则是三六句）的押韵往往不在最后一个字上，而是押在倒数第二个字上，甚至可能押在更往前的字上，如：

蜘蛛儿拉下的八卦网，苍蝇儿孽障，碰死者嘴边里了；
尕妹是凉水着喝不上，阿哥们孽障，渴死者水边里了。

二是平仄相间：花儿如果使用交韵，那么单句一般就会押平声韵，双句则会押仄声韵。这样的韵律加上悠扬婉转的两句式曲令，花儿那美妙回环的音乐真是尽善尽美了。而在这样的整体结构中的许多句子也是程式化的。如经常用"山里的""大河沿上""石崖头上的"等开头组建句子，形成了一群雷同的句丛。如根据有人统计"山里的"句式，"山里的"三字后边往往就是这些词组"麦子秆秆短""荞麦一片红""麦子种八石""豆儿正开花""老虎把山下""松柏冬夏青""松柏长得高""万花儿开红了""麻雀儿山里飞""野牛到处跑""野马红鬃项""树木万样花""万样景看不完""枇杷雀儿架"[①] 等。在歌手的实际编唱中，常常先用"山里的"开头，紧接着根据眼前的情景再把后边的相应词组接上去，便形成了一个完整的句子。依此类推，一首完整的花儿就被编唱出来了。但是根据民间讲述的"自证律"，故事讲述者、歌手的表达表演还时刻受到听众的监控，使他们的表达完全符合叙事的传统。由此看来，花儿的口头程式不仅仅是歌手自觉的规律，而且是文化群体制约下的必由之路。鲍曼在其代表作《作为表演的语言艺术》中说过："表演是一种说话的模式"，是"一种交流的方式"。因此他把民间叙事当作一个特定语境中的表演的动态的过程，是一个实际的交流的过程，特别关注民间文学文本在特定语境中的动态形成过程和其形式的实际应用。他还具体地指出了研究中应关注的问题：一，特定语境中的民俗表演事件；二，交流的实际发生过程和文本的动态而复杂的形成过程；三，讲述人、听众和参与者之间的互动交流；四，表演的即时性和创造性；五，表演的

[①] 李言统：《中国民歌的口头传统研究：以"花儿"和〈诗经〉的程式化比较为例》，硕士学位论文，青海师范大学，2006年。

民族志考察①。而这些问题又恰恰是花儿口头传统的根本所在，但被学界长期以来所忽视，由此也就导致了花儿的田野调查和学术研究中，仅仅注重歌手演唱书面文本，忽略了文化语境对花儿编唱和传承的重要价值，生灵活现的花儿变成了"书中干蝴蝶"，研究成果往往是脱离文化语境实际的臆想创作，乃至成了应景媚势的文字游戏。② 在这样的研究成果引导下进行的遗产抢救保护，其非科学性结果也就难免了。

综上所述，如何保护非物质文化遗产中那些带有表演性质的程式化的遗产，具体而言比如花儿的保护，是学术界值得深思的问题，而其中最主要的还是学界自身的学术责任问题。在大谈如何保护非物质文化遗产的理论和意义的同时，关键是更多的学者如何学习和运用先进的理论与方法，更新学术观念，并深入花儿存活的文化传统实际，既解密花儿口头传承的普遍的内在机制，又挖掘出各地区各民族花儿口头传承的个性价值，从宏观和微观上全面准确地理解和把握花儿，进而在非物质文化遗产的保护中真正发挥学者应有的参与层次和学术功能。

---

① 杨利慧、安德明：《美国当代民俗学的主要理论和方法》，载周星主编《民俗学的历史、理论与方法》，商务印书馆2006年版，第600—601页。

② 我们也欣喜地看到个别学者已经关注到这一问题，并开始把花儿放在文化传统的语境中进行考察，其中郝苏民先生的《文化场域与仪式里的花儿——从人类学视野谈非物质文化遗产保护》（《民族文学研究》2005年第4期）是值得注目的。

传统音乐与非物质文化遗产保护[*]

廖明君 杨民康

一 传统音乐的非物质文化遗产特性

廖明君（以下简称"廖"）：2003年10月联合国教科文组织通过了《保护非物质文化遗产国际公约》，如今在我国国内也形成了有关非物质文化遗产保护与发展的一系列政策措施。我知道你这几年仍然在坚持做田野考察工作，今天我们主要想结合这个工作实际，围绕传统音乐这一非物质文化遗产的保护与发展展开讨论。有关非物质文化遗产与物质文化遗产的关系问题，此前已经有不少学者提到过，这两种遗产是相对的概念，而且不同的国家、地区会有不同的概念和叫法。比如，我们去日本、韩国等国家和地区访问，他们称物质文化遗产为有形文化遗产，非物质文化遗产为无形文化遗产，或者叫无形文化财。这种区分，给人的感觉是两者既有区别，也互有联系。

杨民康（以下简称"杨"）：对，我也有此同感。这种分类的提法和标准源于国外学术界，他们在采取具体的保护和发展措施时，都比较注意对于有形（物质或非物质）文化遗产与无形（非物质）文化遗产二者文化性质及特点的区分。一般来说，有形物质文化遗产特有的有形性、稳定性及其带来的审美和文化价值的易判断性等特点，使这类保护对象具备了诸如单纯性和易保护性，以及对人文环境和现实社会的依赖性不

---

[*] 原文刊于《民族艺术》2008年第1期。

强等基本性质。在重视文化品牌（涉及文化价值认同）和文化的商品性的当今社会，开展这类有形文化遗产的保护与发展可获名、实、利兼收之效，较易获得外界持久的关注与认同。甚至于改革开放以来，越是一些以往因位于穷乡僻壤、交通不便而从未引人注意的"有形遗产"，如今却是"酒好不怕巷子深"，越是成为人见人爱的"香饽饽"，同时也因此受到了国内外各级政府、学界及社会各阶层的普遍重视。从此意义上看，无形性非物质文化遗产的保护和发展，是在保护和开发有形文化遗产获得成功的启发之下继之开展的。起因之一是要想对与有形文化遗产联系密切的那一部分无形文化遗产也开展相应的保护活动。这种想法和做法有些"爱屋及乌"的意思。但是，非物质文化遗产保护工作开展之初的一些模仿原有保护思路的做法，例如通过对"文化生态村"获利经营，来进一步开展自身的保护工作，经后来的实践证明是行不通的。显而易见的是，无形性非物质文化遗产相对于有形性物质文化遗产，具有无形性、样式不稳定性和由此所带来的复杂性、易变性，以及审美和文化价值的不易判断性、易受"语境"因素的影响干扰等特点。由于这类活动很难创造明显的经济效益，难以推向市场，只能更多依赖政府、民间和学界形成的共识和通力合作来理性地实施保护和发展措施。反过来讲，单靠民间、学界的共识和热情以及政府的政策和有限的财政支持，非物质文化遗产的保护和发展工作必然是一个理性的、持续的和长久的事业。在这种情况下，我们首先必须充分认识到目前在日益恶化的文化生态环境的影响下，对非物质文化遗产进行保护以及对其发展过程进行考察、记录和研究具有的重要性和迫切性。除此之外，出于我们大家共同身负着沉重的保护非物质文化遗产责任，以至还有必要对目前尚在持续升温的"申遗""展演"等热潮继续给予密切、冷静的关注，对其发展路向则应该保持某种审慎而务实的态度。

二 文化生态与传统音乐的保护传承

廖：文化生态已经成为非物质文化遗产保护最为重要的一个概念。国家有关部门也已计划在"十一五"期间建立若干个文化生态保护示范区。然而，文化生态应该是一个综合性的概念，在学理的层面上，相关学科对文化生态的观照也应该有不同的侧重点。具体而言，如今人们在谈论传统音乐这一非物质文化遗产的继承与保护时，往往也离不开有关文化生态的讨论研究。那么，讨论或反思民族音乐学与相关研究学科之间的关系和"文化生态"的样态问题，也应该是非常重要的。

杨：提到音乐的文化生态，它的理论学术原型应该在文化人类学，这就有必要谈谈由美国学者朱利安·斯图尔德在其老师博厄斯学说的基础上创立的文化生态学研究方法。此类方法把文化生态学解释为是分析文化与其环境的相互关系的科学，主要涉及这样几个方面观点：其一，反对单线进化论者将不同的文化纳入同一个发展轨道来讨论进化的问题；强调每一种文化都同自身的文化生态环境存在相互作用、互为因果的关系。其二，每一种文化都会在其生态环境的影响下衍生出相应的文化形态及发展线索。其三，文化适应涉及自然选择机制。一种文化中比较有适应性的特质其幸存频率越高，繁衍的频率也越高，这很大程度上是受到文化生态环境的制约。如今这个学科的新方法、新理论很多，但能够给我们较多学术灵感的仍然主要是这些基本观念。

但是，我们从音乐文化入手来谈文化生态问题，在所侧重的角度和层面上同一般的文化人类学或民俗学还是有所不同。以往，我们同文化人类学者的区别更多是体现在研究的层面上。比如说，我们两类学者可能会在民族志考察研究选题上巧遇，关注同一种族群文化，但他们更多会注重去考察这种文化的观念和行为层。而在我们民族音乐学者眼中，就首先会联想到其中同某种音乐表演艺术相关的文化亚层。除了关注观念、行为之外，还会更深入音声的层面，去看待三者之间的关系。所以，我们关心的对象内容更加具体和微观。但在近些年里，我发现人类学的研究观念有所转变，愿意关注文化亚层的学者逐渐多起来了，艺术人类学学科在国内出现和发展就是一个明显的例子。这里面，除了过去一直从民俗学角度关心民俗节庆中的表演艺术以及从民间文学角度关心口传表演艺术的学者之外，在舞蹈、民间美术、民间工艺等领域都出现了艺术人类学者的身影。当然，反过来说，在音乐研究领域，随着民族音乐学学科的影响越来越大，过去音乐学阵营中不关心人类学方法者，现在对之进行关注的也多了起来。这是一个非常好的发展趋势。

若具体地来谈传统音乐"文化生态"的样态，我认为应该参照文化生态学的方法，先对文化进行"型态"与"语境"（即生态环境）两类生态要素的区分，然后再做互补性的讨论。那么怎样去理解"型态"与"语境"之间的关系呢？这里可以用一句古话来加以形容："皮之不存，毛将焉附。"也就是说，"型态"对于"语境"，就像人的毛发是生长并依附于皮肤上那样，也是有依存性和附着性的。"语境"一旦消失，"型态"也就失去了生存的依据。就此而论，文化的型态变迁与生态环境变迁应该是两个既有区别又互相联系的概念。前者特指某种文化的本体要素或型态特质的改变，而暂时未把演唱的生态环境是否改变考虑在内；后者则不仅涉及音乐的本体要素（或型态特质）是否已经改变，而且要考察生存环境是否也一同遭到变异的整体生态状况。

廖：联合国教科文组织通过的《保护非物质文化遗产国际公约》心登上简称《公约》以及我国有关保护条例都认为非物质文化遗产应涵盖口头传说和表述，包括作为非物质文化遗产媒介的语言；表演艺术；社会风俗、礼仪、节庆；有关自然界和宇宙的知识和实践；传统的手工艺技能等五个方面。中国有关文化部门的相应文件中更是把这五个方面具体解释为民间文学、民间音乐、民间舞蹈、传统戏剧、曲艺、杂技与竞技、民间美术、传统手工技艺、传统医药、民俗等十项。其中的第二至六项都涉及《公约》所说的表演艺术，且大多涉及了传统音乐。很显然，这些与传统音乐有关的"表演艺术"，存在着一定的"型态"和"语境"的关系。

杨：是的。结合前面所说的"型态"同"语境"的关系来看，这里所说的"型态"应该是一个"活态"的概念。而与之相对的另一种"静态"的研究观念，则是以往所强调的、仅针对音乐型态或"音乐本体"进行的"解剖"式的分析比较。由此来看非物质文化遗产中的所谓传统音乐表演艺术，它不仅仅是指传统音乐中的音声形态本身，同时也包括表演行为和仪式行为等同音声形态相关的行为样态。并且，按照民族音乐学的观点，它们都被组织到了一个综合了艺术产品和种种行为方式的、艺术性或非艺术性的"表演过程"之中。若与"活态"的概念相接，这个"表演过程"同后面将提到的仪式或"仪式化"联为一体，这整个过程就好比一潭活水，"表演艺术"是水中鲜活的鱼群。作为研究者，我们是在"活水"之中观察活鱼的自然状态。比之而言，那种仅针对音乐型态进行的、纯粹静态的分析比较，恐怕就只能算是砧板上的解剖鱼尸了。

再强调一点，这里提到的"表演过程"一词是加上双引号的。也就是说，这是一个包括了艺术性与非艺术性两种情况的广义性概念。其中，"艺术性"是指狭义的表演性，而"非艺术性"更多是指仪式性。区分这两者的主要原因，是人们观念中的传统音乐，有时候是通过"表演"来展示，比如说演奏古琴、演奏广东音乐，或者表演戏曲、曲艺；而有时传统音乐却是被包含在仪式过程之中，比如说道教音乐、佛教音乐、基督教音乐，就像我们通常用"音声"来替代其中的"音乐"概念一样，把其中的"表演"理解为"演示"或"展示"似更确切。若把它们看作纯粹意义的表演或者"表演艺术"，就会是一种很勉强的说法。

说到在"活水"中观察"活鱼"的基本研究态度，有必要重提我曾在1992年出版的《中国民歌与乡土社会》这本书里提出过的一个观点，即可以根据发生学的观念，将不同社会发展阶段或不同环境条件下形成的各种民歌样态再次划分为"原生""次生""再生"等不同文化演生层次。这个问题后面还将再予涉及。

再说说"语境"，也就是同表演或仪式过程相关的文化生态环境。这里，我不得不暂时借用"表演艺术"这个概念，并且要结合前述"公约"里的一些相关事项内容来谈谈"型态"与"语境"二者的关系问题。

首先，传统音乐表演艺术的生存和发展与社会风俗、礼仪、节庆密不可分。某种表演艺术既可能是民间仪式、节日、庆典等集中的表演行为，也可能是商业化的戏曲、曲艺表演行为，还可能像日常的民歌传唱那样，纯粹是一种社会风俗行为，但它们大都涉及人们在特定文化氛围中开展的特殊的集体文化活动或社交行为，也就是一种个性化的生活方式。广义地说，也都同仪式或"仪式化"的概念有关。在实际生活里，这类同"型态"最贴身的"语境"因素，将会随着"型态"的时空转换，就像影子一样在不同的舞台上，作为虚拟的原生场景不断重现。因此可以说，一种传统音乐表演艺术的存在和传承，最离不开的就是仪式或"仪式化"环境条件所起到的维护作用。举例来说，在同日本、韩国及中国香港、中国台湾地区佛教界的多次互访中，我们彼此为对方举行了很多佛教音乐展示活动，由于多数情况是同佛教音乐研究有关，我也对不同的演示方式做了一点对比，对比的结果是把它们分为三种情况：

一是把参会学者和来宾直接带到了佛寺,让他们亲身感受仪式音乐的现场氛围;二是在异地演出的情况下,只能通过舞台来重现仪式场景;三是把仪式音乐转化为舞台表演艺术,用纯粹舞台化的手段来进行展示。结果显示,凡寺院的仪式音乐表演都较多保持传统的仪轨和法度;在其他地方场所举行的同类表演,则不仅在仪轨、法度上较为随意,而且也容许进行更多的加工和修饰。由此可见,原生性的仪式或仪式化环境,对于这类传统表演艺术的保护有着很重要的意义。另外,文化生态学的"文化活动"观念及仪式观还帮助我们解答了这样一个问题:保护音乐文化遗产的最终目的是什么?是保护这种音乐的"原型态"自身,还是这种"型态"作用于其中的文化生活方式?答案显然是后者。

其次,传统音乐表演艺术的生存和发展依赖于特定的社会群体、个体及其文化价值观。在一种原生文化环境中,表演者的演艺技能的传承可能局限在家庭或社群,具有首属群体内部的口头传承性质;也可能是在戏班乃至寺院、道观,具有次属群体中师徒传承的性质。这两种传承方式,一般都遵循着某种为本社会群体文化价值观所规范的传统艺术行为模式。以上性质决定了他们都是"圈内人",表演艺术是这些表演者的携带物。在表演者本身就是职业艺人情况下,表演艺术便带有商品性和表演场所的非固定性,表演艺术也就能跟着表演者离开原生环境,行走各方。而在目前的社会条件下,也有很多非职业性的口传民间艺术,会由于政府、学界或商业、旅游业等非民间行为的干预,被人为地剥离出原生性的民俗活动、活动场所和文化环境。但是,如果它们的表演者还是上述那种圈内人,那这种表演艺术就或多或少总还会保留一定的传统性和"原型态"特点。

再次,传统音乐表演艺术的生存和发展常常依存于相对固定的表演场所。一般情况下,宗教音乐、宫廷音乐对于作为物质文化遗产的寺院、道观、宫廷等固定表演场所有较大的依赖性,很多这类场所也由于是著名建筑物而成为重要的物质文化遗产保护对象。至于它们对传统表演艺术所起到的保护和传承作用,根据我们对藏传、南传和汉传等佛教寺院进行的考察所知,多数这类依托固定崇拜场所或著名宗教建筑生存的宗教仪式音乐,一般都能保持较鲜活的发展态势和较纯正的传统风格样式。由此可见,原生性表演场所对于这类传统表演艺术的保护也有着很重要的意义。所不同的是，民间音乐中，一般来说，职业艺人从事的戏曲、曲艺等表演艺术对具有物质文化遗产性质的表演场所有明显的依赖性。另外，各民族民歌中，比如侗族大歌与鼓楼之间，也缺少不了"无形"与"有形"两类文化遗产的优势互补。某些表演性的民间歌舞也往往离不开相对固定的表演场所。在现代传媒条件得到扩展和文化展示的空间不断转移的情况下，即使是在一种"次生态"表演环境中，这类表演场所并非可有可无，比如说，在北京人民大会堂上演"鼓子秧歌"，在舞剧《红色娘子军》里出现"黎族舞"表演，也一定要在舞台上虚拟一个原生的表演场景，从而导致一种"戏中有戏""景中置景"的异象。因此可以说，舞台空间的置换，并不代表人们对原生表演环境的完全忽视或舍弃。

最后，传统音乐表演艺术的生存和发展，有赖于内外通畅的自然、地理、政治、经济和社会等各种生态环境因素的制约。这个问题牵涉太广，在这里就不多说了。

上述仪式或仪式化，社会群体、个体及文化观，表演场所和自然、地理环境等因素总和起来，便构成了"语境"中的内部环境条件因素，而来自该群体社会外部的各种社会文化影响，就是外部条件因素，它们共同对传统表演艺术的存在和发展起到了制约的作用，并在此基础上形成一种综合了"型态""语境"两种要素的"文化生态"层面。就此来说，前面所言的有关民歌样态的"原生""次生""再生"等三种文化演生层次，在生存和发展的过程中会受到内部和外部社会生态环境的制约。继而，若在"文化生态"的意义上，再将"型态"与"语境"两者因素加以整合，便可以同样划分出"原生""次生""再生"等不同文化演生层次。然而，这种文化生态上的层次性划分，要比单纯"型态"上的划分要复杂得多。具体来说，一种原有的本土文化格局未有根本变革的文化生态状况，就可以称为一种"原生态"。但在文化的发展过程中，由于"型态"与"语境"之间关系的变幻莫测，就会在文化生态的"次生""再生"层面上出现种种更为复杂的变异状况。因此，人类学所说的，文化发展过程中变异是绝对的，不变是相对的，用在这里也同样合适。一个显见的例子是，以往人们常比较多注意到某种"原生态"音乐或表演艺术在不同的内部或外部表演环境中变换转移时发生的形态变迁，但却很少提及另外一种极可能发生的变异现象，即由于内部、外部两方面环境条件的影响,在圈内人身上和原生文化环境中,本土的"原生性"传统音乐也会发生某种程度的文化变异或变迁。

廖:随着现代化进程的加快,非物质文化遗产所依赖的文化生态,正在以前所未有的速度发生着急剧的变化。这一切,在边远地区和少数民族地区表现得尤为明显。而从"形态"与"语境"的关系角度来看传统音乐这一非物质文化遗产的保护问题,确实涉及了这个问题的瓶颈。

杨:在这个意义上讲,近代史上,中国本土的传统文化或古典文化的发展曾经发生过几次全面的断裂,近几十年又得到了一定的重续。这在学术界已经形成了共识。这种断裂与重续也同样发生在传统音乐的表演艺术或民间音乐领域。可以举一个我最近在云南省布朗族地区做田野考察的例子,来看一看我对布朗族传统音乐传承现状进行的三种基本划分情况:第一种情况是,布朗族的传统居住地是山区或半山区,如今仍有一类村寨保持这样的居住状态,他们的传统音乐中能够被纳入非物质文化遗产保护视野的,主要是南传佛教音乐和传统民歌。同样是受到封闭的自然和地理环境的限制,其佛教音乐由于在具有同类信仰的本族群和相邻民族中保持着长期的互相交往,有的村寨还以具有重要物质文化遗产品质的著名寺院为依托,以至能够较好地延续下来。而传统民歌的传唱活动和传统民歌品种的传承则由于一方面缺少同外界的交流,另一方面也受到外来现代思想观念和生活方式的影响,目前呈现出逐渐式微的状态。从保护和发展的角度看,其情势不容乐观。从文化生态角度看,这是典型的原生层次。而另一些村寨是从深山里迁到山脚或平坝,位于旅游区边缘,环境相对开放,近年来由于歌手及民歌演唱活动的内外交流比较频繁,已经出现了一些受外来音乐影响而使传统民歌得到更新的发展势头,其民歌活动在民间也相对地呈活跃状态,这是次生层次;还有一种情况,即当地歌手组成了民歌演唱的新型"组合",开始到村外的同旅游业相关的不同舞台化、商品化环境中去演唱,并且通过较频繁地从本土到外地的来回走动,使外界的信息不断地反馈回本地,最后还借助于演出的舞台经验,使本土歌手的民歌演唱在各级政府举办的歌手比赛中获得了较好的名次,这是再生层次。从"原生态"环境的角度看,这后两类民歌品种尽管在音乐表演方式和音乐型态上有了较大变异,但由于它的变异过程一直是在本土生态环境和本民族文化认同程度的许可范围内完成，期间并没有直接受到明显的专业人员或外来影响等外力的干扰，它从文化生态环境意义上体现出来的"原生态"整体文化品质，却是令人难以否认的。

以上实例引出了另一个值得我们思考的问题，即对于作为非物质文化遗产的传统音乐文化来说，什么是易于生存的、"好的"生态环境？上述"次生态"的例子告诉我们，一种传统音乐表演艺术，不一定非得是居于深山的原生态村落，也不一定非要依傍著名的有形文化遗产才能生存。这个村落若被作为"新村"迁到山脚或平坝，只要没有离开祖居地太远，某种传统音乐表演艺术也一样能够像一潭活水和一群活鱼，在活的港湾里自由地生存。相比而言，就算是一些本来文化生态环境不错并被精心选择的"原生态"民族村落，若缺少了这种"活的港湾"，传统音乐表演的活水也会变成"死水"，原来的活鱼也成了金鱼缸里饲养的"观赏鱼"。它最终会有什么样的结局？这不用说，大家也能猜到。至于对这两类音乐文化遗产的具体保护措施和发展原则，我想在文化生态的层面上，对前者进行"活态"的疏导，对后者尽早开展"博物馆"式的收集整理，应该是比较理性的选择。而从"型态"层面上看，我认为在后一种"博物馆"式的考察研究中，尽可能追究传统音乐的"原型态"是必要、可行的。然而，一方面由于近代以来在中国传统音乐文化受到损毁和重续的过程中，就像它的"原生态"已经几无完卵一样，"原型态"经"重建""重塑"（或重构）后的景象也可说是疮痍满目，能够保留下来的少而又少；另一方面，在前一种"活的港湾"里，也许是作为能够"成活"所必须付出的代价，传统音乐型态特征的变异与其整体文化的变异可说势不可免，以至在很多情况下，当我们提起具体的保护措施时，过于强调必须保持传统音乐的"原型态"也已经变得意义不大了。因此，在中国特殊的传统音乐文化生态里，正视和承认这类音乐文化的型态变异，就几乎成为对之保护和发展的同义词。当然，视变异为正常也是有前提的：关键是要看这种文化变异是谁的选择？在哪里变的？如果是局内人在本土环境中做出的选择，应该给予正确的保护和疏导。此外有必要尽可能避免来自外界（如政府部门和职业文艺工作者）对这种自然发展态势施加的人为干预。既要把这种自然变异同本土人氏自觉的重建、重塑（重构）行为联系起来，对其中含有的局内人的合理的文化意识和利益诉求加以肯定和保护，同时也要极力防止有人在其中的具体环节掺入各种不良图谋，甚至做假、欺骗行为。如果后一类现象已经发生，应该由政府部门及学术界给予及时的跟踪调查，并在相关保护和发展方针上予以正确的区分、定位，并采取相应的积极措施。

廖：在我自己的考察与研究中，也遇到了许多类似的例子，比如在壮族地区出现的"壮语新歌"。可以说，这样的例子在中国的不同民族地区是具有普遍性意义的。你所提出的有关文化生态的"原生层次"、"次生层次"和"再生层次"划分方式，我认为也是具有普遍适用性。

杨：对于西南少数民族"整体化"社会文化状况的研究，能够为我们提供"解剖麻雀"的微型实例。将布朗族的情况推及其他，我认为即使是已经申报为世界非物质文化遗产的传统文化项目，在其活态的生存环境中，可以说都不同程度地存在这种从"原生""次生"到"再生"的层次划分。就像目前已经列入世界人类口头与非物质文化遗产项目的少数民族的长调、木卡姆等也是这样。拿木卡姆来说，将刀朗木卡姆同哈密木卡姆、十二木卡姆相比，它们之间就存在从"生态"到"型态"上表现出来的，从原生到次生层次的程度差别。并且，几种木卡姆可以从民俗生态环境中分离出来单独表演，或者让人考虑其独立发展问题的可能性也大不一样。而在长调一类民歌来说，对于其中长于表演性的部分和较着重于民间自然传承的其他部分，也都从分布区域上有所体现。亦即在经济相对发达的文化中心或城镇地区，表演性的长调演唱活动相对频繁，并且较少依赖仪式性表演场所；而在地理环境比较闭塞，传统文化遗存较多的蒙古族地区，长调的形态更为古朴，更带有民间自然传承的特点，演唱内容上则与萨满、藏传佛教等联系较紧密，表演空间上也更依赖像敖包祭祀、那达慕等传统仪式庆典、宴筵及寺院等表演环境的支撑。因此，对于长调的不同的发展状况，必然要在保护和发展的政策措施上给予不同程度的倾斜。因此我认为，根据文化生态学的观点，在对某种传统音乐的文化价值进行评估时，有必要对之先做"原型态"和"原生态"的区分，从两种层面上分别展开讨论，然后再从文化和艺术品质上进行综合性的评价。并且，在这种评价中还必须充分吸纳当地人的本土性眼光或"民间评价"的成分。

廖：对于"原型态"和"原生态"区分观念，我记得你曾经在2006

年的《音乐研究》上写过一篇文章提出来过,这里你谈得又更加具体。如果能够从理论上再作进一步的补充就会更好一些。

杨:我也是这样想。从学科理论上看,如果在非物质文化遗产保护与开发工作中,对上述传统音乐表演艺术的"型态"和"语境"都给予了同等的重视,并且将两者纳入一种"文化生态"或"表演过程"中进行整合,那就体现了一种相对全面和完整的学术态度。北美著名民族音乐学家梅里安姆(Alan P. Merriam)有一句名言:民族音乐学是"音乐作为文化的研究",其实质含义应该就在于此。另外,从符号学的含义看,这样的学术观念涉及并试图解答形态学与语用学的关系问题,这也体现出它优于某些占据了早期传统音乐研究领域的陈旧观念的地方。就此来说,在以往立足现代主义或进化论范式的音乐学或早期比较音乐学的学术观念里,往往较偏重学科分化及专业细分之后的音乐型态学的单科研究。到了20世纪中叶,欧洲的人类学功能主义开始对这类传统做法给予了反思。功能理论强调社会整体和文化内部的关系网络,不主张仅做个别的孤立研究。后来从结构主义到文化符号学,则强调从个别到整体,由表层至深层,亦即从符号型态学到语义学、语用学的层次区分及相互制约。而文化生态学所强调的"型态""语境"结合的观点,也主要是针对这种脱离文化生态而孤立地讨论文化形态的现象进行的反思。

从民族音乐学学者的立场来看,笔者认为如今我们要做的传统音乐这一非物质文化遗产保护和发展工作,离不开对照以上理论来认识自己的学科定位问题。这具体指两个方面:一个是我们相对于文化人类学者或社会学者具有的学科定位和文化身份;另一个是我们民族音乐学学者自己也有必要根据传统的学术观点来确认自己的学科定位和文化身份。

三 传统音乐的传承与发展及其措施

廖:我们刚才主要是从理论以及从中国传统音乐的实践方面进行了讨论。在我看来,在传统音乐这一非物质文化遗产的保护和发展问题上,政府部门、学术界和本地区本族群人士都必须参与,不可或缺。其中,各级政府部门和学术界更是具有不可推卸的道义和责任。

杨:我对这一问题的看法可以归结为四点:第一,应该对"表演艺术"设定一个合理的适应性范畴。在《公约》有关传统音乐的项目里，主要涉及的是"表演艺术"一项。在中国官方的解释里，则涉及民间音乐、民间舞蹈、传统戏剧、曲艺，也许还同民俗有一定的联系。我们在前面分析过，对于现存的不同的传统音乐类型，说它们都是表演或者"表演艺术"，也许是一种很勉强的说法。若根据前面提及的学科划分标准来看，可以看出这较多是一种立足于社会分化和学科细分之后的艺术体裁分类观念，主要是出自民间文学和艺术学科的学者之手。应该强调的是，作为一项有关民间文化保护和发展的纲领性文件，采用这样的分类有其合理性依据，因为在中国各民族的传统文化里，确实已经产生和存在着大量已经成型的民间艺术品种。已经评选出来的昆曲、古琴、维吾尔族木卡姆和蒙古族长调，都是当然的民间艺术品种。在民间舞蹈、戏剧、曲艺等部类里，也有许多具代表性的类目。采用体裁分类的方法，的确有助于对这林林总总的文化形态从艺术的角度去加以认识和鉴别。然而，凡事都有两面性。从另一方面看，由于传统民间艺术，尤其是在少数民族艺术里，并不是所有的情况都能按以上艺术体裁来条块分割。仅从分类上看，体裁分类的方法难免暴露出忽视交叉关系的问题，于理论研究层面上表现出人文学科的局限之处。因此，我认为有必要在有关传统音乐这一非物质文化遗产保护的培训工作中，力图在参与工作的各级政府和科研人员中树立起正确的"民间文艺观"，以确保避免政策执行过程中的方向性偏离。过去几十年里，由于历次政治运动的扫荡，我国民间艺术的文化生态植被几乎被破坏殆尽。如果对此做一个溯源，可以看到其中一个重要的原因在于我们以往的文艺政策里，对于民间艺术的性质和存在方式的理解有明显的误解之处。因此，在各级文化部门的一些人心目中，对于什么是"民间艺术"或"表演艺术"？对于怎样来"保护"、"恢复"乃至"发展"、"开发"这些"表演艺术"？还存在着比较模糊的认识，甚至于还出现了一些为了申报项目经费而虚报、谎报内容的现象。据目前的情况看，不排除有些人其实是错误地把这种由政府主导的公益行为同自身部门的创收和走向市场联系起来的。所以，建议有关部门应该切实加强从理论到实践的调查研究工作，在这个基础上再去建立一些好的研究和保护试点。

第二，应该在非物质文化遗产保护工作中进一步加强文化生态学的研究，密切注意传统音乐与其他艺术及文化门类的交叉性和整体性状态。前面已经说到，大部分传统音乐"表演艺术"项目，其实是寄生在更大的民俗活动中的。比如说，长调的一个寄生场所是由祭敖包和那达慕组成的民俗系列活动；刀朗木卡姆的表演常常同维吾尔族的麦西莱普及其他传统民俗、仪式活动有关。但是，在政府的申报条例和某些地区的具体的操作过程中，所谓的表演艺术同民俗活动两个环节却常常是分开的。仅举已被列入国家非物质文化遗产名录的部分内容来看这两个环节的关系：高跷、秧歌、花鼓灯等民间歌舞与春节，鼓吹乐与婚丧礼俗，古琴、丝竹乐与文人雅集，灯戏与花灯戏同花灯（如秀山花灯），花儿与花儿会，侗族大歌与鼓楼文化，智化寺、五台山佛乐与佛教仪式，玄妙观、武当山道乐与道教仪式，孔雀舞与泼水节，羌姆、藏戏与雪顿节，等等。其中每一对项目中，后面的民俗或宗教项目都包含了前面的"表演艺术"项目，但是在"名录"中，这些表演艺术同民俗、宗教活动则被分别列入了不同的"民歌""舞蹈""民俗"类项之中。这就明显地表现出项目的重复设置和忽视各项目之间整体联系两个方面的问题。应该说，忽视各民间艺术门类与民俗活动的关系，已经是几十年以来在民间文艺政策上存在的一个老问题。表面上看这是一个有关纯艺术观念的问题，实质上却同方针政策和学术研究观念的导向有关。多年来，在这样的路线、政策和观念的指引下，我们有多少所谓的"传统表演艺术"，由于闭口不提它们的民俗、仪式乃至宗教等方面的"出身"来路，在实际生活和表演舞台上以及众多的研究成果中，已经寻找不到自己的"家门"？毋庸讳言，以往由政府主导的民间文艺集成工作在取得巨大成绩的同时，在这类问题上也因为受到上述政策和观念的导向，而存在着明显的疏漏。如果在非物质文化遗产保护和发展工作中处理不好这个关系，从某种程度上，可以说是会重蹈民间文艺集成的覆辙。从近几年在基层所做的观察得知，眼下就连各县文化馆、区文化站都纷纷在试图从当地的民俗活动中剥离出所谓的"非物质文化遗产"，或者说"表演艺术"。可以设想，当全国都以昆曲、古琴、长调、木卡姆等为模式去找寻"非物质文化遗产"时，许多少数民族地区的那些文化生态融合度较高的传统文化品种该如何对待？另外，在我国非物质文化遗产保护和发展工作的具体环节，既有因为国家和有关部门所做的大量工作，而使基层各部门积极性高涨，工作热情被充分发动起来的一面，但不可否认的是，同时也存在着因为分别掌管各艺术体裁的部门分兵出动，各管一块，而导致的政出多门、重复浪费等负面现象。

　　第三，有必要掌握好"传统与变异""保持与创新"的相互关系和评价尺度，并正确地认识和区分由当地的"本土文化持有者"和其他参与人群分别携带的"主位—客位"学术立场和文化身份。在联合国教科文组织 2003 年通过的《保护非物质文化遗产国际公约》里特别提到："各个群体和团体随着其所处环境、与自然界的相互关系和历史条件的变化不断使这种代代相传的非物质文化遗产得到创新，同时使他们自己具有一种认同感和历史感，从而促进了文化多样性和人类的创造力。"这里不仅鼓励和重视民间文化遗产的创新意义，而且强调这种创新必须以群体内部产生的认同感和历史感作为保证。这是一种很有远见卓识的观点。据本人所知，现在已经出现的类似例子非常多。比如说，据我多年在云南西双版纳布朗族地区的田野观察，一些本来是"原形态"和"原生态"的品种，由于同外来的不同音乐文化潮流的频繁接触，在一种自然演变的情况下，本族群内部出现了较大的文化变异和融和现象，产生了新的民歌文化品种，且在新的环境条件下，已经在本族人中产生了新的、较稳固的文化认同感和历史包容感。具体来说，他们的传统民歌过去很少有采用乐器伴奏的情况，但是近 20 年来情况有所改变。大约在 20 世纪 80 年代中期，我已经看到在这类地区出现了从其他地区传入的一种被称为"玎"的弹拨乐器，人们开始用它来为一种被称为"索"的传统曲调伴奏，并且吸纳了许多别的民歌旋律，也衍生出许多新的曲调，逐渐形成了一个较大的新民歌歌群。这种民歌一经出现，就因为比较传统民歌来说更带有形式新颖、节奏规范、旋律流畅等特点，而受到了广大布朗族青年的欢迎。如今，这个民歌品种无论从其数量还是外在的影响力看，都已经明显带有超过其他传统民歌的势头。同样的例子，还可以举出我近年来在云南边境一带景颇、拉祜、佤、傈僳等许多民族地区看到的大量采用吉他伴唱传统民歌的现象，这类新民歌的数量和品种也非常多，是当代民间音乐领域的一道亮丽的风景线。它们中都产生了较明显的音乐型态变异，但基本的文化生态环境却依然得到保持。此外据我们调查，在北方的新疆少数民族地区，也出现了在本土木卡姆等传统音乐基础上，由本民族文化传承人对之进行较明显的改编乃至重新创作，并且一定程度上得到本族人欣赏和认同的新情况。由此可知，如今在某些少数民族地区，原生的文化生态环境条件并未有根本的改变，但出于某些偶然的外来因素，当地某些音乐文化品种在本社会群体内部产生了较明显的变异，产生了相当显著的音乐文化交融现象。对于上述现象，我本人所持的态度主要有三点：①对于这种由"圈内人"进行的改编创作活动，无论其此类活动的深广程度如何，都应该在行为动机和评价方式上同由专业文化干部或创作人员介入的另一些改编创作予以区别。②眼下这类事例还暂时被拒于巨大的保护和发展工程之外，今后是否应该将它们同"发展"的方面联系起来看待？是否应该把这类已经发生或正在发生的民间文化现象纳入长期的、继往开来的传统音乐历史发展过程中，给予客观、公正的评价？这都是必须正视的问题。③这类已经发生或正在发生的事例在提醒我们，关注传统音乐表演艺术的保护和发展仅只是问题的一个方面，更重要的另一方面则是对其文化变迁的过程和细节问题，应该给予积极的跟踪和记录。

　　第四，应该特别注重多学科学者的合作与互动。鉴于前面提到的一些因音乐学学科局限而产生的问题，我认为，今后在对不同民族和地区进行战略性思考和策划时，不仅应该从整体上带上人类学功能主义生态学的观点，而且在具体的规划过程中，应该多听取人类学和社会学学者的建议，整个决策过程应该有政府、学界和本土群体三者的共同参与。在具体的操作层面上，根据我的观察，中国的人类学界目前也在做类似的有关非物质文化遗产保护的课题研究，其着眼点便更注重文化生态问题的研究，特别是强调要同目前主要在社会领域进行的大大小小的文化生态村项目结合起来，以更加科学、规范的眼光和方法来开展研究。这些年来政府和学术界也已经在一定程度上注意到了以上问题。在一些课题申报指南里，都写明了凡大型人文社会科学科研课题都必须有多学科学者参与。从政府和决策部门的这类主观愿望看，它注意到了我们开始时谈到的不同学科在同一课题上的扬长避短、优势互补问题。然而，这个精神主旨在具体执行时仍然存在较大的障碍。首先是由于不同学科之间的沟通交流不够，互相缺少理解和接触机会。另外，从不好的方面讲，也存在有的课题主持人因利益的驱使，以各种手段回避合作，甘于闭门造车的现象。同时，有的政府或文化部门在这项工作中，仅只是被动地应付和填写上面发下来的各种民间文化调查表格，至于这些表格是为何而作则一概不知，导致了形式主义、官僚主义和腐败行为的滋生泛滥。上述情况导致了我国人类学、民俗学界的这类研究和设想同我们文艺界的非物质文化遗产研究几乎是不搭边的。因此，我认为加强政府部门、学术界和本地区、本族群人士的合作关系，仍然有必要提到重要议事日程上来。在学术界来说，继续提倡音乐学界与其他社会科学领域的合作尤其重要，希望我们大家都为此做出自己的努力。

廖：对！尤其我们两位不仅是分别身处音乐学和民族艺术两个领域，而且都身兼两个领域的学术媒体的工作，对此就更加责无旁贷。希望我们今后能进一步互相携手、协同共进。

江苏第一批音乐类非物质文化遗产的保护与传承的思考[*]

王 玮

摘 要：本文拟通过对江苏第一批音乐类国家级非物质文化遗产保护与传承现状的较为客观评估，借鉴国内部分地区音乐类非物质文化遗产保护与传承的经验，从国家文化战略的角度来思考或展望江苏音乐类非物质文化遗产保护与传承的未来。

关键词：音乐类遗产　文化战略　高校传承　媒体与公众意识

2001 年，联合国教科文组织大会第 31 届会议通过了《世界文化多样性宣言》，宣言认为，对于人类来讲，文化的多样性就像生物多样性对维持生物平衡那样必不可少。因此，该宣言所体现的意义正和联合国教科文组织 1992 年发表的《生物多样性国际公约》所体现的意义是完全一致的，是当今世界人类社会发展的一项重大决策，由此，世界性的保护非物质文化遗产的行动在全球展开，江苏也不例外。

2000 年，以江苏省民族民间文化保护工程工作会议在南京召开为标志，江苏省全面启动了非物质文化遗产保护工作，2006 年 5 月 21 日，国务院公布了第一批国家非物质文化遗产名录，江苏有 37 项入围。《江苏省非物质文化遗产保护条例》经江苏省十届人大常委会第 25 次会议通过，于 2006 年 11 月 1 日起施行。这不仅为江苏省非物质文化遗产保护立

---

[*] 原文刊于《中国音乐》2009 年第 1 期。

法填补了空白，也为国家非物质文化遗产立法提供了有益的探索。江苏省文化厅还制定了《江苏非物质文化遗产代表性传承人命名与资助办法》，2007年3月24日，第一批江苏省非物质文化遗产名录也由省政府正式公布。

对于非物质文化遗产保护和传承的意义具体有哪些不同的看法和争论，笔者在此暂不做论断。更重要的是，这种保护和传承的意义已经上升到"国家文化战略的高度"，对于这一点，可能我们进行这项工作的许多同人、许多文化艺术工作者以及大多数民众都还未能真正意识到这一重大意义。

在2006年6月10日北京召开的"中国非物质文化遗产保护论坛"会议上，百名专家聚会探讨非物质文化遗产保护的现状与发展。中国艺术研究院院长王文章表示："目前，非物质文化遗产保护工作已经上升为国家文化发展战略。"[①]

论坛三天中，对"非物质文化遗产的基本理论建设""非物资文化遗产保护中的价值评判""非物质遗产保护实践中的经验和问题""非物质文化遗产与当代社会发展""非物质文化遗产保护的法制建设"五个问题展开了研讨。

本文拟通过对江苏第一批音乐类国家级非物质文化遗产保护与传承现状的较为客观评估，借鉴国内部分地区音乐类非物质文化遗产保护与传承的经验，从国家文化战略的角度来思考或展望江苏音乐类非物质文化遗产保护与传承的未来。

一 江苏第一批音乐类国家级非物质文化遗产保护与传承现状

江苏第一批音乐类国家级非物质文化遗产有九项：1. 吴歌；2. 江南丝竹；3. 海州五大宫调；4. 苏州玄妙观道教音乐；5. 昆曲；6. 苏剧；7. 扬剧；8. 苏州评弹；9. 扬州清曲。

以下将9种音乐类非物质文化遗产保护与传承的情况简介如下：

---

① 引自中央政府门户网站，新闻来源于新华社。

1. 吴歌。当地有关部门对"长篇叙事吴歌"的发现和《民间文学三套集成·歌谣卷》的出版，以及《中国·白茆山歌集》《中国·芦墟山歌集》《吴歌遗产集释》及理论研究的文集《中国·吴歌论坛》等的出版，"江、浙、沪吴歌艺术演唱会"和"吴歌研讨会"也数次在当地举行。

2. 江南丝竹。太仓市成立了"江南丝竹音乐协会"及团社，举办了"中国·太仓江南丝竹音乐节"，建立了"江苏丝竹音乐人才培养基地"四位一体的保护措施，使其得到"活态"传承。在学校及社会还举办了"江南丝竹少年培训班"。

3. 海州五大宫调。自 2004 年被列入江苏民族民间保护工程试点项目以来，民间"小曲堂"活动恢复，老一辈"玩友"开始传艺授徒。当地有关部门开展了田野调查，建立资料库（音响、音像和文字），另外，在连云港市淮海剧团设立了传习点，组织专职演唱队伍，在连云港师专成立了海州五大宫调研究所，并在所属附小试点，选择适当曲目让小学生们学唱。

4. 苏州玄妙观道教音乐。苏州市政府将其列为非物质文化遗产重点保护对象，成立了专门的保护机构，加强了历史资料的收集整理（包括斋醮科仪文本、图片、曲谱）。对健在的老道长摄制影像，录制音响，在传承方面，开设培训班，组建苏州道教乐团，并进行海内外道教音乐的交流及学习。

5. 昆曲。昆曲是联合国教科文组织国内入选的首批"人类口头和非物质遗产代表作"。2005 年 3 月，国家文化部和财政部联合制定了《国家昆曲艺术抢救，保护和扶持工程实施方案》。江苏省政府以及苏州市政府出台了一系列保护和演出昆曲的规划，在财政上予以大力支持。苏州建立了"苏州昆剧院周庄昆曲演出基地""拙政园，民俗博物馆昆曲演出点""文化苏州昆曲沁兰厅""苏州昆剧传习所""中国昆曲博物馆（一期）工程"等。江苏演艺集团和苏州市分别组织省昆剧院，苏昆剧团多次赴中国台湾、中国香港、日本、韩国等地演出，中国内地及港澳台联手打造的昆曲经典名剧《长生殿》、青春版《牡丹亭》、精华版《牡丹亭》、《1699，桃花扇》先后在海内外，特别是世界各地著名大学演出，产生了巨大影响。

6. 苏剧。苏州市 2002 年以来在出版并新编了一系列资料，如《苏剧前滩》十册、《苏剧后滩》八册、《苏剧研究资料》三辑等。另有《苏剧音韵》、《苏剧音乐》十六分册也将出版,2006 年召开了"长三角滩簧"研讨会,苏剧(苏滩)艺术馆也在筹建中。

7. 扬剧。扬州市政府确立了扬剧传承人,设立了演出基地,招收了扬剧学员,开办了扬剧讲座,使更多人参与扬剧的保护和宣传。

8. 苏州评弹。当地在原戏曲博物馆的评弹演艺基础上建立了苏州评弹博物馆,出版了论著十余种,学术期刊《评弹艺术》36 期,抢救、传承优秀传统长篇书目 97 部,中篇书目 30 余部,短篇书目 260 余个,其中 62 部长篇书目已刻录光盘,可播放时间 2500 小时以上。评弹演出阵地进一步巩固扩大,形成了传统书场为主、电视书场和广播书场为辅的多元化传播格局。

9. 扬州清曲。当地部门制定了《扬州清曲十年工作规划》,设立了扬州清曲工作室和研究室,建立了扬州清曲网页与扬州清曲老艺人专项保护资金。录制了《扬州清曲首部专辑》CD 光盘,出版了《扬州清曲》(120 万字),与扬州艺术学校联合建立了"扬州清曲传习所",并将扬州清曲娃娃调《怀念》编入小学音乐教材,在扬州瘦西湖、个园、何园等定期安排展演。[①]

总的来讲,在江苏各地政府的重视和关注下,出版(包括资料、论著和音像)、传承人的选定及相关演出活动方面的工作开展较好,也在基础音乐教育中进行了传承或纳入课堂教学内容的尝试。但我们如果从对音乐类非物质文化遗产保护与传承的理论建构、高校传承或纳入地方音乐高校课堂教学以及江苏媒体与公众意识等方面的建设来看,还属于较薄弱的环节。

二 借鉴全国部分音乐非物质文化遗产保护与传承的经验

如果将江苏的情况与全国部分的经验比较来看,那么江苏有以下三

[①] 以上资料信息主要引自王慧芬主编《江苏省第一批国家级非物质文化遗产要览》,南京师范大学出版社 2007 年版。

个需要加强的方面。

1. 在高等音乐院系的传承方面，江苏做得还很不够。例如，作为联合国教科文组织列入"音乐非物质文化遗产"的古琴在江苏音乐高等院校中作为音乐专业类别基本空缺，在网络上甚至还有"音乐非物质文化遗产在江苏受到冷遇"的呼声。作为江苏音乐类非物质文化遗产在江苏音乐高校的传承或纳入课堂教学的情况也丝毫不容乐观。

许多少数民族地区的高等院校，如新疆艺术学院、贵州大学艺术学院、云南艺术学院、内蒙古师范大学音乐学院已形成了相关音乐类非物质文化遗产的专业传承。在这方面可以看到一些可供我们学习参考的文献。如《学校艺术教育传承——中国维吾尔族木卡姆当代保护的重要手段》①《少数民族音乐教育研究的新视角》②，均试图为当今少数民族音乐文化在学校这一现代教育体系中心有效传承寻求更为合理的发展道路；《蒙古族民歌传承普及最佳途径的教育实践》③，则认为蒙古族传统民族传承普及的最佳途径，是将其引入高校民族声音艺术教育教学中，并使之成为重要的教学内容；《从把侗歌引入课堂看侗族大歌的传承与保护》④，介绍了贵州大学艺术学院侗歌大班的创办与教学。

虽然以上我们列举的是少数民族音乐文化保护与传承的例子，但它们也是地方的音乐类非物质文化遗产。从音乐文化战略上讲，江苏与这些地方一样，处于当今全球化的大环境地方性音乐知识或本土音乐文化的境遇及其文化处境是有相同的，因此，值得我们借鉴和思考。

2. 音乐类非物质文化遗产的生存与正宗传承的问题。这也是江苏及全国各地共同面对的问题。如《论昆曲艺术的原生态环境与文化特征》⑤一文就指出：原生环境是戏曲艺术的"前生因"，并直接铸就艺术的文化

---

① 赵塔里木：《学校艺术教育传承——中国维吾尔族木卡姆当代保护的重要手段》，《中国音乐》2007 年第 2 期。
② 黄凌飞：《少数民族音乐教育研究的新视角》，《云南艺术学院学报》2003 年第 3 期。
③ 乌云格日勒等：《蒙古族民歌传承普及最佳途径的教育实践》，《内蒙古民族大学学报》2007 年第 6 期。
④ 杜方芳：《从把侗歌引入课堂看侗族大歌的传承与保护》，《兰州大学学报》2006 年第 3 期。
⑤ 苏秦：《论昆曲艺术的原生态环境与文化特征》，《苏州科技学院学报》（社会科学版）2006 年第 2 期。

特征。丧失地方性也就丧失了文化特征,而不具备文化特征的平庸艺术形成是缺乏辐射力和生命力的,也不可能成为全国剧种或世界文化遗产,因此,任何试图割断昆曲艺术与它特定存活生态之间血肉关系的行为都是极不理智的。"泛戏剧化"趋向已经并正在对昆曲保护传承工作产生严重的干扰危害,必须依据联合国的教科文组织《人类口传非物质遗产代表作公告》的基本精神来保护、传承昆曲遗产。云南省社会科学院民俗学家杨福泉研究员指出:活着的民俗活动是民间文化传承的根本,保护和传承的各个民族优秀传统文化,首先要保证它赖以生长发育发展的土壤和环境,即文化生境,而社区民众的"文化自觉意识至关重要"。① 《建构良好草原音乐文化生态环境之断想——西部大开发与草原音乐文化的保护与传承》一文也提出了文化传统与文化生态的保护是民族音乐传承的重要条件之一②。吴品仙在获得国家第二批非物质文化遗产项目侗族大歌代表性传承人之后的感觉是"一则以喜,一则以忧",喜的是国家与公众对侗族大歌越来越关注,忧的是能唱纯正的大歌的传人越来越难寻了③。《文化场域与仪式里的"花儿"——从人类学视野谈非物质文化遗产保护》④ 一文,也提出了花儿体民歌在文化变迁及文化植被中保护之间的关系。

3. 音乐类非物质文化遗产保护的理论研究。虽然在这方面也是江苏较薄弱的环节,但我们也看到江苏艺术高等院校开始与相关院校在此方面的合作。例如,2008 年 5 月中旬,"2008 年音乐非物质文化遗产保护"国际学术研讨会由中央音乐学院音乐学研究所、西南大学音乐学院、南京艺术学院音乐学院共同举办,会议就以下课题进行了研讨:(1) 音乐类非物质文化遗产的概念;(2) 有关音乐类非物质文化遗产保护的基本理论与保护方法研究;(3) 各国音乐类非物质文化遗产保护的成功经验、有效政策、法规研究;(4) 我国今年非物质文化遗产保护的现状及相关问题的宏观研究;(5) 有关各地音乐类非物质文化遗产保护的具体实例

---

① 杨福泉:《少数民族文化保护与传承新论》,《云南社会科学》2006 年第 6 期。
② 好必斯:《建构良好草原音乐文化生态环境之断想——西部大开发与草原音乐文化的保护与传承》,《人民音乐》2003 年第 6 期。
③ 引自 CCTV.com《人物》博客。
④ 郝苏民:《文化场域与仪式里的"花儿"——从人类学视野谈非物质文化遗产保护》,《民族文学研究》2005 年第 4 期。

调研及分析研究。

三 江苏音乐类非物质文化遗产保护与传承的展望

胡锦涛总书记在十七大报告中指出："中华文化是中华民族生生不息、团结奋进的不竭动力。"音乐类非物质文化遗产的保护与传承正是我们民族文化中的重要组成部分，对此，我们首先应该从文化战略的高度，使媒体形成强有力的关注。这里，我们也可以参考印度媒体所形成的对民族音乐文化的强势关注，它在应对全球化或西方文化的过程中所取得良好经验和策略的例子。

在印度新闻广播部《广播法案：问题与前景（1996）》中指出：在广播立法方面，各界都几乎没有异议，广播法应该首先达到如下目的：

1. 维护民族特征，引导国民的思考方向和视线；
2. 让地方和区域民众的渴望和需求得到表达。（共6条，后4条略）。[①]

印度是一个音乐大国，全印广播电台（包括文娱电台在内）音乐播出时间占总播出时间的39.15%，在音乐节目中，印度古典音乐占30.15%，民间音乐占11.56%，轻音乐占21.65%，宗教音乐占12.86%，电影音乐占19.73%，西方音乐占4.05%。[②] 这些数据反映了印度广播电台编排音乐节目的特点和指导方针是和音乐发展的文化策略是紧密相关的。

在媒体方面，江苏省不可能完全照搬印度的模式，但印度传统音乐文化的传承中媒体的作用会给我们很大的启发。

在今后，社会的各个领域的音乐观念方面要有所转变。长期以来对中国本土音乐文化，也包括音乐类非物质文化遗产，有一种错误的看法就是：它是落后的、类似"土著的"，西方音乐才是先进的，所以本土音乐文化消亡是符合现代化要求的，与把非西方文化看成"落后"，甚至"野蛮"的观点不相上下。因此，我们传统音乐始终在各个领域、教育、

[①] 张讴：《印度文化产业》，外语教学与研究出版社2007年版，第141页。
[②] 张讴：《印度文化产业》，外语教学与研究出版社2007年版，第210页。

社会传统公众意识中不能与西方音乐有平等的地位。20世纪中西音乐结合的新音乐具有重要地位，而传统音乐的地位被完全忽略。西方已经对此做过深刻的反省，而我们的反省还不够，例如：汤因比在《历史研究》中写道："当我们西方人把别人唤作'土著'的时候，就等于在我们的观念里把他们的文化特色暗中抹杀了。我们把他们看成是充斥当地的野兽，我们只是碰上了他们，同碰上当地的动物和植物一样，并没有把他们当作是我们一样具有思想感情的人。只要我们把他们当作'土著'来看，我们就可以消亡他们。或许驯化他们，而且还相信我们在改良品种，但是我们却一点也不了解他们，除了由于西方文明在物资方面的世界性胜利而产生的假象外，所谓的历史统一的错误概念——包括那样一种推论认为文明的河流是消失在沙漠里的小河——还有三个来源：自我中心的错觉、东方不变论的错觉、以及说进步是沿着一根直线发展的错觉。"①

正是由于我们没有把自己本土的传统音乐放到与其他音乐（包括中国的新音乐和西方音乐）同等重要的地位，因此我们的教育，或具体地讲，江苏高等音乐院系的办学理念和课程丝毫没有使传统音乐置于学校的课程的重要部分之一。这也是缺乏当今"文化多样性"的观照，常常是以二元划分，先进/落后，或者非此即彼，只有一条正确的道路，走中西融合的新音乐。这种单一的音乐发展观也影响到我们的音乐教育，没有给自己的传统留下一席之地。在当今经济全球化、文化多元化的背景下，究竟如何看待自己的传统音乐文化，是我们当代音乐文化历史研究必须考虑的重大问题或关键问题之一。正如有学者讲到："教育作为一种文化中的关键性因素，应当在深入研究各民族文化变迁的基础上，通过对民族优秀文化传统的选择与继承，洞察世界文化发展的方向与前景，引领世界文化发展的潮流。因此，民族教育要面临的首先是如何对待自己传统的发展走向与命运问题。在此当下多元文化背景之下，推动本民族文化在跨文化语境下的适应生存，使本民族传统文化的生存与可持续发展以自己的独特方式融入时代洪流之中，并进而提升民族的创新能力是民族教育的职责之一。"②

---

① ［英］阿诺德·汤因比：《历史研究》，曹未风等译，上海人民出版社1986年版，第46页。
② 孙杰远、徐莉：《人类学视野下的教育自觉》，广西师范大学出版社2007年版，第77页。

最后，对音乐非物质文化的理论研究。笔者认为这种理论研究在江苏应该注重以下三方面的研究：一是学术及学科理论的研究；二是作为教育传承的研究；三是作为社会媒体与公众意识的研究。

在研究方法方面，中央音乐学院音乐学研究所相关课题研究的成果值得借鉴，其提出了以下研究方法：

（1）实践的方法与理论的方法的相结合；

（2）地理学与民俗学相结合的方法；

（3）音乐学和人类学（民族音乐学）相结合的方法；

（4）社会学和地理学和结合的方法；

（5）系统的宏观把握与具体的微观分析相结合；

（6）实地调查与文献、资料整理相结合。

以上研究方法都是值得参照和学习的。但作为音乐非物质文化遗产传承及有效传播是比保护更为主动的方法，因此，传播学、跨文化交流学、教育人类学、应用音乐人类学等方法也是值得考虑的方法。

作为社会民族文化教育传承或者教育学的研究。一是总体目标的设立，即音乐类非物质文化遗产教育思想观念的建构（包括教育观、价值观），以及考虑它在高等教育和基础教育中的地位；二是作为音乐类非物质文化遗产的专业设置以及课程设置与教材的建设，乃至师资的培养；三是作为实践活动，学生们如何参与日常生活中的音乐类非物质文化遗产的社会活动；四是作为社会及媒体与公众意识的研究。如前所述，印度广播事业中相关音乐播放的指导策略有值得我们学习的地方。江苏社会各界及媒体应在传播音乐类非物质文化遗产中制定相关规划，乃至节目的制作和播放效果的评估，特别是对意义的理解和解释尤为重要，因为音乐类非物质文化遗产不是生长在现代文化语境中，公众对此的理解需要有专家做当代意义的解释，在印度广播音乐节目中就要求对不同音乐的内容加入有趣的评述，播报和叙述串联起来。在江苏特别是对昆曲传统剧目、古琴曲目等的演出，需要有这些要求，才能使公众对本土音乐文化的价值和意义的认识得以提升。

非物质文化遗产文化空间研究的时空维度

——以云南剑川白族的石宝山歌会为例*

朱 刚

摘 要：非物质文化遗产的内涵包括文化表现形式与文化空间两种基本类别，前者指民俗活动、表演艺术、传统知识和技能等，后者涉及定期举行传统文化活动或集中展现传统文化表现形式的场所。学理上，文化空间的定义强调文化表现形式与人文地理空间的二元一体，重视其兼具时间性与空间性的分析维度。因此，以云南剑川白族的石宝山歌会为个案，从文化空间构成的时、空二重维度进行分析，应当成为理解非物质文化遗产概念的有益角度。

关键词：非物质文化遗产 文化空间 文化表现形式 石宝山歌会 空间

1997年6月，联合国教科文组织（UNESCO）与摩洛哥教科文全委会合作，在该国马拉喀什举行了"国际保护民间文化空间专家磋商会"。会议辩论期间提出了"人类口头遗产"（The Oral Heritage of Humanity）这一全新的概念，同时也对来源于人类学的"文化空间"（Cultural Space）概念做出了定义："'文化空间'的人类学概念被确

---

* 原文刊于《民间文化论坛》2015年第3期。

定为一个集中了民间和传统文化活动的地点，但也被确定为一般以某一周期（周期、季节、日程表等）或是一事件为特点的一段时间。这段时间和这一地点的存在取决于传统方式进行的文化活动本身的存在。"① 至此，"文化空间"一词首次正式出现在联合国教科文组织的相关文件中，这是已知在国际重要文件中最早使用"文化空间"概念的记录。

一 文化空间的基本含义

联合国教科文组织在1998年11月第155届执行局会议上提出《宣布人类口头和非物质遗产代表作条例》，以鼓励保护人类口头和非物质遗产的文化空间或文化表现形式（Cultural expressive forms）。该条例第三款进一步将1997年马拉喀什会议对于文化空间的定义纳入其中。随后，在联合国教科文组织发布的《人类口头和非物质遗产代表作申报书编写指南》中，对非物质遗产类别做出说明时再一次将"文化空间"的概念阐述如下："宣布人类口头和非物质遗产代表作针对的是非物质文化遗产的两种表现形式：一种表现于有规可循的文化表现形式，如音乐或戏剧表演，传统习俗或各类节庆仪式；另一种表现于一种文化空间，这种空间可确定为民间或传统文化活动的集中地域，但也可确定为具有周期性或事件性的特定时间；这种具有时间和实体的空间之所以能存在，是因为它是文化表现活动的传统表现场所。"② 2003年，时任联合国教科文组织北京办事处的文化官员爱德蒙·木卡拉（Edmond Moukala）对"文化空间"这一概念做出了如下阐释："文化空间指的是某个民间传统文化活动集中的地区，或某种特定的文化事件所选的时间。在这里必须清醒认识到文化空间和某个地点的区别。从文化遗产的角度看，地点是指可以找到人

---

① 有关非物质文化遗产领域中出现的"文化空间"概念及其使用，参见巴莫曲布嫫《非物质文化遗产：从概念到实践》，《民族艺术》2008年第1期，第8—9页。
② 见该《指南》的第3—4段，文化部外联局译，http://www.ihchina.cn/inc/detail.jsp?info_id=89。相关讨论参见陈虹《试谈文化空间的概念与内涵》，《文物世界》2006年第1期，第44页；又见乌丙安《民俗文化空间：中国非物质文化遗产保护的重中之重》，《民间文化论坛》2007年第1期，第99页。

类智慧创造出来的物质存留,像有纪念物或遗址之类的地方。文化空间是一个人类学的概念,它指的是传统的或民间的文化表达方式有规律性地进行的地方或一系列地方。"①

在"人类口头和非物质遗产代表作"前三批(2001—2005)项目中②,有以下两种文化空间:一种是多米尼加共和国孔果圣灵兄弟会文化空间、爱沙尼亚基努文化空间、俄罗斯塞梅斯基文化空间、乌兹别克斯坦博逊文化空间、几内亚索拉索索·巴拉文化空间等。他们的共同特点是:在一个相对独特的古老地区,有一个独特文化传承的文化群体,恪守他们的信仰,并以独有的合唱、舞蹈、乐器演奏来庆祝他们的传统节日。这些神圣的歌舞、音乐就成为这个文化群体中最重要的文化表现形式,从而形成了他们自己的文化空间。另一种文化空间是摩洛哥吉马埃尔弗纳广场文化空间。这是一种古老的国际游客活动空间,从11世纪起这里就是远近闻名的游乐胜地,从每天清晨直到午夜,各国游客蜂拥而至,欣赏这里的音乐、舞蹈、杂耍以及用各种语言讲古老故事的活动,形成了最为典型而独特的时间、地点和活动千年不变的广场文化空间。在上述定义和案例的基础上,民俗学家乌丙安将"文化空间"进一步表述为"传统的或民间的文化表达方式有规律性地进行的地方或一系列地方","遍布在我国各地各民族的传统节庆活动、庙会、歌会(或花儿会、歌圩、赶坳之类)、集市(巴扎),等等,都是最典型的具有各民族特色的文化空间"。③

作为一个重要的人类学概念,"文化空间"一词在联合国教科文组织《保护非物质文化遗产公约》(2003年通过)及其《操作指南》(2008年施行)等基础文件中继续得到使用,而且基本上是与"文化表现形式"一同出现的,说明非物质文化遗产大致可分为文化表现形式和文化空间

---

① [刚果(布)]艾德蒙·木卡拉:《非物质文化遗产与我们的文化认同感》,《文明》2003年第6期,第14—15页。

② 2006年,《保护非物质文化遗产公约》正式生效。这三批项目共计90项于2008年一并转入"人类非物质文化遗产代表作名录",其中有19个项目属于文化空间。

③ 乌丙安:《民俗文化空间:中国非物质文化遗产保护的重中之重》,《民间文化论坛》2007年第1期,第100页。

两种基本类型。① 2005年国务院出台的《国家级非物质文化遗产代表作申报评定暂行办法》以下简称《暂行办法》第二条基本沿用了这样的分类方法:"非物质文化遗产指各族人民世代相承的、与群众生活密切相关的各种传统文化表现形式(如民俗活动、表演艺术、传统知识和技能,以及与之相关的器具、实物、手工制品等)和文化空间。"第三条进一步指出:"非物质文化遗产可分为两类:(1)传统的文化表现形式,如民俗活动、表演艺术、传统知识和技能等;(2)文化空间,即定期举行传统文化活动或集中展现传统文化表现形式的场所,兼具空间性和时间性。"②这一定义在《中华人民共和国非物质文化遗产法》第二条中则以浓缩方式表述为:"本法所称非物质文化遗产,是指各族人民世代相传并视为其文化遗产组成部分的各种传统文化表现形式,以及与传统文化表现形式相关的实物和场所。"③

从《暂行办法》的颁布到"国家大法"的施行,其间还有一个鲜为人知的背景应该被述及。2004年,文化部成立了一个专家工作组,由中国民俗学会时任理事长刘魁立牵头制定《暂行办法》,小组成员有巴莫曲布嫫、高丙中、刘宗迪及中国科技史学会的华觉民。除了完成《暂行办法》外,工作组还起草了《中国非物质文化遗产代表作申报书编写指南》,其中进一步指出:"'文化空间'的概念同时具有空间性和时间性,指定期地或周期地举行传统文化活动的场所。'文化空间'不同于'世界遗产'项目中的遗址、遗迹及自然景观或景点这些等'物质性'的场所,因为文化空间总是有一定的文化渊源,与在其中展现并赖以传承的文化活动息息相关。'文化空间'不仅具备历史性、传承性、人文性、地域

---

① 此据巴莫曲布嫫在相关讲座上对这两个概念的分析。她认为,"文化空间"(cultural space)和"文化表现形式"(cultural expression forms)已一并成为学界关注非物质文化遗产保护和研究的重要维度。而为了使中国公众社会易于理解,"文化空间"这一学术概念在中国被"本土化"为"文化场所";类似的情况还有"口头传统"被转换为"民间文学",这在2003年《公约》中文版中是显而易见的。详见巴莫曲布嫫《非物质文化遗产:从概念到实践》,《民族艺术》2008年第1期,第8—19页。

② 详见国务院办公厅《关于加强我国非物质文化遗产保护工作的意见》(国办发〔2005〕18号)附件一。

③ 2011年2月25日第十一届全国人民代表大会常务委员会第十九次会议通过,自2011年6月1日起施行。

性、民族性等特征，同时在现实的时空中仍然具有生命活力，并呈现出社区民众生活的实际状态。"① 这一阐释实质上已经走向民俗生活的实践性特征。

二 石宝山歌会的文化内涵

剑川白族石宝山歌会已被列入首批云南省非物质文化遗产名录（2006）及第二批国家非物质文化遗产名录（2008），具有重要的研究价值。但是，回顾相关学术史，对石宝山歌会进行严肃乃至系统研究的成果在国内仍为数不多。放眼国际，也仅有个别日本学者对石宝山歌会中的白曲与日本古代文学做过比较研究，并附有一定数量的白曲文本记录。与之形成鲜明对比的是，现有关于石宝山歌会的文字或研究，大多属于一种异域民族风情的基本介绍。大量的带有偏见的标签如"白族狂欢节""原始群婚制残余""白族情人节"等。被附会于这一传统事件之上，令外界读者不免产生了歪曲的、不恰当的文化想象。因此，有必要从民俗学的角度出发对歌会进行系统而严肃的研究，还原石宝山歌会的实际面貌。

根据国内外非物质文化遗产保护工作中关于文化空间的概念及其定义，我们可以将石宝山歌会抽象为文化表现形式和人文地理空间，即白曲②演述活动与石宝山人文地理环境的二元统一。从该空间的基本构成来看，石宝山歌会于每年农历七月二十六前后至八月初一在剑川县石宝山

---

① 文化部中国非物质文化遗产代表作申报办公室编制：《中国非物质文化遗产代表作申报书编写指南》，2004 年 7 月 15 日；其中有关"文化空间"的定义，主要按分工由巴莫曲布嫫和刘宗迪根据教科文精神执笔撰写。

② 作为一种世代相承的口头艺术形式，白曲历史悠久，影响深远，几乎在所有的白族聚居区和杂居区都有流传。在民间一般把白曲称作"白库"（baipkv）。虽然各个地方的白曲之间存在着一定的差异，但就通常的文体概念而言，均采用"山花体"的格式，且格律严谨，形式统一。在民间，"山花体"的使用范围甚广，在民歌中最为典型，但并不仅仅局限于此。在白族各种口头文类，诸如叙事诗、民谣、谚语、格言、曲艺、戏剧，乃至文人诗歌中都有应用，堪称白族口头艺术和文学类型的主要标志。在本研究中，白曲在歌会中主要指情歌（花柳曲），是一种以三弦为伴奏、以"山花体"为句式结构、以男女对唱为基本模式、音乐调式同一的民间口头形式。从非物质文化遗产的角度而言，白曲则属于一种典型的文化表现形式。

腹地举行，相当于二十四节气中的"白露"时节，乃当地农业生产周期中丰收前的关键阶段以及农民相对空闲的时段。届时，剑川县内及周边县份如兰坪、鹤庆、洱源、丽江等地以白族为主体的民众，会不约而同地前往石宝山地区进行以白曲对唱为主要内容的民俗活动，以此达到祈福禳灾、繁衍人口、统一共同体的仪式和社会目的。歌会以男女之间的口头交流即白曲对唱为核心，形式为一男一女循环往复的即兴轮唱，每人每次唱一首白曲，一般以男子弹三弦为基本模式。白曲演述在日常生活中存在禁忌，不能在家庭、村落范围内的异性、长辈或小辈亲戚面前唱。歌会中的白曲禁忌仅剩亲戚一环，其他相对自由。男女可在佛教寺院中对歌，但野合行为只能发生于野外。男女之间的交流行为具有象征意义和社会作用，前者与控制自然力有关，后者与人口的再生产和社会的延续有关。白曲作为一个民间文类，是歌会中民众口头交流的主要方式，其不仅决定了歌会的仪式属性，也决定了歌会的社会属性。借助戴尔·海默斯的言说模型（the SPEAKING-Model），我们可以进一步明确石宝山歌会的文化空间各个构成要素：[①]

表1　　　　　　　　　石宝山歌会的构成要素

S	环境和场景	每年农历七月二十六前后至八月初一在剑川县石宝山腹地举行
P	参与者	剑川县内及周边县份如兰坪、鹤庆、洱源、丽江等地以白族为主体的民众
E	目的	仪式目的为祈求平安、五谷丰登、人口繁衍，实际目的为旅游休闲、对唱情歌、放松身心
A	行为序列	一男一女对唱为主要形式，每人演唱一首后对方应答
K	基调	以情歌对唱为基调，涉及男女之间的情感交流
I	形式	歌会中的男女交流以白曲为主，也有自由的闲谈交流
N	规范	与白曲的语域有关，涉及情爱的交流不能在差辈、异性亲友面前演述
G	文类	具有特定诗学结构的白曲

---

① 参见朱刚《以语言为中心的民俗学范式：戴尔·海默斯的交流民族志概说》，《民间文化论坛》2014年第6期，第59—67页。

上述概括及分析的基础上，我们认为将石宝山歌会这宗活态的非物质文化遗产认定为文化空间，在学理上可以进一步细化为从周期性的特定时间、特定的人文地理空间以及特定的文化表现形式及其实践三个层面出发，对石宝山歌会进行民俗学的田野研究。也即，从时间、空间、文化表现形式三个不同的层面来对歌会进行描述。与之相关的问题意识也就进一步扩展为：第一，说明歌会发生的时间，在当地民俗生活中所处的节点，阐释其在生产和生活周期中的功能意义；第二，对歌会发生的地点进行考察，从历史、地理、人文等方面对歌会的发生地进行详尽描述；第三，描述歌会中的文化表现形式及其实践，阐释这种文化实践的内涵及社会文化功能。由于研究主题所限，本文仅对前面两个维度，即石宝山歌会的时空维度进行描述和分析，至于文化表现形式及其实践，笔者将另撰专文对其进行解析。

三 石宝山歌会的时间维度分析

从时间的维度研究民俗，中国学者刘宗迪的《山海经》研究具有一定的示范意义。[①] 他从天文历法的角度，另辟蹊径提出了研究《海经》的一种思路：《海经》从地理书变成了天文书，从风物志变成了岁时记，从空间之书变成了时序之书。《海外经》中的四方神与《月令》中的四时神几乎完全相同，而《月令》作为时序之书是毫无疑义的。因此，这四神作为时序之神也毋庸置疑。《月令》按时序的顺序历述一年四时十二个月的天象、物候、时令以及人们顺应时令所应该行施的农事、政令和礼仪。其中，每一个季节都有一个分管这个季节的时令之神。四神指的就是春夏秋冬四时。刘宗迪提醒我们从时间而非空间的角度来看待《海外经》的古图，在时间的意义上复原古书背后的民俗含义。[②] 那么，我们是否也可以从时间的维度思考石宝山歌会的意义呢？答案是肯定的。

时间和空间是人类社会实践活动的基本依据和人类领会世界的基本

[①] 参见刘宗迪《失落的天书：〈山海经〉与古代华夏世界观》，商务印书馆 2006 年版。
[②] 廖明君、刘宗迪：《〈山海经〉与上古学术传统——刘宗迪博士访谈录》，《民族艺术》2003 年第 4 期，第 12—22 页。

知行形式，作为无限延续的时间和无限绵延的空间，无疑是客观的物质运动现象，但人类的时间观和空间观只能是文化建构的产物，不同的时代，不同的社会，适应于其不同的生活节律和活动领域，有其各自不同的时间观和空间观。① 农耕时代，人们的生产和生活节律与大自然的季节轮回息息相关，日月轮回，星移斗转，于是有四季循环，春华秋实，大自然的节律同时也是人类生活的节律。天地节律规定了人类生活的时间节律，而节气就是自然节律与生活节律最鲜明的体现，节气是大自然按时令更替的日子，因此也是人类生活改弦更张的关口。天道运行，借一个个节气体现出来，玄远微妙的天道因节气而变得清晰可辨，因此，节气就成了人们体察天道承受时令的最佳时机。因此，古人每逢重要节日都要举行隆重的仪式和盛大的庆典，正所谓"会时必节"②，体现自然节律的节气顺理成章地成为人们庆祝和游乐的节日，传统节日与自然节气密不可分，生命庆典与天地节律相映生辉。③

石宝山歌会作为剑川白族一个重要的文化空间，若以民间说法"八月会"或者"八月初一"加以参证的话，那么对应的就是二十四节气中的"白露"一节之前的若干天。对于"白露"，古代权威的解释是元朝人吴澄的《月令七十二候集解》："八月节，秋属金，金色白，阴气渐重，露凝而白也。"④ 中国天文学史整理研究小组《天文史话》编写组所著《天文史话》一书中的《二十四节气》一文也解释说："白露：地面水气凝结为露，色白，是天气开始转凉了。"⑤ "白露"说明天气渐转凉，人们会在清晨时分发现地面和叶子上有许多露珠，这是因夜晚水汽凝结在

---

① 刘宗迪：《失落的天书：〈山海经〉与古代华夏世界观》，商务印书馆2006年版，第622页。

② 《大戴礼记·千乘》："凡民之藏贮，以及山川之神明加于民者，发国功谋，斋戒必敬，会时必节。日历巫祝，执伎以守官，俟命以作。祈王年，祷民命，及畜谷蛰征庶虞草。"参见（清）王聘珍：《大戴礼记·解诂》，中华书局1983年版，第157—158页。

③ 刘宗迪：《失落的天书：〈山海经〉与古代华夏世界观》，商务印书馆2006年版，第625页。

④ （元）吴澄：《月令七十二候集解》，清道光六安晁氏木活字排印学海类编本，转引自金文伟《"白露为霜"再解》，《新疆师范大学学报》（哲学社会科学版）1991年第3期，第43页。

⑤ 据《气象学辞典·气象学发展年表》，上海辞书出版社1985年12月第1版，转引自金文伟《"白露为霜"再解》，《新疆师范大学学报》（哲学社会科学版）1991年第3期，第43页。

上面。古人以四时配五行，秋属金，金色白，故以白形容秋露。① 气温在白露以后逐渐变凉，俗话说"白露勿露身"，讲的就是白露以后需要避免着凉。白露以后，中国大部分地区降水显著减少，东北、华北地区9月份降水量一般只有8月份的四分之一到三分之一，黄淮流域地区有一半以上的年份会出现夏秋连旱，对冬小麦的适时播种是最主要的威胁。华南和西南地区白露后却秋雨绵绵，特别是四川、贵州、云南等西部地区更是"天无三日晴"，俗称"华西秋雨"或"秋绵雨"。从气象学的角度来看，西南地区白露后的阴雨绵绵无疑也是冷暖空气相互作用的结果。每年进入9月以后，华西地区在5500米上空处在西北太平洋副热带高压和伊朗高压之间的低气压区内。西北太平洋副热带高压西侧或西北侧的西南气流将南海和印度洋上的暖湿空气源源不断地输送到这一带地区，使这一带地区具备了比较丰沛的水汽条件。同时随着冷空气不断从高原北侧东移或从中国东部地区向西部地区倒灌，冷暖空气在我国西部地区频频交会，于是便形成了"华西秋雨"。当冷空气势力较强时，冷暖空气交会比较激烈，降雨强度也会随之加大，同样也可造成严重的洪涝灾害。②

具体到云南省剑川地区，"白露"与农业生产存在密切联系。剑川白族民歌《十二月调》有这样两句歌词"七月谷抽穗，八月谷低头"，形象地描述了水稻生长周期在七月、八月的具体表现。这说明剑川地区的水稻生长，在白露前的一段时间，正好处于水稻抽穗和结实（谷低头）之间的重要时期。从水稻生长周期的规律来看，水稻抽穗结实期是指水稻从抽穗到黄熟的整个过程。该期是决定水稻结实率、粒重以及最终产量的关键时期，其特点是营养生长已基本停止，生殖生长处于主导地位，水稻抽穗前茎秆和叶鞘所储藏的养分和抽穗后光合作用产物都输送到穗部，灌浆成粒。在此期间，水稻田间管理的中心任务是攻粒重促成熟，关键是养根保叶，为叶片继续进行旺盛的光合作用和养分顺利地向谷粒

---

① 参见维基百科"白露"词条：http://zh.wikipedia.org/wiki/%E7%99%BD%E9%9C%B2#.E6.97.A5.E6.9C.9F.E8.AE.A1.E7.AE.97。

② 《白露节气话华西秋雨》，来源 http://big5.huaxia.com/zhwh/whrd/whrdwz/2010/09/2077321.html。

输送创造条件。这样,水就成了丰收的重要条件,由于水稻抽穗正处于高温季节,植株蒸腾与蒸发量大,必须保证水分充足。水分不足会影响光合作用和碳水化合物的输送,但是也不能长时间深水灌溉,否则不利于水稻根系的生长。① 综上,水稻在白露期间以生殖生长为主,需要充足水分,但水量也不能过多。

  人的规律与自然的规律是一致的,在这样一个重要的时间节点,必然存在重要的民间节庆。文献记录中最早的白露期间的节庆,恐怕还得算《蒹葭》。该诗是《诗经》中的名篇,其在《秦风》中独具一格,与其他秦诗大异其趣,绝不相类。葛兰言将该诗归类为"山川歌谣"一类,认为这类歌谣起源于男女在特定时间外出远足和游乐的节庆活动。他从《诗经》中的情歌推断,在特定时间、特定地点一定存在大规模的乡村集会习俗。这些集会都在河岸或山川举行。地点可能是海或者湖、浅滩或泉水、两河交会处或高山、草木葱茏的山坡或深邃的山谷,届时,男女青年蜂拥而至。② 歌谣往往同时提及山和川,从这一点那可以知道,他们相会之处通常都是一个下临河流的丘陵,或者山边的小溪或泉水旁,而最有可能的情况,是山脚下的草地上,或者茂密的树林,总之一定是在草木繁茂的场所。③ 如此看来,"蒹葭"就不太像是"托物起兴"的文学修辞技巧,反而是指出了上古集会的举行地点——芦苇丛边,芦苇择水而生,这说了青年男女会合于河边堤岸上。同时,芦苇丛密密苍苍,繁盛茂密,生殖力极强,这大概也反映了上古人类借物寄托人口兴旺的美好愿望。那么,人们会选择什么时间外出游玩举行集会呢?葛兰言认为《诗经》的主题——田园主题——本身就表明了时间,历法则是其基础。每一国的节庆日都不一样,但有一点是确定的,合适的月份一般都是春秋两季,因为正是在这些季节里,泉水才会特别丰沛,而河流也都涨满了,同时春秋也是气候宜人的季节。冬季到春季的转变,意味着万物复

---

① 李庆堂:《水稻抽穗结实期的田间管理措施》,剑川县农业信息网,2010年8月17日,http://www.ynagri.gov.cn/dl/jc/news8144/20100817/523623.shtml。
② [法]葛兰言:《古代中国的节庆与歌谣》,张宏明译、赵丙祥校,广西师范大学出版社2005年版,第115页。
③ [法]葛兰言:《古代中国的节庆与歌谣》,张宏明译、赵丙祥校,广西师范大学出版社2005年版,第116页。

苏,生命再次萌芽,春雨来临时,又一个农时季节开始了。在秋季,人们为了获得丰收一直忙碌着,炎热的夏季变成了凉爽的秋季,最后的雨水也开始降落,这使得农民能够完成这个季节最后的劳动,并再一次溢满泉水和河川。春雨标志了雨季的开始,秋雨则是雨季的终结。这种与农事活动紧密相连的自然节律,反映在人类的仪式活动中,就使得在漫长的冬季休耕期的开始或结束举行野间集会成为正当之举。如《夏小正》:"二月,绥多士女,冠子取妇时也。"[1]《管子·幼官》记录了在春末和秋季举行了长达36天的节庆。为《诗经》作注的郑康成也几次提到了男女感春气而出行的节庆。[2] 这种在春秋举行的活动,在中国古代的经典中也能找到依据,如《淮南子·缪称训》:"春女思,秋士悲,而知物化矣。"郑玄《毛诗传笺》:"春,女感阳气而思男;秋,士感阴气而思女。"因此,《蒹葭》反映的若是上古的民间集会,那么这个集会就是在"白露"时节发生的一个节庆活动。

现代太湖流域在白露时节还要举行"祭禹王"的民间节庆。禹王是传说中的治水英雄大禹,太湖畔的渔民称他为"水路菩萨"。每年正月初八、清明、七月初七和白露时节,这里将举行祭禹王的香会,其中又以清明、白露春秋两祭的规模为最大,历时一周。综合前述《诗经》中描述的情况,白露这一段时间与水的关系就很直接了。中国民间有俗语"白露白迷迷,秋分稻秀齐",意思是说白露前后若有露,则晚稻将有好收成。有露水证明天气湿润,不干旱,对于稻子的收成很有好处。除此之外,中国各地关于白露的谚语还有很多,比如:"白露难得十日晴"(陕),"滥(烂)了白露,天天走溜路"(川、鄂、湘、粤),"雨打白露,天天溜路"(苏),"白露下了雨,市上缺少米"(川),"白露天气晴,谷米白如银"(赣、川),"白露无雨,秋雨少"(陕),"白露不下雨,干到重阳底"(赣),"白露无雨,寒露风迟"(湘、桂),"白露无水,百日无霜"(粤)。各地种植的作物不一,白露期间的气候情况也大有易趣,但是,白露与农事节律之间的关系是确定无疑的,白露与下雨

---

[1] 参见(清)阮元校刻《十三经注疏》,中华书局1980年版,第945页。
[2] [法]葛兰言:《古代中国的节庆与歌谣》,张宏明译、赵丙祥校,广西师范大学出版社2005年版,第119页。

之间的关系也是肯定的。如葛兰言之总结，春秋两季是中国上古农民"会时必节"的重要时期，如果春季表达了新的一个周期开始的话，秋季则预示着当下周期的结束，世界将进入万物萧索的冬季。在这两个季节中，春季是男女交往订婚的季节，秋季则是履行婚约实现婚俗的季节。秋季是收获的季节，人类对于作物多产的期盼，与人类对于自身繁衍多子的愿望，是一种人类节律和自然节律相一致的表现。而这段时期举行的各种节庆，也是人类以民俗的形式对大自然进行干预的手段。这些支配自然的欲望，蕴含在民俗节庆活动中，期盼自然能够以预想的模式来临，而风调雨顺的自然象征，正好是人类兴旺的条件和预示，生命庆典与天地节律交相辉映。

具体到剑川白族地区，石宝山歌会举行的白露时节正好是水稻抽穗到结实之间的一段时间，属于水稻生长的时期。抽穗是水稻发育完全的穗，随着茎秆的伸长而伸出顶部的叶片。这是决定作物结实、产量大小的关键时期，对外界条件反应比较敏感。这段时间内，当地农民处于相对闲暇的时期，因为前期的播种、育苗、插秧等工作已经结束，最后的收割还没有到来，水稻正处在结实还未成熟的生殖生长时期。此时水稻对水的需求量是比较大的，通过光合作用将养分输送到穗部，灌浆成粒。因此，降雨对抽穗时期的水稻生长有着决定性的影响。此外，该段时间也不能有病虫害或者恶劣气候，如果该段时间内发生了自然灾害或病虫灾害，人们大半年的付出就要付之东流，其后果之严重类同胎死腹中。所以当地人会想尽各种方法保证这一阶段的平安无事，同时，也会将美好的愿望加诸其上，求得粮食丰收、人类兴旺。这就是石宝山歌会的举办时间在农事生产周期中的重要意义，一方面是禳灾，使得冰雹等自然灾害不要降临于当地；另一方面是祈福，直接的表现就是对降雨的祈求，这对于水稻的生长至关重要。这两方面的内容我们在剑川民间的口头传统中可以找到具体的表现。广泛流传于剑川地区的白族本子曲《鸿雁带书》中，有这么几句唱词："谷子出穗要望雨，白露无雨成秋风，谷子出穗天无雨，白在世间生。"[①] 白露期间农业收成的丰歉与雨水之间的关系就十分明显了：稻谷抽穗后如果没有雨水就将导致颗粒无收。"谷子出穗

---

① 受访者：苏贵；访问者：朱刚；访谈地点：沙溪东南村；访谈时间：2012年9月19日。

要望雨","望"为盼望、祈求之意,因此我们认为石宝山歌会具有祈雨禳灾的含义。我们的田野访谈可以证明这个观点。

笔者赶了这么多年的石宝山歌会,年年都要下大雨,所以来的人基本上都要带着塑料布、雨伞等。最明显的感觉就是,我们二十七、二十八走路去赶会时,看着田里的谷子绿油油的,结出了谷粒。等我们八月初一赶完会,从山坡上一路走回去时,田里的稻子都变得沉甸甸的,低下了头。所以《鸿雁带书》也说"白露无雨成秋风",歌会这段时间庄稼对于水的需求很大。歌会里面,男男女女的乱,把山上、寺院搞得乱七八糟,老天爷就下起大雨来,把石宝山冲洗干净,民间也叫"清扫地藏"。对庄稼来说,好像是天上下雨,把谷子的头压低了一样。①

石宝山歌会与祈雨仪式之间的关系,在歌会的研究史中尚未有人提及,仅有个别学者论及当地人到石钟寺石窟举行祈雨仪式的情况。石钟寺石窟的第 6 窟,供有明王、天王等造像共 77 尊。据调查,石宝山腹地的石龙村民,于仲夏干旱时节会到此处来举行祈雨仪式。盖因佛教密宗的说法,佛和菩萨都有两种化身:一是"自性身",即神态安详、面容温和的标准佛像;二是"教令轮身",即佛和菩萨为降服各种邪道和魔障而化现的法身。明王既可降妖除魔,破除障碍,又可消灾祛病,延年益寿。不仅能降龙制水,也可以招致风雨。此窟中诸明王均三头六臂,持各种法器,坐于海浪状束腰须弥座上,意寓诸佛菩萨乘海浪而来。正因为如此,八大明王所在之窟,就具有了"呼风唤雨"的寓意,成为当地民间求雨的重要场所。② 但是这种对于佛教明王的信仰,以及因此衍生出来的祈雨仪式,相比石宝山歌会本身大规模的集体对歌仪式,应该是相对晚近、外来宗教进入大理地区的结果。石宝山歌会本身作为祈雨仪式,应该如《诗经》中记载的郑国、鲁国、陈国的节庆一样同具有祈雨的功能,相较于外来宗教如佛教的求雨仪式,应该是一种更为古老的原生信仰的体现。③

---

① 受访者:苏贵;访问者:朱刚;访谈地点:沙溪东南村;访谈时间:2012 年 9 月 19 日。
② 李东红:《剑川石窟与白族的信仰民俗》,《世界宗教研究》2006 年第 3 期,第 139 页。
③ [法]葛兰言:《古代中国的节庆与歌谣》,张宏明译、赵丙祥校,广西师范大学出版社 2005 年版,第 139 页。

四　石宝山歌会的空间维度分析

　　石宝山位于剑川县南部、沙溪盆地北端，属老君山南延支脉。石宝山景区主要由石钟寺、宝相寺、金顶寺、灵泉庵、海云居组成，素有"大理有名三塔寺，剑川有名石宝山"之说。石宝山歌会在石宝山地区的固定，与该地区佛教信仰的兴盛以及滇西古代的商贸交流有着密切的内在联系。在佛教信仰和经济文化交流的基础上，石宝山腹地也即石宝山的地理文化空间才具有成为歌会举办地的重要前提。除了寺庙和造像，石宝山地区还有宝岩居、鸡冠寺、梅溪寺、近天庵、维摩院、拱桥、石室、墓塔等遗迹，佛教信仰之兴盛可见一斑。在本文的视野之内，以石宝山寺庙群为核心的石宝山腹地，正是石宝山歌会举行的地理场所，而且这种场所的固定化，与佛教信仰在当地白族民众之间的普及，进而引得四面八方的白族人前来进香朝拜，有着直接的关系。

　　除了佛教寺院对民众的聚集作用，歌会在石宝山腹地的固定还有一个重要的原因，就是历史上茶马古道的兴起和石宝山周边各地对于盐井的开发。从盐的角度来看，古人类在中国大地上大概有三条迁移路线：一是嗜鱼的古人类沿中国东南沿海的迁徙路线，二是喜杂食的古人类沿中国中部丘陵、岩洞移进的路线，三是擅狩猎的古人类沿横断山北上的路线。洱海区域的盐井就处在第三条路线的横断山纵谷区，以苍山洱海为轴心，我们可以发现一条以盐的产地为中心的古代大理文明发展的轨迹：云龙五大盐井—兰坪拉鸡井—剑川弥沙井—洱源乔后井—大理。所有古代盐道在大理交会之后，再向中原对接，向西藏延伸，向东南亚辐射。[①]

　　从西南地区古代"物"的流动来看，其中一个方面就是研究物品向域外的输出。最初引起学界关注的是司马迁在《史记·西南夷列传》中记载的，张骞出使大夏时竟然在千里之外看到来自中国的邛竹杖和蜀布，而蜀布当为蜀地出产的丝绸制品。因此学界推测民间有一条从蜀通往身

---

　　① 赵敏：《隐存的"白金时代"——洱海区域盐井文化研究》，云南人民出版社2011年版，第55页。

毒即印度的古道,"蜀身毒道""南方丝绸之路""西南丝绸之路"的说法也渐为人知。[①] 张学君在《南方丝绸之路上的食盐贸易》一文中指出,食盐运销是这条古道上起源最早的贸易活动,这条古道的开拓、兴盛与食盐贸易密切相关,它促成了早至汉代始,中国与缅甸、印度之间频繁的贸易交流。从这条古道行经的地名,诸如盐源、盐津等莫不反映出食盐生产流通的史迹,而这条古道上分布的众多盐井,成为古道上食盐的来源。[②] "蜀身毒道"的发现,指出了先秦时期中国西南与缅甸、印度和中亚之间的商业联系。剑川鳌峰山出土的海贝,经研究是从印度地区引入的,这直接证明了印度与中国西南的古代交通线。滇西自古与外界有民间的商业往来,这与该地丰富的盐井资源有很大的关系。到了唐代,连接唐朝和吐蕃之间的通道也开始兴起,也就是人们所熟知的茶马古道。从唐代开始,吐蕃饮茶之风盛行,主食肉类的吐蕃民族对茶叶的依赖加强,经常到云南以牲畜换取茶叶和食盐,于是形成了茶马古道。茶叶和食盐是南诏与吐蕃之间重要的贸易货品,茶马古道一直到近代仍是川、滇、藏之间重要的贸易通道。[③]

石宝山地区的沙溪古镇在历史上曾是盐马集散的重镇。1986年沙溪鳌峰山古墓葬群的考古发掘,使得沙溪的考古学历史可追溯到两千四百多年前的春秋战国时期。而随着沙溪西面的弥沙井、云龙诺邓井,西北兰坪拉鸡井,南边的乔后井这滇西四大盐井的开发,沙溪的经济得到了空前的发展。沙溪是茶马古道上离上述盐井最近的集市,也就成了食盐的集散地。茶马古道应该是中国对外交流的三大古通道:西南丝绸之路、北方丝绸之路、海上丝绸之路以外的第四条通道。它是经过云南、四川和西藏的贸易通道,交易的货物主要有东南亚、云南、四川的茶叶、食盐与西藏的马匹,还有手工制品、丝绸、皮货、药材。交易的运输过程

[①] 舒瑜:《从清末到民国云南的诺邓盐的"交换圈"》,《西南民族大学学报》(人文社会科学版) 2010年第7期,第50页。
[②] 张学君:《南方丝绸之路上的食盐贸易》,《盐业史研究》1995年第4期,第24—29页。
[③] 舒瑜:《云南诺邓:盐造就的一个村庄的奇迹》,《中国文化遗产》2010年第3期,第59页。

主要通过马帮，主要交易对象是茶、马，故称为"茶马古道"。[1] 直至民国末年，沙溪仍是茶马古道上的盐茶集散重地，南来北往的马帮络绎不绝。沙溪寺登街一代形成了四方街、兴教寺、魁星阁、古戏台等古建筑群。马店、铺台、街面、寨门一应俱全，往日盐马重镇的遗迹至今依稀可辨。[2] 云南、四川是连接中原和西藏的纽带，为茶马古道的必经之路，也因此分为了川藏和滇藏两条路线，其中滇藏线连接了从云南茶叶产区—大理—丽江—香格里拉—西藏拉萨的线路，而后向西延伸至印度、不丹、锡金、尼泊尔，向南扩展至越南、缅甸等国。[3] 沙溪作为一个陆路码头，其重要地位可见一斑。沙溪所处的地理位置，决定了其作为茶马古道重镇的历史地位。除了联系南北的交通之外，沙溪周围分布着的滇西四大盐井，也进一步提高了沙溪的地位。唐代以后，与沙溪一山之隔的弥沙发掘了盐井，茶马古道也因此加入了新的货物——食盐。明朝永乐二十年（1422），离沙溪不过二十多千米的乔后发现卤水，遂掘卤成井，烧卤成盐。明朝前后，沙溪坝子西部的云龙诺邓井、西北部的兰坪拉鸡井也先后发掘开采。由于地处沙溪西南的弥沙盐井，虽然所产食盐品质上佳，无奈由于地势狭窄，不便于食盐贸易集散，只得搬到邻近的沙溪进行交易。而兰坪拉鸡井、云龙诺邓井的食盐，也经由弥沙大量运到沙溪进行交易。乔后井更不必说，与沙溪仅咫尺之隔，比弥沙往来沙溪还近了三分之一。[4] 这样绝佳的地理位置，使得沙溪一时间马帮络绎不绝，商业也得到了空前的发展，成为茶马古道上的中心集市。盐作为人的必需品之一，也成为茶马贸易的一个重要商品。

  盐同时还是历代朝政税收的一个主要来源。沙溪作为盐的集结地，在茶马古道上尤为重要。到了元末明初，沙溪逐渐形成了以盐为主，茶、马为辅，附带丝绸、手工艺品的古道网络。鉴于盐的重要性，历代政府

---

[1] 杨惠铭：《沙溪寺登街——茶马古道上唯一幸存的古集市》，云南民族出版社2003年版，第14页。

[2] 赵敏：《隐存的"白金时代"——洱海区域盐井文化研究》，云南人民出版社2011年版，第88页。

[3] 杨惠铭：《沙溪寺登街——茶马古道上唯一幸存的古集市》，云南民族出版社2003年版，第14页。

[4] 黄印武：《在沙溪阅读时间》，云南民族出版社2009年版，第18页。

在沙溪通往外界的四条道路中设立了两个盐卡，所余两条道路上设立了哨卡。西南两卡因处于通往四大盐井的必经之路，为盐卡。东北两卡，即为哨卡。这些关卡的重要性不言而喻，既有保护客商、维护道路、提供休息的驿站作用，又有抵御外来入侵、保卫沙溪、征收赋税的作用。四卡之一的马坪关是最早设立的关卡，据元朝《经世大典·驿站篇》记载，元代剑川设马站一个，有马皮关哨（即马坪关）。马坪关镇守在沙溪与西北三大盐井（弥沙井、诺邓井、拉鸡井）的通道上，是一个面积约1.5平方千米的圆形谷地。东距沙溪约15千米，西距弥沙井约15千米，也是沙溪通往拉鸡井、诺邓井的西大门。马坪关作为最早设立的关卡，与唐代开发的弥沙井有直接的关系。弥沙井在元代就设立了管理的官吏，而沙溪是弥沙井所产的食盐通过茶马古道向外运输的重要集市，受到历代封建政府的高度重视，马坪关才应运而生。元朝在剑川设置盐课司大使，马坪关成为沙溪第一卡。此外，由于食盐的运输主要通过马帮完成，马坪关作为驿站，也能为马帮提供休息的场所。明永乐二十年乔后盐矿的开发，政府也在沙溪设立南卡，位于沙溪南面，今洱源大树关村。其北距沙溪约15千米，南距乔后井13千米，是一个依山傍水的关卡。南卡是乔后井沿茶马古道往外输送食盐的必经之路，是沙溪的南大门。东卡位于沙溪东面群山之中大折坡上，是沙溪的东大门。其西距沙溪约16千米，往东到洱源牛街、三营，南下至大理，后分两路：一路东下至云南驿，一路西上经保山、思茅、临沧地区到东南亚。东卡是内地茶叶、丝绸、手工艺品及东南亚等地珠宝往北输送至西藏途径沙溪的关卡，也是西藏马匹、药材、皮货往这些地方输送经过沙溪的关卡，还是食盐经沙溪往东疏散的第一卡。明润哨也是一个驿卡，位于沙溪北部群山之中，为沙溪的北大门，凭险要地势扼守沙溪及茶马古道，是食盐经沙溪往北输送至滇西北、西藏的主要关口。[1]

盐井的开发使沙溪在茶马古道上的作用发生了质的变化，成为举足轻重的盐都，进一步推动了沙溪经济文化的发展，使沙溪成为茶马古道上经济最发达的地区之一。茶马古道的马帮经过沙溪都会短暂停留，或

---

[1] 杨惠铭：《沙溪寺登街——茶马古道上唯一幸存的古集市》，云南民族出版社2003年版，第14页。

交换货物，或休息整顿，而沙溪坝子内的各个村子，凡马帮经过，就要在村子中心留出一个空地，以便马帮交易。处于南来北往和往来盐井的马帮交会的中心，也就是沙溪坝子的中心鳌峰山，自然就成了集市的中心。明朝初年，在鳌峰山的一侧建立了一座寺院，就是后来的兴教寺，佛教也随着沙溪经济的发展空前繁盛，一时间信众如云。沙溪也因此成为佛教文化的聚集地，从而推动了沙溪地区成为洱海区域佛教密宗的主要地区。沙溪遂成为茶马古道上经济发达、文化繁荣的古镇。

　　石宝山地区在现代行政区划中隶属于沙溪镇管辖，在地理上与沙溪坝子紧靠，距沙溪仅一山之隔。石宝山地区寺院的兴建、石刻造像的挖掘，与沙溪在茶马古道上的重要位置不无关系。石宝山地区石窟的开掘，与唐宋时期中国西南与吐蕃经济、文化往来具有密切的联系。随着南诏、大理国的兴起，大理地区成了唐朝与吐蕃中间的缓冲地带，也是茶马古道主要的线路之一。沙溪作为古道上的一个陆路码头，对于两个古代政权之间的经济文化交往起到了枢纽作用，成为真正的文化交融地带。石窟与沙溪在地理位置上紧密相连，茶马古道出沙溪北上通过沙登箐进入石钟山，正好与石窟三个地点的分布相一致，说明石窟的开凿与茶马古道带来的沙溪经济发展有着密切联系。

　　沙溪与石窟在历史上的联系至今仍无定论，一种观点认为先有石窟开凿后有沙溪繁荣，即南诏、大理国历代国君投入大量人力、物力在石宝山开凿石窟，而沙溪处于大理与石窟之间，随着人和物的流动而发展繁荣。另一种观点与本文的观点相近，即先有沙溪的繁荣后有石窟的开凿。在吐蕃与南诏的贸易交往中，古道经济推动了沙溪的经济发展，而在经济的基础上宗教也就随之加以传播。唐朝时期，中原佛教盛行，东南亚地区、吐蕃地区也不外如是。南诏正好处于这几派佛教传播的中间地带，沿着茶马古道的轨迹，各地佛教沿着古道传入沙溪。加上天然的自然条件，沙溪旁边的石宝山地区被选为开凿石窟之地，并得到南诏大理国历代国王支持，历三百多年、耗费大量人力物力才完成。根据《剑川石窟——1999年考古简报》的调查，石窟三个地点的造像风格不一，当为不同时期建造的结果，而且在来源上既有藏传佛教的影响，也受到中原佛教（应该为四川）的影响。石宝山位于茶马古道进入藏区的要道，是云南西藏印度线上佛教传播的重要证据。同时，滇藏茶马古道与蜀身毒道在石宝山地区的相遇，也产生了汉传佛教与藏传佛教相互融合的现象。①

　　石宝山石窟的开凿及寺院的兴起，大概可以视为经济发展对于宗教信仰的一种促进。如果没有茶马古道和盐井的开发，就没有沙溪的繁荣，也就不会有石宝山地区多元的信仰文化，人们也就不会频繁地在石宝山地区聚集，或从事宗教活动，或进行商贸交易，石宝山地区也就不会发展成为一个重要的文化地点，进而固定成为石宝山歌会特定的人文地理环境。茶马古道以及盐井的开发，使得多种文化在石宝山地区交融，也使得人们频繁来往于石宝山腹地。这种经济交流促进了宗教的发展，而宗教进一步兴盛以后又引来更多的人。上述两方面都是石宝山歌会形成的"人"的基础，古道商业交流正是石宝山歌会文化空间产生的经济前提。但是，需要指出的是，这种以佛教信仰为基础的民族集合，仅仅是石宝山歌会形成的一个因素；经济交往也会引发人员流动和聚集，这是第二个方面的因素；本地原生的民间信仰是第三方面的因素，而且正是这一种因素，决定了石宝山文化空间之中的文化表现形式，从而在前述固定地点的基础，在时间上进一步加以固定，并且锁定了白曲演述成为主要的文化表现。

---

　　①　赵敏：《隐存的"白金时代"——洱海区域盐井文化研究》，云南人民出版社2011年版，第100页。

文化空间的概念与边界

——以浙南畲族史诗《高皇歌》的演述场域为例[*]

孟令法

摘　要：史诗《高皇歌》广泛流传于浙南畲乡，它的演述需要一定的场域作依托，而这种演述场域则是一种文化空间。在浙南畲族聚居区，《高皇歌》一般在两种较为重要的文化空间中进行演述，即娱乐歌场和仪式道场。不论哪种演述场域，基本都以畲民家户为中心。在非遗保护的大潮中，《高皇歌》的演述场域也在逐渐缩小中舞台化，并从神圣走向世俗。此外，作为非遗保护的主要对象之一，文化空间的"时空边界"并不决定于时间长度与空间跨度，而取决于非遗保护主体对传统文化活动或表现形式在特定族群中的时空建构。

关键词：歌场　道场　《高皇歌》　演述场域　文化空间

《高皇歌》[①]是广泛流传于畲族乡民社会的一种长篇口头语言艺术，它以韵文体方式演述了以民族英雄——龙麒[②]——为核心的神话传说。在

---

[*] 原文刊于《民俗研究》2017年第5期。

[①] 《高皇歌》代表性文本，可参见张恒《以文观文——畲族史诗〈高皇歌〉的文化内涵研究》，浙江工商大学出版社2014年版，第230—251页。

[②] 龙麒，即盘瓠，它是畲族独有且经常出现在畲民口头的称谓，除此之外，龙孟（猛）、忠勇王、麟豹王等也是盘瓠的畲族叫法，为行文方便及尊重畲民用语习惯，本文将统一使用"龙麒"。

以往的畲族研究中,《高皇歌》通常以文本形式被用以探讨民族起源、宗教信仰、迁徙路线及族群关系等。尽管这种静态分析模式能让我们获取更多的历史信息,甚至可以窥察特定族群对待图腾崇拜的心理倾向,但它却无法呈现史诗《高皇歌》的动态生活情境,而《高皇歌》是在何种场域下被演述,这种场域又是如何被史诗演述人及其聆听者营造,也无法在纯文本探讨中得到展现。就目前的学术成果与实地调查可知,脱离手抄本的史诗《高皇歌》演述活动在畲民生活中已渐行渐远,而能按手抄本顺利演述《高皇歌》的史诗演述人群体同样在走向凋零。不过,这并不是说,史诗《高皇歌》的演述活动就已无迹可寻。在田野访谈中,一些年过古稀的畲族歌手多能对此做出回忆,而当下依然存续的民族特有仪式(如做功德、传师学师和祭祖等)则给予我们更多相关信息。由于畲族大分散、小聚居的生活状态,笔者将以浙南(即丽水和温州两市)为核心调查区域,并结合其他省市相关资料,对畲族史诗《高皇歌》的两类演述场域——娱乐歌场与仪式道场——做出梳理,进而勘察它们的时代特征,并由此探讨文化空间的概念及其"时空边界"问题。

一 口传史诗演述场域:一种传统的文化空间

任何一种民俗事象的开展都需要一定的空间载体,并需要在特定的时间里予以呈现。史诗演述作为民俗活动的一种,其空间载体不仅具有一般民俗活动的性质,也具有自己的个性特征。在巴莫曲布嫫看来,针对史诗"演述场合的传统规定性及其相应的叙事界域",可"从理论分析层面将表演事件的特定情境提炼",并概括为"口头史诗的'演述场域'",而这种"依据表演事件的存在方式及其存在场境来确立口头叙事特定情境"的研究视界,则可于"五个在场"的工作原则下得到更好的确认。[①] 在笔者看来,这种以"表

---

① 巴莫曲布嫫:《叙事语境与演述场域——以诺苏彝族的口头论辩和史诗传统为例》,《文学评论》2004年第1期。

演事件的特定情境"为核心的"演述场域"是一种典型的时空复合体，它既是史诗演述人及其聆听者共同营造的表演舞台，又是传统规则下展现口传史诗不可或缺的文化空间。① 其实，史诗演述场域的地点选择并非民俗文化拥有者所陌生的"域外"社会，而是自我熟识的身边"世界"——生于斯、长于斯的乡土村落及其内部居所。

演述场域是基于史诗表演事件而存在的文化创造，它不会因"一次"表演事件的结束而消失。因为对特定族群来说，史诗是一个传承千百年的文化传统，而其演述场域则是在既定原则下逐渐形成，并得以世代延传的一类文化空间。不过，虽然它们不会轻易从特定族群的生活中彻底淡出，但也会在延续其核心要素的同时，随着特定族群成员的历史记忆的变化而产生一定的时代特征。作为传统文化空间之一种的口传史诗演述场域，是伴生于史诗演述活动而成为特定族群的固有文化形式。笔者认为，文化空间是一个涉及面更为广阔的学术概念，它因非物质文化遗产（下称非遗）保护运动而被逐渐推广到其他人文社会科学领域。

从国际层面看，文化空间有着一脉相承的学理基础。早在1997年的"国际保护民间文化空间专家磋商会"上，文化空间就被定义为："一个集中了民间和传统文化活动的地点，但也被确定为一般以某一周期（周期、季节、日程表等）或是一事件为特点的一段时间。"② 在联合国教科文组织（下称UNESCO）1998年发布的《人类口头和非物质遗产代表作申报书编写指南》（下称《编写指南》）中，文化空间被表述为："民间或传统文化活动的集中地域，但也可确定为具有周期性或事件性的特定时间。"③ 据此可知，文化空间是建立在时间与地点双

---

① 巴莫曲布嫫认为，"文化空间"（cultural space）和"文化表现形式"（cultural expression forms）已成为学界关注非物质文化遗产保护和研究的重要维度，而为了使中国公众社会易于理解，"文化空间"这一学术概念在中国被"本土化"为"文化场所"。为行文方便，除特殊说明外，笔者将统一使用"文化空间"这一术语。详见巴莫曲布嫫《非物质文化遗产：从概念到实践》，《民族艺术》2008年第1期。

② 巴莫曲布嫫：《非物质文化遗产：从概念到实践》，《民族艺术》2008年第1期。

③ 转引自朱刚《非物质文化遗产文化空间研究的时空维度——以云南剑川白族的石宝山歌会为例》，《民间文化论坛》2015年第3期。

重维度上的，用以呈现民间或传统文化活动（或事件）的一类实体性场所。与此相似，在 UNESCO 任职的木卡拉认为：文化空间是"某个民间传统文化活动集中的地区，或某种特定的文化事件所选的时间"，而作为一个人类学概念，文化空间又是"传统的或民间的文化表达方式有规律性地进行的地方或一系列地方"①。总之，这一后来被写入《保护非物质文化遗产公约》（2003）和《非物质文化遗产申报操作指南》（2008）的学术概念，秉持了一贯的"时间/空间""民间/传统"的并置认识观。

  作为一个重要的文化保护理念和对象，文化空间被引进来，不仅得到相关学者的大力推广，更被运用于国家非遗保护的法律法规当中。例如，2004 年编写的《中国非物质文化遗产代表作申报书编写指南》写道："'文化空间'的概念同时具有空间性和时间性，指定期地或周期地举行传统文化活动的场所。"② 国务院办公厅于 2005 年出台的《国家级非物质文化遗产代表作申报评定暂行办法》指出：文化空间是"定期举行传统文化活动或集中展现传统文化表现形式的场所，兼具空间性和时间性"③。虽然 2011 年颁布的《中华人民共和国非物质文化遗产法》仅在非遗定义和分类中列举了"文化空间"，即"场所"，但其司法解释则以举例方式说明了"场所"对非遗传承的重要性。④ 可见，中国政府层面的"文化空间"虽在概念用语上与国际社会稍有差异，但其核心指向并未发生变化。据此，乌丙安认为："凡是按照民间约定俗成的古老习惯确定的时间和固定的场所举行传统的大型综合性的民族、民间文化活动，就是非物质文化遗产的

---

  ① 木卡拉：《非物质文化遗产与我们的文化认同感》，《文明》2003 年第 6 期。
  ② 文化部中国非物质文化遗产代表作申报办公室编制：《中国非物质文化遗产代表作申报书编写指南》（内部资料），2004 年 7 月 15 日。
  ③ 详见《国务院办公厅关于加强我国非物质文化遗产保护工作的意见》附件一《国家级非物质文化遗产代表作申报评定暂行办法》第三条，国务院办公厅（国办发〔2005〕18 号），2005 年 3 月 26 日。
  ④ 详见全国人大常委会法工委行政法室编著：《中华人民共和国非物质文化遗产法释义及实用指南》，中国民主法制出版社 2011 年版。

文化空间形式。"① 总之，中国政学两界对文化空间的理解，从未脱离国际话语而单独存在，只是使用了更为"本土化"的学术语言。

尽管文化空间在一定程度上包含了民俗文化得以展现的所有实体场所，但它作为一种学术概念却具有很强的文化政治性。在中国当下的非遗保护中，各民族史诗演述活动几乎都被纳入民间文学类项目加以保护，畲族史诗《高皇歌》也不例外，而作为活态史诗演述场域的文化空间也应得到保护，如此才能更完整地发挥史诗在特定族群中的文化功能。其实，相较于文化空间的宏观性，口传史诗演述场域的所指性更为明确，它的学术建构，不仅有助于"我们正确把握并适时校正、调整史诗传统田野研究的视角"，还有利于说明"史诗演唱传统的流变可以从更悠久的民间记忆中找到证据"②。实际上，"场域"存在于布迪厄的社会关系理论，它得益于物理学"场"的概念。在他看来，"场域"是"社会成员按照特定的要求共同建立的充满竞争和个人策略的场所，其目的是生产有价值的符号商品"③。据此可知，场域的一大属性就是"场所"，而巴莫曲布嫫在提出史诗演述场域时，也曾受到布迪厄"场域"

---

① 乌丙安：《民俗文化空间：中国非物质文化遗产保护的重中之重》，《民间文学论坛》2007年第1期。此外，对"文化空间"概念做出理论分析的文章还有不少，较有影响的主要有以下几篇，如：陈虹《试谈文化空间的概念与内涵》，《文物世界》2006年第1期；张博《非物质文化遗产的文化空间保护》，《青海社会科学》2007年第1期；向云驹《论"文化空间"》，《中央民族大学学报》（哲学社会科学版）2008年第3期；李玉臻《非物质文化遗产视角下的文化空间研究》，《学术论坛》2008年第9期；刘朝晖《中俄非物质文化遗产保护比较研究：基于文化空间的分析视野》，《中南民族大学学报》（人文社会科学版）2010年第1期；张晓萍、李鑫《基于文化空间理论的非物质文化遗产保护与旅游化生存实践》，《学术探索》2010年第6期；等等。不过，通观以上论文不难发现，各位作者在论述文化空间的概念或通过具体案例对文化空间做出解释时，都对UNESCO的原初定义及其后续阐述加以引证，并多有在区分文化空间的"非遗"与"物遗"差别上，强调它的物理属性，即自然的时间性和空间性，虽然也有像刘朝辉等对相关理念做出一定反思的，但这种基于非遗保护工作原则得出的结论，依然与现实生活有较大差异，甚至会影响特定非遗项目的进一步保护。对此，笔者将于本文做出简要说明，详见本文最后一节。

② 廖明君、巴莫曲布嫫：《田野研究的"五个在场"——巴莫曲布嫫访谈录》，《民族艺术》2004年第3期。

③ 邓苗：《特定民俗场中儿童的习俗化——以洋县社火为例》，《温州大学学报》（社会科学版）2011年第3期。

的启发①，因此其本质也带有一定的"物理基因"②。

总之，史诗演述是一种特定的民俗文化活动，其演述场域则是一类传统文化空间，它确立于"人"的"在场"，是对俗民生活的实践性把握，而它的实际存在也体现了口传史诗拥有者和享用者对民族文化传统的承继心理和延续行为。尽管演述场域的提出在很大程度上是一种针对史诗研究的工作原则，但它同样是对史诗演述场所的学术化定位。正如上文所言，文化空间是伴随非遗保护而产生的一个全球化概念及其保护对象。史诗演述活动则多以民间文学类项目被纳入中国非遗保护的名录体系，因此从整体性保护理念出发，作为一种传统文化空间的口传史诗演述场域，也应是非遗保护的一大重点。

二 歌场：日常待客与节日庆典中的史诗演述

史诗具有强烈的神圣性，对它的演述也非随时随地都可进行的个体活动，而是需要特殊情境的营造才能开始的一种集体性表演行为，但对畲族民众来说，史诗《高皇歌》也不是不能在具有一定娱乐氛围的特殊时段，于特定场域中加以演述。从目前的田野调查可知，浙南畲族进行史诗演述的娱乐性场域多集中在被学界称为"歌场"的文化空间。歌场历史悠久，早在唐代诗文中就有体现，而在中国各民族聚居区也有属于自己的本土化称谓。③ 简言之，歌场是"在一定的地域空间范围内，以固定的时间周期频率，由当地某一族群或几个族群共同操弄、践行并立体"

---

① 详见巴莫曲布嫫《叙事语境与演述场域——以诺苏彝族的口头论辩和史诗传统为例》，《文学评论》2004年第1期；廖明君、巴莫曲布嫫《田野研究的"五个在场"——巴莫曲布嫫访谈录》，《民族艺术》2004年第3期。

② 在民俗学领域，除"演述场域"和"文化空间"外，一个更早的空间概念——民俗场——在1987年为李稚田提出。在《民俗场论》中，李稚田虽未对"民俗场"做出概念阐释，但他在论述这一借鉴于物理学"场"概念的民俗学专用语时，详细分析了它的传播轨迹与特征。通过比较可知，"民俗场"、"演述场域"和"文化空间"虽在出现时间、产生机制、概念阐释和应用领域上有所差异，但它们具有显著的内在联系，也就是说，它们不仅具有呈现民俗文化的"场所"之意，同时也是针对民俗文化的研究策略或工作原则。有关三者的关系，上文仅是简单说明，还有待进一步探讨。详见李稚田《民俗场论》，《民俗研究》1987年第4期。

③ 陈书录：《民歌与"歌场"传播》，《江海学刊》2015年第5期。

呈现以歌舞为核心民俗事象，或兼有宗教仪式和史诗演述等行为的文化空间。① 其实，可大可小的歌场并不是一个均质的固定地点，而是会随着实际需要，围绕该地的中心区自由缩扩的演述场域。

在浙南畲族聚居区，史诗演述场域的营造具有一定的特殊性。虽然 㝠歌②是畲族民歌演述的主流方式，且有"拦路截唱"的野外形式，但史诗的神圣性决定了《高皇歌》只能在较为正式的场合进行演述，而"落寮会唱"才能为此提供空间支撑。就目前的调查可知，史诗《高皇歌》的演述场域主要集中于畲民村落的个体家户，且因人员多少、空间大小而划分出火炉塘与盘歌堂两种歌场。

火炉塘是畲民家居习俗中一个重要组成部分，它不仅是畲民日常饮食之所，同时也是日常待客之处。在浙南畲民家中，一般都有两个火炉塘，一个设在厨房灶门前，一个设在一楼正厅旁的偏房。厨房中的火炉塘是在垒灶时就预留出来的，它通常依据灶台大小而三面砌制出高宽在 30—40 厘米、长 100—140 厘米（两口锅）或 120—180 厘米（三口锅）的槽形（见图 1）。③ 不论是自家人还是客人，都可围坐在灶台火炉塘前喝茶、聊天、唱山歌。偏房中的火炉塘相对简单，它基本都安排在偏房前半部分，在那里的中间部位放一个直径在 50 厘米的陶盆或石盆（现也有铁盆或搪瓷盆），上置一张八仙桌。除向内的一边外，其余三边都有长椅，以供主客休息、交流以及歌唱。灶膛的木炭火并不是常年都燃烧，不过，即便是夏季，灶前火炉塘也不会被拆除，连偏房中的火盆也不会被撤走。可以说，火炉塘不仅是深山畲民防寒取暖的必备工具，也是连接畲民情感的重要纽带。

空间有限的火炉塘并不能承载太多的来客，因此这一文化空间大多

---

① 黄龙光：《少数民族传统歌场的文化空间性》，《民族艺术研究》2010 年第 6 期。
② "'㝠歌'是畲族关于闲暇或节日期间与外地氏族外异性对歌的原称"，而"无论是'出行'作客，或参加歌会，㝠歌有两种不同的发生情形，一为拦路截唱，一为落寮会唱"，早期的㝠歌是口语式的"随意谈话体"，而随着口传记录本的出现，"非随意谈话体"的歌本"成为㝠歌有'据'可依，有情可'发'的基础。详见蓝雪霏《畲族音乐文化》，福建人民出版社 2002 年版，第 66—72、77—88 页。
③ 在当代浙南畲族聚居区，由于房屋改造、重建等，较为原始的灶台火炉塘已很难看到，不过，在浙江武义一带的畲民中还能看到，而丽水、温州一带的畲民也有在冬季将灶膛木炭火产出，置于灶门下，供家人或邻里对唱时烤火用。

被用于饭桌（自我饮食）或茶桌（日常待客），而来客多以左邻右舍的近亲为主。作为畲族民间歌场重要组成部分的火炉塘，也是畲族史诗《高皇歌》的重要空间载体。火炉塘民歌演述活动大多发生在晚饭后的上半夜，此时正值一天劳作结束，邻里通过串门做客，以放松身心、加深感情。火炉塘歌场上的民歌曲目并没有固定的要求，由于参加民歌演述的成员大部分是血缘至亲，因而也就具有一定的随意性。史诗《高皇歌》在火炉塘歌场上只是众多曲目中的一个，但并不是必然选项，它一方面有赖于在场者是否有能力演述；另一方面则取决于在场者的需要以及能演述者的心情。据民歌手钟亚丁[1]介绍：杂歌（情歌、劳动歌、谜语歌、时政歌、劝世歌等）是火炉塘歌场上最主要的演述曲目，但当《高皇歌》响起时，也是演述人向在场听众讲述民族历史之时。因此，以本村村民为主体的火炉塘歌场，既是民族历史的知识场，又是民间自发的教育场。

日常生活中的待客以近亲属为核心，而这种聚会式歌场多以休闲娱乐为主，因此具有神圣性的《高皇歌》也很少被演述。对畲族民众来说，火炉塘歌场还是日常生活的重要组成部分，而另一个较大的歌场——盘歌堂——则更具仪式感和节日性。盘歌堂一般会在两种较为重要的情境下设立：一是村外同族人走亲访友；二是民族传统节日——三月三——歌会，但不论哪种情况，盘歌堂都是设在村内特定的家户中。当走亲访友时，盘歌堂就设立在主家最大的房间内，通常是房屋一层的大厅中；当"三月三"歌会时，一般设在村内最能歌善舞的家户中，地点与"走亲访友"时相同。走亲访友大多发生在逢年过节的农闲时，而"三月三"则是农忙开始的前奏。通常来讲，盘歌堂的布置比较简单，它视厅堂大小而排桌（方形桌，亦有圆桌），从里向外依次摆到屋檐下，一般由四到六张桌子构成。只有敢于歌唱、善于歌唱的男女村民才能上桌，且依据男左女右的方式相向对坐。桌上由主家摆上自家、客人及左邻右舍带来的干果与茶水，以供参与者食用（见图1）。

畲族好客，每当有亲戚到访，尤其是出嫁外村的女性村民回村省亲时，左邻右舍都会前来看望，并盛情挽留其在家中过夜；而在"三月三"

---

[1] 钟亚丁（1942— ），畲族，中等师范学校肄业，民歌手，务农（放牛），原姓雷，家住浙江省文成县黄坦镇底庄村，后入赘到黄坦镇呈山底村钟姓之家，遂改姓为钟。

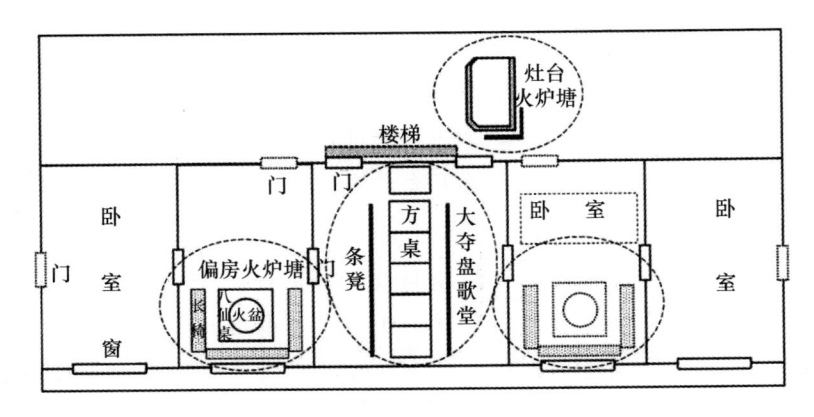

图 1　畲族歌堂平面示意

传统歌会时，这种场面会更为壮观。由于临近村落大都处于通婚圈内，各村都彼此熟悉对方民歌手的情况，因此通过走亲访友等形式，聚集在某位民歌手家中，则是最好的选择。其实，纯以招待来客的盘歌堂同火炉塘一样，多从晚饭后开始，而"三月三"歌会则开始于当天上午，并随着来客增多，火炉塘成为分歌场。一般来说，盘歌堂最短也会持续一个晚上，对此，畲民称之为"长夜对歌"，由此产生的"竞技性"则被称为"比肚才"。民歌手蓝高清[①]告诉笔者："比肚才"的重点是正歌演述。正歌是以《高皇歌》《封金山》《凤凰山》《奶娘传》《末朝歌》《长毛歌》等为代表的神话历史歌和传说故事歌，只不过福鼎、霞浦等地将其置于上半夜；福安、宁德以及浙南诸地则把它放在下半夜。在民歌手蓝观海[②]看来：长夜对歌在演唱内容与体裁上都有十分严格的"一对一"原则，即正歌对正歌、杂歌对杂歌，否则就是不合章法的"乱对"。

总之，不论是火炉塘歌场还是盘歌堂歌场，它们都是在日常待客与节日庆典中形成的传统文化空间，其本质虽是娱乐的，但也为史诗《高皇歌》的代际传承提供了较为自由的内部场域。正如上述三位老年歌手，

---

① 蓝高清（1943—　），畲族，小学文化，民歌手，务农，被村民誉为"深山畲歌王"，浙江省丽水市莲都区南明山街道山根村人。

② 蓝观海（1943—　），畲族，初中文化，民歌手/师公，雾溪畲族乡文化站文化员/退休教师，浙江省云和县雾溪畲族乡坪垟岗村人，省级非遗（畲族民歌）代表性传承人。

以及民歌手蓝余根、雷梁庆、雷君土①等所言：在演述《高皇歌》等神话历史歌时，现场气氛不能太过嘈杂。他们指出，以《高皇歌》为代表的神话历史歌是对民族始源的神圣性表述，因此所有参与对歌的人都应以虔诚之心感念祖先功绩，并从中学习基本的民族历史与行为规范。据此笔者认为，即便在歌场的娱乐情境中演述《高皇歌》，也未曾失去其严正肃穆的本质。

三　道场：祭祖活动与人生礼仪中的史诗演述

神圣性是本文一直强调的史诗特征之一，因此其演述场域的确定也应沿此方向探寻。虽然上文主要针对娱乐性场域，但这种以杂歌为核心演述对象的场域也未曾彻底消磨史诗《高皇歌》的这一特征。在畲族社会中，神圣性场所复杂多样，如宗族祠堂、住所香火堂、村落宫庙、寺院道观，甚至怪石古树、坟冢墓地等都可成为畲民祭拜神佛祖先的处所。由于畲族深受临近汉文化的影响，并在接受道教南宗——闾山派——道法的同时，融合了本族古老的巫法，从而形成了具有本民族特色的宗教性仪式活动。现有调查表明，浙南史诗《高皇歌》的神圣性演述场域具有一定的动态建构性，它并非上述固定性文化空间所能完全承担，而是多集中在临时构建的仪式道场中。②

畲族是一个"九族推尊缘祭祖"的民族，因此祭祖对畲族来说是一项十分重大的集体活动。在长达千百年的畲汉杂居相处中，畲族不仅浸染了汉族建祠堂、修族谱、祭祖先的文化传统，在祭祀礼仪上也有一定的相似之处。一般来说，畲民祭祖活动可分为祠祭、家祭和墓祭；祭祀对象则有远祖（民族始祖）和近祖（村落/支族始迁祖），而祭祖时间也

---

① 蓝余根（1939— ），畲族，初中肄业，民歌手/师公，务农，浙江省景宁畲族自治县鹤溪镇东弄村人，省级非遗（畲族祭祀礼仪）代表性传承人；雷梁庆（1946— ），畲族，小学文化，民歌手/师公，村文化宣讲员，浙江省景宁畲族自治县渤海镇上寮村人，省级非遗（畲族祭祀仪式）代表性传承人；雷君土（1945— ），畲族，民歌手，退休教师，浙江省泰顺县竹里畲族乡竹里村人，县级非遗（畲族民歌）代表性传承人。

② 道场并非一个本土化概念，它有着深厚的宗教积淀。在汉语语境中，道场通常被理解为"法会"或"做法事的场所"。详见刘震《何谓"道场"?》，《复旦学报》（社会科学版）2015年第6期。

因不同村落、不同支族而有所不同。据笔者了解，浙南地区的畲族祭祖多集中在冬春两季。虽然祭祖活动至今依然存续于很多浙南畲村，但并非每个村落或支族都有自己的祠堂。近代以来的田野调查与研究成果显示，大部分畲族村落常以两个竹木箱充当"祠堂"，称为"祖担"或"佛担"，其内放有祖牌、香炉、族谱、祖杖、祖图[1]等。除墓祭外，祠祭和家祭都须将"祖担"中的物品取出，并按一定的顺序排列、悬挂（见图2）。在祭祖，尤其是祠祭或家祭远祖时，史诗《高皇歌》是族中长辈用以教化宗族成员的重要手段，它常在上香祭拜等基本程序结束后进行，其演述歌词、歌调与歌场所唱基本一致。据民歌手钟亚丁介绍，老家底庄村并无雷氏宗祠，其叔雷水恩在世时，每年正月初一都会召集村民在其家中祭祖，并依据歌本演述《高皇歌》，而这也是他学习《高皇歌》演述技巧的主要途径之一。

祭祖活动在当代畲族社会已渐趋衰微，大型的祠堂祭祀活动更是很难寻觅，而依托于祭祖活动的史诗《高皇歌》演述行为，在这种情况下也逐渐失去了它的生命力。其实，祭祖活动中的史诗演述并不是一个全民行为，它具有很强的自主性。也就是说，各村各支族在民族文化的传承上，都会因迁徙或与临近族群的接触而产生某些适应性变化，而对文化传统的记忆、遗忘与再造同样是这种历史行为的反映。除了祭祖活动，两个独具民族特色的人生礼仪——传师学师与做功德——同样成为史诗《高皇歌》得以呈现的重要场域。只不过，为了契合特定仪式场域，《高皇歌》在演述人、演述内容和演述歌调上不仅彼此区别，还与祭祖、歌场上所唱文本有较大差异。

传师学师作为一种学术名词，由浙江省畲族文化研究会于1980年确定，而在畲族民间，这一仪式活动则被称为"做阳""醮名祭祖""奏名传法""传度奏名"等。目前，尽管传师学师的属性尚无定论，但笔者认

---

[1] 祖图是畲族社会中一套十分重要的宗教性法器，它由众多彼此关联的图画组成。目前，各村现存的祖图数量及种类不尽相同，因此各畲村在举行相关仪式（祭祖、传师学师、做功德）时，也会产生差异。目前，25幅图像是构成畲族祖图系列的上限。长连是各村所藏祖图系列中必备的一种，它描绘了与《高皇歌》和"龙麒神话"相对应的故事情节。长连一般由上下两幅卷轴构成，长度基本保持在7—8米/幅，宽度在45—50厘米，而少数单幅卷轴型长连则在16—20毫米，宽度与上下幅型相似。

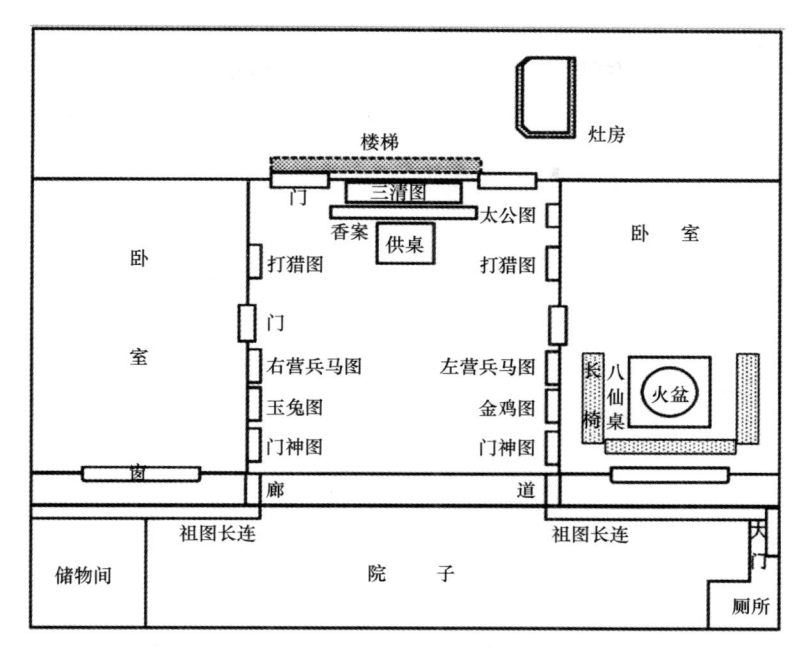

图 2　家祭道场平面示意

为，它是集成年、入教、入社和祭祖等于一身的综合性仪式活动。被称为"太上传度奏名道场"的传师学师仪式空间通常设于学师者家大厅，它以悬于房梁的彩色剪纸布置大厅上部，其内部上首位张挂三清神图，下置香案供桌，左右板壁由里向外依次张挂太公图、左右营兵马图、金鸡玉兔图等，大厅外廊下挂以祖图长连，从而营造出一个范围固定的神圣仪式空间（见图3）。一般认为，这一由 12 位师公主持，历经 3 天 3 夜，大小近百个步骤才能完成的综合性仪式活动①，只有 16 岁以上的男子才能参加，并要在学师后世代相传，否则就会成为"断头师"。学师者人称"红身"，死后可做大功德，已传代者的寿衣为青色，未传代者为红

---

① 传师学师中的 12 个职位，即本师公、东道主、证坛师、保举师、引坛师、度法师、监坛师、净坛师、传职师、阜佬师、西王母及其侍女，分由 12 位学过的师（除西王母及其侍女）的本村本宗本姓人（即师公）担任。根据不同畲族村落老师公的口述及其保存的相关经文资料可知，传师学师的步骤也有很大差异，少则 60 余个，多则上百个，但不论多少，仪式一旦举行，自开始时辰算起，都要在 3 天 3 夜内按时完成，不得延误。本文所用上百个，是采取浙江景宁郑坑半岭村钟姓的传师学师步骤。

色，未学师者叫"白身"，死后只能做小功德，穿蓝色寿服。由此可见，学师与否不仅奠定了畲民个体的社会形象，更强化了他的社会地位。在复杂的仪式程序中，一个位于中间阶段的单元——唱"兵（丙）歌"——则反映了畲族民众对史诗《高皇歌》的创编与活用。

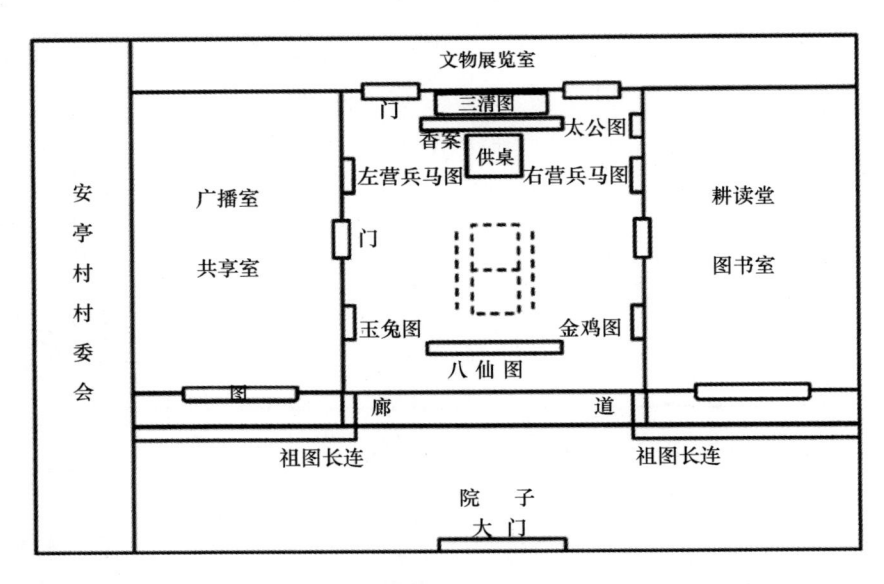

```
┌─────────────────────────────────────────────────────────┐
│                      文物展览室                          │
│         ┌──────┬─────────────────┬──────┐               │
│         │  门  │    三清图       │      │               │
│  安     │      │ 香案  ┌────┐ 太公图│    │               │
│  亭     │      │左营兵马图│供桌│右营兵马图│             │
│  村  广播室    │                       │ 耕读堂         │
│  村     │      │  门   ┌ ─ ─ ┐        │               │
│  委  共享室    │      │ │ 日 │ │       │ 图书室         │
│  会     │      │      └ ─ ─ ┘         │               │
│         │      │ 玉兔图       金鸡图   │               │
│         │      │      八 仙 图        │               │
│         ├──图──┼──廊──────道──────────┤               │
│         │      │祖图长连        祖图长连│             │
│         │            院  子                             │
│                      大  门                             │
└─────────────────────────────────────────────────────────┘
```

图 3　传师学师道场平面示意

《兵歌》并非一般意义上的《高皇歌》，其主要目的是在仪式进程中请兵下凡，教渡新罡弟子。虽然部分《兵歌》开宗明义地唱道："元仙起宗在广东，传来师男传祖宗。当初人何做的大，今来胡乱请师公。元仙起宗广东来，传学师男做是个。当初人何做的大，今来无肉奈是菜。"[①]这显然是向传师学师的参与者传递既定的民族起源观，而这恰与《高皇歌》一再强调的"盘蓝雷钟一宗亲，都是广东一路人……盘蓝雷钟在广东，出朝原来共祖宗……盘蓝雷钟莫相骂，广东原来是祖家"[②] 一脉相承。然而，此后的内容不仅转移到了闾山学法、招兵除祟、救渡万民上，

---

① 《兵子歌》，蓝法祥置（抄），1994 年。现存浙江省景宁畲族自治县郑坑乡半岭村蓝法祥处。

② 《高皇歌》，蓝凤鸣宣统二年（1910）手抄，蓝观海 2000 年再抄。现存浙江省云和县雾溪乡坪垟岗村蓝观海处。

还在实际演述中彰显了道教科仪唱法的严肃性。也就是说，《兵歌》是由主持仪式的男性师公演述，他们围坐在由两张并排的方桌前（见图 3，虚线），以唱念经文的声调予以表现。不过，就笔者所见，并非所有畲村的《兵歌》都没有一般《高皇歌》的内容。由《畲族传师学师文书汇编》可知，丽水市莲都区南明山街道犁头尖村的蓝氏《兵歌》由两大部分组成，第一部分《念祖宗》同上述《兵歌》几近一致；第二部分《太祖出朝》则记述了与《高皇歌》相似的龙麒神话，只是篇幅上略有删减，而其文末的"十二六曹来学师，要学师男传古记，学师也要归太祖，讲分后代子孙记"，① 则凸显了学师对成年男性的重要性。

传师学师并非一个经常性的仪式活动，甚至没有固定的举办时间，因而也就不存在所谓的周期性，它常常受制于畲民经济水平、上代学师情况，以及可学师家庭与个人意愿及其生辰属性等，所以这一活动可能一年举办多次，也可能数十年都难举办一次。因此，随着长者逝去，传师学师这一仪式，也就在大部分浙南畲区失传了。如今，唯有浙西南洞宫山腹地的景宁"郑坑—渤海"一带尚有延传。② 相较于祭祖与传师学师的当代失落，以丧葬为主体的人生礼仪——做功德——则相对完整而广泛地存在于浙南畲乡，只是由于地区差异，而于表现形式上略显不同。

做功德是畲民对丧葬活动的一种自称，它是相对于传师学师的一种仪式活动，因此有些地方也称"做阴"。上文表明，做功德是与传师学师相互勾连的整体，虽然它们有很大的时间跨度，但反映了畲民对个体身份和社会地位的族群认同意识。可以说，除未成家的"少年亡"外，凡有儿女者死后都要做功德，而人死后立即做的，称热丧；因各种原因隔几（数）年再做的，称冷丧。可一个死者单独做，亦可几个死者一块做，上下代不能下代先做，可两代一起做。相较于传师学师道场的布置与主

---

① 浙江省畲族文化研究会编：《畲族传师学师文书汇编》（内部刊印），2008 年，第 69—77 页。

② 景宁"郑坑—渤海"是指浙江省景宁畲族自治县郑坑乡和渤海镇。如今，此地还在延续传师学师的村落主要有郑坑乡的桃山村（蓝姓）、塘丘垒村（蓝姓）、半岭村（钟姓）、叶山头村（雷姓）和渤海镇的上寮村（雷姓）。

持人构成，做功德显得更为复杂。① 被称为"太上集福功德道场"的功德仪式，通常由两（三）个彼此连接却又相对独立的神圣空间组成，一为供死者灵魂暂居、丧主守孝与亲属吊唁的灵堂；二为供仪式主持者（师公）请神与休息的师爷间，（再一个就是度化死者灵魂的"度亡道场"）。简言之，不论是灵堂，还是师爷间，其顶部都要用书有联语的彩色剪纸加以装饰。师爷间上首正位高悬三清图，下置香案供桌，左右壁板由里及外依次悬挂太公图、左右营兵马图、金鸡玉兔图等，而灵堂上首位高悬太乙救苦天尊图，其中部摆设棺椁、供桌，灵堂外的檐廊下悬挂祖图长连，左右壁板的前半部会在仪式第二晚的上半夜张挂十殿阎王图，直至仪式结束（见图4）。

在功德道场中，数十位师公互相交替着完成这一复杂的仪式活动，而他们所唱之"歌"实际上是类似于道教科仪中的经文，如"开路经""日光经""解冤经"等。此外，以"哀歌"为主的民歌贯穿了功德仪式的全过程，甚至与科仪经文相互交叉，形成一种别具民族特色的"交响乐"，而其演述者除了主持仪式的师公外，大部分为逝者的女性近亲属，他们用哭腔演述长短不一的哀歌，以此表达对逝者的悼念之情。毋庸置疑，经文念诵和哀歌演述是功德仪式中最为重要的语言表达，但这并不是说，其他歌言就不能在这种场合中出现。据民歌手钟亚丁介绍，他曾在年轻时参加过村中老人的功德仪式，当时就有村中德高望重的男性年长者在守灵时演述了史诗《高皇歌》，但其内容主要集中在龙麒逝世到下葬的过程；民歌手蓝陈启②也曾告诉笔者，她虽不会演述《高皇歌》，但年轻时也曾于村中功德仪式的守灵过程中，听过自己母亲演述《高皇歌》，其内容与钟亚丁所述基本相同。只不过，其腔调拉得更长，与哀歌近乎相同。在《中华畲族哀歌全集》中，有一首被置于仪式尾部的《思

---

① 做功德一般在丧家厅堂中举行。其职员分工主要有房照先生、夜郎徒弟、引师、同引、师主、招魂各1人，这6人须经学过师的人（师公）担任。此外，还需孝度2人、少年4人（专唱功德歌）、童子3人（由16岁以下男孩担任）。如今，由于学师者数量的减少，仪式场合的司职人员也随之减少，现大部分地区由6—8人组成。目前的调查和资料显示，做功德的程序十分复杂，还会因姓氏、宗族、地区（村落）、举办模式（热丧/冷丧；独一/多个）等的不同而有不同，因此其步骤少则数十个，多则上百个。

② 蓝陈启（1938—），女，畲族，文盲，民歌手，浙江省景宁畲族自治县鹤溪镇双后岗村人，国家级非遗（畲族民歌）代表性传承人。

念祖宗》,此歌虽在主体上表现了上述歌手所说的内容,但具体歌词却与已发现的《高皇歌》有所区别,不过它更详细地说明了始祖龙麒的逝世原因、功德情况,并在强调"当初广东住出来,太公盼咐话言对,蓝雷三姓共太祖,何事相请要莫推"的同时,也向"六亲"表达了谢意。①

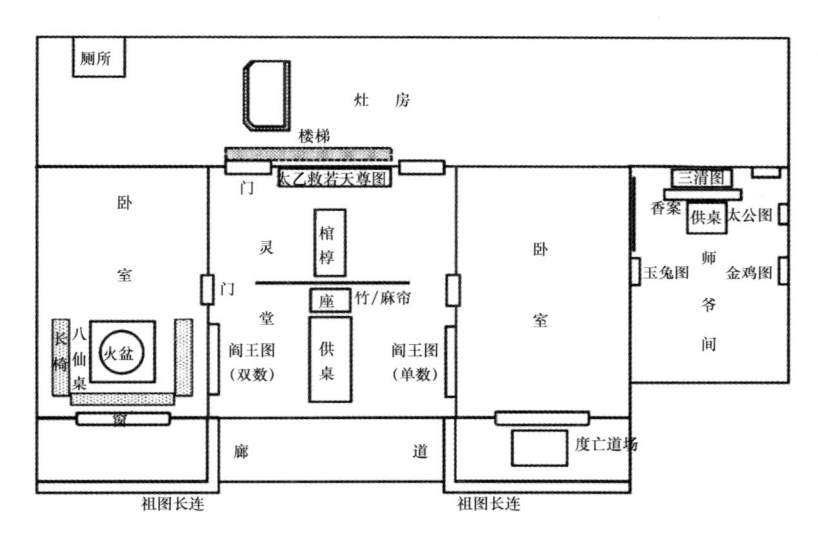

图4 做功德道场平面示意

从祭祖活动到人生礼仪,史诗《高皇歌》都能得以演述,而史诗演述人在这些场合中选择的不同演述内容,一方面体现了史诗《高皇歌》在民族口头传统上的可塑性;另一方面则说明史诗《高皇歌》必须依照特定场域的演述规范进行取舍与创编,以符合当时之情境。从整体上看,并非所有浙南畲族村落都有在上述神圣空间中演述《高皇歌》的传统,但这些存在或曾经存在仪式中演述《高皇歌》的村落,表明在一个以血缘为基础、以婚姻为纽带的区域性民族文化空间中,史诗演述不仅具有传递民族历史的重要功能,更是教化宗族成员、凝聚民族精神的有效途径。

---

① 中华畲族哀歌全集编委会:《中华畲族哀歌全集》,中国人事出版社2012年版,第85—88页。

四　从神圣到世俗：非遗语境中的史诗舞台化

　　文化空间作为与文化表现形式具有同等地位的非遗保护对象，在非遗概念的国际推广前即以发生的事实表明，在迫近 21 世纪的世界文化遗产保护领域，日常生活已然不再是故纸堆中的冥想，而是不断冲击人类生存与发展的核心所在。正如德国民俗学家赫尔曼·鲍辛格（Hermann Bausinger，1926—）在《技术世界中的民间文化》中所指出的那样，技术世界是现代文明的产物，但它却有着深刻的民间生活基础，它离不开普通民众的主体性和创造性，因而民间文化和技术世界在本质上是相互制约与彼此影响的命运共同体[①]。因此，产生于日常生活的文化空间也就成了日常生活的一种直观反映，它理所应当地被纳入文化遗产的保护范畴。然而，这些依然为普通大众所享用的文化创造，不仅不全然属于不可移动的历史文物，还会随着"人"的生产与生活发生历时性变化，而这种变化既有外在因素的影响，亦有内部需求的推动，但不论源自哪种原因的变化，都会在一定程度上改变原有生活文化（或非遗）的社会适应性。当非遗保护的号角吹响全球时，文化空间作为承载日常生活的"物质形态"理所当然地被纳入了保护之列。

　　虽然不同领域的人们对文化空间的理解不尽相同，但大都沿用了 UNESCO 早期定义中的核心表述。不过，文化遗产中的物质性空间和非遗保护中的"文化空间"，不论从名称上还是概念阐述上都是两种不同的空间指向。木卡拉就曾提醒"在这里必须清醒认识到文化空间和某个地点的区别"，他认为"从文化遗产的角度看，地点是指可以找到人类智慧创造出来的物质存留，像有纪念物或遗址之类的地方"，而文化空间并不仅限于此。[②] 由刘魁立、巴莫曲布嫫、高丙中、刘宗迪和华觉民等组成的《中国非物质文化遗产代表作申报书编写指南》编写小组则指出："'文化空间'不同于'世界遗产'项目中的遗址、遗迹及自然景观或景点这些

[①] ［德］赫尔曼·鲍辛格：《技术世界中的民间文化》，户晓辉译，广西师范大学出版社 2014 年版。

[②] ［刚果（布）］木卡拉：《非物质文化遗产与我们的文化认同感》，《文明》2003 年第 6 期。

等'物质性'的场所,因为文化空间总是有一定的文化渊源,与在其中展现并赖以传承的文化活动息息相关。'文化空间'不仅具备历史性、传承性、人文性、地域性、民族性等特征,同时在现实的时空中仍然具有生命活力,并呈现出社区民众生活的实际状态。"① 由此可见,文化遗产的空间保护更倾向于"物质性"的一面,而非遗保护不仅关注"文化空间"的物质性特征,更注重它在人之生活中的实际状态。

从广义上讲,史诗也是民间歌谣的一种类型。虽然在当下的中国非遗保护体系中,很多史诗,如藏族《格萨尔》、蒙古族《江格尔》、柯尔克孜族《玛纳斯》等,都以独立面孔被纳入民间文学类非遗保护名录,但并非所有活态史诗都是如此,有些则以打包形式进行申报,畲族史诗《高皇歌》就是典型。自 2006 年第一批国家级非遗名录将福建霞浦畲族小说歌纳入民间文学类保护项目以来,就未再出现其他种类的民歌艺术,取而代之的是"畲族民歌"这一更为宏观的项目名称。实际上,畲族史诗《高皇歌》的演述活动已经十分濒危,不要说脱离歌本演述的歌手难以寻觅,就是拿着歌本演述的中青年歌手也很少见。在很多畲民看来,史诗演述不仅是族群个体对民族艺术的追求,更是一个保障民族信仰神圣性的严肃行为。因此,即便熟练驾驭民歌演述方式的畲族歌手也不敢轻易演述这部并不算长的史诗,甚至连学习都"望而却步"。虽然"郑坑—渤海"一带的畲民继承了传统的仪式活动,但在这些被纳入民俗类非遗项目的"畲族祭祀仪式"中,史诗《高皇歌》的演述已然产生了内容选择性、情境适应性和声调变异性等特征,而这与当代学术认识中的《高皇歌》并不相同,所以在这些演述场域中形成的《高皇歌》文本往往不被关注。更重要的是,随着新农村建设和新型城镇化的推进,深居大山的畲族民众也在紧跟国家政策的同时,大力推进自我居住环境的"别墅"化,从而改变了原有的歌场与道场,进而威胁到史诗演述场域的生命力。

随着非遗保护的深入,人们越来越看重非遗项目的活态传承,但如何维系这些文化创造对既定社区群众的现实功能,却很难形成较为统一

---

① 文化部中国非物质文化遗产代表作申报办公室编制:《中国非物质文化遗产代表作申报书编写指南》(内部资料),2004 年 7 月 15 日。

的参照模式。虽然很多学者对"文化搭台，经济唱戏"表示反对，并提醒人们警惕经济开发对文化传承的干预，但当代人的消费观念与文化诉求加速了乡村旅游的发展，而以乡土社会为核心的非遗"生活场"自然成了被"改造"的对象。有学者认为，"文化空间的旅游化生存路径主要有两种：舞台化的'实景展演'式构建文化空间和生活化的非物质文化遗产景观旅游"[①]，但以表演为核心的上述保护形式，几乎没有不对特定非遗做出重构的，而这些做法无一不在一定程度上脱离了真实的生活场域。自"畲族民歌"与"畲族祭祀仪式"进入四级非遗体系以来，其相关"产品"就在各级地方政府与一些知识分子的推动中逐一出现，而走上舞台第一线的非遗传承人则在法律法规的强制要求下履行着自己的责任与义务。史诗《高皇歌》在浙南畲民中的演述活动早已淡化，但作为畲族独有的一种口头语言艺术，不仅是其民族文化的象征，也是推动地方旅游的重要"卖点"。

如，1998年（丽水市）创作的四幕剧《畲山风》中，就有一首与《高皇歌》相关的当代民歌《凤凰祖婆》。2009年创作的大型歌舞剧《千年山哈》，不仅将民歌融会其中，还邀请蓝陈启参加演出，而脱胎于此的《印象山哈》则在成为景宁形象"大使"的同时，也成为史诗《高皇歌》的具象化展示平台。2012年，景宁鹤溪镇东弄村蓝氏祠堂不仅修葺一新，还于其中设立了"传师学师堂"，后改为"功德堂"，并由蓝余根等人组织表演。笔者通过蓝余根得知，在"功德堂"表演的功德仪式，只是部分具有强烈表演性的环节，并不足以反映它的全貌，且在表演时间上具有随机性（受制于地方政府的接待需要）。2013年，景宁渤海在全镇唯一的畲族村上寮新建了"奏名学法堂"这一在过去从未有过的固定"道场"，并由雷梁庆负责组织管理，同时设定每年农历七月初九为表演日。据雷梁庆介绍，他们表演的内容同东弄"功德堂"相似，只是传师学师中最具表演性的部分，并不能反映传师学师的真实状态。《兵歌》演述只是其中的一个环节，而女性表演者的参与也是近两年才出现的游戏性对歌行为。此外，于每年农历三月三举行的歌会活动，虽然还有一定的民

---

① 张晓萍、李鑫：《基于文化空间理论的非物质文化遗产保护与旅游化生存实践》，《学术探索》2016年第6期。

间性，但不论温州还是丽水，从市到县到镇再到村，几乎完全为政府把持，尤其是温州"'三月三'畲族旅游风情节"、丽水—金华"竹柳新桥'三月三'歌会"、景宁"'三月三'畲族民歌节"等，都是很具影响力的官办畲族文化活动。据蓝仙兰[①]介绍，她曾于2014年的景宁"三月三"歌会上，在封金山景区与其他民歌手"照本宣科"地对唱过《高皇歌》与《封金山》的片段等。

在非遗舞台化的过程中，史诗《高皇歌》及其变异体的演述只是非遗保护中的一种点缀，它在脱离史诗神圣性的同时，也变成了一种纯供欣赏的语言艺术。从表面上看，各类舞台空间都为畲族文化的发展提供了不可多得的现代手段，但这种建构性空间未必能真正传承畲族的文化传统，而各级非遗传承人在相应舞台上的史诗《高皇歌》演述就是最好的例证。笔者并不讳言任何民俗事象都有因时代变迁而发生变异的现象，但这并非赞赏舞台空间对民族文化传统所产生的全部影响，尤其是美化作用。当畲族民众随着新农村建设与新型城镇化的推进，逐步改造自我居住环境的同时，也是在改变民族文化传统的生存环境，但畲民对美好生活的追求亦非我们可以批评的行为。贺学君认为：非遗的"整体固然可以是众多局部的有机整合，但任何局部（即便是最杰出的代表），都不可能完全代替整体"。[②] 因此，从"整体性保护"的角度出发，如何处理保护非遗本身就要保护其所在文化空间的悖论，不仅是政学两界需要思考的问题，也是非遗项目传承群体（或所在社区民众）所要面临的困境。其实，反观中国传统（古）村落与文化空间的保护行为，就不难看出，我们过于注重实物的外在形象，而忽略了内部感受。总之，舞台的当代构建并不能维系史诗《高皇歌》的演述规则，而史诗《高皇歌》演述场域的延续也应考虑畲民的需要。

五　客观与建构：文化空间的概念与边界反思

文化空间、演述场域与民俗场三者的复杂关系依然需要进一步梳理，

[①] 蓝仙兰（1963—），女，初中文化，民歌手，东弄民族村妇女主任，被当地村民誉为"畲山百灵"，浙江省景宁畲族自治县鹤溪镇东弄村人，市级非遗（畲族民歌）代表性传承人。

[②] 贺学君：《关于非物质文化遗产保护的理论思考》，《江西社会科学》2005年第2期。

而这里笔者想进一步探讨的是，文化空间是否具有时空边界。通过上文之述，我们可以清晰地看到，当演述场域作为一种文化空间成为史诗得以生存的承载体时，除每年农历三月三举行的歌会以及不同村落根据自我情况制定的祭祖时间外，畲民的表现并不像文化空间概念所指出的那样，是在周期性的时段中于固定场所进行的民俗文化活动，而是根据实际需要临时构建的民俗文化空间，尤其是做功德与传师学师等的仪式道场，甚至连火炉塘歌场与盘歌堂歌场都会由于村民的临时组合，出现在不同的村落家户中。但可以肯定的是，上述道场与歌场的地点与形貌都是固定的，因为畲民的居住习俗决定了史诗演述场域的建构原则。因此，只要村落建筑样式不变，传承人群体还未消失，那么这样的史诗演述场域还将延续。

　　乌丙安在论述文化空间时，对民俗文化活动提出了"大型综合性"的修饰语（见上文），并列举了"传统节庆活动、庙会、歌会（或花儿会、歌圩、赶坳之类）、集市（巴扎）"等典型文化空间。显然，以村落家户为核心的史诗演述场域，不仅在地域范畴上十分有限，在活动场面上也不够宏大。尽管乌丙安提醒我们，"在保护工作中选择文化空间为保护项目，就不可以使用'泛文化空间'的随意性理解，把过去文化部门命名过的一个'故事村''剪纸之乡''艺术之乡''文化生态保护区''区域文化'等都拿来申报文化空间"[①]。这似乎给文化空间设定了一个边界，但这个边界究竟在哪里？而非遗保护中的国际性用语——社区——的边界又在哪里？这似乎是个很明晰的工作原则，却又让人陷入迷惑。因此，如果不能在一定程度上对文化空间做出"时空边界"的准确定位，势必就影响非遗保护在文化空间上的进一步推进。在笔者看来，非遗视角下的文化空间是以自然时空为基本属性的客观存在，但它并不受制于时间长度（周期的或时代的）与空间跨度（本土的或跨境的）的影响，而其核心决定因素则是传统文化活动或传统文化表现形式在一定时空中的人为建构。换言之，"时空边界"的确定有赖于具体非遗项目在特定族群中的时空表达。

---

　　① 乌丙安：《民俗文化空间：中国非物质文化遗产保护的重中之重》，《民间文学论坛》2007年第1期。

"文化空间"概念的历时性发展让我们看到，中国民俗学家对之的阐述并未脱离国际话语而另辟蹊径，只是过于强调它的时间属性，并由此认为它的形成与延续，有赖于特定传统或民间活动的周期性展演。其实，随着"文化空间"的国际推广，空间的时间性逐渐成为它的本质属性，而相关的"事件（性）"呈现不仅变成一种辅助性行为，还于相继公布的国内外非遗保护公文及其相应解读中淡出人们的视野。不可否认，文化空间具有显著的时空复合性，但以人为核心的事件或活动，并不一定需要周期性的时间限制。换句话说，非周期性人类活动或行为所依赖的物理空间，不能简单地否定其文化空间性。当"周期性"成为文化空间的前置定语时，以畲族史诗《高皇歌》为代表的家户演述场域，必然会被排除在现有文化空间的概念范畴外，这显然会影响这一民族特有文化的保护。因此，在提倡文化多样性的非遗时代，以"周期性"为限定词的时间属性，只能被纳入文化空间的充分不必要条件，而不是决定性前提。另外，非遗视域中的文化空间似乎更注重物理空间对人类行为过程的时间性承载；物质遗产中的文化空间主要关注于它的实体形态，但固化的"废墟"又岂非人类行为得以呈现的历史留存？也就是说，在时间维度上，文化空间又是传统与现代的综合体，前者在一定程度上延续了族群文化的既有程式，而后者则在追求时代审美的同时，更趋于单一文化事象的舞台流动性与表演顺序性。

尽管"泛文化空间"观不能随意用作非遗申报的空间认识论，但在人为建构中形成的空间范畴，已然具备文化空间的基本属性，因而不应被排出文化空间的理解域。在已公布的 UNESCO 人类非遗代表作名录中，就有大量以"文化空间"为名的项目，这些代表特定人们共同体的文化类型，在很大程度上是跨地区甚至跨国家的，如越南铜锣文化空间（2008）、乌拉圭冈东贝及其社会文化空间（2009）以及阿联酋、沙特、阿曼、卡塔尔联合申报的"马吉利斯"文化和社会空间（2015）等，而哥伦比亚帕兰克—德—圣巴西里奥的文化空间（2008）、摩洛哥吉马·埃尔弗纳广场的文化空间（2008）以及比利时圣利芬斯—豪特姆年度冬季集市及牲畜市场（2010）等，则小到了一个村庄、集市甚至广场。由此可见，承载多样人类行为的文化空间，在地理范畴上并不局限于空间幅度的自然属性，而取决于生活其间的、享有相似或相同文化传统的人们共同体,即族群边界。此外,以个人为中心形成的空间模式,如某些小型手工艺作坊,甚至家居场所等,也可被视为一种文化空间。只不过,非遗视角下的它们需要集体语境的参与,即是否承载了某种约定俗成的民族文化传统。再有,《保护非物质文化遗产公约》对社区的一再强调,不仅突出了它的重要性,也体现了它的文化性。在当代社会,社区可由一群拥有共同文化的人们共同体组成,也可由来自不同文化圈的个体或群体组成,它大可有北京回龙观规模,小可为一户人家的自然村。因此,作为一种文化空间的社区,不仅需要时空的自然边界,更需要社会的文化边界。

　　文化空间的形成归根结底是人的存在,而对它的定性同样出于人的需要。我们很难想象没有自然属性的空间如何承载以人为核心的文化创造,也很难定性没有人之行动的自然空间如何成为文化空间。[①] 虽然个体家户的特定区域被畲民群体认定并践行为一个可以观察的空间实体——史诗《高皇歌》的演述场域——歌场与道场,但这个具有文化属性的空间形态,依然是建立在自然时空中的物理存在。因此,包括花儿会、庙会、歌圩、巴扎等在内的一切可被视为文化空间的实体,都具有自然与人文的双重属性。虽然自然时空对文化空间的形塑,具有不可忽视的重要作用,但人为建构才是其形成的本质。当代文化空间的形成有其创造者、享用者与传承者的自主行为作基础,但相较于特定人们共同体对族群边界的自我定位,这一主要由他者建构的、超地理限度的宏大文化载体,是否依然是自足的?可以说,"文化空间"出现前的族群生活,大多处于以亲缘、地缘或业缘等为核心的自主关系网中,以此形成的文化空间虽然体现了族群文化的借鉴性与交融性,但独立发展依然是其最核心的成长模式。但随着文化空间的国际推广与解读,人为构建的文化空间也在不断扩大范围中,凸显了地区与地区、国家与国家的文化合作。实际上,非遗视域下的文化空间具有强烈的"想象的共同体"性,它的成

[①] 向云驹认为:"人类学的'文化空间',首先是一个文化的物理空间或自然空间,是有一个文化场所、文化所在、文化物态的物理'场';其次在这个'场'里有人类的文化建造或文化的认定,是一个文化场;再者,在这个自然场、文化场中,有人类的行为、时间观念、岁时传统或者人类本身的'在场'。"参见向云驹《论"文化空间"》,《中央民族大学学报》(哲学社会科学版)2008年第3期。

功申报也许能为跨境族群的文化认同提供帮助，但忽视内部差异乃至国家边界的"均衡"现象①，不仅会影响项目本身的次级多样性，还可能带来不必要的政治纷争。

在当下的非遗研究中，文化空间已然不再是一个新鲜概念。当学者们争相使用并以此论述相关文化事象的空间呈现时，都会对 UNESCO 的初始定义加以回溯，但随后的自我引申是否遵循它的本义，就连 UNESCO 自己的后续阐释与实践也未必符合初衷。文化空间的概念的确很难确定，但作为一种人类创造，它并非仅是一种空间实体的认识依然不容置疑。作为人类非遗保护对象之一的文化空间，在中国的非遗体系中并未实际出现，而是被融入"四级十类"的具体项目中，这种融合性实践倾向，充分体现了中国非遗文化的多样性与复杂性。可以肯定地说，文化空间是"文化时空"（cultural space and time）② 的另一种表述，因为不论是 UNESCO 的初始定义还是后来者的各种阐释，文化空间的自然时空性都未曾消失，而传统文化活动或传统文化表现形式的存在，则决定了这一属性的存在。总之，文化空间即可承载多种传统文化活动或传统文化表现形式，也为某一（类）传统文化活动或传统文化表现形式搭建展演平台，它虽具有典型的自然时空性，但时间是周期的还是时代的；空间是本地的还是跨境的，都不是文化空间形成的关键因素或先决条件。而作为其"时空边界"得以确立的根本所在——突破族群边界的文化认同——则取决于非遗保护主体对它的时空建构，这种建构不仅要符合 UNESCO 或具体国家的非遗定义和申报标准，更要符合传统文化活动或传统文化表现形式的时空状态与传承法则。

---

① 乌丙安在用"文化圈"理论解读非遗保护时，不仅认为"文化空间"是对这一理论的发展，还于具体实例中阐述了文化本身所具有的内部差异性，以及特定（一个或多个）族群针对不同或相同文化模式的传承行为。详见乌丙安《非物质文化遗产保护中文化圈理论的应用》，《江西社会科学》2005 年第 1 期。

② 陈虹：《试谈文化空间的概念与内涵》，《文物世界》2006 年第 1 期。

第五编

传统舞蹈

山野奇花的旷世魅力

——"撒叶儿嗬"简论[*]

刘守华

摘　要：列入非物质文化遗产保护首批国家名录的湖北长阳土家族跳丧歌舞"撒叶儿嗬"，是一项以高歌狂舞来送别寿终正寝的老人、把丧事当作喜事来办的奇特民俗。它源于春秋战国时期巴人在征战中流行的"军阵舞"，后融入民间丧事活动而长盛不衰，成为歌乐舞浑然一体、饱含乐观通达人生情趣的民族文化瑰宝。当地以高度的文化自觉和科学的方法对其实行整体活态保护，并吸取其文化元素，改编制作了许多新的歌舞节目，不失为中国非遗保护的成功范例。

关键词：非物质文化遗产　撒叶儿嗬　跳丧歌舞　长阳土家族

中国强劲实施的非物质文化遗产保护工程，从 2005 年开始，已评审公布三批列入国家级保护名录的代表作共 1219 项，其中列入首批名录的民间舞蹈——湖北长阳土家族的"撒叶儿嗬"，作为显现旷世魅力的一朵山野奇花，深受国人喜爱及文化界关注，也是中国非遗保护工程的亮点之一。笔者不仅作为湖北省非遗保护工作中心的专家委员会成员参与过评审活动，还在长阳、五峰、房县、神农架等处几次亲临现场，乃至通宵达旦亲身体验了这项跳丧歌舞的原生态情景，现特作简要评述。

---

[*] 原文刊于《民俗研究》2014 年第 1 期。

334 ◆ 第五编 传统舞蹈

一

由文化部非遗保护中心按非遗申报评审资料编写的《第一批国家级非物质文化遗产名录图典》，用这样一段简要文字对"撒叶儿嗬"做了介绍：

"撒叶儿嗬"是一种传统祭祀歌舞，乡亲们聚在孝家堂屋里的亡者灵柩前，男人载歌载舞，女人们穿戴着鲜亮服装围观助兴，这种活动往往通宵达旦地举行。土家族认为人的生死有如四季变化，是自然而然的，享尽天年的老人辞世是顺应自然规律，值得庆贺。土家人就这样用绝妙的歌腔舞态表达自己旷达的生死观。跳舞时先由歌师击鼓叫歌，舞者随鼓声应节起舞，舞蹈形式有"风夹雪""凤凰展翅""滚身子""美女梳头""牛擦背""犀牛望月""燕儿含泥""叶儿合"等24种套路，其动律特点是顺势、屈膝、悠颤，出现6/8拍子带切分音的节奏律动。

"撒叶儿嗬"是歌、舞、乐浑然一体的艺术，它的声腔以男嗓高八度运腔，歌调是一种古老的特性三度，仅存于清江迤北长江三峡北岸的兴山一带，在其他歌种中已成绝响；其曲体结构与楚辞体式多有相似，从中尚能看到古代巴楚之地祭神乐歌的影子。歌舞中显示出难能可贵的积极人生态度，贯穿着豁达通脱的生死观念。[①]

这里说它是一种"传统祭祀歌舞"，而更简明的说法则是"跳丧"或"跳丧歌舞"。在鄂西清江中游土家族居住地区及其周边，老人寿终正寝离世，居民称为"白喜事"，办理丧事时须以歌舞相伴，聚众高歌狂舞一个通宵乃至两三夜，俗称"打丧鼓"或"跳丧"。"撒叶儿嗬"是土家语，来自土家族民间舞蹈音乐中出现频率较高的一个号子，久而久之，人们便把这种舞蹈叫作跳"撒叶儿嗬"了。2006年评审国家级首批非遗

[①] 周和平主编：《第一批国家级非物质文化遗产名录图典》，文化艺术出版社2006年版，第248—249页。

名录时，长阳县本来是将其作为"跳丧民俗"申报的，后北京非遗专家委员会认为按中国制订的非遗分类框架，列入"民间舞蹈"之中更为合适，便作为土家族所独有的"传统祭祀歌舞"进入了名录。

二

"撒叶儿嗬"的独特形态与感人魅力何在？按笔者多年考察体验所得，试从以下三个方面予以解说。

首先是聚众治丧，将丧事作为喜事来办。一位当地土家族人说得好："数千年来，由于自然环境、历史文化、宗教意识等诸多方面的原因，在土家人中积淀下来一种对人生的特殊理念。……老年人去世，那本是'顺头路''死了是福'，此一旧生命的结束，是另一新生命的开始，这本身就应是一桩可庆可贺的'白喜事'。特别的生死观造就了土家人对死亡的坦然与豁达，所以他们的'视死如归'就不足为奇了。"[①] 正因为此，甚至还有做"活斋"的习俗，即在棺材中放一个茅草扎成的"死人"，而那位老人则以寿星身份在现场体验和享受跳丧的乐趣。加之土家族有"人死众家丧""一打丧鼓二帮忙"的古朴民风，便很自然地形成以聚众歌舞的方式来办理丧事的奇特民俗。

其次是歌、乐、舞的浑然一体。这项跳丧歌舞活动，在停放灵柩的孝家（丧家）厅堂举行，有锣鼓伴奏。场上一人站在棺左侧掌鼓领唱，掌鼓者通常由歌技、舞技、鼓技都很娴熟的人担任，他击鼓叫歌，众人即跟唱起舞。人们且歌且舞，闪转腾挪，往来穿梭，变化多端，动作活泼诙谐，乃至达到如醉如痴的地步。舞者均为男性，以二人或四人为一组在棺前对舞。整个场面由掌鼓歌师的鼓点和唱腔而随时变换节奏与曲牌。而且掌鼓歌师、舞者和围观者的身份可以自由变换，围观者如想进场一显身手，可以直接上场抢过歌师手中的鼓槌取而代之，"我来换来换来换，我换歌师旁边站"，名曰"抢槌子"，可使歌师轮换歇息而跳丧活动始终持续不断，一浪高过一浪。

最后，土家族跳丧活动还有既高歌狂舞、热烈奔放，又严守丧礼规

---

① 田玉成：《巴土文化探究集》，中央民族大学出版社2011年版，第209页。

范而井然有序的审美特质。歌师用男高腔"喊歌""叫歌",在通宵达旦的长时间表演活动中,既灵活自由,又按照丧事的惯例变换节奏曲调。首先是歌师的开场白,其中有这样的歌词:

  开场开场,众人聚丧,日吉时良。天有八卦,地有四方。墙上一对亮,风吹两边晃,师傅来打鼓,愚下来开场。

  各位师师且请听,人人都是父母生。会打鼓的接鼓打,会唱歌的不用请,相陪亡者到天明。

  掌鼓的歌师按歌词内容配腔。歌词十分丰富,既可以唱祖先功业,也可以唱亡人生平德行,还可以唱地方风土人情及男欢女爱。

  叙说古人古事的长篇叙事歌,最适宜于在跳丧时演唱,有一首鄂西民歌中就唱道:孔夫子删诗后,留下许多好歌本,其中有山歌、渔歌、情歌、神歌等,"六本就是《黑暗传》,歌师捡来唱孝歌"。将叙说创世神话中盘古开天辟地、结束远古混沌黑暗局面的《黑暗传》作为孝歌在跳丧时演唱,向大众普及历史知识,延续民族文化传统,在鄂西一带已有悠久的历史。但它是一部大歌,只有资历深、名声大的歌师才能演唱,所以全本演唱的情况很少,但片段插入很常见。现今这样的大歌师难觅踪迹,完整演唱《黑暗传》的情况更属稀罕了。

  至于人们喜爱的情歌,则成了丧场上最为流行的歌种。正如一首民歌所道出的:"叫起来,跳起来,莫把丧鼓冷了台。丧鼓场上有些窍,不来荤的不热闹,荤荤素素不歇脚!"特别是在半夜时分,通常都要借助荤歌来振奋精神,活跃丧场。正如一位亲历跳丧活动的地方文化人所叙说的:下半夜时,观众倚门而站,早已不胜瞌睡的侵扰,但舞者突然改换曲牌跳起来"幺俩叶儿嗬",叫歌接歌的都不约而同把嗓音提到高八度,舞者模仿虎、牛、羊等多种山野动物,模拟其肢体行为和性交姿态(如"狗连裆""牛撒尿"等),唱词几乎全部变成荤段子,与打情骂俏、男女性活动有关,这主要是为了闹夜、追乐,故意哗众取宠,引人发笑,帮助大家整到天亮。[①] 另外也洋溢着送别逝者,祝愿孝家夫妻和谐、子孙兴旺的乐观人生情趣。以下是荤歌中的两例:"想郎想郎真想郎,把郎画在枕头上,早晨起来亲个嘴,黑哒睡觉把郎摸,要你翻身压到我";"远望大姐对门来,胸对胸来怀对怀,胸对胸来亲个嘴,怀对怀来喊乖乖,快些快些怕人来"。

到天将黎明,跳丧便进入"送歌郎"的收场阶段,以演唱祝福孝家大吉大利的歌词结束,诸如"小星起,东方亮,东家请我送歌郎,歌郎起,歌郎送,歌郎送到东方红……","早晨起来把门开,紫气一片东方来,金银财宝滚进来。只滚进,不滚出,滚得孝家一满屋",等等。经过这一夜的跳丧之后,孝家因老人丧亡而笼罩的哀伤气氛和心情也为之一变,从而圆满地结束了丧事活动。

三

"撒叶儿嗬"这项富于生命力的非物质文化遗产,源于土家族先民——古代巴人的"军阵舞",具有深厚的历史文化传统。《华阳国志·巴志》载:"周武王伐纣,实得巴蜀之师,著乎《尚书》。巴师勇锐,歌舞以凌,殷人前徒倒戈,故世称之曰'武王伐纣,前歌后舞'也。"《后汉书·南蛮西南夷列传》也记述,高祖发夷人伐三秦,"阆中有渝水,其人多居水左右,天性劲勇,数陷阵,俗善歌舞,高祖观之曰:'此武王伐纣之歌也。'乃命乐人习之,所谓'巴渝舞'也。"到唐代,这种军阵舞和丧事的融合已闻名于世,如《夔城图经》载:"夷事道,蛮事鬼,父母初丧,击鼓以道哀。其歌必号,其众必跳。"总之,现今土家族的跳丧歌舞,是由古代巴人的军阵舞、巴渝舞演化而来的,并一直保持和延伸了它的勇锐阳刚之气,这已无须赘说了。

但这一民俗文化传统并非孤立地自动延伸而来,它是在土家族地区因发挥着积极的社会功能而贯通古今传承至今的。马林诺夫斯基曾在《文化论》中指出:"一切文化要素,若是我们的看法是对的,一定都是

---

① 雪原:《吊脚楼里丧舞酣》,载《2010年湖北三峡文化论文集》,三峡大学2010年12月编印。

在活动着，发生作用，而且是有效的。文化教育要素的动态性质指示了人类学的重要工作就在研究文化的功能。近来，在人类学中发生了一个新的流派，他们注重于制度、风俗、工具及思想的功能。这派学者深信文化历程是有一定法则的，这法则是在文化要素的功能中。"[1] 在此重温文化人类学这一功能主义学理，对我们今天探究土家族跳丧歌舞的独特价值与悠久生命力，仍具有重要的启迪作用。曾有一位地方文化人将长阳、五峰土家族跳丧活动长盛不衰的原因归纳为以下三点。

第一，这里到处是绵延的高山深谷，人户稀疏，住地分散，跳丧是一种需要群体合作才能完成的民俗文化活动，它适应了料理丧事这种乡村民俗群体活动的需要，具有广泛的大众参与性，因而在乡村生活中历久不衰。

第二，这里一直实行土葬。寿终正寝的老人在厚重的棺材内安息，须有"八大金刚"的壮汉吆喝着攀爬上山，到墓地安葬。这样的丧事活动绝非死者家属一家一户所能办到的，因而"一跳丧鼓二帮忙"就成为世代沿袭不变的乡俗了。

第三，淳朴善良的土家儿女为了表达对逝去父母的思念，绝不忍心老人生命止息就立刻送上山掩埋，而总要将灵柩停放在家中一至两三夜以尽孝道和抒发哀思。同时亲友乡邻也要上门来慰问孝家，化解哀痛。此时此刻，孝家不仅没有床铺甚至也没有足够椅凳给众人安坐，于是只能以高歌狂舞、欢声笑语来陪伴孝家并互相取乐，以驱除冷清哀伤。于是这一活动自然就深得民心而世代相承下来，即使是在"破四旧"的"文化大革命"动乱年代也未能禁绝。[2]

四

湖北长阳土家族自治县对"撒叶儿嗬"这项非物质文化遗产代表作，从普查申报到保护利用都获得了出色成就，可以认定为中国非遗保护的

---

[1] ［英］马林诺夫斯基：《文化论》，费孝通译，中国民间文艺出版社1987年版，第14页。

[2] 雪原：《吊脚楼里丧舞酣》，载《湖北三峡文化论文集》，三峡大学2010年12月编印。

成功典型。

早在2006年列入首批国家非遗名录之前，长阳县人民政府就将"撒叶儿嗬"作为"长阳三宝"之一（另两项是山歌和南曲）列入民族民间传统文化保护利用规划之中，投入了大量人力财力实施发掘保护。2006年，在资丘建立了"土家族撒叶儿嗬"传习基地，并举办了300名民间艺人参加的"撒叶儿嗬"大赛，率先建立了"撒叶儿嗬"文化生态保护区。继2007年10月，由长阳县人民政府策划，宜昌市群艺馆研究员白晓萍撰写的田野调查与学术研究专著《清江撒叶儿嗬》由湖北美术出版社出版之后，2009年3月，长阳县第二套巴土丛书共计10本由云南人民出版社出版，《土家族撒叶儿嗬》即其中一本。近几年，长阳县民族民间传统文化保护中心组织人力，对境内和周边地区流行的"土家族撒叶儿嗬"，运用文字、录音、拍照、录像等手段，真实、系统、较全面地做了科学记录，建立了部分数据档案和民间艺人档案。积极鼓励民间艺人开展带徒传艺活动，举办师徒大赛，让更多民众进入"撒叶儿嗬"传承队伍之中。为此，长阳县人民政府于2004年和2007年分别命名表彰了十多名"撒叶儿嗬"优秀民间艺人，现有国家级"撒叶儿嗬"优秀传承人2名，省级3名，市级15名，县级21名。在民间文化创新方面，以土家族"撒叶儿嗬"为创作元素的大型广场舞蹈，获文化部第十四届广场舞蹈比赛群星奖。

"撒叶儿嗬"列入国家非遗名录，声名远扬之后，在新的形势下，其传承发展也出现了一些始料未及的新情况，面临着新的挑战。长阳县民间传统保护中心负责人戴曾群于2010年写成《对土家族"撒叶尔嗬"传承保护的思考》一文，虽已时隔几年，但所提出和思考的问题，不论在学理和实践上仍值得我们思考与重视。一是有些人把"撒叶儿嗬"作为健身舞在广场跳，引起赞赏和反对的对立情绪；二是女人跳"撒叶儿嗬"的越来越多，违反了原先不许女人跑丧的老规矩，由此产生争议；三是在县城和乡下个别集镇，兴起跳"撒叶儿嗬"的人统一着装，以商业化方式承包灵堂舞场的新花样。戴曾群作为多年从事民间文化研究的专业人员，"对于撒叶儿嗬在传承过程中的严重变形和歪曲滥用十分痛心"，对以上三种情况均表示了否定的意见，笔者完全赞同戴先生的主张，并愿在本文中作一些补充申说。

这三件事所涉及的其实都是怎样完整保持土家族跳丧传统的问题。关于民众将"撒叶儿嗬"作为广场健身舞来跳一事，戴文认为它本来具有图腾崇拜和祖先崇拜的双重性质，后来又用于悼念寿终正寝的老人，虽然聚众歌舞时形式十分活泼自由，在一定形态上具备了狂欢节的形态，可是"祭祖是件非常严肃而神圣的仪式，其时间和地点，是有严格规定的，而这种遗风至今仍在撒叶儿嗬中保存着"，故戴文认为将它完全变为健身娱乐舞在广场跳"不妥"。特别是，多年前，长阳覃发池已吸取"撒叶儿嗬"特色，改编了专用于健身的《巴山舞》，在湖北各地广泛流行，甚至有人建议将它用在2008年北京奥运会的开幕式上。非遗保护国际公约中特地将"文化空间"作为人类非物质文化遗产的一个专门项目列出就含有深意，因此长阳当地一些老人对于在广场以娱乐方式跳丧十分反感而予以否定是有充分理由的。

　　不许女人跳丧以及"妇女跳丧，家破人亡"的说法，现在遭到一些女性的抗议，认为这是在歧视女性，因而要打破这一陈规。戴文认为，跳丧原本由男性在战场视死如归的"军阵舞"演进而来，不让女人参加跳丧，意味着女人不上战场，而要承担生养子女、保障民族人丁兴旺的千秋重任，"可见，这正是古代巴人对女人的重视和爱护而不是轻视女性"，何况跳丧歌舞中那些张扬男女性爱的荤歌和相关动作姿态，也不适于女性狂放表演。戴文对此的否定态度更有着充分理由。

　　还有关于跳丧歌舞之商业化演出问题，更值得人们关注和认真研讨。按土家族世代相沿的习俗，"人死众家丧，一打丧鼓二帮忙""打不起豆腐送不起情，跳一夜丧鼓送人情"，只要打丧鼓的鼓声响起，众多乡邻就自动前往，以深情盛意参与跳丧，尽乡亲之谊。土家山寨还有这样的习俗，即使乡邻之间平时不和乃至结下怨仇，只要参与跳丧，就会冤仇化解、旧怨消释，孝家只需用烟酒茶稍加招待。然而在场上，孝家给歌师舞者跪地送手巾揩汗和端茶装烟等礼节，却于细微中表达出最真诚的感谢，已成为土家族十分宝贵的和谐文化。而商业化的跳丧运作，则完全破坏了跳丧活动中重情重义的古朴民风，它不仅会淡化、消解跳丧的社会功能，而且一旦缺失了出于乡情的群体参与，则跳丧内容和形式之本真性也必将随之消解。湖北保康县文化部门为了宣传《黑暗传》，曾想让办丧事的农民请会演唱《黑暗传》的歌师班子出场，但遭到拒绝。为什么？因聘请这个班子的花销太大，而又缺失了乡里情谊的支持。再如，长阳县文化馆主办的旅游文化专场演出中，原来有《哭嫁歌》，可是每天作商业性演出，那几个临时安排哭嫁的女孩子因脱离哭嫁的文化空间，天天哭来哭去，已哭得没有本真的民俗意味，只能无精打采来应付，在场的游客听了也觉得十分扫兴，后来只得停演了。哭嫁、跳丧，还有一些祭神祭祖的民俗仪式，它们的歌舞祭拜形态，都是具有严肃的宗教信仰或人生礼仪内涵，而且同相关文化空间人们的特定情感发泄紧密相关的，不顾其传统特征进行商业性开发，在损害其本真民俗特质的情况下，自然也就很难获得令人满意的经济效益。

就非遗保护须尊重其本真性和整体性而言，以跳丧、哭嫁为例，其整体显然不适宜进行商业性开发。但谭学聪等将其歌舞拆分开来，以土家"撒叶儿嗬"原生态民歌组合形式参加全国青歌赛获得金奖，受到全国观众喜爱赞赏，却又是一个文化产业开发的成功事例。它已属于对这项民间传统歌舞的改编与再创造，不再是原生态的跳丧表演了。

现在人们对非遗项目的生产性保护十分关注。湖北省文化厅2012年夏季曾举办以生产性保护为主题的艺术设计比赛，从男女服饰、工艺礼品到日常用具，共有30项获奖，它们都具有融入民众现代生活而走向市场的活力，着实令人欣喜。但这些与人们日常生活相关的工艺产品，只是非遗项目中极少的一部分，而对大部分非遗项目而言，如何对其进行合理利用与传承发展，还需做认真研究与探索。在目前的非遗保护工作中，仍普遍存在重申报轻保护的风气，就笔者所知的情况而论，不少地方的文化部门对已入名录的非遗项目的历史源流与生存背景、文化内涵与形态特征，所知相当肤浅，却急功近利地去搞经济开发，结果往往难以收到满意效果。因而著名文化人冯骥才近期提出，"开发这个概念决不能用在文化遗产上"，想利用遗产赚大钱的想法和做法，常常造成对遗产的扭曲和破坏。[①] 就湖北长阳土家族"撒叶儿嗬"这个非遗项目而言，虽然在申报评审利用过程中出现过一些波折和争议，但总体来看却仍是成功的，堪称中国非遗保护工程的一个范例，值得国内外学界认真关注。

[①] 冯骥才：《"非遗"濒危与消亡的速度并未放缓》，《中国文化报》2012年6月18日。

从《祭孔乐舞》看"非遗"的舞台表演及其本真性[*]

王霄冰

摘　要：在非物质文化遗产保护实践中，活态的生活文化常常会被转换成脱离语境的舞台化和艺术化的表演，也称"文化展演"。这种从生活到艺术的转变在一定程度上是不可避免的，问题是如何在表演中保持传统文化的本真性和生命力？"表演的本真性"指文化展演在审美意义上的本真性呈现，用以区别生活中的"非遗"和艺术化的"非遗"表演。表演并不就意味着"伪"和"假"；艺术家在表演中若能秉持真诚之心，使用高超的艺术手法将"非遗"事项的文化意蕴传达出来，也不失为一种传承"非遗"的有效方式。在建构"表演的本真性"的过程中，关键并不在于复制一种古老的形式，而在于领会、体验、传达非物质文化遗产的精髓和灵韵。

关键词：非物质文化遗产　文化展演　本真性　灵韵　祭孔乐舞

一　现代性语境下的"非遗"：从生活到艺术

非物质文化遗产作为不同人类族群或社群的文化创作，来自民众的日常生活。虽然"生活性"并没有作为"非遗"的特性之一被专门提出来，但它实际上已包含在了"活态"（living）一词当中。联合国教科文

---

[*] 原文刊于《民族艺术》2014年第4期。

组织提出的五大类非物质文化遗产,其中的"口头传统和表现形式""社会实践、礼仪、节庆活动""有关自然界和宇宙的知识和实践""传统手工艺",还有中国政府在《国家级非物质文化遗产代表作申报评定暂行办法》中加入的第六类"与上述表现形式相关的文化空间",在名称上就已体现出了它们与社会生活实践之间那种水乳交融、不可分割的关系。即便是"表演艺术"这一类遗产,也不能与特定人类群体的传统生活方式相分离。

然而,在实际的保护实践中,代表着传统生活风格(life style)与精神价值(spiritual value)的"非遗"事项,在现代性语境下往往已经失去了原有的生存形态和传承母体,而转变为舞台化和艺术化的"文化展演"。例如本文所要重点探讨的《祭孔乐舞》,原本源于古代的宫廷乐舞,后经历代儒家礼仪专家的整饬修订,成为传统祀孔礼仪(释奠礼)的核心组成部分,在各地官学祭孔时上演,并传播到了日本、韩国、越南等相邻国家。然而自从20世纪初儒家思想和礼仪系统丧失了其"国教"的地位之后,释奠礼仪和《祭孔乐舞》便日渐式微,甚至完全失传了。在中国大陆,直到20世纪80年代中期才得以恢复,并且在很长一段时间内都以旅游表演的形式生存。[①] 还有像莲花落、龙舟说唱、门歌这类"乞丐歌",原来的承载主体是沿街乞讨者,且多是瞎眼的文盲。现在这些民间说唱形式很多也成了非遗保护的对象,表演的场所被从街巷搬到了庙会活动等特设舞台,传承人也不再是乞丐、瞎子和文盲,而是民间艺术家。

还有一些"非遗"事项虽然还生存在原有语境中,但迫于现代生活的压力,也会在传承过程中被转换成为舞台化和艺术化的"文化展演"。这种转换首先是出于旅游业发展的需求。例如在"民俗村"和开放旅游的"古村落"中,为了满足观光客的需要,往往会在端午节以外的时间表演划龙舟,在没有祭祀的时候跳傩舞、唱大戏,有时一对模拟的新郎新娘一天当中要结好几次婚等。其次则是由于媒体的介入,有些活动虽在原有时空中举行,但一旦电视机的转播镜头或记者的摄影机对准了当事人,当事人的表演意识也会大大增强,甚至影响到他们在服装和言行

---

① 参见王霄冰《国家祀典类遗产的当代传承——以中日韩近代以来的祭孔实践为例》,《山东社会科学》2012年第5期,第82—86页。

方面的选择。① 再次，为了宣传和传播非物质文化遗产，有些项目会被直接搬上大都市的剧院、运动会的开幕式、非遗节或艺术节的展示空间或电视台播映间等艺术舞台，像侗族大歌、蒙古长调、土家族的跳丧舞"撒叶儿嗬"，近年来都已成为公共传媒业所青睐的对象。有的"非遗"项目甚至可能走出国门，走上国际舞台。② 在这样一些特殊的表演场合，传承人为了提高节目的观赏价值，也一定会事先进行排练、化妆，并根据舞台需要对其表演进行艺术化的提升和改造。

在那些特别强调"原生态"的"非遗"保护专家眼中，这种转换了主体并改变了原初形态的传承方法，完全违背了非遗保护的活态性原则，从而使得非遗事项丧失了其生活性本质，而成为取悦观众的展示品和消费品。对此，有学者曾严厉指出："非物质文化遗产必须以活态的原汁原味的传承为基本特征，那些已经死亡、或是已被人为改造过、已不再是原汁原味的传承项目不能认定为非物质文化遗产。"③ 但在另一方面，也有专家从民间文化承载者自身的现代性发展需求出发，反对过于强调"原生态"和"本真性"。其理由是，"我们正在保护的所谓'本真'文化，实际上是一种现实的社会建构，这种被表述的、被建构的文化远不同于文化本身的真实样貌。……那些活态的、具有其自身功能、价值、意义的'文化遗产'，随着时代的变化而变化，并持续地为人们所认同，即呈现其'本真性'"。④

---

① 许多传统文化形式本身也包含表演性，如口头传统（oral tradition）又被称为口头艺术（verbal art），仪式有时也被称为"仪式表演"（ritual performance），但我们应该注意到，带有表演性质的社会实践和舞台化专业化的表演之间，是有着本质区别的。正像人类学家在为"仪式"下定义时指出的那样，在仪式包括口头艺术等的表演中，表演者本身也是观众。其中重要的不是舞台设置（布景、灯光、音响效果等），而是被称为"场景"（setting）的"文化所界定的表演发生的场所"，和被名为"事件"（event）的"由文化所界定的""构成了行动的一个富有意义的语境"。表演者所追求的也不是唯美的艺术效果，而是为了达成一种社会性的交流，也就是民俗学"表演理论"的提出者所谓的"文化表演"（cultural performance）。参见［美］理查德·鲍曼《作为表演的口头艺术》，杨利慧、安德明译，广西师范大学出版社2008年版，第31—32页。

② 参见王霄冰《哈萨克阿肯阿依特斯在德国》，《民族文学研究》2012年第6期，第90—107页。

③ 引自苑利《非物质文化遗产科学保护的几个问题》，《江西社会科学》2010年第9期，第21页。

④ 引自刘晓春《文化本真性：从本质论到建构论——"遗产主义"时代的观念启蒙》，《民俗研究》2013年第4期，第49页。

的确，随着现代生活的快速发展，许多传统"非遗"项目所依赖生存的文化土壤已经消失，"非遗"的生产性保护和艺术化趋势已不可避免。所以我们应该关注和探讨的，或许已不再是何为"原汁原味"和如何保持"原生态"的问题，而是如何在现代性语境中保持和呈现"非遗"的本真性问题。这样做的最终目的，还是要让"非遗"不成为书本和博物馆当中的"活化石"，令其能与现代的生活风格与精神价值相融合，为现代人所需要和享用，并重新成为他们日常生活中的有机组成部分。本文正是基于这一建构主义的观点，试图在分析《祭孔乐舞》的历史形态和当代传承方式的基础上，提出一个"表演的本真性"概念，意指文化展演在审美意义上的本真性呈现，用以区别生活中的"非遗"和艺术化的"非遗"表演。在笔者看来，"非遗"表演或曰文化展演并不就意味着"伪"和"假"，艺术家在表演中若能秉持真诚之心，使用高超的艺术手法将非遗事项的文化意蕴传达出来，也不失为是一种传承非遗的有效方式。而艺术家/表演者在建构表演的本真性时，如果一味追求"形似"，那么有时反会陷入苍白，只有能真正领会"非遗"事项的精髓并将其灵韵传达出来，才能在舞台上建构出一种令人信服的"本真性"。

二 《祭孔乐舞》的历史形态与当代传承

中国古代的宫廷祭祀很早就有使用乐舞的传统。孔子作为礼乐教化的倡导者和后代的文圣，也从较早时期开始便已享受伴随乐舞的祭祀。据载，东汉元和二年（85年），汉章帝刘炟亲临曲阜祭孔，作"六代之乐"，为孔庙用乐之始。"元和二年春，帝东巡狩，还过鲁，幸阙里，以太牢祠孔子及七十二弟子，作六代之乐。"[1] 现存曲阜汉魏碑刻陈列馆的《鲁相韩敕造孔庙礼器碑》记载了永寿二年（156）鲁相韩敕为孔庙制造乐器一事，其中提到"乐之音符，钟磬瑟鼓"。[2] 在另一面《鲁相史晨飨

---

[1] （南朝宋）《后汉书》卷79上《儒林列传 第六十九上·孔僖》，中华书局1965年版，第2562页。

[2] 朱福平、胡涛编著：《曲阜汉魏碑刻》，中国档案出版社2008年版，第20—21页。

孔庙碑》中，也出现了"睢歌吹笙，考之六律，八音古谐"的句子。①有关乐舞并用的记载，最早见于《南齐书》：宋文帝元嘉二十二年（445），"裴松之议应舞六佾，以郊乐未具，故权奏登歌。今金石已备，宜设轩悬之乐，六佾之舞，牲牢器用，悉依上公。其冬，皇太子讲孝经，亲临释奠，车驾幸听"②。永明三年（485），南朝齐武帝"从喻希议，用元嘉故事，设轩悬之乐，六佾之舞"。③

隋唐时期，祭孔礼仪趋于制度化，形成了一套被后代沿用的释奠礼规则，包括将乐舞穿插在献祭过程各个环节之中的形制。隋文帝仁寿元年（601），太子杨广"上言：'清庙之词，文多浮丽，不足以宣功德，请更议之。'于是诏吏部尚书牛弘、开府仪同柳顾言、秘书丞许善心、内史舍人虞世基、礼部侍郎蔡征等，更详故实，创制雅乐歌词"④。这是最早的有关皇帝下令乐官制定"释奠乐章"的记载。唐高祖武德九年（626），"始诏太常少卿祖孝孙、协律窦琎等定乐"，乃至十二和。⑤ 贞观中，协律郎张文收"以为十二和之制未备，乃诏有司厘定，而文收考正律吕，起居郎吕才叶其声音，乐曲遂备"。⑥ 降人鬼用永和，"皇太子释奠，皆以姑洗为宫，文舞三成，送神各以其曲一成"；奠币奏肃和，用登歌；迎俎与彻豆用雍和，以无射为宫。⑦ 开元中又增三和，为十五和乐，释奠用宣和。⑧ 祭孔乐器自宋徽宗政和六年（1116），赐正声大乐器一副，孔庙始备太常乐器制度。同时"天下节镇州县学皆赐堂上乐一副、正声乐曲十

---

① 朱福平、胡涛编著：《曲阜汉魏碑刻》，中国档案出版社2008年版，第25—27页。此句也被释读为"雅歌吹笙，考之六律，八音克谐"。
② （梁）萧子显：《南齐书》，卷9《志第一·礼上》，中华书局1972年版，第144页。
③ （唐）杜佑著，[日]长泽规矩也、尾崎康校订，韩升译订：《北宋版 通典》（日本宫内厅书陵部藏）第三卷第十一册·卷第五十三·礼十三·释奠，上海人民出版社2008年版，第149页。
④ （唐）《隋书》卷15《志第十·音乐下》，中华书局1973年版，第360页。
⑤ （宋）《新唐书》卷21《志第十一·礼乐十一》，中华书局1975年版，第460、464页。
⑥ （宋）《新唐书》卷21《志第十一·礼乐十一》，中华书局1975年版，第464页。
⑦ （宋）《新唐书》卷21《志第十一·礼乐十一》，中华书局1975年版，第465页。
⑧ （元）马端临：《文献通考》卷129《乐考二·历代乐制》，浙江古籍出版社1988年影印本，第1154页。

二章，春秋上丁释奠则学生登歌作乐"。①

宋元明清几代多沿用前制，但对乐舞的形制、内容均有所改革。我们现在所能找到的乐舞舞谱，大多出自明清两代，舞生分东西两班，八佾有64名，六佾有48名或36名舞生，手持的舞器为龠和翟，另有二名引队的"节生"。乐用有几十人一起演奏的"大和乐"，②分六章，配以四言词句，届时舞者随着音乐的节拍和歌词，遵循"一字一音，一形一容"的规则做出相应的动作，所以这种舞蹈又被称为"字舞"。

传统的丁祭仪式是由一整套繁杂的礼仪规范构成的。其中的每一个细节，都有它的文化内涵，且伴随着应严格遵循的具体规则。为了完成这样复杂的祭祀形式，必须由精通儒学和礼学的专门人士担任执事人员，怀着虔诚之心和一丝不苟的精神来完成。在传统时代，皇帝会专门从孔子的嫡系子孙中挑选优秀者，袭封衍圣的头衔，专门负责孔庙一年四季的祭祀活动。③此外，参加祭祀的礼生、乐生和舞生等也要经过专门的培养和训练。在帝王统治的时代，国家通过对孔氏家族成员、曲阜当地群众和参与祭祀的青少年采取各种优渥政策，以鼓励他们认真地履行辅助祭祀的职责。例如始自宋元时期的隶属于孔府并专门服务于孔庙丁祭大典的"礼乐户"，就能获得"非贱民"身份的认可，享有高于普通农民的社会地位。④

到了民国，特别是南京政府成立后，国家不再直接扶持和干预孔庙的祭祀行为。为了保证把丁祭的仪式及其相关的礼乐文化传承下去，第77代衍圣公孔德成曾在20世纪30年代，在曲阜成立了一个"古乐传习所"，专门研究祭孔雅乐，培养乐舞生。由这个机构传习下来的"祭孔乐舞"，在1957年中国舞蹈研究会编写《中国舞蹈史》时得以重新记录和

---

① （清）岳濬、杜诏等纂修：《山东通志》（影印文渊阁四库全书第540册）卷十一之三，上海古籍出版社1987年版，第523页。

② 参见蔡秉衡《论文庙释奠乐队的编制演变》，载台北市孔庙管理委员会编《"世界的孔子：孔庙与祀典"国际学术研讨会论文集》，台北市孔庙管理委员会印，2010年，第271—294页。

③ 20世纪30年代，衍圣公的爵位被取消，孔子的嫡裔改称为"大成至圣先师奉祀官"，其主要的任务，也是负责孔庙的管理和祭祀。

④ 张咏春：《曲阜孔庙的礼乐户》，载台北市孔庙管理委员会编《"世界的孔子：孔庙与祀典"国际学术研讨会论文集》，台北市孔庙管理委员会印，2010年，第203—241页。

整理。当时拍成的一个 20 来分钟的黑白记录短片,是大陆地区所保留的唯一的旧影像资料,也是曲阜等地恢复祭孔仪式时所依赖的重要参考文献。当时参加过排演的人到 20 世纪 80 年代为止已大多亡故,少数几位在世的老人,对往日参演的情形也早已记忆不清了。

1984—1985 年,在中断了数十年之后,曲阜师范大学音乐系的两名教师带领该系学生重新排演了一场"小型祭孔乐舞",一般只在接待外宾或贵客的场合上演。1986 年,曲阜市剧团排练了"大型祭孔乐舞",穿插到当年秋季在孔庙举行的祭孔仪式当中。据当年的剧团成员、现任曲阜市山东梆子剧团李团长回忆,20 世纪 80 年代传统戏曲开始走下坡路,为了让团里的演员们有碗饭吃,县里一位领导授意他们排演《祭孔乐舞》,以便在孔庙定期上演,主要的目的是服务游客,也为剧团增加些经济收入。当时的祭孔仪式全部采取艺术表演的形式:主祭由剧团演员扮演成清代皇帝的模样,礼生和舞生都穿着清朝的服饰,大成殿的大门紧闭,三牲的头朝向观众而不是被祭的孔子塑像。虽然他们自觉演得有模有样、相当逼真,但这种表演性质的祭祀还是在社会上引起了一片非议。[1]

随着孔庙一年一度举行的"祭孔大典"的正常化和合法化,有关部门为操办祭典和演绎《祭孔乐舞》而专门成立了一个"曲阜孔子文化艺术团"。和属事业单位的县剧团不同,艺术团纯属私营性质,采用签订合同的形式,一届一届地承办"孔子文化节"。因此,对他们而言,演出是一件直接与生计有关的事情。该团团长兼导演姓程,出身甘肃敦煌,毕业于甘肃艺校,原是一名舞蹈演员,曾在四川"成都世界乐园艺术团"任职。他记得自己当时参加演出过一出广场舞剧《共同拥有一个世界》,通过展现墨西哥、西班牙、日本等舞蹈来展示各国的旅游景观和世界和平的主题。后来他在曲阜执导的大型舞剧《杏坛圣梦》,显然也受到了这出舞剧的影响。用程导自己的话说,就是在展示中国古代和世界各族的舞蹈之后,"最后欢聚一堂,形成一个地球交响诗"。[2]

大约从 2000 年起,在上海、杭州等地拜师、进修后的程导开始驻扎曲阜,研究孔庙的礼仪和乐舞,同时也研究当地的风土人情。他先是排

---

[1] 根据 2011 年 4 月 5 日笔者对李团长进行访谈的录音整理。
[2] 根据 2011 年 4 月 6 日笔者对程团长进行访谈的录音整理。

演出了在当地引起强烈轰动的《杏坛圣梦》，作为新建的"杏坛剧场"的固定节目，每天面向来自世界各地的游客上演。从2005年起，他接手负责每年9月28日在孔庙举行的"祭孔大典"。与剧团版本的纯粹表演性质的传统祭礼相比，程导所设计的典礼融传统和现代为一体，不仅取消了三献礼的基本结构，使时间大大缩短，在仪程中加入了当代人所习惯的鞠躬、献花等礼节，① 而且对《祭孔乐舞》进行了大胆的改革。配乐请杭州歌舞剧院的著名编曲王天明重新创作，歌词采用的是曲阜师范大学青年学者宋立林撰写的《新编祭孔乐舞》。只有舞蹈动作还是按照古代的舞谱设计，但在表演上更加大胆和华丽，加之演员们又十分年轻，且都是专业舞蹈演员，个个长身玉立，面目清秀，舞动起来衣袂飘飘，身形完美，甚是赏心悦目。与此同时，他们又把礼生和舞生的服饰由清朝改为明朝的式样，祭品则完全按照古礼准备，依序摆放在大成殿内，三牲的头朝向孔子，以体现这套新创祭孔礼仪的正统性和传统性一面。

三　传承精髓："本真性"的结构与建构

同样是在曲阜，也同样是在孔庙，三拨出身与身份不同的专业艺术人士演绎的《祭孔乐舞》，却呈现出了完全不同的审美风格。这样的结果其实并不奇怪。由于《祭孔乐舞》属于基本失传的艺术，人们在试图恢复其原型时所依据的，除了极为少量的、质量不佳的影像资料外，大多是古代的文献资料。《祭孔乐舞》的舞谱，最早见于明代黄佐（1490—1566）的《南雍志》（成书于1544年）和李之藻（1565—1630）于1618年写成的《頖宫礼乐疏》，书中也有记乐，如琴谱、瑟谱、配有歌词的歌谱等。② 由于舞谱的动作说明十分简单，记音方法又十分古老，所以对于多数当代人而言，这些资料看来犹如天书，很难参照它们想象出传统乐舞的原始模样。

---

① 相关叙述详见王霄冰《试论非物质文化遗产本真性的衡量标准——以祭孔大典为例》，《文化遗产》2010年第4期，第8—17页。
② （明）李之藻：《頖宫礼乐疏》，影印文渊阁四库全书第651册，台湾商务印书馆1983—1986年版，第236—651页。

1968年，台湾实行"中华文化复兴运动"期间，蒋介石曾手谕内政部、教育部组织复原古典形态的祭孔礼乐衣冠。随后成立的"祭孔礼乐委员会"由奉祀官孔德成、故宫博物院院长蒋复璁、音乐史教授庄本立等主持，依据李之藻的《頖宫礼乐疏》，恢复明代的《祭孔乐舞》。历经数月的努力，他们整理出了包括服装、道具、音乐、舞蹈、祭仪等方面的全套孔庙释奠礼仪。① 今天台湾各地的祭孔礼乐，基本上都参考这套方案，然而不同背景的人们由此排练出的《祭孔乐舞》也仍然各具特色，绝非千篇一律。2010年春，笔者观摩了台北市主办的"国际佾舞交流"活动，一共有来自中国台湾地区和韩国的八支舞蹈队伍参加。从演出者的身份来看，有小学生，有大学生，也有成年人，或专业演员；从风格上讲，有的表演天真质朴，有的凝重老练，有的飘逸潇洒。可见所依据的文本虽然相同，但被不同的人演绎出来，就会成为不同的艺术作品。

　　既然面对同样的舞谱乐谱，不同的表演者可以演绎出如此不同的《祭孔乐舞》，那么这一历史文化遗产的本真性又当如何得以呈现和评判呢？在实际的展演当中，一般观众往往会根据自己的现场感受做出直观的判断。有意思的是，一味追求"形似"的表演反而会受到批评和指责，而表演者越是敢于创新，就越能收获到相对正面的评价。

　　曲阜梆子剧团的演员们在最早演绎《祭孔乐舞》时态度其实是十分认真的。用他们自己的话说，每一个动作都是演员们从1957年拍摄的短片中"扒"下来的："俺们……都是学的最'原始'的动作……一点点的，一人记一个动作，分几个乐章，一个乐章三十几个动作，你记一个，我记第二个，她记第三个……"② 然而社会舆论对其演出的评价却以负面居多。就连一位专门研究《祭孔乐舞》的外国学者看了以后也评论说这种仪式"秀"太过戏剧化和商业化，不如台北孔庙

---

① 吴瑞云：《释奠乐舞》，台北市大同区大龙国民小学乡土教学活动资源（专辑二）1996年，第68页；[日]水口拓寿：《论台湾一九六八至一九七〇年的"祭孔礼乐之改进"》，载台北市孔庙管理委员会编《"世界的孔子：孔庙与祀典"国际学术研讨会论文集》，台北市孔庙管理委员会印，2010年，第202—231页。

② 转引自车延芬《从舞谱到舞蹈——文化复兴中的文本、表演与身体记忆》，博士学位论文，中央民族大学，2010年，第75页。

的祭祀那般严肃。① 而对于曲阜孔子文化艺术团创作的《新编祭孔乐舞》，虽然也是褒贬不一，但它能取代前者成为每年孔庙"祭孔大典"的保留节目这一事实，也说明了它确实比前者享有更高的公众认可。与此相比创新性最强的则是韩国舞蹈家林鹤璇带领成均馆大学舞蹈队排演的《祭孔乐舞》。这套在外形和动作上都带有许多编创成分的乐舞表演，曾多次被邀前往中国大陆、中国台湾和欧洲等地巡回展演，并受到了国内外专家学者和普通观众的广泛好评。

这样的不同遭际，对于早年认真模仿影像动作的剧团老演员们来说，似乎很不公平，且难以接受。由于他们自己当年是照着纪录片的胶带一个动作一个动作学的，所以自觉自己的版本更"原始"、更"正宗"。加上他们当年是用真实的乐器演奏音乐，而不是播放录音带，所以更觉有权批评艺术团是在"表演祭祀，不是真正的祭祀"②。在他们眼里，追求"形似"和"原生态"（包括原声的音乐）才是保持《祭孔乐舞》"本真性"的关键所在。但有趣的是，一位来自北京的舞蹈人类学者曾参照清代遗留下的舞谱，和剧团演员们照着旧影片认认真真模仿出来的动作进行一一对比，结果发现 96 个动作中还是有 14 个偏离了舞谱中显现的舞容。这位学者由此产生思考认为，"面对同一个舞谱，每个人即使是摆出相同的姿态，但传达出的味道和感觉不一定会完全的相同。这种不同的原因应该是在于'心'。每个人对舞谱的理解不同，心里面的感觉不同，自然身体表现也不同"③。她在这里用了"心""感觉""味道"几个概念，但并没有展开说明其中的含义。在笔者看来，这里所谓的"心"和"感觉"应属同一层面，都和主体的内心世界有关；"味道"应属另一个层面，是主客体交流的结果，是事物（客体）经过主体（人）的内心作用所呈现在接受者面前的一种整体印象。在这里，笔者想用"情真"和

---

① Joseph S. C. Lam, "Musical Confucianism. The Case of 'Jikong yuewu'", Thomas A. Wilson ed., *On Sacred Grounds. Culture, Society, Politics, and the Formation of the Cult of Confucius*, Harvard East Asian Monographs 217, Cambridge (Massachuetts) & London: Harvard University Asia Center & Harvard University Press, 2003, p. 166.

② 车延芬：《从舞谱到舞蹈——文化复兴中的文本、表演与身体记忆》，博士学位论文，中央民族大学，2010 年，第 79 页。

③ 车延芬：《从舞谱到舞蹈——文化复兴中的文本、表演与身体记忆》，博士学位论文，中央民族大学，2010 年，第 87 页。

"灵韵"二词来概括她所要表达的"心/感觉"和"味道"这两种境界。

所谓"情真",指的就是表演者所持的真诚之心。"本真"(authentic)一词在西语中最接近的一个同义词就是"真诚"(sincere)。根据民俗学家刘晓春的研究,"'真诚',是现代早期本真性的表现形式"。它代表了现代社会早期的主流道德价值观念。而"本真性"则是浪漫主义的产物。它作为一种道德理想,在卢梭等哲学家看来,就等于是"内心世界与外在言行的合而为一"。到了萨特的存在主义哲学那里,本真性存在成了"一种在矛盾张力之中的存在"。"真诚之于个体,与其说是一种存在的状态,不如说是一种责任,一种努力的方向,一种难以实现的可能性。"① 这里我们注意到了本真性的两个互为关联的方面:它在现实生活中的不可能性,和它被人类作为责任与努力方向而追求的理想性。换言之,没有本真性就没有主体的存在;然而作为客体而言,本真性的真实存在又是绝无可能的。

回到本文的主题,既然非物质文化遗产的舞台化和艺术化表演已成为必然趋势,既然寻求"原生态"和追求"形似"既无可能也无丝毫的意义,那么,表演者的真诚之心似乎就成了检验其"本真性"的决定性要素。然而,当一个有64人、48人或36人参与的《祭孔乐舞》被表演时,我们根本无法判断,谁拥有这份真诚之心和谁不拥有。有时候只能从演职人员的身份来考察。比如曲阜孔子艺术团的演员们都是"候鸟型"的临时工,每年流水般地来来去去,而且各种演出任务繁重,到处赶场,所以在很多人眼里他们的态度就很难称得上真诚。也有人试图通过跟踪调查去了解演员们的内心,结果发现他们确实对自己所表演的内容所知甚少。比如在学舞的时候,他们不用背诵歌词,不需遵照"一字一音,一形一容"的要求,而是直接"数八拍"。② 表演当日,笔者也曾看到这些年轻的男孩女孩们在满院子地撒欢,只有站在佾台上时他们才会做出毕恭毕敬的样子,等演出完后一下佾台,就马上解衣脱帽,恢复原形。但凡此种种,却只能说明这些年轻演员们缺乏文化素养、不懂得祭典的

---

① 刘晓春:《个人本真性的建构》,《民族艺术》2011年第4期,第53、54、56、57页。
② 车延芬:《从舞谱到舞蹈——文化复兴中的文本、表演与身体记忆》,博士学位论文,中央民族大学,2010年,第99—100页。

内涵,而不能让人去指责他们没有一颗真诚之心。因为在他们表演乐舞时,笔者相信这些年轻而相对纯净的心灵多少还是会有所感触。就像一位女孩表白的那样:"当音乐里面念古诗的时候,觉得里面讲的道理很深奥,觉得我作为一个中国人,世界上那么多的人崇尚孔子,自己还是挺自豪的。"①

有了表演者的真诚之心,还需要结合编创者和表演者对于《祭孔乐舞》的礼仪本质的深刻理解,才可达到传承其精髓的最高境界——"灵韵"(Aura,又译"灵晕")。所谓"灵韵",就是促成艺术品虽经不断复制却能保持其独一无二性的那种内在质量。在本雅明(Walter Benjamin)看来:"艺术作品的灵晕浓郁的生存方式从来就不能完全脱离礼仪功能。也就是说,'本真的'艺术作品的独一无二的价值是以礼仪为根基的,其独特的、最初的使用价值也存在于此。"②《祭孔乐舞》原本产生于儒家的祭祀礼仪之中,当它成为非物质文化遗产之后,其礼仪性的本质有时反而被忽略乃至忘却了。而韩国艺术家林鹤璇创作的"韩化"的乐舞版本,之所以能够打动世界各国观众之心,恰恰就在于她对于儒家礼仪文化的深刻领悟与把握。虽然韩国艺术家在形式上进行了大胆的创新,比如演员们手中的道具有时会从翟龠变成花朵,但万变不离其宗,韩版《祭孔乐舞》始终保留了"一字一音,一形一容"的基本形制,并试图展现八类身体动作(立之容、舞之容、首之容、身之容、手之容、足之容、步之容、礼之容)背后的文化象征意义——正如林氏本人所言:"授,屈身出手下赐;受,屈身出手上承;揖,平出两肘拱手齐心;辞,拱受后退;谦,低首屈身拱手;拜,低首屈身至地;跪,屈膝至地;叩头;舞蹈,跷一足屈一足拱手左右让;让,拱手向左右。"她在阐释这套乐舞时还特别提到,"释奠时所伴随的佾舞的特征是以舞蹈动作将赞扬恩师孔子的歌曲乐章的内容形象化,根据乐章的含义展现动作的形态与规律,这些都是发自'内心'的"。"文庙佾舞谱以揖、辞、谦的动作表现钦的恭

---

① 车延芬:《从舞谱到舞蹈——文化复兴中的文本、表演与身体记忆》,博士学位论文,中央民族大学,2010年,第100页。
② [德]瓦尔特·本雅明:《技术复制时代的艺术作品》,胡不适译,浙江人民出版社2005年版,第100页。

敬之心，将这三个非常相似的舞蹈动作以进退来区分。以进表现出恭敬对方的揖，以退表现出谦虚地辞让的辞。这种重视礼的文庙佾舞可以说是出自宽让对方的内心的舞蹈。"① 正是由于以林鹤璇为代表的韩国艺术家所具备的较为深厚的儒学修养，再加上她们的艺术天分，韩国版的佾舞表演才能在舞台上透射出一股独特的美感，呈现出一种令人信服的本真意境。

四 余论

中国国家"非遗"保护专家委员会副主任刘魁立先生曾在一次座谈会上提到，非物质文化遗产事项可以没有"原生态"，但要有"本真性"。他还告诫说，保护非物质文化遗产"不是为了昨天，而是为了明天"。笔者领会这几句话的意思，是要在被传承对象的"态"和"性"之间、在指向过去还是明天的传承动机之间做一区别。在笔者看来，"原生态"所强调的只是主、客体的存在形式，而"本真性"则更多地对主体的情感和态度提出了"真诚"的要求；它所追求的最高境界，则应是经过主客体的相互作用之后而产生的更高层次的真实，即属于特定艺术产品——不论是原创还是复制——的那样一种独一无二的"灵韵"。对于"非遗"事项的传承者来说，领会、体验、传达这种"灵韵"，有时比复制一种古老的形式更为重要。因为"灵韵"来源于人的信仰，并作用于人的信仰。保护非物质文化遗产，归根结底还是为了改变人心、塑造生活，所以当我们面向未来时，需要考虑的或许并不仅仅是把一些文化形式保存起来、传承下去，而是如何把蕴含其中的信念、理想与精神气质表现出来并传达给后人。因此，对于每一个参与其中的官员、专家、艺人或游客而言，其动机都不应该是追求功名利禄、娱乐享受或是其他，而应将其看作一个在艺术化的生活实践中寻找自我和回归自我的过程。

---

① 引自林鹤璇《韩国文庙释奠佾舞的舞蹈动作》，载台北市孔庙管理委员会编《"世界的孔子：孔庙与祀典"国际学术研讨会论文集》，台北市孔庙管理委员会印，2010年，第28—41页，引文出自第33—35页。

论民俗传统的"遗产化"过程

——以土家族"毛古斯"为个案*

王杰文

摘　要："毛古斯"是湘西土家族在传统年节期间表演的一种仪式歌舞，许多研究者曾经从民俗学、文化人类学、舞蹈史、戏剧发展史的角度对它的起源问题进行过考察，其原始古拙的表演风格与内容直接吸引了嗜古成癖的学者，反过来，这些学者的研究成果又为当地政府部门、地方专家从事非物质文化遗产、生态文化保护以及旅游民俗开发的行为提供了话语资源，然而，"毛古斯"被对象化、僵化地认知与理解的过程，也是当地民众被疏离于自身传统的过程，作为"文化表演"的传统正在被异化为一种被复兴的、被重新发明的"传统文化"，地方社区的经济模式、社会关系、心理世界也正在经历着一种重组的过程。

关键词：文化表演　身份认同　异化　传统化　伪民俗

---

* 原文刊于《北京师范大学学报》（社会科学版）2016年第4期。

"毛古斯"[①] 是湘西土家族地区[②]"社巴节"[③] 中表演的一种仪式活动，兼有说唱、舞蹈甚至戏剧的因素，被戏剧史学家看作土家族戏剧的雏形[④]。2008 年，湘西永顺县的文艺工作者们经过改编再创作之后推出民族舞蹈"土家毛古斯——欢庆"，该节目甚至成为北京奥运会开幕式前表演的 26 个节目之一，据曾维秀介绍说：

> 毛古斯舞，土家族语称"谷斯拔帕舞""帕帕格次"或"拨步卡"，汉语多称为"毛古斯"或"毛猎舞"，它是湘西土家族一种古老的舞蹈形式，主要流布于湘西龙山县、永顺县、保靖县、古丈县。土家人为了纪念传授农耕技能的先祖，每逢还愿、祭祖等活动时，都要表演毛古斯。毛古斯舞是一种具有人物、对白、简单的故事情节和一定的表演程式的原始戏剧舞蹈，它以近似戏曲的写意、虚拟、假定等艺术手法表演土家先民渔、猎、农耕等生产内容，既有舞蹈的特征，又有戏剧的表演性，两者杂糅交织，浑然一体。表演大多与跳摆手舞穿插进行，有时在一定场合单独表演。毛古斯舞动作特点别具一格，表演者屈膝，浑身抖动，全身茅草唰唰作响，头上五

[①] "毛古斯"指的是什么？不同的学者提出不同的解释：有学者简单地认为，"毛古斯"即浑身长毛的古人，以渔猎为主要生存手段（编者按，于：《"毛古斯"原始戏剧品格解析》，《戏剧艺术》1992 年第 1 期，第 144 页）；又有学者根据土家族古代语言的研究成果认为，"毛古斯"是土家族古语，意为"毛人的故事"。[卢亚：《"毛古斯"之谜初探》，《中南民族学院学报》（哲学社会科学版）1993 年第 1 期，第 129 页] 事实上，正如彭继宽先生所言，湘西各地对"毛古斯"的命名略有不同，龙山坡脚乡一带称为"故事帕帕"或"故事拔铺"，永顺双凤称"毛古斯"，永莲蓬称"毛古人"，保靖仙仁称为"故事"，古丈小白称为"帕帕"，名称不同，所指基本相同，即关于祖先的故事；"毛古斯"并非土家语的音译，而是根据其活动内容和人物形象而确定的汉语名称，其本来含义是毛人的故事，而毛人代表了土家族祖先，也就是祖先的故事。（彭继宽：《略论土家族原始戏剧"毛古斯"》，《民族论坛》1987 年第 2 期，第 53 页）

[②] 按照中华人民共和国行政区划，湘西（武陵山区）土家族苗族自治州包括了龙山县、永顺县、保靖县、古丈县、花垣县、凤凰县、泸溪县以及区政府所在地吉首市。"毛古斯"主要流传于龙山县、永顺县、保靖县以及古丈县土家族聚居区。

[③] 《永顺府志》载："每岁正月初三至十七日，男女齐集，鸣锣击鼓，跳舞唱歌，名曰'摆手'。""摆手"在永顺县土家语叫"舍把"，龙山县叫"舍把日"，古丈县叫"舍把把"，在保靖县的一些地方叫"调年"。现在学界统一称之为"社巴节"。

[④] 参见彭继宽《土家族文学史》，湖南文艺出版社 1986 年版，第 269 页；王炬堡通纂《土家族简史》，湖南人民出版社 1986 年版，第 269 页。

条大辫子左右不停摆动，表演中碎步进退，左右跳摆，摇头抖肩。"打露水""扫进扫出""围猎""获猎庆胜"等内容，可根据表演动作清楚地分辨出来。毛古斯舞最突出的特色在于服饰的风格，表演者身穿草衣树皮，古朴大方，极具原始风情。表演对话时要求变腔变调，使观者辨认不出表演者的真实身份。毛古斯舞作为一种古老和独具特色的艺术形式，在表演中所保留的自然崇拜、图腾崇拜、祖神崇拜等远古信仰符号和写意性、虚拟性、模仿性等艺术元素，是一笔弥足珍贵的文化遗产，被专家学者誉之为"中国戏曲的最远源头""中国舞蹈的最远源头"和上古时期宗教源根的"活化石"。①

的确，正如该作者介绍的那样，在正式作为奥运会开幕式表演节目之前，为了使"土家毛古斯——欢庆"这一节目更具有观赏性，主创人员先后进行了多达13次的修改和艺术加工，那么，"毛古斯"如何能够从土家族的仪式舞蹈摇身一变，转化为可以被全国乃至全世界观众欣赏的娱乐节目呢？换言之，传统文化、民族文化、地域文化以怎样的方式转变为一种现代文化、国族文化、全球文化？在这一转变的过程当中，专家学者、地方政府、土家族民众分别扮演了何种角色？"去语境化"之后的毛古斯如何被返回到土家族民众那里，作为一种被表演的文化传统而展演于观众面前？在非物质文化遗产保护工程、生态文化保护工程以及民俗旅游开发工程中，围绕着"毛古斯"的表演活动，地方社区如何被重构？

一　自在状态的土家族"毛古斯"

20世纪50年代后期，湘西地方文化工作者首先注意到"毛古斯"，并开始了初步的挖掘收集工作②。1959年，中央文化部组织省、州、县民族文艺调查组，对"毛古斯"进行了全面的普查和收集，并写出调查报

---

① 曾维秀：《"毛古斯"走进北京奥运会》，《新湘评论》2008年第11期，第47—48页。
② 20世纪50年代中，时任中央民族学院教授的民族学家潘光旦先生曾深入湘西从事民族调查，撰写了《湘西土家族访问团调查报告》(1955)。

告。1963年，湖南省民委派人访问"毛古斯"的表演者，写出了"马蹄寨毛古斯舞访问记"。"文化大革命"中，"毛古斯"被视为封资修，停止活动。中国共产党十一届三中全会以来，土家族的"毛古斯"表演再次受到重视，恢复了表演活动。

最早从现代学术的角度考察"毛古斯"的工作始于20世纪80年代，当时，中华人民共和国文化部主持开展"十套集成"的编辑工作，湘西土家族的"毛古斯"受到民族民间舞蹈工作者的关注与记录，并给予高度评价，认为它是"中国舞蹈的活化石"；戏剧史学家们则认为，它是戏剧的早期形态。虽然舞蹈史学家与戏剧史学家都对"毛古斯"的"年代久远"十分感兴趣，然而遗憾的是，他们并没有提供有关"毛古斯"表演活动的完整的民族志田野资料；不过，仅从当时保留下来的片段性的材料里，人们仍然可以了解到20世纪80年代湘西四县"毛古斯"表演的一般状况。

第一，毛古斯与摆手舞总是相互伴随着的，但是，据当时土家族的老艺人彭继富说："跳摆手舞时不演'毛古斯'（一种原始戏剧），亦不唱歌。"[①] 可见，摆手舞、毛古斯又是可以相互区分的；摆手舞是纯粹的舞蹈，而毛古斯已经具备了戏剧的雏形。

第二，"毛古斯"表演中有人物出场，并有相当多的人物对话，如《毛古斯生产》一场中，就有"老毛古斯（土家语称为'拔普卡'）"、"小毛古斯（土家语称为'沃必爹'）"和"土王管家"等人物出场；在《毛古斯打猎》中，除了上述正面人物外，还增加了"咕噜子"（湘西方言，即骗子的意思）等反面人物。

第三，"毛古斯"的表演场次因地而异，比如永顺县双凤村的毛古斯表演要持续七个夜晚，每晚安排一场，每场表演一个内容；龙山县贾市一带的毛古斯则是集中在一个晚上表演完所有节目。

第四，"毛古斯"的表演内容十分庞杂，既有反映土家族先民原始生活的内容，也有反映近代生活的内容。比如永顺县双凤村的"毛古斯"，当时保留了"扫堂""烧山挖土""打猎""钓鱼""学读书""接新娘"

[①] 袁丙昌：《湘鄂西采风散录》，《中央民族学院学报》1982年第1期，第90页。

"接老爷"等七个节目①。正如彭继宽先生所注意到的那样，其中既有反映远古社会渔猎生产生活的内容，也有反映封建社会阶级剥削、压迫与不平等的内容，不同时代的文化与社会元素被混杂在一起，然而，"群众对这些跨时代的表演，并不计较其历史真实性如何，只要达到娱乐的目的即可"②。

第五，"毛古斯"表演同时存在着地域性的差异，与永顺县双凤村的"毛古斯"不同，龙山县报格村等地的"毛古斯"则除了表演"做阳春""打猎"而外，还会表演反映近代生产生活内容的"打铁""纺棉花""医病"等节目；龙山县信地村的"毛古斯"则表演"拖木""起屋""耕田耕地""讨账还账"等节目，龙山县贾市、内溪一带还要表演"给土王拜年""讨土""烧山挖土""洒小米""扯草""打粑粑""过年"等节目；保靖县恶旦一带则表演"种苞谷""栽秧""薅草""捡桐籽""摘茶籽"等节目。③

20世纪80年代，研究"毛古斯"的学者们大致认为："毛古斯"以其古朴、冗杂的形式，为研究土家族社会历史的发展提供了可贵的资料④，从中可以初步窥探出土家族历代（从蒙昧时期到近代）社会性质的特征，特别是原始氏族社会的某些痕迹，以及土家族各个历史阶段社会生产发展的水平、文化发展的状况以及文化交流的历史痕迹。

然而，从20世纪90年代开始，"毛古斯"表演中有关"土家族不同历史时段的文化元素"的描述被所谓"土家族先民远古社会生活状貌的多个层面"的描述取代，那些最能证明其"原始性"的特征吸引了学者们更多的关注，其中有关近代社会的内容被彻底忽略了，相反，学者们在"毛古斯"的表演中发现了原始氏族社会的证据，找到了一幅幅人类童年时期的生动图画，这主要表现在以下几个方面。第一，表演者的衣

---

① 彭继宽：《略论土家族原始戏剧"毛古斯"》，《民族论坛》1987年第2期，第54页。
② 彭继宽：《略论土家族原始戏剧"毛古斯"》，《民族论坛》1987年第2期，第55页。
③ 依据张子伟的田野资料仍然可以充分地证明这种差异性。晚至1999年，"湘西四县十七乡社巴活动及毛古斯演出活动中，在23个村寨社巴日中，有15个村上演毛古斯，3个村有毛人歌舞表演，另一村虽无毛人，但有毛古斯里的原始歌舞，且有舞动草祖的表演，其余4个村只歌舞祭祀，无毛古斯出现"。参见张子伟《湘西毛古斯研究》，《文艺研究》1999年第10期，第45页。
④ 纪成：《毛古斯》，《鄂西大学学报》（社会科学版）1989年第1期，第144页。

着形象与表演风格。"毛古斯"的表演者皆为男性,他们赤裸着身体,穿着用茅草或者稻草编织的衣服,头上戴着用五条草绳编织的辫子,髀间悬挂着草扎的生殖器模具,模具的顶端缠着红布条,特别醒目;手里握着齐眉的木棒;表演者两膝半屈,臀部下沉,两脚不停地踏着碎步。这些特征被认为是在生产力极为低下的远古时代,土家族的先人们茹毛饮血的生活的反映。第二,表演者说话时会变嗓音,显得怪声怪气;而他们对话的内容则同样反映了原始社会时期的生活,比如,其中扮演土王管家与老毛古斯的两位表演者之间的对话经常被引述:

土王管家:你们是从哪里来的?
老毛古斯:我们是从野兽居住的洞里,从猴子爬过的路上来的。
土王管家:你们昨晚上在哪里睡的?
老毛古斯:在棕树脚下睡的。
土王管家:你们吃的是什么?
老毛古斯:吃的棕树籽籽。哎呀,糙糙的。
土王管家:你们喝的是什么?
老毛古斯:喝的是凉水。
土王管家:你们住的是什么?
老毛古斯:住的是草堆。
土王管家:穿的是什么?
老毛古斯:穿的是棕树叶。
土王管家:你到这里来做什么?
老毛古斯:听说这里好,我到这里来生养儿孙。①

研究者们认为,这些回答勾勒出了原始社会土家族部落的生活情景。此外,当土王管家问到谁是"阿爸"时,众毛古斯争相说自己是"阿爸",因为争执不下,只能公推其中年纪最大的一位"老毛古斯"当"阿爸"。"这正是古代土家族部落社会从母权制向父权制过渡时的情景。"第

---

① 在某些地方,比如龙山县苏竹坪,问话者是"热必得",答话者是"拔普卡";所问的内容则大体上相类似。

三，抢婚的遗俗。表演"抢婚"的情景时，众毛古斯都争着与抢来的"新娘"成亲，在喧闹与殴斗之后，最终的胜利者获得婚姻的权力；年幼的表演者们则互相取笑对方为"杂种"，乱报姓氏又说大家都是一家人。学者们认为，这是土家族人从群婚向对偶婚过渡的遗迹。第四，生殖崇拜。毛古斯的表演中最醒目的道具是所谓"粗鲁棍"，即一种夸张化的阳具模型，表演过程中，表演者双手紧握粗鲁棍，做出示雄、打露水、撬天、搭肩、挺腹送胯、转臀部、左右拦摆等动作，所有这些动作都充满了生殖崇拜的暗示。① 第五，刀耕火种的生产方式。"砍火畲"一场对土家族祖先"砍""烧""挖"的劳动过程和动作做了逼真的再现。② 第六，原始狩猎。在模拟狩猎生产的表演中，毛人们先敬"梅山女神"③，然后表演查找野兽脚迹，放猎犬；一个装扮成猎物的毛人出现，毛人们将它团团围住猎获，然后敬献给梅山女神，然后杀死并均分猎物。研究者认为，这场戏真实地"再现了原始社会中土家族先民共同劳动的基本方式和平均分配的公社制度"④。

然而，如前所述，"毛古斯"表演中"教读书""接老爷""打猎贸易""栽秧""种苞谷""洒小米""扯草""纺棉花""起屋"等内容，显然反映的是土家族地区社会历史的演进及生产力和生产方式的发展变化。但是，20世纪90年代以来，在嗜古成癖的研究者们的话语中，这部分内容渐渐地被忽略了。当然，极少数几位研究者仍然清楚地意识到并坚持了历史发展的观点，比如，张子伟就明确指出：随着文明的进程，"毛古斯"呈现出了世俗化的趋势，这主要体现在如下几个方面：第一，毛古斯供奉的祖神从女神"三元"，经历了"八部大王"，最后转化为"土王"的过程。第二，毛古斯表演的剧目包括了反映不同历史时期社会

---

① 李怀荪：《毛古斯与生殖崇拜》，《民族艺术》1992年第3期，第88—93页。关于毛古斯中"生殖崇拜"的体现，张子伟提供更为详尽的分析，参见张子伟《湖南省永顺县土家族的毛古斯仪式（附录七）》，施合郑民俗文化基金会1996年，第279页。

② 曹毅：《土家文化的瑰宝——毛古斯》，《湖北民族学院学报》（社会科学版）1993年第1期，第61页。

③ 土家族尊崇的猎神。传说土家猎神是位有胆有力的女猎手，因有虎患，她替民除害，在与老虎搏斗中被虎抓得片纱未存，羞愤下与虎抱在一起，跳崖身亡。为纪念这位替民除害的女英雄，遂奉为猎神。但因她死时是裸体，不便塑像，才以草码代神像而相祭之。

④ 谭卫宁：《毛古斯：土家族的民俗考古》，《民族论坛》1993年第2期，第78页。

文化生活内容的作品,这些内容又以不同的方式被呈现出来,有的纯粹是动作表演,有的则在歌舞之外加上大量对白,显然具有戏剧的因子。第三,因为"毛古斯"是仪式性的表演,其表演的模式因崇祀对象、参与人员等因素的差异而表现出不同的特征。第四,随着社会的发展与"毛古斯"表演的世俗化,仪式性权威(梯玛)逐渐被社会性权威(寨主、族长或者村长)分享甚至取代[1]。客观地说,张子伟的认识是非常客观与全面的。

尽管如此,到21世纪初,在有关"毛古斯"的研究成果当中,大部分学者重复的观点是:这种仪式表演活动"反映了土家族童年时期生产与生活的原生态,是土家族戏剧艺术的活化石"[2],然后便习惯性地以想象的方式猜测"毛古斯"发生时期的原始形态,并由此去还原原始人的心理动机。社会进化论主导下的人类学理论主导着整个学术界的话语与思维模式,"毛古斯"被固定化为远古的遗存,其中所包含的发展的、创造性的因素在有意无意间被忽略掉了。

二 作为文化资源与文化遗产

21世纪以来,有关"毛古斯"的话语转向了"保护"与"开发",但是,"保护"与"开发"的工作理念是基于前一时期的研究成果,即毛古斯是"远古时期生产与生活的活化石"。"活化石"在现代化进程中面临着传承的难题,于是,在经济发展与文化传承的双重使命面前,一方面,"毛古斯"成为地方文化产业亟待开发的文化资源;另一方面,它又是当地文化部门急需抢救与保护的文化遗产。最终,在调和两种需要的努力之下,"毛古斯"正在成为"武陵山区(湘西)土家族苗族文化生态保护实验区"规划的内容。

(一)作为湘西民俗旅游的"文化资源"

湘西奇异的山水风光、独特的历史文化以及土家族和苗族浓郁的民

---

[1] 张子伟:《湘西毛古斯研究》,《文艺研究》1999年第10期,第50—54页。
[2] 陆群:《"毛古斯"戏剧表现形态历史衍变的人类学考察》,《吉首大学学报》(社会科学版)2009年第1期,第50页。

族风情有机结合,和谐共生,形成独具特色、相互依存的湘西文化生态链,这成为地方政府发展经济的重要资源。

在湘西著名的旅游景观中,比如张家界、凤凰古城等地,都有被"去语境化"的、改编后的、舞台化的"毛古斯"表演,作为旅游民俗的"毛古斯"已经舞台化、市场化,显然极大地区别于社区文化传统中的"毛古斯",这主要体现在如下一些相互关联的层面之中。

第一,与节日语境相剥离,作为旅游民俗的"毛古斯"已经与传统的节日语境毫无关联,只要有观众,"毛古斯"就会随时被上演。第二,与仪式功能相剥离,既然"毛古斯"已经脱离了地方社区的节日语境,伴随其历史发展的仪式功能及其古老思想自然也就消失了。第三,与地方民众相剥离,那被崇祀的先祖,那主持仪式的梯玛,那组织活动的寨主(族长或者村长),那些虔诚的村民都不复是"毛古斯"表演活动的必要因素,相反,作为旅游民俗,这里有的只是与"毛古斯"传统不相干的机器般高速运转的表演者与对"毛古斯"的形式充满猎奇心理的一拨又一拨亢奋的观众[1]。第四,与社区生活相剥离,作为旅游民俗(或者"伪民俗")的"毛古斯"大有取代地方社区传统"毛古斯"的趋势,村寨里代代相传的"毛古斯"由于其节日性、仪式性、古朴性特征,在现代理性意识与功利主义面前,显得过于陈旧与落后,渐渐走向了没落。第五,与戏剧形态相剥离,作为旅游民俗的"毛古斯"不再可能成本大套地搬演传统"毛古斯"表演的全部内容,基于现代审美理念的编导工作让"毛古斯"更适合来自远方的观众的心理预期——既是可理解的,又是神秘的。

(二)作为非物质文化遗产保护项目

进入 21 世纪以来,湘西土家族、苗族文化的传承、抢救和保护工作备受当地政府相关部门的关注。2004 年,湘西土家族苗族自治州被整体列为"国家民族民间文化保护工程"试点地区。2006 年 5 月,湘西土家族苗族自治州人大常委会审议通过了《湘西土家族苗族自治州民族民间文化遗产保护条例》,这是全国首个地市级的地方性保护法规。在此条例

---

[1] 罗维庆:《共同的舍把日,不同的毛古斯》,《民族论坛》2011 年第 21 期,第 28 页。

的基础上,湘西土家族苗族自治州人民政府出台了《湘西自治州民族民间文化遗产传承人保护管理暂行办法》,湘西土家族苗族非物质文化遗产保护进入一个崭新的阶段。自治区政府认识到:

> 随着市场经济步伐的加快,无数民族民间文化遗产遇到了前所未有的生存环境的威胁。在新文化、新思潮的影响下,一些人对民族民间文化认识不足,缺乏应有的保护意识,甚至把一些优秀的文化遗产,看成是愚昧、落后的东西,任其自生自灭……一些人打着开发民族民间文化的旗号,却在做着破坏民族民间文化遗产的事,做着愧对祖宗的事,一些优秀的文化遗产在"开发"中变异,变成伪民俗伪文化。①

现代化的理性意识与商业意识,严重地影响了"毛古斯"的传承,为了尽量避免这些不良因素的干扰,政府部门与专家学者基于"保护"的立场,直接介入"毛古斯"的传承活动,提出了一系列保护措施,然而,问题在于,这些由政府与专家学者们联手发起的"保护"行为,会不会在旅游民俗之外,另外造就某种形式的"伪民俗"呢?

比如,湘西自治州政府部门与地方专家在把"毛古斯"申报为"国家级非物质文化遗产"时提出了如下一些详尽周密的保护措施:

> 为了保护土家族毛古斯舞,湘西自治州民族民间保护中心已制定十年保护计划,此计划由湘西自治州州委分管副书记、州政府副州长负责全面工作,自治州文化局、自治州民族民间保护中心负责具体实施。主要内容:
> 一、全面搜集:组成百人专业队伍,对土家族毛古斯舞进行一次全面的普查与搜集,尤其是对将要流失的舞种加大力度,系统挖掘。
> 二、建立土家族毛古斯舞保护机构:从2004年起逐步命名保护

---

① 梁厚能:《把根留住——湘西土家族苗族自治州人大常委会制定民族民间文化遗产保护条例纪实》,《中国人大》2006年第15期,第27页。

区及传承人。

三、建立多个土家族毛古斯舞传习社，培训一批流行区内较高水平的土家族毛古斯舞表演人才。

四、建立湘西土家族毛古斯舞研究所（设湘西州民族民间文化遗产保护中心内），重点研究土家族毛古斯舞的继承与发展。

五、拟在湘西州首府建立一个土家族毛古斯舞展演中心，展示原生态及发展中的土家族毛古斯舞。

六、编纂《湘西土家族毛古斯舞大全》一书及湘西土家族毛古斯舞系列节目光碟并出版发行。

七、创办一个土家族毛古斯舞道具、服装、乐器制作公司。

八、培养后继人才，在吉首大学、州艺校及中小学增设土家族毛古斯舞教学课程。

九、在湘西土家族毛古斯舞流行区各村（寨）组建一个土家族毛古斯舞表演团队。

十、在龙山、永顺推出一台经典土家族毛古斯舞舞台歌舞。

一个明显的事实是，作为"国家级非物质文化遗产"的"毛古斯"已经被政府部门明确认定为是"毛古斯舞"，这一重新定位，显然有悖于之前学者们达成的普遍共识——原始戏剧的雏形——但却符合中华人民共和国非物质文化遗产的分类标准，然而，当"毛古斯"从仪式性的表演活动被当作"民族舞蹈"来保护，一系列"削足适履"的后果就是不可避免的。其中大可质疑的地方至少有如下一些方面：首先，尽管地方政府一直强调要对土家族毛古斯舞进行全面的普查与搜集，但是，其普查与搜集的工作方法却从来没有被提及。其次，命名"毛古斯舞"保护区与传承人的工作引发了许多矛盾。由于"毛古斯"是湘西八县市土家族集体性的传统表演活动，仅仅把某些村寨与个体命名为"保护区与传承人"，客观上制造了不小的矛盾。再次，由于"毛古斯"是一种复杂的表演活动，它涉及了土家族人日常生活与世界观的整体，仅仅把它当作"舞蹈"来传习，是一种明显的简单化的处理方式。最后，政府组建调查队、保护机构、传习社、研究所、展演中心以及相配套的资料与道具生产中心等行为，与其说是"传承"传统，不如说是在"发明"传统。显然，政府主导的非物质文化遗产保护工程的目的在于保护"毛古斯"的传统行为，然而，实际上也是一种发明"伪民俗"的行为。

（三）"文化生态"语境下的"少数民族文化"

民俗旅游业与非物质文化遗产保护工程对于文化遗产及其所属群体日常生活的影响是十分明显的，事实上，其中负面影响产生的根源恰恰来自两个术语"文化资源"与"文化遗产"及其所体现的思想意识，既然像"毛古斯"这样的非物质文化遗产不能不涉及当地民众及其日常生活，那么，以"物化"的方式抢救保护、开发利用的思想，从根本上便带有漠视文化遗产之主体的弊端。然而，这种弊端不仅仅体现在非物质文化遗产保护工程所谓坚持"保护为主、抢救第一、合理利用、传承发展"的指导方针当中，也不仅体现在非物质文化遗产保护工作所谓坚持"政府主导、社会参与，明确职责、形成合力；长远规划、分步实施，点面结合、讲求实效"的工作原则当中，而且在所谓"文化生态"保护工程的工作理念当中进一步延续下来了。

比如，《中华人民共和国国务院关于加强文化遗产保护的通知》（国发〔2005〕42号）中明确指出："加强少数民族文化遗产和文化生态区的保护。重点扶持少数民族地区的非物质文化遗产保护工作。对文化遗产丰富且传统文化生态保持较完整的区域，要有计划地进行动态的整体性保护。对确属濒危的少数民族文化遗产和文化生态区，要尽快列入保护名录，落实保护措施，抓紧进行抢救和保护。"

又比如，《中华人民共和国国务院办公厅关于印发〈少数民族事业"十一五"规划〉》（国办发〔2007〕14号）中也特别提出："加强少数民族文化遗产的保护、抢救、发掘、整理和展示宣传。营建少数民族文化社区和文化生态区，有计划地保护少数民族文化遗产和保存完整的少数民族自然与文化生态区。"

《中华人民共和国国务院办公厅关于印发〈少数民族事业"十二五"规划〉》（国办发〔2012〕14号）中重新强调："加强少数民族文化遗产保护工作。对濒危的少数民族非物质文化遗产项目实施抢救性保护，对具有一定市场前景的少数民族非物质文化遗产项目实施生产性保护，对少数民族非物质文化遗产集聚区实施整体性保护。加强民族地区文化生态保护区建设。"

尽管"文化生态"这一术语较之"文化遗产""文化资源"这两个术语更强调整体性的维度，但是，无论在政策层面上还是在实践层面上，文化传统的"主体"仍然没有受到应有的重视，政府、学者、文化公司都不假思索地把民众（当然包括土家族民众）当作启蒙的对象——他们在经济上是贫困的、在思想上是落后的、在文化上是古老的、在组织上是原始的——因此，地方民众没有被赋予基本的主动性，这种工作理念，从根本上讲，仍然是简单的社会进化论模式的延续。

在这种思想理念与工作模式的指导下，所谓"文化遗产"、"文化资源"甚至"文化生态"的保护工作，不过是站在霸权性文化立场上的一种施舍、一种训示。对于地方社区及其民众而言，在文化政治与文化产业的双重挤压之下，他们不得不面对的窘境是：一方面，随着旅游开发、报纸、广播、电视、网络、手机等新媒体的介入，现代文化已经强有力地渗透到少数民族的传统文化当中了，原有的社区生活秩序与民俗文化传统已经在悄然间改变了（显然，地方社区民众有权利分享现代化文明的成果，有权利选择自己的生活方式）；另一方面，现实的困境——包括地理的、经济的、文化的、思想的等——又限制了他们寻找理想生活的渠道。在这种窘境面前，地方社区及其民众正在被迫放弃自身的主动性，正在沦落为自身传统的"仆人"。

三　从"文化表演"到"表演文化"

仪式性、表演性的事件历来都是从事小社区研究的人类学家关注的焦点，这是一些在时空层面上被安排、设计好的事件，美国人类学家米尔顿·辛格（Milton Singer）称之为"文化表演"：

> 因为它们包括了西方人用这一术语所指的内容——比如，游戏、音乐会与演讲。但是它们也包括祈祷、仪式性的阅读与复述、仪式与庆典、节日以及所有那些我们通常划归在宗教与仪式之下而不是

文化与艺术之下的事件。①

象征人类学家们把这些仪式与庆典视为一种特定文化的"元文化的展演"（metacultural enactments），其社会成员以高度结晶化的形式把自己的文化展演给自己与同伴观看，他们所属社会或者群体的核心性的文化意义与价值观念被通过象征的形式公开展演与评论，具有浓重的"反思性"（reflexive）特征。

湘西传统中的"毛古斯"显然是一种典型意义上的"文化表演"，它是土家族民众自身文化的"元表达"，即人们通过"毛古斯"记忆祖先的历史、展演民族的文化、团结社区的力量、表达自身的愿望、宣泄日常的情绪等等，社区在节日仪式表演的活动中达到"欢腾"的状态。传统"毛古斯"显然是土家族人生命本真的、必不可少的内容。

然而，当"毛古斯"被"去语境化"之后——节日不再是其必要的时空语境，神灵不再是其呈现的理想对象，梯玛不再是其主持者，寨主（族长或者村长）不再是其组织者，社区伙伴不再是其亲密的表演伙伴，表演不再以表演自身为目的——并被"再语境化"之时，"毛古斯"已经从一种神圣的"文化表演"转变为一种世俗的"表演文化"了②，它与普通的娱乐性表演活动并无二致，不过是借用了某些民族性的符号作为点缀罢了。

在张家界与凤凰古城的文化表演活动中，被加工与改编之后的"毛古斯舞"已经与社区传统中的"毛古斯"截然不同了，但是，有关"毛古斯"的话语，比如原始、古朴、粗犷、豪迈、放纵、狂野等理念仍然是现代舞蹈艺术从业者们进行再创作的基本前提③，基于这些理念，形形色色被改编的《毛古斯》表演被呈现在来自五湖四海的观众面前，一种全新的湘西"狂野毛古斯"取代了传统的"毛古斯"表演活动。然而，

---

① Singer Milton, *When a Great Tradition Modernizes: An Anthropological Approach to Indian Civilzation*, New York: Praeger, 1972, p. 71.

② 黎帅、黄柏权：《遗存与变迁：当下土家族摆手活动功能变迁考察》，《湖北民族学院学报》（哲学社会科学版）2012年第2期，第16页。

③ 张建永、林铁：《民族文化、艺术展演、旅游产业——"魅力湘西"的文化创意理论与实践》，《创作与评论》2013年第4期，第107—110页。

正像赵本山在他的"刘老根大舞台"中表演的"二人转"与东北民间传统的"二人转"不同，人们在张家界、凤凰古城看到的"毛古斯"显然也不同于湘西土家族村寨传统中的"毛古斯"。同样，正如同赵本山的"刘老根大舞台"在观众那里重新定义了"二人转"一样，张家界、凤凰古城的"狂野毛古斯"表演也正在观众那里重新定义了"毛古斯"。

事实上，即使像永顺县双凤村这一土家族文化的典型村落，其"毛古斯"表演也已经变成了作为非物质文化遗产项目的"毛古斯舞"了。2000年以来，双凤村大力发展村落民俗旅游产业，修建了"土家第一村"寨门和村级水泥公路，偶尔会有旅游团队到访，村民们会表演土家族传统的"毛古斯舞"以及其传统节目。"毛古斯"已经成为双凤村民众赖以谋生的重要的"文化资本"，一方面，作为旅游民俗节目，他们通过表演活动向游客收取报酬；另一方面，作为非物质文化遗产项目，他们获得国家相关部门的财政补助。但是，至少在目前，这两项主要收入还远远不足以维系整个村落民众的日常生活。然而，能否成为国家级、省级、区级、县级"非物质文化遗产传承人"不只是一种荣誉，还附带着经济补助，这无形中成为村落内部成员之间竞争与矛盾的源头。无论把"毛古斯"旅游化、"非遗化"给村民们带来了何种实际的收益，一个无可挽回的后果都是，神圣的文化传统被世俗化、功利化了：学者们应用话语资源把"毛古斯"对象化为一种过去时的文化现象；文化产业公司与政府部门依据学者们创造出来的这种知识，联手把"毛古斯"命名为"（旅游）文化资源"与"文化遗产"，基于现代理性主义、功利主义的抢救保护与开发利用，不仅摧毁了社区文化传统整体性、神秘性、内在性的根脉，而且刺激了地方民众追名逐利的野心与动机。在这个意义上，把"毛古斯"转变为"旅游文化资本""文化遗产"的过程，乃至于把湘西转变为"文化生态实验保护区"的过程，都无可避免地是把"文化表演"转化为"表演文化"[①]，对传统湘西社区的经济、社会与文化模式进行重

---

① 张远满：《文化传统中的民俗——关于土家族"毛古斯"的田野考察》，《戏剧文学》2012年第6期，第103—107页。作者也注意到当下"毛古斯"表演少了原始性，而多了表演性，但认为"它也完成了作为民俗文化载体的任务，也娱乐了过节的民众，更重要的是让后人更形象地了解到了毛古斯的表演形式，既带来了经济效益，同时也在潜移默化中得到了很好的传承与发展，并不仅仅是一块'化石'摆在那儿供后人参观"。

组的过程。

当然，既然地方社区的传统经济结构已经断裂，传统的社区组织模式早已崩溃，劳动人口已经大规模地外迁，现代化的传播媒介已经深深地渗透进社区群众的日常生活，文化传统命悬一线；既然少数民族地区的经济发展与文化保护必须兼顾；既然"文化资源"、"文化遗产"甚至"文化生态"论都存在某些缺陷，那么，政府、学者以及地方民众都必须重新提出对策，事实上，许多研究者都意识到了推动文化传统"主体"之"文化自觉"的问题①，即主张由当地文化的主人保护自己的文化，并在政府的支持与专家学者的帮助下，科学地认识自身文化的历史、艺术与学术价值②，比如万义在细致地分析了永顺县双凤村的"毛古斯"之后说：

> 现在的双凤村少数民族传统体育组织与管理，基本依靠政府的行政权力在推动和实施。政府在少数民族传统体育发展中的主导行为，取得许多成绩的同时，也弱化了村民自治管理的积极性。所以，当传统的社会组织职能逐渐消失的同时，应该建立适应社会发展的，以村民自治为核心的现代社会组织。③

给予当地人经济发展与文化发展的"自主性"与"主导性"，需要政府部门、专家学者以及文化产业实体从根本上改变观念，这在思想上与实践上都将是十分困难的；然而，一个更加困难的问题是，如前所述，作为一种民俗事象，"毛古斯"是土家族特定历史发展过程中发展出来"文化表演"，它与该民族独特的生产方式、风俗习惯、宗教信仰、传统节庆、民族心理等联系在一起，也受湘西自然环境、社会经济环境、社会制度环境等制约和影响。问题是，在社会发展的过程中，"毛古斯"的表演形式、组织方式、表演内容以及所表达的内涵等都在发生变化。特

---

① 杨栋、熊曼丽：《民俗旅游业开发对少数民族传统体育文化发展的影响研究》，《河北体育学院学报》2013年第3期，第87—88页。
② 覃莉：《论原始戏剧"毛古斯"的保护与传承》，《戏剧文学》2006年第7期，第40页。
③ 万义：《村落少数民族传统体育发展的文化生态学研究——"土家族第一村"双凤村的田野调查报告》，《体育科学》2011年第9期，第49页。

别是改革开放以来,湘西的传统社区同样受到了史无前例的冲击和影响。既然社会的发展与变化是不可逆转的方向,那么,地方社区如何在原有的社会结构、经济秩序被打破之后,积极主动地寻求新的经济发展模式与社会组织模式,建立适应现代化社会需求的文化生态修复机制,努力建设健康的、可持续发展的"文化生态村",这仍然是有待探索的难题。

但是,从"文化表演"转向表演"文化传统",显然并不仅仅意味着地方社区社会组织模式的重组,还意味着地方民众精神世界的重构问题。

人地关系视野下的非物质文化遗产保护
——以国家级非遗松江舞草龙为个案*

赵李娜

摘　要：当今非遗保护缺乏对民俗事项的本真内涵及生发根源的根本性理解，造成只取传承而忽略对其文化空间的修复及营造的重视，从而使文化遗产走向"碎片化"困境。在此情况下尝试引入历史地理学"人地关系"概念及语境，以国家级非遗项目上海叶榭舞草龙为个案，对其表征、内涵及根源进行剖析理解，有针对性地深入理解其构成元素，为修复与营造民俗事象之生活生态场域，实现非物质文化遗产"整体性保护"提供策略建议。

关键词：环境　信仰　人地互动　叶榭舞草龙

一　问题的提出

舞草龙是普遍流传于长江流域及其以南广大地区的一种龙舞形式，它们虽形态各异，然共同特点是植根于南中国独特的稻作文化又多内含丰富民间信仰，在展演时糅合多种民间文艺。现今南方各地的舞草龙大都纳入各级非遗保护体系中，获得政府和民间重视。在上海市郊区松江叶榭镇，亦有这样的民间文艺形式，其历史面貌是以草龙舞求雨、祭神、

---

* 本文原刊于《云南师范大学学报》（哲学社会科学版）2014年第5期。收入本书时，作者进行了修订。

娱人，为稻作农耕浸润下当地民众由生活演绎而成的传统文艺活动，2008年以"龙舞"（舞草龙）为名被列入国家级非物质文化遗产代表性项目"传统舞蹈类"扩展名录中。2013年5—6月间，笔者在叶榭对舞草龙进行田野调查，逐渐了解到这一民俗事象之"前世今生"。在当今非遗大环境下，依靠各类力量支持，叶榭舞草龙的保护和传承已有所发展并取得丰硕成果。然而近三十年来由于工业化以及城镇化进程加速，人们生产生活方式发生重大变革，草龙求雨仪式赖以生存之环境遭到不同程度破坏，现仅存举行大型活动时的城镇化展演。其深层原因是草龙舞是属于江南农耕文化的一种文艺形式，在乡村传统中舞龙作为祭祀仪式中娱神之重要部分，与民众日常生活认知融为一体。而在当今城镇化背景下，舞龙被人们从祭祀仪式中抽离出来，多表现为面向观众的艺术展演。这样一来其中蕴藏的文化语境和个性逐渐被消解与脱域，成为一种供大众消费的文化产品及艺术符号。此外，舞草龙在传统社会的展演往往紧紧依托于当地关帝庙会，而现在当地已无这一大型庙会的生存空间，草龙求雨仪式的生态空间亦岌岌可危。

另外，在具体传承方式中，舞草龙也存在着一些分离与撕裂。虽然当地学校开设了特色教育项目，形成由初中生组成的舞龙队，每周学习传承这一民间舞蹈。但其实学生只学习舞蹈部分，草龙制作却还是由传承人包办，如今这些老艺人只剩下几位。愿意学习扎草龙的传人也非常难找，因为这些以竹编为主的民间传统工艺学起来费时费力，令许多年轻人望而却步。据草龙制作工艺国家级传承人费土根老先生介绍，草龙形体硕大，用料考究，编法精细，颇费精力与耐力。现年65岁的竹编艺人、叶榭金家村村民俞金仙老人很无奈地表示："现在收个徒弟实在太难了，做篾匠这活，累人累腰不说，还挣不到多少钱，现在的小年青们都不愿意学了。"竹编及草编工艺作为制作草龙过程中的核心技艺，曾在传统经济下的江南日常生活中发挥重大作用，普通民众家庭的农业用具和生活用品等皆以竹子编织而成，具有原生态使用价值和审美意趣。然而在当今新型材料及工艺冲击下，寻常百姓家已很难见到将竹编生活器具作为日常使用，取而代之的是以塑料、不锈钢等有机合成材料制成的生活用品，这也是大多数传统日常手工艺所面临的失传问题。

调查过程中笔者发现的以上问题，其实也是当今非遗保护操作与实践中的典型情况与缩影。现今非物质文化遗产保护工作中,实践者乃至研究者大都缺乏对民俗事象本真内涵与生发渊源的根本性理解,造成保护时只求"展演或技艺传承"而忽略对其文化空间修复与营造,从而使非遗保护走向"碎片化"困境。因此应该意识到,这些保护大多仅徒留表演形式而忽略其内涵及生发环境的整体性保护。对于叶榭舞草龙而言,稻作环境、民间信仰、口传故事、仪式程式、文艺表演与手工技能等六项要素构成了这一民俗事项之全部文化空间及表达形式,经过梳理可以解构为环境、信仰和文艺等相互关联之要素,这三类要素存在着根源(生发环境)、内涵(民间信仰)和表征(仪式及文艺展演)之互动关系。一般来说,一定环境使得人在与其互动过程中,形成某些思想观念,在这些思想观念的支配下又呈现出一定的艺术形式。大多数民俗形式都是当地民众在生存与发展过程中人地关系之直接或间接体现,即现代历史地理学学科研究的最终归结点——"人地互动"。人文社会科学领域中所关注的一些中心话题,如文化、信仰、艺术等人类文明的几乎所有成果,都可以称作"人地互动"之产物,在对这些要素的梳理、研究和体味中,皆有可能获得古今人地关系发展与嬗变之真谛。笔者之所以引入这一概念,是想说明在有着浓郁地方特色的非遗项目的调查、研究和保护中,应对民俗事项之生发环境、本真内涵与表征形式有深刻的认识,并厘清它们之间的互动关系,这样才能实现对它们的"整体性保护"。基于此,本文拟在田野调查、访谈和资料搜集基础之上,对叶榭舞草龙活动所蕴含的相关要素及其互动关系进行梳理,以期对其保护现状提出策略。

二 舞草龙的表征形式:信仰仪式与文艺展演

舞草龙表面看来只是一种地方性的舞龙活动,实际上其最初的表现形式则是传统农耕社会的求雨仪式,根据笔者的田野调查及访谈,现将仪式程序呈现如下。

舞草龙祭祀仪式选在田间广场,为了便于迎请,地点一般选在供奉"神箫"和"青龙王"牌位的庙宇附近。首先布置神坛。三张八仙桌(两大一小),三只木制祭盘供鸡、猪头、鱼,三瓷碗供稻谷、麦、豆,三水果盘供西瓜、黄金瓜、浜瓜。参与祭祀人员包括司仪一位,为60岁左右乡民,身着长衫;主祭为一80岁左右的村中长老。四上供者,二人抬猪头,二人分别托鸡和鱼。六位村姑头扎蓝底白花方头巾,穿粉红斜襟衣衫裤及蓝色绣花彩球鞋,腰系黑绿色镶边围裙,稻谷、瓜、豆等农产品,均来自叶榭本地。祭祀仪式一般在每年农历五月十三、九月十三当地"关帝庙会"时准时开始。当天,还会在两张并排的八仙桌前设长条祭桌,上有两盆清水,作为神龙降下的"圣水",留作泼洒之用。

第一部分 迎神

1. 司仪开祭:放鞭炮六个。

2. 请神:一位老年男村民,手捧韩湘子神箫①在前,另一位手捧青龙王牌位随其后。同时演奏丝竹音乐《请神曲》出庙堂,一直到达供桌前站立。

《请神曲》主要由丝竹乐器中的箫来演奏,配有吹打乐中的锣鼓队伍,节奏较为简单。

同舞草龙的祭祀音乐一样,其求雨唱词也表现出相当简单、朴素的特点,这与舞草龙的民间性有着紧密的联系。唱词为:

> 迎(呀末)迎接圣(啊),
> (啊呃候)接圣下云霄。
> 东请到东天日出扶桑国,
> 西请到西天佛国老唐僧,
> 南(呀)请到普陀珞珈山前过,
> 北请到北海王母歇(呀)马亭。
> 迎(呀)(末)迎接圣,
> 接(呀)圣下云霄。②

---

① 请神时之所以手捧韩湘子神箫,盖因当地流传着"召龙降雨"的传说作为舞草龙活动的由来解释,内容下文将详细叙述。

② 上海市松江县民间文学艺术集成编辑委员会编:《中国民间歌曲集成上海卷·松江县民歌分卷》,上海市松江县民间文学艺术集成编辑委员会印1993年版,第63页。

3. 升座：鞭炮五响，五谷丰登；神箫、牌位上供桌，坐北朝南，捧者行礼而退。

第二部分　娱神

1. 上供：猪头、鱼、鸡、稻谷、麦、豆及瓜类分别上供。

2. 敬香：村里长老手持三支清香，行三跪九叩礼。

3. 点眼即"开眼"，使眼睛明亮。

4. 行龙：《请神曲》终，打击乐起。六位村姑持烛台、香炉，三人合掌。出场→祷告→回祭台→吹箫《请神曲》。"韩湘子"上，曲终。九人合舞一条长20米左右的大草龙，同时两人合舞两条1米左右小草龙，陪伴周围。舞龙人戴草帽、穿草衣、着草鞋。

5. 接圣水：向观者用"洗帚"（洗锅用的竹制品）泼洒圣水，观者踊跃向前。

第三部分　送神

1. 敬酒：六村姑捧酒先敬大龙，再洒向小龙。

2. 化龙：最后将两小龙烧掉，寓意小龙带着人间百姓的美好心愿，去祈求玉帝同意降雨，润泽万物。

3. 回宫：大龙返回。整个求雨仪式至此结束。

充盈于仪式过程中的是村民们自娱自乐的文艺表演，它使原本肃穆的仪式活动充满欢快气氛。表演由舞龙和其他文艺组成，舞动草龙是表演与仪式之中心，具有核心和主题之性质，信仰色彩更加浓烈些。其余包括水族舞和八仙舞等灯舞活动，皆属于种类不一的当地民间歌舞形式。

叶榭草龙舞是由源自唐代的求雨仪式演变传承而来，其中具有强烈的民间信仰和祭祀成分，但据史料记载，至少在明朝弘治年间当地最大的关帝庙建成之后，叶榭传统关帝庙会一年两次，相沿成习，其间并举办盛大的灯舞活动，草龙舞当然也在其中。在全民狂欢娱乐的庙会情境下，草龙舞中的祭祀仪式成分固然存在，但其中的娱乐成分也渐趋加强，并在娱乐功能上与其他种类繁多的叶榭灯舞并无二致。

一般龙舞都由"龙珠"引导，松江草龙求雨仪式中的龙舞不设"龙珠"，出龙时以箫代珠，有人扮演韩湘子舞箫引龙。草龙舞除序幕、结尾外，其基本动作与一般龙舞相似。不同之外多了"求雨""取水"等部分。整个表演过程分为"祷告""行云""求雨""滚龙""翻尾""取水""返宫"等七个小段。草龙舞表演风格深滞，身段动作迟缓。锣鼓点子节奏简单，如序幕仅用低微的"笃、笃"之声。"求雨"一段龙身下伏，龙首仰天叩拜，动作显停滞状，表现了老龙向神灵祈祷的情景。"取水"一段，则是龙体紧盘一团，龙首仰昂反复不停摆动，以示正在吸水。

三 舞草龙的本真内涵：生活需求下的民间信仰

著名民俗学家乌丙安先生说："我们需要了解的不是唱歌、跳舞本身，而是唱歌跳舞背后老百姓的生活状态和他们的生活需求。"[1] 现在所能看到的叶榭舞草龙仅存草龙制作、仪式程序和文艺展演作为表征形式，但若仔细审视展演过程中的若干细节如青龙牌位、韩湘子神箫、关帝神诞日等元素，仍可窥见其本真内涵，即中国传统社会民众在生活中与环境互动产生的心理调适因素即民间神灵信仰。中国民间信仰以神灵崇拜为主要核心，最大特征就是庞杂性、地方性、多元性和功利性，但这些特点都是与中国广阔的地域有紧密关系的，从此意义上来说，中国民间神灵形成机制在于一地民众的自然选择。叶榭位于长江下游的上海市西南松江郊区，其地处于江南稻作文化环境中，虽有江河便利，但仍不免有水旱之灾，民众长年辛勤劳作，靠天吃饭，然有时仅得一夕之饱，由于对自然、对社会掌握的无力感使他们将自身的生活及情感需求诉诸民间神灵信仰，这是中国古代社会人地互动过程中的必然结果。从现存我们看到的舞草龙表象如仪式及文艺展演来分析，古代特别是唐宋以降叶榭社会至少存在着龙崇拜（龙王信仰）、关帝信仰和八仙信仰（韩湘子）等民间神灵崇拜。

（一）龙王信仰

早在先秦时期殷商甲骨、《易经》及《管子》等先秦文献中"龙"就被赋予了施云布雨的法力，但龙在中国古代早期社会并没有成为专职

---

[1] 戴廉：《非物质文化遗产保护的困惑》，《瞭望新闻周刊》2005年第30期。

"水神"。中国的龙王信仰是汉晋之后印度佛经中的"龙王传说"传入，与本土固有的龙蛇崇拜相互杂糅、融合之结果。史籍中，较早将龙王与水神结合的事例出现于唐初的笔记小说《仙传拾遗》及《宣室记》中，体现了当时佛道两教融合互通之态势，显露出唐宋以后龙王信仰多种宗教元素渗入及融合之本质内涵。

从叶榭舞草龙传说来看，其时代背景正是唐代，从一个侧面反映了唐正好是中国龙王信仰在民间生根之分水岭。自此，日益兴盛的龙王信仰遍及各地，取代了原先的湘君、河伯等水神，一跃而成为新一代的水神。宋元以后，凡有水之处，莫不有龙王崇拜之迹，各地水旱丰歉，基本由龙王执掌。上海地区亦不例外，其地大小龙王庙也建起不少，至明清时期最盛。学者根据清代方志记载而进行统计，嘉庆年间，上海市就有十多所龙王庙，这一数字尚不包括诸多村镇级的龙王庙在内①。基于对自身生存及稻作生产的无限关注与焦虑，沪上民众崇祀龙王的方式主要以进香祈祷和定期举行祀神赛会为主。历史上，每逢大旱，常由地方官员出面，率众前往龙王庙进行祈雨仪式，这一习俗传承久远，直至民国初期仍然存在。1925年3月14日的《申报》就有一则名为《沪官场昨在龙王庙祈雨》的报道，又据史载1950年6月遭逢大旱，叶榭部分村民还自发舞过草龙②。

（二）关帝信仰

宋元以降，关羽信仰向全国范围内扩大、普及，处于东南一隅的上海民众也迅速吸收并接受了这位民间俗神。目前所知，上海市早在元至正十年（1350）已建有关羽祀庙（庙址在今奉贤柘林），此后其内关帝庙逐渐遍及各村落乡镇，各代皆有增建。明弘治十年（1505），叶榭始于东圩中市（遗址在今叶榭镇叶大公路388号）建关帝庙，至次年竣工。可查考的还有位于镇南（今八字桥村）以及位于今徐姚村的两座小型关帝庙，出于历史原因皆被拆除，无稽可考，但以前述弘治年间所建之关庙名闻浦南，香火极盛，虽然此庙现亦不存，但在始建时就开始的庙会传

---

① 范荧：《上海民间信仰研究》，上海人民出版社2006年版。
② 叶榭镇志编纂委员会：《叶榭镇志》，上海辞书出版社2012年版，第712页。

统一直延续，世代相传①。每年农历五月十三日与九月十三日，相传是关帝诞辰和忌日（一说为成神日），每逢此二日，上海当地居民照例要举行规模盛大、热闹非凡的祀神赛会，叶榭地区亦是如此。方志记载，叶榭关帝庙始建时，举行了热闹的灯舞活动，以后遂为定制，每年都在这两日举行庙会以祭关帝。庙会期间，关帝庙商贩云集，傍晚时分有盛况空前的灯舞活动，队伍首尾相连，声势浩大，连续三日，名闻浦南。自明朝中期起，一年两次，年年举办，代代相传。1958年关帝庙拆除建公社大礼堂，但庙会节一年两次仍有延续。至1964年开展农业学大寨、农村推广"三熟制"，而农历五月十三日正逢农忙时节，于是公社管委会做出决定，庙会节改为一年一次，即于农历九月十三日秋闲时节举行。"文化大革命"时期一度受到冲击，改革开放以后，重新恢复了农历九月十三日庙会节之传统习俗。

五月十三日与九月十三日在沪人心目中不仅仅是祭祀关帝、赶庙会的日子，同时亦包含了当地人的祈求风调雨顺、平安健康的美好诉求。旧时每逢此二日，沪上许多人家还用竹子制成弓箭，用纸制成弓袋，悬挂于关帝庙前，据说还有为家中孩童接触厄运之功能。人们还盼望这两个日子下雨，若有雨，称之为"磨刀水"，据说可以祛除一年中的疾疫，这些做法是想借助关帝神力来驱祟辟邪。对此清末上海张春华有竹枝词《沪城岁事衢歌》中描述道："瓣香肃拜付儿曹，剪彩悬弧殿宇高；五月十三微雨处，将军灵武润磨刀。"原注曰："五月十三日为关帝诞。俗以竹为弓矢，系纸作韣，悬之殿庭，谓纳将军箭，孩提易养。是日有雨，为磨刀水，去疫疠。"②

颇有意味的是，在一些相关的传说故事及文人作品中，可以发现关帝信仰与民间龙崇拜母题之间，在表征、叙事及文化内涵等方面都有着极为密切的联系③。如明代薛朝选《异识资谐》卷一"须龙"故事，就表现了关羽的神奇外貌与龙之神奇外形之间的相似性联系。而关羽的兵器青龙偃月刀，也隐含着关帝所具有的龙性。至于明末清初时人徐道的

---

① 叶榭镇志编纂委员会：《叶榭镇志》，上海辞书出版社2012年版，第696—698页。
② 张春华：《沪城岁事衢歌》，上海古籍出版社1989年版，第177页。
③ 刘卫英、姜娜：《关羽崇拜传说与民间龙信仰》，《商丘师范学院学报》2010年第10期。

《历代神仙通鉴》卷八第九节的"斩龙首"传说,更加直接地阐明了民间在关帝诞辰日祈雨的诉求内涵,其主要情节为:关羽原是一条乌龙,怜悯民间连年大旱民不聊生,违反天帝之命连夜降雨。天帝以法斩之,掷头于地。蒲东解县(即今山西运城)有僧普静,即提龙首至庐中,置合缸内,为诵经咒,九日龙转世为婴,即关羽。这一传说为更深层面探讨关羽崇拜与龙信仰之间的联系提供了有力的佐证,而叶榭舞草龙之所以于关帝庙会时定期举行,也证实了这两位神祇信仰在叶榭当地民众中的融合与杂糅。

可见,在民间诸多传说中,被人们无限崇信的关羽和龙王都被赋予了巨大的神明力量,行使着行云布雨、保国安民、解难济困的职能,这两者在民众心理上所共同拥有的"可保护意识"及实用性功能诉求,有共同的文化心理渊源,因此必然产生共同的心理祈盼。

(三)八仙信仰

元明以后,全国各地都有八仙故事,但版本却呈五花八门、异彩纷呈之态,这就是八仙在由道教信仰逐渐转向民间信仰时在各个不同文化地域的"在地化"的过程。上海市松江地区的八仙舞也是当地传统灯舞活动之一种,描写的是韩湘子回故里敬花园赏花,其他七位仙人同行的场面。松江八仙故事中以吕洞宾和韩湘子的传说故事最为人熟知,与舞草龙活动也有莫大关系。有关叶榭草龙的传说故事有好几种版本,但其中都少不了韩湘子的参与,这也是草龙前的舞珠人必须手持长箫扮作韩湘子形象的重要传说依据;而有关于吕洞宾,在松江地区的民间传说中是与韩湘子故事"捆绑"流传的,这两位八仙人物的传说事迹,为舞草龙活动平添了一分生动与神秘。

关于吕洞宾与韩湘子的故事,在叶榭当地搜集到两个版本,情节基本相同而细节略有差异,现抽取两种版本故事梗概分别叙述如下。

版本一:

> 传说吕洞宾云游到苍梧郡湘江岸边,点化一鹤,到人间生鹤童。东江(黄浦江前段古称)边敬花园村一对韩姓夫妇,膝下无子,洞宾将鹤童送给他们,夫妇十分高兴,但小孩却日夜啼哭。吕洞宾化

名"两口先生"将写有"纯阳子"的渔鼓送给小孩，并给他取名韩湘子。湘子七岁时，父母双亡，靠全村各家吃饭生活，十六岁时他决心求道问药，于是告别村民。在路上湘子又重遇洞宾，跟随洞宾去蓬莱岛学道求药，在岛上逍遥自在，无拘无束，但韩湘子心中还想着敬花园的乡亲。一年后，洞宾与韩湘子游历来到敬花园，此地正遭逢大旱，民不聊生，村民们设坛点香叩拜，求苍天解救。韩湘子立即吹起神箫，召东海蛟龙，顿时大雨如注，终获丰收。村民们用稻禾扎成草龙进行庆祝活动。数年后，韩湘子回故乡探亲，只见禾苗茁壮成长，村民们正在紧张地劳作，但大多数人脸色蜡黄，河边阵阵臭味，水黑而不洁，他马上敲起渔鼓，从东海引来两巨龙，青龙吸走了河中污水，排向东海；另一条黄龙吐出清水，洁净河道，韩湘子从水质中找出了村民病痛之根，兑现了为村民除病的诺言。为感谢韩湘子恩情，村民用稻禾扎黄龙，并用竹叶扎成青龙，打起大渔鼓二龙对舞，拍打小渔鼓与龙伴舞，二龙飞舞戏水。从此以后，扎龙、祭龙、舞龙成为叶榭民间的一种习俗。

版本二：

传说吕洞宾云游到苍梧郡湘江岸边，点化了一只白鹤，到人间生鹤童。仙鹤飞到昌黎县，城内住了一对韩姓夫妇膝下无子，吕洞宾将鹤童送到韩姓家中。夫妇俩万分高兴，但小孩却日夜啼哭，吕洞宾化名"两口先生"将写有"纯阳子"的渔鼓送给小孩，并给他取名韩湘子。韩湘子七岁时，父母双亡，由叔教养。叔在朝廷做官，公务繁忙，韩湘子便偷看学道之书，十六岁时，叔父终于发现他学道大怒，于是他留书一封，感谢叔父教养之恩，辞家修道去了。游历中，韩湘子来到盐铁塘（今叶榭镇）口，大风舟翻，自己跌落水中，幸被渔夫韩东夫妇救起，收为义子，从此一起生活。八年后，养父母得病先后亡故，湘子联想到亲生父母饱受病魔时的情景，又燃起了他学道寻丹为村民治病的念头，再次踏上游历之路。在路上，韩湘子重遇吕洞宾，（以下略，与上同）。

吕洞宾是八仙中传说故事较多的一位，然从上述叶榭传说来看，吕纯阳显然只是"男二号"，真正的主角乃是韩湘子。其人物原型乃是历史上唐代大文学家和政治家韩愈的侄孙韩湘，《新唐书》有其简略记载，后来逐渐在民间传说与文人小说稗史中累加附会而成后世信仰的八仙之一。元代以降通俗戏曲及小说一跃成为叙事文学的主流，韩湘子故事在这些文学样式中得到发展完善，作为八仙中的一员，频繁出现在相关的戏曲及小说中，故事主题也呈现出明显的世俗化倾向，其人之神迹也更加人性化，带上了浓厚的民间文化色彩，在各地的流传都体现着当地民众的愿望与道德观，叶榭的这两则韩湘子召龙降雨故事便是其信仰在地化之明证。仔细查考故事情节，版本一中韩湘子出生地是在敬花园，直接成为叶榭人心目中的乡党；而版本二的韩湘子虽然在籍贯上尊重了"史实"，但仍安排他被叶榭韩氏夫妇收养这一段情节，体现了此地民众对这位神仙的认同感。基于这种目的，神仙更加突出了作为世俗利益保护者的特性，济世功能得到强调，民众在他们身上寄托着有利的各种希望，他们的思想意识更加世俗化，呈现出入世、救世的倾向。

综上所述，关帝信仰、龙王信仰与八仙韩湘子信仰构成了叶榭舞草龙的信仰基础，在关帝诞辰与成神日举行庙会，舞动稻竹制成的草龙，前面的舞珠人一副吹箫的韩湘子装扮，这样的仪式与场景，表露了叶榭民众的信仰心理及其世俗诉求。但究其实质，这些信仰基本上可以归结到龙崇拜，是稻作文化语境下人地互动之产物。民众生活的需要是中国民间信仰形成的基础和决定因素。"地方神灵民间信仰既是生活化的信仰，又是信仰化的生活，这种双重特性的形成，主要是由生活决定的。"这里所说的"生活"，即是人所要生存的周围的环境，环境既包括以空气、水、土地、植物、动物等为内容的物质因素，也包括以观念、制度、行为准则等为内容的非物质因素，既包括自然因素，也包括社会因素，即所谓的自然（地理）环境和社会（人文）环境，二者构成了人类生存生产的主体环境。中国民间信仰有着很强的地域性，各地的民间信仰与其地人民同自然地理环境互动和当地的社会人文环境有关。民间信仰的产生、传播及其衰落是民众环境感知过程的见证，这是一个渐进的、从朦胧到清晰的过程。

四 保护对策：人地关系视野与文化空间修复

舞草龙作为一种较为古老的原生态舞种，历经了上千年的演变和发展，已经成为大众广泛参与，同时兼有祭祀和娱乐功能的活动。它在各个历史时期都展现着自己独有的魅力。当地方志记载有乾隆下江南欲观看叶榭龙舞的传说，证明了清代舞草龙的存在。由于传统农耕文化的逐渐消失，舞草龙已经渐渐地失去其信仰内涵，娱人性大大超过了娱神性，但在20世纪中期其信仰内核仍存余韵。如1950年6月遭逢大旱，叶榭部分村民自发舞过草龙，后因提倡"破除迷信，移风易俗"草龙舞中断30余年。改革开放以后，政府认识到草龙舞这一民间活动的重要性和社会历史价值，给予重视与支持。从1986年开始舞草龙作为松江的重要舞种，得到了全社会努力抢救保护传承。1987年中秋期间，舞草龙在方塔公园展演，上海电视台派专人拍摄专题片播放，吸引了众多观众的目光。2002年举办首届镇运动会上，草龙舞成了主角，组成了全镇的最强表演阵容，邀请最好导演、专业音乐制作人，冒着烈日排练半个月。表演形式新颖别致，两条大龙威武无比形体庞大，由18名男教师出舞；6条小龙精致美观，由18名机关女干部出舞；12只大滚灯，由12名机关男干部出舞；24只小滚灯，由12名女幼教老师出舞。9月15日，舞草龙作为开幕式压轴戏获得观众一致好评。2007年叶榭镇举办第二届运动会，草龙舞再次出演，成为开幕式上的表演节目，魅力依旧不减。自从2008年叶榭舞草龙正式成为国家级非遗名录项目以来，本着"抢救第一，合理利用"的原则，松江文化部门和叶榭政府制订了详细周全的保护总体规划，成果主要体现在以下两大方面。

第一，已经初步建立并逐渐完善相关保护机制。

舞草龙求雨仪式源远流长、年代久远，因而文字记录较少，给保存工作造成了一定困难，在这样的现状下，当地政府运用各种方式进行资料的搜集和保存工作，如积极开展田野普查，搜集资料，征集代表性实物等工作，并在此基础上出版草龙舞专辑丛书及拍摄专题片，运用文字、图像、音像、多媒体等方式对草龙舞进行真实、系统、全面记录，同时建立了草龙舞展示厅①，将相关实物陈列其中，以直观、立体的方式将草龙呈现于大众面前，加深了民众对这项民间艺术的认识，很好地起到了地方文化及非遗保护的宣传效应。

第二，注重静态与动态保护相结合的原则。

在舞草龙的活态保护上，当地政府十分重视资金投入和基础设施建设，尤其是注意对传承人的保护，这主要表现在资助传承人的收徒传艺及教育活动，为其提供必要的传习活动场所，现在已获得政府认证传承人资格的主要有制作草龙的国家级传承人费士根先生和草龙舞活动组织方面的上海市级传承人顾顺林先生。近年来，叶榭当地已经初步建立了以成人传承和校园传承为主的两条路线，有两支队伍现在均保持着舞草龙的传习活动，其中成人队伍参加过上海市第七届农运会角逐舞龙大赛。而另外一支学生队伍于2008年春季组建，每学年更新换代，人数长期保持在60人左右，每周授课一节，教学模式已经逐渐规范化，编写的教案在市教育系统公开课评比中获一等奖。有了如此完善详细的方案，草龙舞的教学工作可以更好地传授给学生，也为这项活动培养了大量的生力军。

然而，正如本文开头所述，笔者始终关注由于生活方式与意识形态变迁，叶榭舞草龙传承与保护已陷入"碎片化"困境的情况。从本体上来说，由于生存空间破坏和本身内涵不存，作为民众生活的舞草龙可以说不复存在。近年来在中国的非物质文化遗产保护表述中，"活态保护"与"整体性保护"是出现频率较高的两个术语，活态保护倡导力求用一种全方位、多层次的方式来保存人类文化的多样性和丰富性，但真正落实到保护上，却又难以全面操作。"整体性"就是要保护文化遗存所拥有的全部内容和形式，也包括传承人和生态环境，要从整体上对非物质文化遗产加以关注并进行多方面的综合保护，这无疑是非遗保护中的理想模式与境界。但现实是在保护非物质文化遗产的过程中，各地都存在条块分割、点面断裂、缺乏整体规划与筹划的情况，难以形成整体联动的局面。在保护工作中，单纯"文化碎片"的代表作式的保护比比皆是。

---

① 草龙展示厅位于上海市松江区叶榭镇社区文化活动中心，2013年7月1日笔者到此调查参观。

所谓文化碎片，就是指原本是一个整体性的文化结构，难以完全保存，反倒成为支离破碎之状态。以松叶舞草龙求雨仪式来说，这一民俗并不是单一独立的工艺、舞蹈或仪式，而是混同一体、相互依存构成的文化整体，对舞草龙的保护至少应该包括制作草龙的竹编工艺、祭祀仪式和草龙舞蹈的保护和传承。最重要的当然是恢复舞草龙的文化空间，而并非仅仅重视其中一两个要素，单独将其中一部分作为一种类型的文化遗产保护。否则虽然形式上实现了保护，但实际却破坏了文化固有的整体风貌和全面价值。虽然在叶榭当地乃至松江举行大型运动会、开幕式之时还能目睹舞草龙之身影，但这只是其中一部分形式，其中固有的稻作文化风貌已大打折扣，因此坚持整体性原则是非物质文化遗产保护的必然方向，而要想对舞草龙进行整体性保护，其具体策略可以分以下几方面实行。

第一，积极恢复舞草龙求雨仪式存在的文化生态场，以求从文化记忆方面获得地方民众的认同。

生态系统中各种因素间相互影响、相互制约的空间存在，生态学上称之为生态场。用生态学的理论来看，非物质文化遗产的发展也是一个生态过程，它的产生、发展、繁荣与衰败与生态场有着密切的关系[1]。所谓生态场，就是形成非物质文化遗产的特有的自然和人文的整体性场景，是非物质文化遗产赖以产生和传承的生存环境、生产方式、生活智慧、文化人格等诸多因素组合而成的立体空间。它们的合力是非物质文化遗产发生的首要条件，也是开展非物质文化遗产保护的前奏[2]。而现实的情况是，现代化及城镇化造成非物质文化遗产赖以生存的环境与生态缺失，给保护工作带来极大困难，以舞草龙来说，它产生的背景是江南稻作种植业，承载的文化空间是由各种神灵信仰支撑的关帝庙会，现在这些在当地皆面临消失的困境。以前叶榭地区有句古话："河东（指千步泾东侧邹桥、庄行地区）人一年种几熟，一年四季吃麦粥，河西人一年种一熟，

---

[1] 丁永祥：《生态场：非物质文化遗产生态保护的关键》，《河南大学学报》（社会科学版）2012年第3期。

[2] 陈勤建：《非物质文化遗产的保护：生态场的恢复、整合和重建》，《湖南文理学院学报》（社会科学版）2009年第2期。

白米饭白粥。"此地历来以产粮棉为主，粮以水稻为主，水稻种植为一年一熟制，十分依赖土地的肥沃和雨水的充足，因而祈求风调雨顺的心理极为迫切，同时，一年一熟的耕作时间表也使得乡民的农闲时间较为充裕，举办庙会祈求神明保佑，娱神、娱人兼及狂欢成为叶榭当地几百年来的生活与信仰传统。从根本上说，庙会是农耕文明发展过程中的产物，从庙会祭祀活动中的诸神、庙会节日时间的选取，早期祭祀的社会功能、庙会中的祭祀对象的文化渊源等方面，都可以看到明显农耕文化的影子。20世纪90年代以来城镇化进程日益加速，以传统农耕文明民间信仰诉求为主导的庙会节逐渐演变为日常生活用品为主的小型物资交易会，更重要的是庙会的空间承载即庙宇也在逐渐消失。查考当地方志资料，叶榭地区在历史时期至少有三处关帝庙，其中最大的就是建于明朝弘治年间的、位于叶榭镇中市街的武帝庙（关帝庙），是为乡镇一级的庙宇，自建起之时，叶榭乡民便自发举行庙会，祭祀关帝，同时举办以包括舞草龙为主的灯舞活动，热闹空前，存续达四百年之久，是舞草龙仪式及各种民间信仰展示的绝好空间。现在这座叶榭最大的关帝庙和另外两间较小的关帝庙已经荡然无存，消失在历史尘埃之中，承载着叶榭世世代代民众情感诉求和文化记忆的庙会也面目全非，难以为继，舞草龙求雨仪式因此也只剩下舞蹈的表征，而无精神与信仰的充盈，这是非遗项目传承中的现实问题。要解决这一困境，还是应该在相关的文化生态场和空间上下功夫，庙宇等当地文化景观的恢复、庙会的重新热闹，对于舞草龙等一类民间文艺活动是有百利而无一害的，当然不仅仅是恢复庙会等一类的时间、空间景观就可以，还需结合一些生产性的保护来进一步完善舞草龙的传承系统。

第二，对草龙制作、祭祀仪式、草龙舞蹈等实行生产性的活态保护。

舞草龙单纯从表象结构上来说，主要由以竹编工艺为主的草龙制作、舞龙前的祭祀仪式和草龙舞蹈三部分构成，现在除了第三部分娱乐性较强的龙舞以外，都面临着失去生存空间之困境，现在看来，解决的办法应该是走出去，进行一定范围和程度的生产性保护，只有这样才能实现非物质文化遗产保护中的"活态"保护。

制作草龙的技术主要是竹编工艺，这一技术虽然在当今已经失去了大批量的生产价值，但在提倡环保理念和返璞归真的原生态审美情趣的社会风尚的今日,竹编工艺并非完全失去其市场性和商业价值,因而,如何将这一传统地方民间工艺与市场结合,以生产带动传统,是一个非常值得琢磨的课题。另外还要结合舞草龙的祭祀仪式与舞蹈部分进行整体性的活态保护,更是舞草龙传承与保护工作的重中之重。

非物质文化遗产保护的根本目的是在全球化和社会变革进程中保持文化的多样性与创造力,使子孙后代能够继承、享用并发展先辈遗留下来的生活经验与生存智慧。因此,确保非物质文化遗产的"活态性"与"原真性"是非遗保护与传承中的重要指标。"活态性"是指非物质文化遗产按照文化自身的规律性有着内在的发生、发展、存在与延续的状态;"原真性"则是指遗产在所属人群共同体的时空中,按照人群共同体的社会法则与文化规则进行的自我展现[1]。舞草龙求雨仪式因具备了地方性、原真性等特点而具有与现代其他大众文化的独特异质。在现代人不堪机械化的枯燥生活,渴望逃离城市、回归乡野找寻淳朴与真实的心理需求下,非物质文化遗产因其自身特点,完全可以演变为供给旅游消费的一种无形文化资本,因而使得非遗保护与旅游开发之间的关系充满张力。一方面,要保持非物质文化遗产在现代社会中的生命力,万不能将其封存、圈养和割裂起来静态、碎片化地加以保护,而应在整体性保护的同时增强其适应新的生存时空的能力。在此意义上,旅游开放被视为可促进非遗参与现代社会文化的一种积极手段。作为舞草龙发源地的松江,拥有丰富的旅游资源,为旅游产业发展创造了广阔前景,经过多年的经营与宣传,这一区域的旅游文化产业已趋成熟,如佘山国家旅游度假区功能日益完善,松江新城魅力大展,影视制作基地及相关配套服务的逐渐成熟,同时浦江源头生态休闲观光资源的渐趋丰富。今后松江的旅游规划也将重点围绕其所独具的悠久历史文化资源和独特自然人文景观,进一步发挥本地的旅游资源优势,其中以茂盛山房、张泽老镇和叶榭绿色蔬菜基地为依托的"叶榭生态农业休闲旅游片区"也是当地政府旅游规划的重点项目,这是一个很好的机遇。在城乡一体化背景下,大城市郊区的乡村景观及生活方式的价值需要深入挖掘和重现。在当今,乡村景观是乡村旅游最重要的产品,农村景观和乡村问题已经变成旅游产业

---

[1] 吴兴帜:《文化生态区与非物质文化遗产保护研究》,《广西民族研究》2011年第4期。

和创意产业的核心问题，因为：一是乡村景观是自然的景观，是具有生命意义的景观；二是乡村是中国文明的情感故乡；三是乡村以其独特的区域位置，拥有构建休闲旅游文化的先决条件。因此，充分依托松江地区发展休闲旅游的良好态势，将具有地方文化特色和民俗特质的舞草龙习俗也加入旅游景观的建设中来，这对于旅游产业本身和非遗项目的发展是一举两得之事，有可能形成二者的双赢局面。

同时也应该注意到，旅游业追逐利益的本性与非遗保护活态性与原真性要求之间存有某种难以回避的冲突，要避免旅游经营者对非遗过度功利化的操作和某些太迎合市场口味的商业包装，这就需要充分理解并尊重非物质文化遗产的本身属性而对其进行恰当的定位，这一点更需要专家和研究人员更多的参与和指导，各种力量的积极参与，才可能探寻出兼顾保护与开发的有效途径。

第三，传承方式进一步完善，实现舞草龙进高校。

1998年10月5日至9日，联合国教科文组织召开"世界高等教育会议"，发出了题为"21世纪的高等教育：展望和行动"的世界宣言，从培养高级人才、研究高深学问和服务社会的结合上，阐述了高等学校在民族文化建设上的使命。2002年10月，中国高等院校首届非物质文化遗产教育教学研讨会在北京召开，这是中国第一次非物质文化遗产教学传承实施的动员大会，也是非物质文化遗产整体进入中国教育体系的开端[1]。

非物质文化遗产的传承主要依靠世代相传的方式进行，事实上能够被称为非物质文化遗产并进入国家级、省市级非遗名录的非物质文化遗产均具有独特的地方品质，是民众创造并传承下来的文化精华，承载了厚重的历史文化社会信息，是民族文化的瑰宝。高校校园文化建设是高校的精神气质，地方高校在长期的办学过程中融合地方历史文化逐渐形成自己优秀的文化传统和校园文化特色，其建设基本总是围绕学习的教育思想、教育特色，遵循文化建设的规律，有目的、有计划地不断促进高校功能的实现，可以为自身发展争取更大的优势。

---

[1] 陈孟昕、张昕：《中国高等院校首届非物质文化遗产教育研讨会综述》，《湖北美术学院学报》2002年第4期。

随着认识的不断深化，非遗进高校活动不断深入，越来越多高校以多种形式将非遗项目引入其教育，纳入教学计划，形成教学制度，积极推进了非物质文化遗产的传播与高校体育教育体系的有机融合。松江地区有十分丰富的高等教育资源，区内松江大学城位于上海松江新城西北角，占地约8000亩，是现今为止中国规模最大的大学园区，城内含上海外国语大学、上海对外经贸大学、华东政法大学、东华大学、上海视觉艺术学院、上海工程技术大学、上海立信会计学院七所高校，如果舞草龙作为高校素质文化教育项目引入大学城，那么对于民间文化的传承和高校学生的知识积累与提高，都是大有裨益的。在引入这类传统非遗项目的同时，也可以将竹编工艺作为民间工艺项目和草龙舞蹈作为舞蹈和竞技体育项目同时引入高校，再加以文化背景的介绍与学习，以便在大学生心中留下非物质文化遗产背景与全貌之整体印象，将优秀地方文化潜移默化地深入学子心中。青年学生在大学期间接受有关非物质文化遗产方面的知识和进行一定程度的实践活动，可以增强对中华民族传统文化和地方民俗审美情趣的认知与热爱，对于毕业后传承和抢救文化遗产，从事文化遗存保护工作以及发展中外文化交流，传播优秀民族文化起着重要的作用，自然对于高等教育学校中的自我民族特色和民族精神，也会有很大的提升与帮助。二者相互促进，共同发展，以期能达到高校资源与非遗项目相合的良性之双赢局面。

彝族花鼓舞民间自组织"花鼓会"的结构与功能

黄龙光

摘 要：作为一种典型的丧礼仪式灵舞，彝族花鼓舞主要的传承力量是花鼓舞背后的民间花鼓会。在滇中峨山彝族自治县，几乎每一个村组均有自己的花鼓会。彝族民间花鼓会在共同地缘的基础上，由一定家庭自愿组建并拜师传习花鼓舞展演的套路、动作与技巧。作为彝族花鼓舞民间传承自组织，花鼓会推选箐鸡尾龙头师傅、财务共3名实行自我内部管理。彝族民间花鼓会通过组织各种彝族花鼓舞展演，在彝族社会发挥着"送灵归祖"、文化传承、生产互助与角色协调等多重功能。全面开展作为非物质文化遗产的彝族花鼓舞的传承与保护工作，应考虑重点资助和支持彝族花鼓会这样的民间自组织开展一系列相关文化传承实践。

关键词：彝族民间花鼓会 结构与功能 送灵归祖

民俗艺术是民众千百年来群体创造和传承的诗歌、音乐、舞蹈、戏曲、绘画、雕刻、手艺等各类艺术符号的审美展现，它在民众日常生活中得以艺术化呈现，取决于具体操弄民俗艺术符号的民间艺人，更取决于背后组织民俗艺术的各类民间自组织，它们往往是各类非商业性、非职业化民间艺术社团组织。从文化整体研究视野出发，我们不仅要将民俗艺术及其展演视为本体给予焦点式观察，而且要将民俗艺术传承人及

---

* 原文刊于《北京舞蹈学报》2018年第4期。

其民间自组织视为主体给予整体关注。事实上，这些民间民俗艺术社团不仅是一个民间艺术组织，更是一个带有较强社会属性的特殊社会组织，对于研究民俗艺术如何通过相关社会展演而发挥宗教、文化、经济与社会等一系列相关功能，具有重要的学术价值。彝族花鼓舞作为一个典型的仪式灵舞，源自彝族五言诗体彝文古籍《笃慕拢细则兜》[①]，它是彝族远古始祖阿普笃慕主持祭祖大典与六祖分支的历史记忆，其"送灵归祖"的核心功能旨在处理彝族人肉身消亡后灵魂的最终归属，它仪式化架起了彝族人现世与后世、祖界与后人之间的过渡桥梁。

目前，对彝族花鼓舞的学术研究，总量上依然显得不足，现有成果主要集中于彝族花鼓舞的艺术本体、历史变迁与社会功能三个方面。[②] 有关彝族花鼓舞的艺术本体研究，主要是彝族花鼓舞的展演套路与动作技巧，以《民舞集成》对搜集整理的35个套路的静态描写为标志。有关历史变迁的研究，主要针对彝族花鼓舞的源流问题，有本土起源和外来传

[①] 五言诗体彝文古籍《笃慕拢细则兜》，汉译为《踩尖刀草经》，为流传于滇南彝区的一部有关彝族始祖阿普笃慕的创世史诗。作为一个迁徙民族，彝族认为人死后灵魂必须回到祖界，归祖途中遍生尖刀草，丧礼仪式上孝子们必须由毕摩率领踩踏灵堂前一捆新采尖刀草，象征将归祖途中的尖刀草尖踩平，使亡灵顺利归祖，庇佑后人。

[②] 峨山彝族自治县民舞集成办公室编：《云南省民族民间舞蹈集成·峨山彝族自治县资料集》（内部资料），1987年；康瘦华：《云南部分彝族在历史上的迁徙与部分彝舞流传的情况》，《民族艺术研究》1998年3期；《彝山舞韵》，云南民族出版社2005年版；徐梅：《关于峨山彝族花鼓舞的传承与发展——峨山首届彝族"花鼓节"调查报告》，《云南艺术学院学报》2007年第2期；聂鲁：《从高亢的创世古歌中诞生的峨山彝族花鼓舞》，载聂演、张洪宾主编《花鼓舞彝山——解读峨山彝族花鼓舞》，云南大学出版社2007年版；石英：《峨山彝族花鼓乐文化特征与诗学特征》，《民族艺术研究》2008年第2期；王佳：《传统民族民间艺术：乡村产业发展的核心资源——对云南峨山县彝族花鼓舞的考察》，《民族艺术研究》2009年第3期；曾茜：《保护传承中的彝族花鼓舞》，《民族音乐》2009年第5期；黄龙光：《仪式舞蹈与历史记忆——彝族花鼓舞起源初探》，《内蒙古大学艺术学院学报》2010年第3期；黄龙光、杨晖：《文化翻译与民俗真相——彝族花鼓舞起源再探》，《内蒙古大学艺术学院学报》2011年第1期；黄龙光：《神圣的送灵——彝族民间丧礼花鼓舞仪式展演》，《内蒙古大学艺术学院学报》2011年第4期；黄龙光：《神圣与世俗——彝族花鼓舞展演及其传承》，《中国艺术人类学年会暨国际研讨会论文集》，2012年；黄龙光：《彝族丧礼花鼓舞展演的仪式与功能》，《民间文化论坛》2016年3期；黄龙光：《民间仪式·艺术展演·民俗传承——彝族花鼓舞田野民俗志研究》，中国社会科学出版社2015年版；申波：《从彝族花鼓舞的族属之争看文化的融合与传承》，《民族艺术研究》2011年第5期；王佳：《传统民族歌舞的现代走向——对云南峨山彝族花鼓舞及其他个案的理论考察》，博士学位论文，云南大学，2011年；李金发：《艺术人类学视野下彝族花鼓舞的现代性复兴》，《毕节学院学报》2012年第12期。

入两种观点,近 10 年来对彝族花鼓舞全面深入的田野调查,五言诗体古籍《笃慕拢细则兜》等彝经的搜译与整理,有力支持了本土起源为根、融合内地花灯小调、花鼓(形制)采借的学术观点。有关彝族花鼓舞的社会功能研究,主要集中在彝族花鼓舞的文化认同、社会凝聚等功能的观察分析上。笔者对彝族花鼓舞的重要传承自组织——彝族民间花鼓会做过初步考察。[1] 作为彝族花鼓舞传承与保护的重要民间自组织,对彝族花鼓会进行全面深入的分析和阐释具有重要的学术和现实价值,尤其是在 2017 年 3 月 1 日开始峨山彝族自治县全面推进殡葬制度改革后丧礼花鼓舞已消失的社会背景下。

一 彝族花鼓舞与"花鼓娘娘"

自古以来,滇中彝族民间文艺展演如火如荼全面开展,得益于文艺展演背后相应的民间自组织,这些民间文艺自组织包括传统意义上的龙灯会、花鼓会与现代意义上的文娱队。彝族民间龙灯会、花鼓会、文娱队在民间文艺展演的结构中,并不是平行三分的,而是依所对应社会文化、功能的不同而不同。事实上,具有娱神神圣性的民间文艺展演,主要涉及龙灯会与花鼓会,而现代文娱队的艺术展演则基本以娱人为主,其展演形式呈多样化趋势,展演内涵具有较大的包容性,往往能超越较小范围的地域与民族边界,成为广大民间实现地域连接、民族团结的一种艺术化手段。滇中彝族民间舞龙主要在开新街民俗艺术活动中展演,彝族花鼓舞虽也参与开新街巡街展演等民间灯会艺术活动,但花鼓舞展演的目的,主要是满足彝族民间丧礼仪式展演中"送灵归祖"的宗教诉求。对于每一个彝族人来说,丧礼花鼓舞仪式展演首先作为一个宗教性神圣义务而被文化表征,其次才作为一个民俗艺术符号而被艺术展演,其独特的舞蹈语汇主要源自历史迁徙与亡灵归祖途中尖刀草尖踩踏的动作模拟和身体象征。

彝族认为,鼓是一种神圣的乐器和法器,发音洪亮而极具穿透力的

---

[1] 黄龙光:《民间仪式·艺术展演·民俗传承——彝族花鼓舞田野民俗志研究》,中国社会科学出版社 2015 年版,第 66—70 页。

鼓声，具有连接祖界和后世的神媒作用①。在彝族花鼓舞自身的神圣性内涵中，有鼓灵和花鼓舞神。彝族花鼓舞神被称为"花鼓娘娘"。有关"花鼓娘娘"传说的最早文献，载于1987年编《云南民族民间舞蹈集成·峨山彝族自治县资料卷》：

> 从前，有个能歌善舞的彝族姑娘，把衣服角拿到嘴边都能吹奏出优美的音乐。有一天，她在洗瓦罐，无意中用手拍打罐口，瓦罐就发出咚咚响声，她觉得很好听。后来她上山砍柴遇见空心树，就拿回家蒙上牛皮，用木棍一敲，果然发出了洪亮的声音。从此，彝家就有了鼓。人们为了纪念这鼓的发明者，在跳舞之前都要杀鸡拜她。②

2006年，在峨山彝族自治县塔甸镇传统开新街暨"首届原生态彝族文化艺术节"征文中，挖掘到另一则花鼓舞传说。后来笔者对征文提供者SLF进行了访谈，得到证实是其爷爷讲给她听的。

> 从前有个人，名字叫小欣，她自幼父母双亡，没有亲人，也没有朋友。由于她长得丑，村里人都看不起她，为此她感到很自卑，就独自一人住在村口。就这样，有一天，房屋突然震动，小欣出门一看，原来有个长蛤蟆头、牛角、猪鼻子、大象耳、蝎子手、大象脚、蛇尾巴的大妖怪正向这边走来，小欣吓了一跳，随手拿起一个盆和一根棍子，边敲边大声喊："妖怪来了，大家快跑！"村民听见喊声，纷纷向村口跑来。妖怪听见敲打声，被吓跑了，等村民们来到村口，不见有妖怪就问小欣，小欣说："妖怪被吓跑了。"可是村民们不信，还臭骂了小欣。
>
> 小欣感到委屈，可是为了村民们的生命财产安全。小欣忍辱负重，立下决心要找克服妖怪的方法。她想：妖怪是听到敲打声被吓

---

① 巴莫阿依：《彝族祖灵信仰》，四川民族出版社1994年版，第82页。
② 峨山彝族自治县文化局民舞集成办公室：《云南民族民间舞蹈集成·峨山彝族自治县资料卷》（内部资料），1987年，第94页。

跑的，所以要发明一种会发出振动声的东西。她试过无数种方法，用过木、铜、竹等东西尝试，但效果都不好，她为此很苦恼。一天，她去山上砍柴，无意中在草丛里发现一片沾满鲜血的羊皮，这片羊皮可能是野兽吃剩的，她把羊皮拾回家，清洗干净后晒着，晒了几天，羊皮干了，可是变得硬邦邦的。她灵机一动，心想：如果用羊皮做材料行吗？于是，她就动手做了起来，做好后，她试了试，效果很好。小欣叹了一口气笑了。正在她沾沾自喜时，房屋又摇了几下，小欣知道妖怪又来了，立马带鼓冲了出去，没想到妖怪正从村子里掀来，村民死的死，伤的伤，血流成河，狼狈不堪，小欣看到这个场景，泪珠滚滚而下，气愤极了，用力敲起鼓，妖怪原来会飞的，一下子飞到天上消失了。剩下的村民都很感激小欣，而且为以前误会她而内疚。从此以后，村民们再也不嫌弃小欣，而且把小欣的鼓视作神兵利器一样好好保护。

　　过了几天，妖怪又来了，小欣发现鼓不见了。原来是被妖怪偷了，小欣想拼命与妖怪搏斗，可是小欣才走几步，就被妖怪踩死了。可是，小欣身上有剧毒，妖怪中了小欣身上的毒，就受伤了。小欣有毒的血液被释放出来，小欣又复活了，突然间她变成了一个大鼓，村民知道小欣的用意，用木棍打起鼓。妖怪灰飞烟灭了，可小欣不再复活，成了一个大鼓守护着人们。后来，人们为了纪念小欣，把小欣称作花鼓。以后不论是喜事、节日都用跳花鼓来增添气氛。花鼓舞就这样一人传一人，一代传一代地延续到今日。①

　　以上两则花鼓神的传说，第一则没能提供讲述者、记录整理者等田野调查合法性信息，第二则明显带有艺术节征文的痕迹，当时身为初中生的作者也坦诚老师曾帮其修改过，但坚持其爷爷讲述的民间传承正当性。从文本来看，两则传说均带有神奇故事的魔幻风格，都涉及女性、制鼓、纪念等母题，应为彝族花鼓舞的推原传说叙事，即有了彝族花鼓舞后进行了一种逆向追源的解释性叙事。第一则虽然合法性不足，因民舞集成的专业权威性，在后续彝族花鼓舞的媒体宣传与学术研究中常被

---

① 施丽芳：《花鼓的传说》，《峨山》2006年（增刊），第68页。

采引。

  2016年开春，彝族花鼓舞核心传承村落——塔甸镇九龙村花鼓会在过去"花鼓娘娘"牌位的基础上，新竖了一座高1.5米、直径1米左右的花鼓娘娘塑像进行祭拜。该塑像设计为打鼓坐像，花鼓娘娘神着当地彝族女性包巾、围腰装扮，神情端庄，风格写实。这是自2006年彝族花鼓舞等被列入云南省级非物质文化遗产名录后，在县域民族文化遗产保护的背景下，以彝族花鼓会为代表的民间文艺自组织主动适应国家文化遗产保护的一种民间自觉。在当地2016年、2017年、2018年的开新街民俗活动中，最具特色的就是九龙村"花鼓娘娘"迎请仪式。开街当天一早，待参加仪式的号手、花鼓队以及群众齐聚九龙村花鼓娘娘神坛处，毕摩开始主持祭拜。等助祭杀鸡献祭焚香，全体跪拜后，主祭毕摩念诵《祭鼓经》：

> 制鼓祭鼓神，跳鼓献鼓仙……齐聚塔甸街，成立花鼓会，东方的绿龙，西方的天神，先来转告你，先祭鼓神爷，供奉花鼓娘……鼓神花鼓仙，来享供三牲……保佑彝家人，庇护我儿女。①

念毕鼓号齐鸣，鞭炮噼啪，花鼓会跳花鼓舞迎神。各舞队在"花鼓娘娘"前尽情献艺后，继续打跳开路导引，4名青壮男子以神轿肩扛"花鼓娘娘"神座，一直将其迎至开新街主会场舞台，届时所有前来开街的附近乡村龙灯会、花鼓会等轮番登台献艺，然后一起进行巡街展演，祈求新的一年风调雨顺、五谷丰登、六畜兴旺、生意兴隆。开街结束，人们再将"花鼓娘娘"送回九龙村坐殿。开街后，人们就可以下地耕种，商人可以开铺做买卖。彝族民间花鼓会的"花鼓娘娘"信仰应源自戏神、灯神崇拜影响而舶来形成民俗叠加，成为彝族民间花鼓会行业神而受到崇拜。塔甸镇九龙村民间花鼓会"花鼓娘娘"塑像及其仪式重建，是当代文化遗产保护与民族文化旅游发展背景下的一种地方文化再生产。

---

① 该彝文《祭鼓经》，由峨山彝族自治县彝学学会翻译整理。

二 彝族民间花鼓会及内部结构

彝族花鼓舞是一个集体性仪式灵舞，花鼓舞不论参与丧礼仪式展演还是开新街巡街表演，都必须依靠花鼓舞队所有队员的共同参与并齐心协力才能实现。因此，彝族花鼓舞的集体展演与文化传承，主要源于每一支花鼓舞队背后的民间花鼓会。较为精简的一支花鼓舞队，由1名箐鸡尾龙头师傅、4名跳鼓者与3名打击乐手共8人组成，如加上替换队员则由10—12人组成。一支彝族花鼓舞队对应着一个花鼓会。据统计，1987年全县共有133支花鼓舞队。① 1994年有191支，2005年有594支②，目前，全县有近10000人直接参与彝族花鼓舞展演传承。每支花鼓舞队的日常展演由花鼓舞队队员完成，她们是花鼓会的主要成员，但花鼓会实际上由每一个队员背后的家庭组成。少部分彝族民间花鼓会是血缘组织，更多的是地域组织，更便于鼓会的日常管理。对于每一个彝族人来说，彝族花鼓舞展演意味着一种"送灵归祖"的宗教性神圣义务。因此，彝族民间花鼓会的组建，首先，不是出于人们对于鼓舞艺术的喜好与审美，而是为了满足鼓会背后家庭在传统丧礼上花鼓舞原生功能"送灵归祖"的宗教诉求。其次，千百年来彝族花鼓舞独特的艺术魅力，也强有力地吸引和吸纳着彝族花鼓舞者及其广大观众，使简单模拟亡灵归祖途中"踩踏尖刀草尖"的古老丧礼仪式鼓舞，发展出螺蛳转、拜四方、穿花、过街、蛇蜕皮、鬼跳脚等35个各具特色的表演套路，以及踩、踏、蹬、踢、跳、跃、顿、绕花、蹲转、崴膝与空腿吸转等一系列独特的动作技巧，力度、高度、风度合一，铿锵有力，刚柔并济。无论是彝族花鼓舞展演"送灵归祖"的原生性宗教诉求，还是彝族花鼓舞民间艺术表演的审美娱乐需要，都离不开彝族民间花鼓会的组织与参与，彝族民间花鼓会是彝族花鼓舞群体传承的元单位，当前中青年女性成了

---

① 峨山彝族自治县文化局民舞集成办公室：《云南民族民间舞蹈集成·峨山彝族自治县资料卷》（内部资料），1987年。
② 峨山彝族自治县文化局：《峨山彝族自治县文化志》，云南民族出版社1997年版，第73页。

传承的主力军。

彝族民间花鼓会的组建往往出于自愿原则，村寨、村组、"合心组"①均可组建各自的花鼓会。关于花鼓会的组建，《民舞集成》中说：

> 新中国建立前，每村的花鼓队由队员自愿交垫几升米或几元，购得花鼓和打击乐器。请来花鼓师傅，传授跳花鼓的整套程序。然后成立一个"花鼓会"，负责花鼓队的活动安排及经济收支。"花鼓会"一般设在本村公房里，立有一牌位上书"有感花鼓娘娘之神位"。每次跳鼓前必须杀鸡献牌位，意为保佑舞者跳鼓时脚不疼，也不崴脚。②

中华人民共和国成立后，彝族民间花鼓会一般以生产队或村民小组为单位出资购置锣鼓家什，逢队（组）里老人亡故需要跳花鼓，本组人家和花鼓舞队员家来请享有优先权，所支付的锣鼓家什修补费也有优惠，有时只要一点"灵魂钱"③。这种属于队、组公家的花鼓，平日一般存放保管在公房④里。20 世纪 80 年代以来，随着当地经济、社会的进一步发展，民族传统文化开始复兴，很多"合心组"家庭纷纷凑份子组建自己的花鼓会。塔甸镇塔甸大寨村二组花鼓会，于 1981 年由 SFS 他们每人凑 40 元共花约 400 元购置锣鼓家什组建，请邻村坡罗甸的普芝贤师傅手把手地教跳，SFS 后来成了箐鸡尾龙头师傅⑤。四组 LTR 他们在 1982 年组建了自己的花鼓会，请的是临近九龙村的李国俊师傅来教。后来，"我们

---

① "合心组"，尤指实行家庭联产承包责任制后，由关系处得拢、合得来的若干个个体家庭组成的家庭组，它们可以是亲属，也可以是友邻，在生产上互助，也在社会活动中互惠。
② 峨山彝族自治县文化局民舞集成办公室：《云南民族民间舞蹈集成·峨山彝族自治县资料卷》（内部资料），1987 年，第 94 页。
③ "灵魂钱"，当地彝族携礼钱奔丧，丧家往往会回 2 元的灵魂钱，意为保住家人灵魂，不要跟着亡灵奔赴祖界。花鼓会所在村组内请花鼓舞队奔丧的主家，往往也会给花鼓舞队每人约 2 元的灵魂钱。
④ 公房，也叫餐厅或客堂，是村组内婚丧嫁娶、生日宴请等筹办伙食、接待饮宴的公共建筑。同时也是村组组织生产、集会的地方，组长办公也在里面。公房配有足够的灶头、锣锅、桌椅板凳、碗筷等，谁家婚丧嫁娶需要使用可以租借，用完给付一定的费用。
⑤ 访谈对象：SFS，彝族，1961 年生，峨山彝族自治县塔甸大寨村二组农民，村民小组组长；访谈时间：2008 年 8 月 22 日。

师傅的老母去世时，我们用花鼓会平时的积累去祭祀，记得带了 80 块钱。算是那个时候最高的祭奠礼钱了，因为是师傅的母亲嘛，要隆重点"。① 彝族花鼓舞的师承传习模式，使花鼓会会员在传习花鼓舞套路动作上，首先必须靠师傅手把手传授，技巧则主要是在大量的花鼓舞实际展演中，尤其是在与友队的较量竞技中逐渐掌握，每个花鼓会、每个舞者都保留有自己的一些绝活。根据我们的调查，现在除了塔甸镇九龙村花鼓会，其他花鼓会均已不再设"花鼓娘娘"牌位。日常民间花鼓会在公房或龙头师傅家保管锣鼓家什，往往会在鼓面压上几块钱，认为这样鼓灵就不会在夜间响动惊扰。

  花鼓会被主家请去奔丧，代表主家在丧礼仪式上从花鼓拜堂、花鼓闹堂、花鼓大联合、踩尖刀草、花鼓送灵、"搭桥"祭跳、下葬舞跳、花鼓扫堂到花鼓谢厨②几个程式展演后，厨师头③代表丧家会给每一支花鼓队一份水礼，包括一提箬米、两袋糖果、两瓶酒、一只公鸡。如果主家牵了牛、羊、猪等"三牲"前来吊唁，则必须还回一只后腿。花鼓会回去后，一般用这份水礼打牙祭会餐，届时总结交流在整个丧礼仪式中本会展演的套路、动作与技巧等，也学习模仿其他花鼓会新的套路、动作与技巧。大联合跳是在公房广场上展演，所有前来奔丧的花鼓舞队先由丧家花鼓舞队起头走螺蛳转套路，然后以班辈大小轮番舞跳各自拿手的套路动作，这种露天现场同时展演，孰优孰劣，高下立现。九龙村箐鸡尾龙头师傅 LZF 说："闹堂那晚要在公房跳大联合，暗暗地算是比赛了。观看的人很多，满场围起来。跳完我的套路就跳你的套路，就像比赛。到那个时候，队里就不让不太会跳的人扛鼓了。"④ 因为事关每个花鼓会的声誉与荣耀，大家都把各自的拿手绝活使出来以"技压群芳"，以赢得花鼓会与观众的赞誉。彝族花鼓舞的套路、动作与技巧，其实就是在这

---

  ① 访谈对象：ITR，彝族，1966 年生，峨山彝族自治县塔甸大寨村四组农民；访谈时间：2008 年 8 月 21 日。
  ② 黄龙光：《神圣的送灵——彝族丧礼花鼓舞仪式展演》，《内蒙古大学艺术学院学报》2011 年第 4 期，第 42—49 页。
  ③ 厨师头，厨师班负责人。主要负责制定丧席菜肴烹调的菜式和风味，以及厨师班内部的各项具体分工。
  ④ 访谈对象：LZF，彝族，1968 年生，峨山彝族自治县塔甸镇九龙村农民；访谈时间：2008 年 3 月 10 日。

种民间竞技场上不断传承发展起来的。殡葬改革前很多花鼓会为了方便，已不接主家给的水礼，水礼归主家，主家折现支付水礼钱26元，加80元锣鼓家什"修补费"，请一支花鼓舞队须花费106元。加上开新街、火把节等重大节庆展演也有一些劳务补贴，花鼓会往往在春节打牙祭，大家聚在一起总结交流一年来的花鼓舞展演情况。

  彝族花鼓会权财属于其背后的参与家庭，花鼓舞的日常展演由花鼓队队员们完成。彝族民间花鼓会作为一个民间文艺自组织，为了便于花鼓会的日常管理，其内部有着一定的分工。一般是由执箐鸡尾龙头的人充任会首，她也是本会花鼓舞展演的套路掌控者，打击乐手要看箐鸡尾手势的变化而变化节奏。花鼓会还内设管钱和管账各1名，由那些诚实可靠并会精打细算的队员来担任。有的花鼓会也会轮流来担任，每两人管1年，依次轮替。彝族花鼓会没有成文的管理规定，大家凭良心和相同的志趣参与各种花鼓舞展演与娱乐事宜。如今，彝族民间花鼓会又是民间文娱队，年节时兴组织起来跳大娱乐、唱山歌、游玩、聚餐等文艺、社交活动。例如，塔甸镇大寨村四组彝族"马缨花"花鼓会，2006年曾自费1000多元赴玉溪市游玩展演。花鼓会会员们统一着彝族服装，到玉溪市内汇龙生态园、汇溪公园、聂耳公园等跳花鼓、唱山歌、跳大娱乐等，每到一个地方跳舞总能引起数百观众的围观喝彩。她们还请人跟队摄像制成光碟，每家留一份作纪念。这不仅是一种自发的民族文化对外传播，也是一种自觉的民俗文化公众实践。

三 彝族民间花鼓会的多重功能

（一）彝族民间花鼓会是花鼓舞"送灵归祖"的展演单位

  据滇南五言诗体彝文经籍《踩尖刀草经》记载，彝族远古始祖阿普笃慕主持古六祖分支时，在一个名叫鲁祖业[①]的大山巅上长满尖刀草的草坪处歌舞了三天三夜后，往不同方向迁徙，其子孙后代死后灵魂归祖，须起舞开路踏平尖刀草尖才能到达祖界。[②] 因此，彝族花鼓舞源于彝族远

---

① 鲁祖业，彝语古地名，待考。
② 红河彝族辞典编纂委员会：《红河彝族辞典》，云南民族出版社2002年版，第423页。

古六祖分支的历史记忆，花鼓舞一系列的舞蹈语汇源于彝族历史上迁徙途中踩踏尖刀草尖的身体模拟，丧礼花鼓舞仪式展演的目的在于踩踏尖刀草尖以"送灵归祖"，亡灵归祖才能庇护后人。这种义务性宗教诉求是彝族花鼓舞产生和发展的原生功能，它的实现由亲身参与彝族花鼓舞展演的民间花鼓会来完成。如果该"送灵归祖"的原生宗教诉求不再需要了，那么很难想象彝族民间花鼓会还有多少存在价值。从 2017 年 3 月 1 日开始，峨山彝族自治县全面实行殡葬制度改革，即"人死一律火化葬公墓"，彝族花鼓舞的核心展演时空消失了，很多老人由此担心死后不请花鼓舞打跳，不能顺利归祖。2017 年已 84 岁的 LWS 老人面对笔者，忧心忡忡地说："彝族人死跳花鼓舞嘛是踩踏开路，让死的人回到列祖列宗身边。我已经是要死的人了，棺材也被抬走了，说是换骨灰盒，以后不许土葬，要统统埋在公墓，也不管死得好死不好，乱糟糟的。"① 作为彝族花鼓舞的展演单位，一直以来彝族民间花鼓会由彝族传统灵魂观下"送灵归祖"的宗教诉求支撑，一旦这个诉求不再需要满足了，彝族民间花鼓会必然面临解体或转型的命运。这将对彝族花鼓舞的内源传承和发展产生重要影响。

（二）彝族民间花鼓会是一个民族文化传承的自组织

彝族花鼓舞是一种群体性民俗舞蹈，其传承模式有家庭传承与师徒传承。彝族民间花鼓会是一个民族文化传承的自组织，它自发成立，自愿参与，自我管理，在以彝族花鼓舞为核心的民族文化传承实践中，具有灵活的组织力与较强的执行力。每一个彝族民间花鼓会组建后，首先要进行的就是请花鼓舞师傅传授花鼓舞套路、动作与技巧。出于便利，花鼓会往往请近邻村寨花鼓舞师傅传授，师傅前来传授也出于一种公益和热情，并未获取报酬，当天传授完当天回村，等队员们练会了又来传授新的内容，花鼓会只负责提供当天伙食。因此，花鼓会自我组织的彝族花鼓舞师徒传习，出于一种高度的民间文化自觉意识，不论师徒大家都怀有极高的参与热情与积极性。彝族民间花鼓会这种师徒传授谱系本

---

① 访谈对象：LWS，彝族，1933 年生，峨山彝族自治县塔甸镇大寨村三组农民；访谈时间：2017 年 8 月 22 日。

很清晰，但因花鼓会重文艺实践轻鼓会历史记述，往往只以口头记忆谱系，没有文字记录，更早一些的传承谱系随历史的流逝而消逝。根据我们的调查，如甸中镇石虎村的彝族花鼓舞传承谱系为：李国福（1870—1933）→李达（1878—1929）、李国举（1878—1930）→普福禄（1877—1928）、李亮生（1878—1931）→李文平（1882—1938）、李有林（1882—1933）、李秀生（1882—1935）→李万福（1884—1936）、李润（1884—1936）、李开（1885—1940）→李兴林（1897—1970）、李世才（1899—1965）、李加发（1899—1978）→李金（1963）、李兴武（1963）、普龙文（1966）、李忠华（1967）→李晓峰（1976）、李会珍（1977）、李庭顺（1978）。如今，彝族花鼓会又是民间文娱队，日常生活中除了主要传承彝族花鼓舞以外，往往还有彝族歌谣、大娱乐、四弦弹唱、刺绣以及相关礼俗的传承。生于1939年的已故省级非遗传承人甸中镇石虎村普加和，自幼随父学跳彝族花鼓舞，18岁开始担任本村花鼓会"会首"，自创了"踩新房""台阶舞""小兔舞"等套路、动作与技巧，为远近闻名的箐鸡尾龙头师傅。同时，他善于彝族歌谣、七字白话、大娱乐等相关歌舞艺术，还会制作、弹奏月琴，吹奏口弦、树叶等民族乐器。彝族民间花鼓会以花鼓舞传承为核心，裹挟式联动传承了其他文学叙事、音乐、舞蹈、雕刻刺绣、礼俗以及饮食等相关彝族民间文化，数百个花鼓会联动式整体性传承和发展了民族传统文化。而彝族民间花鼓会自费赴外进行的花鼓舞等民族文化传播，使花鼓会每个成员的民族文化自信在社区外公众展演中回归式反向获得，这对民族文化的主体传承与群体保护具有一种重建内生传承意识的重要意义。

（三）彝族民间花鼓会是一个地域性社会生活互助小组

彝族民间花鼓会除了在重大节庆期间和人生仪礼上进行以花鼓舞为核心的民间文艺展演外，在花鼓会内部成员之间它还是一个地域性社会生活互助小组。彝族民间花鼓会如其他民间社团一样，跳花鼓、大娱乐时是一支统一的花鼓队，有较强的社团凝聚力和集体荣誉感，每个队员都要在与其他花鼓队各种同台展演中为本会荣誉而挥汗竞舞。平日里不跳花鼓舞时，花鼓会成员之间又是同心姊妹，谁家一旦在生产、生活上出现困难，其他人就会相约上门帮扶，不计报酬。塔甸大寨村四组马缨花花鼓会箐鸡尾龙头师傅 HYQ 说："因为大家在一块跳花鼓嘛，所以平常如果哪个队员病了，大家都会去看望，她家要是还有没割收完的菜籽，其他人就会约起来帮忙收割。我们是一个团队。"① 不论哪一个花鼓会成员家有婚丧嫁娶、起屋建房等重大事宜，其他花鼓会成员都是最值得依靠的帮手，从打扫公房、清洗碗筷、挑沙背砖、文艺展演、洗菜煮饭等具体工作无所不帮，她们总能提前介入、拖后收尾，与其直系亲属一起坚持到最后。有的花鼓会成员之间，也往往依关系亲疏结成合心组家庭，在起屋建房、烤烟采收等重体力劳作中实现友情换工，同时在彝族"咪嘎哈"② 等民间重大节祭中结队祭拜。重体力活的换工中，花鼓会成员的丈夫们往往也参与其中，最后形成家庭之间的交往、联合与互助。

（四）彝族民间花鼓会是一个社会角色协调的性别组织

彝族民间花鼓会成员之间日常除了生产、生活互助外，还进行相互情感交流与关爱，花鼓会也是一个社会角色协调的性别组织。旧时，只有 50 岁以上正常亡故的人才能享有彝族花鼓舞送灵，花鼓舞也只允许男性跳，这可能出于对女性不洁的隔离与丧礼上对女性的保护，男子跳花鼓舞也更有力度、高度与气度。20 世纪 80 年代初组建的彝族民间花鼓会，基本上还是男女搭配，如塔甸镇九龙村花鼓会、大寨村二组、四组花鼓会等。20 世纪 90 年代后，男性逐渐淡出了彝族花鼓舞展演，截至目前峨山彝族自治县全县内男子花鼓会仅剩九龙村花鼓会。现在因为彝族民间花鼓会成员多数为女性，相比男性女性更具有耐受力，同性之间更有倾诉欲望和交流需求，于是，彝族民间花鼓会成为一个大家互相交流感情的精神家园。大家在各种跳花鼓舞、文娱展演间隙，可以率性地讲述各自家庭的快乐或痛苦，并在相互身上通过交流寻求一种心理安慰和精神寄托。塔甸镇大寨村五组花鼓会箐鸡尾龙头师傅 HLQ 说："姐妹几个大家在一起，可以聊怎么栽烟怎么种油菜，小孩如何淘气，等等，这

---

① 访谈对象：HYQ，女，彝族，1976 年生，塔甸五组农民；访谈时间：2008 年 3 月 10 日。

② 咪嘎哈，当地彝语，每年农历二月首轮丑日举寨进行的大型节祭活动。祭祀多神格咪嘎哈神，以求子、祈丰为主要目的。

是一种心情释放和精神安慰噻。有的人日子还是比较困难的。"① 该花鼓会里有一位成员家庭异常困难，丈夫患类风湿常年不能劳作、行动不便，上赡养着 80 多岁的公公，下有两个孩子一个上初中一个上小学。花鼓会其他成员常年帮她种地采收，她安顿完家里老小后也尽可能参加花鼓舞的训练与展演，她自己常说只有跳花鼓舞才能让她暂时舒缓情绪和释放心情，这不仅得益于花鼓舞铿锵动感的乐舞治疗，也得益于花鼓会成员给予她的精神抚慰。彝族民间花鼓会成员之间是一个互惠的关系，正是花鼓会通过花鼓舞展演把一个个独立的现代女性个体黏结在一起，在民族文化传承、发展中展现出了独特而靓丽的巾帼风采。

结　语

彝族民间花鼓会是彝族花鼓舞的原生传承单元，彝族花鼓舞不论是传统丧礼上"送灵归祖"的仪式展演，还是开新街迎神赛会的巡街展演，以及各种现代舞台上的艺术化表演，都与其背后作为文化主体的花鼓会的操作和组织密不可分。彝族民间花鼓会小型灵活，现在已不再设"花鼓娘娘牌位"，只是在日常锣鼓家什的保管上有压钱等避免鼓灵惊扰的神秘处理。新塑"花鼓娘娘神像"及其祭拜仪式，是当代非物质文化遗产保护与民族文化旅游语境下的一种地方文化再生产，民间自觉与官方默许为其生发勃兴的空间与机制。千百年来，彝族民间花鼓会不仅对彝族花鼓舞的传承发展起至关重要的作用，也对彝族民间文艺在内的民族传统文化的传承发展起重要作用。

彝族民间花鼓会是一个民间文艺传承自组织，但在其日常包含民间文艺展演在内的社会生活实践中，又往往超越了一个民间社团的文艺功能。彝族民间花鼓会还是一个地域性社会生活互助小组，在当前彝族花鼓舞者女性化趋势下还是一个社会角色协调的女性组织，是花鼓会成员之间一个互惠型心理抚慰的精神家园。随着 2017 年 3 月 1 日峨山彝族自治县全面推行殡葬制度改革，彝族花鼓舞丧礼仪式展演这个原生传承时

---

① 访谈对象：HLQ，女，彝族，1971 年生，峨山彝族自治县塔甸镇大寨村五组农民；访谈时间：2008 年 8 月 23 日。

空消失了，意味着当地彝族人花鼓舞"送灵归祖"原生功能也随即丧失，彝族民间花鼓会普遍面临解散、解体的危险，导致彝族花鼓舞的传承发展面临急剧转型。作为非物质文化遗产保护第一主体的地方政府，要为彝族花鼓舞的现代艺术展演转型创造更多相关条件，必须在如何保留并进一步激发彝族民间花鼓会等民族文化传承自组织的主动性方面做出积极思考与行动。

"文化空间"视角下彝族"打歌"保护与开发研究[*]

邵媛媛

摘　要：彝族"打歌"是广泛流传于云南省大理州巍山县彝族聚居村寨的一种民间歌舞，2007年成为国家级第二批非物质文化遗产。"打歌"是当地彝族民众在特有的自然、文化生境中形成的生活文化。只有尊重"打歌"本身具有的属性，从"文化空间"理念出发对其整体性地加以保护和利用，才能使之在当代社会实现可持续性发展。

关键词：彝族　"打歌"　文化空间　保护　开发

彝族"打歌"，也称"踏歌""跳脚"，是广泛流传于云南省大理州巍山县彝族聚居村寨的一种民间歌舞，是当地彝族婚、丧、嫁、娶、上梁立柱、朝山庙会及传统节日等重大活动中一项不可或缺的重要内容。"打歌"时舞者自然围成一圈或数圈，少则十几人，多则成百上千，男女相杂，踏地为节。圈内一人或数人吹芦笙，称为"歌头"，一人吹笛子，一至二人舞刀或棍（或刀棍并舞）。"打歌"多在夜晚进行，以篝火为圆心，白天打歌则不燃火。2007年巍山彝族"打歌"被列为国家级第二批非物质文化遗产。本文在描述"打歌"存附的文化生境及其发生的原生情境基础上，关注遗产化后"打歌"的保护与旅游开发状况，最后以"文化空间"理念为基点探讨使"打歌"进一步得到保护与发展的路径。

---

[*] 原文刊于《民间文化论坛》2012年第2期。

一 巍山彝族"打歌"的文化生境

巍山彝族"打歌"是彝族民众在独特的自然条件和文化历史环境中，在长期农耕生活和稻作习俗中形成的别具特色的一种活动形式。由于巍山地区群山环绕，民众生活相对封闭，民间"打歌"活动得以完整地保留下来。

（一）巍山自然地理及人文历史概况

巍山彝族回族自治县位于东经99°55′至100°25′，北纬24°56′至25°32′，总面积约2200平方千米。山区面积2052平方千米，占总面积的93.27%，坝区面积148平方千米，占总面积的6.73%。巍山东接弥渡县，西沿黑惠江与凤庆、昌宁、漾濞三县隔水相望，南接南涧，北连大理市下关。全县境内除小部分低热河谷及高山冷凉地区外，绝大部分地区四季如春，土地肥沃，雨量适中，是农作物生长的宝地。巍山境内共有23个民族，约30.4万人，彝、回、汉、白、苗五个民族为世居民族，其中彝族人口10万左右，占全县人口的三分之一，大多居住在山区。受地理环境及自然资源制约，巍山民众自古及今以农业为主要生计方式，手工、工商、运输业不甚发达。

据考古发现，新石器时代巍山便有古人类在此地生存繁衍。春秋战国时代，巍山属古滇国管辖。西汉于今巍山地区设邪龙县。唐王朝于巍山（当时称蒙舍诏）设蒙舍州。唐代西南边疆少数民族政权——南诏开国诏主细奴罗[①]曾建都巍山，至第四代王皮罗阁时才迁都大理。现巍山西山仍保留有南诏古都山龙山于图城遗址。魏宝山坐落有细奴罗牧耕之地前新村及西南彝族土主总庙，殿前空地乃彝族最大的古打歌场。宋代，大理国在今巍山、南涧、漾濞三县开设南县，直属大理国管辖。元灭大理后建省昆明，云南政治、经济、文化中心始从滇西南转移至滇中区域。明代中央王权为加强对边疆地区的统治，实行屯兵屯田政策，汉民族于此时大量迁入巍山。汉族进入巍山后，巍山汉文化程度不断提高。从元

---

① 学界大部分学者认为，南诏族属为彝族先民。

末至明清两朝，南诏蒙氏后裔左氏家族在中央王朝支持下治理蒙化500多年，成为云南三大土司府统治时间最长、实力最强的土司。

（二）巍山"打歌"形成源流

巍山彝族"打歌"起源于何时已无证可考，但据考古发现推断，彝族"打歌"的历史最早可追溯到古羌族时期。青海省大通县出土的彩色陶盆上绘有古羌人踏歌的画面，与今日彝族"相与联臂踏地为节"的"打歌"十分相像。而从族源上看，彝族为从西北迁徙而来的古羌族与西南土著结合繁衍而成。[①] 若依循格罗塞在《艺术的起源》中"原始生活方式—原始文化系统—原始艺术"的理路[②]，"打歌"可能起源于彝族先民庆祝获猎成功的狂欢活动。"打歌"与部落讨生活动及集体协作精神的密切联系可从一些舞蹈姿势如：麂子伸腰、绕鹰晒翅膀、斑鸠吃水、猴子望月等对动物行为的模拟和"脚勾脚""背靠背""手连手""心合心"等情感交流的动作中窥见一斑。

关于"打歌"起源还有以下若干民间版本。

传说一：古代部落时期，彝家人与傈僳人发生战争。彝家曾节节败退，被围困于一座山头。夜幕时分，彝家人在走投无路之际急中生智，在山丫口燃起篝火，众人围着火转圈，并手舞刀棍，齐声呐喊"傈僳子你瞧着"。山下傈僳人见山头火光冲天，人影憧憧，声如雷霆，误以为彝家援兵赶到，遂慌忙退兵。彝家人终于危难关头化险为夷。为纪念这场战斗的胜利，彝家人便形成了围篝火打歌的传统。今日巍山彝族"打歌"多情绪激昂，且舞刀助兴，仍很有战斗气氛。

传说二：唐六诏时期，蒙舍诏主皮罗阁为统一六诏，借星回节邀请其余五位诏主回蒙舍川祭祖。当日，皮罗阁设宴于松明楼款待五位诏主。席间，皮罗阁借故退席，部下依计火烧松明楼，五诏诏主无一逃脱。趁着五诏无主之机，皮罗阁吞并五诏，建立了南诏国。此后，巍山彝族便于每年农历六月二十五日踏歌庆祝，围火狂欢，以示纪念皮罗阁统一六诏的功绩。

---

① 杨光主编：《巍山民族民间舞蹈》，国际文化出版公司1990年版，第22页。
② 参见［德］恩斯特·格罗塞《艺术的起源》，蔡慕晖译，商务印书馆2005年版。

传说三：部落群众为庆祝蒙舍诏主细奴罗打仗胜利归来，常在魏宝山择一空地唱歌、跳舞。久而久之，便成为彝族群众"打歌"的传统。这也是魏宝山古打歌场的来历。时至今日，每年农历二月初一至十五魏宝山朝山会依然是彝族最盛大的"打歌"节期，其中仍有许多模仿战争场面和情景的舞蹈动作。

传说四：相传诸葛亮为平定西南，率军远征云南，其间七擒七纵彝族首领孟获，终于将其收服。在蜀兵与彝人的联欢庆典上，诸葛亮命将士围火舞刀跳跃以示军威。彝族人为表达对诸葛亮的崇敬及其恩泽的谢意，遂形成了燃篝火打歌的习俗。

二 巍山彝族打歌的原生情境

巍山彝族"打歌"因区域不同而呈现出多姿多彩、风格各异的特点，具体可划分为东山打歌、西山打歌、马鞍山打歌、青华打歌。[①] 东山打歌节奏缓慢、含蓄舒展、庄重典雅，具有蒙舍王室遗风。女子服饰刺绣繁复、鲜艳华丽；西山打歌自由随意、抒情优美，多男女对唱、即兴发挥，西山的五印打歌是流传最广泛的一种打歌形式；马鞍山打歌以青云村为代表，动作热烈、粗犷、奔放，节奏明快，舞步多变；青华乡南山弦子用汉语演唱打歌调，男子动作朴实大方，女子手拍羊皮步伐典雅。虽然巍山各地区的"打歌"各具风格、各有千秋，但"打歌"活动发生的情境却基本一致。

依据发生情境，巍山彝族"打歌"可分为喜事打歌、忧事打歌、节日打歌、庙会打歌、平日打歌。

（一）喜事打歌

凡遇结婚、生子、过寿、建房、乔迁等人生喜事，巍山彝族人必以

[①] 关于巍山地区打歌类型的划分不一，也有学者及文化工作者将五印打歌和魏宝山打歌单列为一种类型。《巍山彝族打歌山歌小调选编》一书认为，五印打歌可归为西山打歌，魏宝山打歌除一小部分属于东山打歌外，其他也可归为西山打歌。本文采用这一说法。详见巍山县彝学学会编《巍山彝族打歌山歌小调选编》，云南人民出版社2011年版，第16—29页。

"打歌"营造喜庆气氛,表达庆贺之意。在婚庆中,"打歌"是婚礼仪式中必不可缺的一项内容。新婚当日吃过午饭后,村内的亲朋好友、乡亲邻里便会聚集在新房前的空地上"打歌",以抒发喜悦之情和对新人的祝福之意。在建新房上梁立柱时,巍山彝族一定要在地基上打歌,通过打歌踏平地基。在迁入新房时,还要进行打歌,用喜气洋洋的气氛祛除邪祟。喜事打歌表达的是彝族民众欢乐、祈福的心情。"打歌"时间越长,表明主人家的好运越多,福气越长久。

(二)忧事打歌

忧事打歌主要是指在与丧葬有关的一系列仪礼中举行的"打歌"活动,是巍山彝族特有的一项传统。彝族是一个对死亡极其重视的民族,丧礼由受人尊敬的宗教人士毕摩主持,程序极为繁杂。"打歌"主要是在吊唁当晚进行,彝族群众围着篝火通宵达旦地打歌以示对逝者最隆重的祭奠,其也蕴含着用"打歌"为死者踏平西归之路,使其平安归去的意义。"打歌"的人越多、越热闹、时间越长,表明逝者受尊敬的程度越高。在下葬之日,起棺前必须围绕棺材"打歌"后才能抬上山;下葬前,必须围墓地"打歌"才能下葬。此外,逝者成福百日、上新坟、三年脱孝也都要"打歌"。丧葬打歌只限于六十岁以上去世的老者,青年夭折者是无法享受"打歌"礼遇的。寄托生者哀思,祝福逝者在阴间享福是忧事打歌表达的主要含义。

(三)节日打歌

巍山彝族在春节、二月八、端午节、火把节四个重大节日期间,村村寨寨都要举行盛大的"打歌"活动。春节打歌从正月初一开始至正月十五结束,各地方以村寨为单位,轮流坐庄打歌。打歌常常通宵达旦,合村及周边村寨的彝族群众聚集为成百上千人的大型"打歌"场,祈盼为新的一年打出一个好兆头。农历二月初一至二月十五为全国彝族同胞共同祭祖节,其中二月初八为主祭日。二月初八是彝历新年,相传也是南诏第一代王细奴罗下葬的日子,墓址便位于今日魏宝山土主庙之地。从农历二月初开始,各地彝族群众便开始筹办祭祖活动所用的各类祭品。二月初八当日,彝族同胞从四面八方涌向魏宝山土主庙祭祀大土主细奴逻。献牲祭祀完毕，彝族群众便会在打歌场举行隆重的"打歌"仪式，东山、西山、马鞍山、青华打歌各种风格汇聚一堂，娱神娱人合二为一。农历六月二十五为巍山彝族人的火把节，当地火把节的起源据说与皮罗阁"火烧松明楼"，统一六诏有关。火把节当天，在祭神、祭祖、点火把等仪式礼毕后，人们便开始围着熊熊篝火尽情打歌狂欢，祈求风调雨顺、五谷丰登、六畜兴旺。

（四）庙会打歌

彝族属多元宗教信仰民族，除原生性宗教及祖先信仰外，也信奉佛、道两家的神灵。巍山彝族地区遍布庙宇寺观，每逢寺庙节日，彝族群众在烧香拜佛后便在寺庙周围聚会打歌。当地流传有"一座山头一座庙，朝山庙会处处打"的说法。从大年初一到农历四月初八，巍山彝族地区有一些约定俗称的庙会。据统计，巍山县彝族朝山庙会共有80处。巍山彝族各地寺庙中供奉的神祇，都流传着一个其曾庇护当地百姓的动人传说。在朝山庙会中，巍山彝族人用"打歌"的方式直抒对神灵的崇拜，以诚挚的心意和欢快的歌舞与神沟通，希冀获得神灵的保佑和恩赐。

（五）平日打歌

巍山彝族人不仅在喜忧二事、节日庙会等重大日子打歌。平日里，如生产、出门、挖矿、放电影、开会前也要打歌，目的无外是求得事情顺利进行。

任何种类的艺术"本质上都是内在生活的外部显现，都是主观现实的客观写照"。所谓的"内在生活"，是指"一个人对其自身历史发展的内心写照，是他对世界生活形式的内在感受"。[①] "打歌"是巍山彝族婚、丧、嫁、娶、上梁立柱、朝山庙会及传统节日等重大活动中不可缺少的内容，而不同情境下的"打歌"有着不同的文化内涵。从外在形式来看，"打歌"是融舞蹈、音乐、口传文学为一体的民间歌舞艺术；从文化特质来看，"打歌"蕴含了彝族古老的土主崇拜和社祭文化，也承载着彝族许多重大历史信息和原始记忆；从内在精神来看："打歌"展现了彝族民众

---

① ［美］苏珊·朗格：《艺术问题》，滕守尧译，南京出版社2006年版，第9—10页。

自由、勇敢、乐观的民族精神，表达了其对理想生活的追求和对生命的热爱。

三 巍山彝族"打歌"的当代境遇

在现代化和全球化席卷世界的当代，民族民间文化正日益遭受损毁甚至面临濒危。如果被挑选出来成为遗产，那么一项乡土文化便迎来了命运的转折。首先，遗产头衔为其赢得了被保护的权利，进而使之得到政府部门的重视并获得保护经费。随后，其还可能演变为一种"文化资本"，成为旅游市场中供游客消费的旅游产品。

（一）遗产视域下"打歌"的传承与保护

2004年，巍山"彝族打歌"被云南省人民政府公布为省级非物质文化遗产。2007年，成功入选第二批国家级非物质文化遗产保护名录。成为遗产前，"打歌"主要依靠"环境传承"（当地人语，主要指村落传承和家庭传承）。彝族少年在村寨大大小小的"打歌"活动中通过耳濡目染及"体化实践"[1]的方式记忆、理解、完善"打歌"技艺。"打歌"技艺的传承也有部分为"师徒传承"，芦笙、大刀、笛子需经专业训练。一般只有经过拜师学艺后，一个有天赋的"打歌"手方能成长为地方的"歌头"。成为国家级非遗项目后，地方文化部门就组建保护机构、细化资源普查、保护与培养人才、完善传承机制、建立资源数据库、开展学术研究、组织展演活动等方面进行了详细规划。这一系列动作表明"打歌由自然传承向有组织的保护传承转变。

保护机构方面：巍山县先后成立了"彝族打歌"、"保护工作领导小组"和"保护工程专家委员会"。两个组织的主要职能是为"打歌"保护提供制度、人力、财力、智力、社会环境等方面的支持。"保护工作领导小组"于2009年颁布了《大理州巍山县国家级非物质文化遗产保护项目——"巍山彝族打歌"项目保护实施方案》。

---

[1] "体化实践"是美国学者保罗·康纳顿提出的一种记忆类型。详见［美］保罗·康纳顿《社会如何记忆》，纳日碧力戈译，上海人民出版社2000年版。

资源普查方面：地方非遗工作者采录更细致的原始材料，并加以整理归档。对分布在十个乡镇的歌舞传承人进行摸底调查，以传承类型进行了分类，并建立了相关传承人档案。

人才保护与培养方面：在广泛普查传承人的基础上，对代表性传承人进行了逐级申报。目前有国家级、省级民族歌舞传承人各 1 名，州级和县级传承人 18 名。这些代表性传承人均能享受到相应级别的补贴。2008 年，县文体局在有代表性的彝族地区建立了四个"打歌"传承示范基地。在传承基地，以创办"打歌"文化传习所的形式建立了"打歌"人才培养基地，对有天分的青少年进行"打歌"专业技能的培训。

探索传承机制方面：除培养专业人才外，四个传承基地以当地小学作为传承示范点，通过本地有代表性的传承人在课余时间授课辅导，在小学生中广泛普及"打歌"活动。青云村青云小学示范点的"打歌"教学任务由该校校长和省级传承人共同负责，两人合作编制出一套"打歌"广播操。全校 300 多名学生通过课间和课外活动全部参与到"打歌"活动中。县文体局计划将青云小学的"打歌"广播操在全县中小学推广。

组织展演活动方面：成为省级非遗至今，每年二月八、火把节、县庆日的"打歌"比赛过后，县文体局都会组织获奖节目进行文艺会演。2006 年马鞍山青云打歌队于北京参加了《中国民族民间 CCTV 歌舞盛典》。2008 年巍山"彝族打歌"参加了中央电视台《中国·巍山音韵》展演活动。2009 年"打歌"先后参与了第八届中国摄影艺术节暨首届大理国际影会，大理州非物质文化遗产及民间民俗活动展演活动。

资源数据库建设及开展学术研究方面：出于经费、人力、硬件设施等原因目前这些计划尚未展开。

按非遗保护的规定性动作进行评估："打歌"保护工作在传承人的保护与培养方面取得了较为显著的成绩，但仍需进一步推进传承人的职业化；从缺乏有组织的学术研究活动、博物馆类的展示平台和数字化的记录手段来看，实现"打歌"保护专业化、完善展示系统及采用数字技术等方面的工作亟待加强。

（二）旅游视域下"打歌"的开发与利用

巍山是云南省设置郡县最早的地区之一，是南诏国发祥地、清代御封的"文献名邦"、彝族祭祖圣地、茶马古道重镇、红河发源地、文化部命名的中国民间扎染艺术之乡、云南省政府命名的彝族打歌之乡。巍山县城是国家级历史文化名城,永建镇东莲花村是国家级历史文化名村。巍山县境内有全国14座道教名山之一——巍宝山,候鸟前往东南亚必经之地——鸟道雄关,各级文物保护单位58个。尽管拥有众多的荣誉头衔和密集的历史文化,但在旅游市场上,巍山还处于"藏在深山人未知"的状态。除一部分自驾游和背包客外,较少有随团而至的集体游客。据巍山县旅游局统计,2010年全县旅客量不足65万人次。该数据表明巍山远未进入大众旅游时代。

在遗产大热的当代中国社会,某地拥有的非遗资源毫无疑问地会被用作旅游营销的卖点,其中民族民间歌舞、音乐、戏剧等民间表演艺术类的非遗一般以文艺演出的形式与当地旅游绑缚起来联合开发,如《云南印象》《印象刘三姐》等大型演艺活动。由于没有经费保障,巍山旅游文化产业未能得到充分培植。"彝族打歌"虽然早在成为遗产前便实现了舞台化,获得遗产身份后又在县文化部门的组织下继续着舞台演出的经历,但还没有发展出一种专门展演给游客观看的商业性演出。

在成为国家级非物质文化遗产后,巍山"彝族打歌"并未像某些遗产项目一样经历了进入旅游市场前后冰火两重天般的境遇,而是一直处于"墙内开花墙内香"的状态。由于巍山并未进入大众旅游阶段,"打歌"作为一种旅游资源的功能并没有被利用,因此,其也未对当地民众的生活造成显性影响。但是,在现代文化同质化及媒体娱乐占领闲暇生活的时代,非遗头衔还是让"打歌"和当地彝族群众获益良多。首先,地方政府和遗产保护机构对"打歌"传承机制的探索以及对比赛、展演活动的组织有助于"打歌"保持代际传承上的接续性和普泛性;其次,以遗产之名进行的保护实践将有利于"打歌"长期保持兴盛局面,从而有助于抵御在汉文化的强势侵袭下彝族语言和服饰逐渐式微的命运;再次,"打歌"成为国家级非物质文化遗产,增强了巍山彝族民众的民族自豪感与文化自觉意识,有利于其民族精神的维系和弘扬。

四 巍山彝族"打歌"保护与发展路径探讨

非物质文化遗产保护的根本目的是在全球化和社会变革进程中保持文化的多样性与创造力，使子孙后代能够继承、享用并发展先辈遗留下来的生活经验与生存智慧。因此，确保非物质文化遗产的"活态性"与"原真性"是非遗保护与传承中的首要原则。"活态性"是指非物质文化遗产按照文化自身的规律性有着内在的发生、发展、存在与延续的状态；"原真性"则是指遗产在遗产所属人群共同体的时空中，按照人群共同体的社会法则与文化规则进行的自我展现。[①] 非物质文化遗产因地方性、民族性、原真性等特点具备了区别于现代大众文化的异质性。在现代人不堪机械化的枯燥生活，渴望逃离都市，回归乡野找寻淳朴与真实的心理需求下，非物质文化遗产因其自身特点而演变为可供旅游消费的一种"无形文化资本"。遗产保护与旅游开发之间的关系充满张力。一方面，要保持非物质文化遗产在现代社会中的生命力，便不能将其封存与圈养起来静态地加以保护，而应提高其适应新的生存时空的能力。在此意义上，旅游开发可被视为促进非遗参与现代社会的一种手段。另一方面，旅游业追逐利益的本性与非遗保护"活态性"与"原真性"要求之间存有某种难以回避的冲突。旅游经营者对非遗过度功利化的操作，如抽取原生态歌舞中某些迎合市场口味的要素进行粗俗的商业包装，必然会损害非遗的"原真性"。非物质文化遗产有其自身特有的属性，只有在理解并尊重非遗属性的基础上才可能探寻出兼顾保护与开发的有效之途。

联合国教科文组织在《保护非物质文化遗产公约》中明确了非物质文化遗产的类别，具体包括：①口头传统，包括作为文化载体的语言；②传统表演艺术；③民俗活动，礼仪，节庆；④有关自然界和宇宙的民间传统知识和实践；⑤传统手工艺技能；⑥与上述表现形式相关的文化空间。类型的划分是为框范非物质文化遗产的范围，方便申报与管理工作。而在现实中，一项非物质文化遗产常常是由若干要素共同构成的一个综合性文化体系。在国家级非遗名录上，彝族"打歌"被划分在传统

[①] 吴兴帜：《文化生态区与非物质文化遗产保护研究》，《广西民族研究》2011年第4期。

表演艺术中的民族歌舞类别。但如前文所述,"打歌"是巍山彝族民俗仪式和节庆中的重要组成部分,是彝族民众历史记忆与宗教信仰的外化反映;打歌唱词是记录族群历史、生产生活、思想情感的一种口传文学形式;彝族服饰及"打歌"器具承载着世代相传的手工艺技能;作为娱神娱人的活动形式"打歌"举行于朝山庙会发生的文化空间之中。因此,"打歌"是涵盖巍山彝族多种非物质文化表现形式的一个庞大载体。巍山"打歌"不仅是一种民族歌舞,而且是当地民众生活文化本身。将"打歌"作为一项民族艺术来看待,还是作为整体的生活文化来看待将决定其保护与开发理念及路径的选择。

完整的非物质文化遗产包括"文化事象"和"文化情境"两个部分。"文化事象"是在特定的文化情境中形成的作为活态文化的"文本"部分,而跟文化事象密切相关的所有其他因素,如表演的参与者、行为、时间、场合、功能、效果、社会背景、历史传统等即为"文化情境"。[1]也有学者将这种意义上的"文化情境"解释为"文化空间"。此"文化空间"并非局限于一种非遗类型,而是指人的活动范围或一种生活"样式"所在的社会空间。[2]"文化事象"寄生于"文化空间"之中,脱离了"文化空间"的事象最终会成为无本之木、无源之水。因此,非物质文化遗产的保护不仅要注重搜集、记录、展示"文化事象",更要着眼于将事象置于其生存土壤中整体性地加以保护。非遗的保护范围不仅要集中在"代表作"上,也应逐渐扩展到更多其他民间非物质文化遗产。唯有如此,才能保证地方文化地图的完整,实现非遗保护与传承"活态性"和"原真性"的根本要求。就巍山"打歌"而言,现代化、城镇化、商品化加之大众传媒的普及、社会成员流动性的增强致使当地传统的农耕文化不断趋于衰落,彝族民众的生活方式和价值观念也正在发生急剧变化。随之,"打歌"活动赖以生存的"文化空间"有了较大改变。尽管"打歌"在当地有着相当良好的群众基础,但这种变化不可避免地会在某种程度上造成"打歌"的衰退。因此,采取措施从"文化空间"的视角对"打歌"进行保护是地方非遗机构需要着力之处。从"文化空间"的理念

---

[1] 黄涛:《论非物质文化遗产的情境保护》,《中国人民大学学报》2006年第5期。
[2] 陈虹:《试谈文化空间的概念与内涵》,《文物研究》2006年第1期。

出发对"打歌"进行保护,并非要固守传统,阻止当地民众吸收现代文明、过上更舒适的生活,其根本目的是要想方设法留住民族和地方的"文化之根"。只要民族和地方文化的精神内核尚在,"打歌"的传承主体即当地彝族民众便会自觉地在新的"文化空间"中将"打歌"传衍下去。而由文化承载者自主参与的文化变迁实践并不违背非遗"原真性"的原则,自然状态下的流变正是非遗"活态性"的体现。

在文化旅游渐成时尚之时,作为资源的非物质文化遗产成为游客消费对象的命运似乎不可避免。舞台化表演是民族民间原生态歌舞进入旅游市场的惯常方式。商业演出对非遗保护究竟是利是弊,由运营商—艺术编导—媒体—消费者合谋制造出的"舞台真实"是否会破坏遗产的"原真性"曾引起广泛讨论。目前,许多学者倾向于以游客主观认知为标准测度旅游产品的真实性,[①] 即旅游产品对原生态文化表现的真实程度由游客自认为其体验到旅游产品的真实程度来决定。当然,旅游者文化体验的真实度在相当大的层面上取决于旅游产品对"客体真实"的营造,如歌舞表演中演员、服装、道具、布景、音效的真实性及引导性的解说。如果从积极的方面看待"舞台真实",民间歌舞舞台化会给遗产保护带来诸多好处,如:受到游客欢迎的表演会使旅游东道地的民众增强民族自尊,使趋于衰落的传统得到挽救和恢复;民族传统文化在艺术加工中得以创新和发展;有效防止了大量游客进入"后台",使旅游东道主的原生文化环境免遭破坏。[②] 基于以上论述,在尊重原生文化及当地人意愿的基础上,围绕巍山"打歌"创制一台歌舞演出当然可以成为保护遗产、开拓旅游市场的一种路径。但是,舞台化表演尽管能够达到"高仿真"的效果,却无法避免将文化事象与其赖以存活的文化空间相割裂,遗产事象背后的文化、人、传统知识终究难以被作为"他者"的游客领略和体会。因此,如果结合"文化空间"的视角,巍山"打歌"的开发利用未尝没有另外的选择。

巍山"打歌"的根基和土壤是当地民众生活的"文化空间",它的舞

[①] 参见[美]纳尔逊·格雷本《人类学与旅游时代》,赵红梅等译,广西师范大学出版社2009年版,第321—322页。

[②] 张晓萍:《西方旅游人类学中的"舞台真实"理论》,《思想战线》2003年第4期。

台在郊野、寺庙和百姓家的庭院。结合巍山旅游业现状，"打歌"可尝试走高端旅游路线，即通过将游客（游客数量需控制在当地生态负载力允许的范围内）带入"打歌"的原生情境，就地实现"打歌"的舞台化。此路径既能够使游客以"局内人"的观点理解"打歌"文化的生命之源，又能够以"质"取胜提高巍山旅游业收入，取得保护与开发良性互动的效果。文化总是在传承与发展的辩证统一中不断演进。从"文化空间"的视角出发，对"打歌"进行合理适度的旅游开发非但不会对其造成破坏，反而有助于其在新的文化环境中谋求内在的可持续性发展。

试析全景敞视中不同主体的"非遗"视觉差
——以汶川羌族羊皮鼓舞为例[*]

李建峰

摘　要：流传于汶川地区的羌族羊皮鼓舞是"通灵"、"展演"与"历史记忆"三位一体的地方文化，在羌族人眼中有法事之舞与表演之舞的区分。但在国家"非遗"语境中，以其具备的"表演"特征，将之列为传统舞蹈类国家"非遗"项目。基于凝视理论的研究视角对之进行解析显示，国家与地方社会在全景敞视地方文化的过程中，因各自视见的不同形成了视觉差，且在一定程度上影响了不同主体对文化的定义与文化再生产，也影响着"非遗"传承保护的效果。

关键词：羊皮鼓舞　全景敞视　视觉差　"非遗"传承　凝视理论

羊皮鼓舞是广泛存在于岷江上游羌族人群中的地方文化，并于2008年6月被列入国家级非物质文化遗产名录。[①] 笔者在汶川对该文化进行调研时，发现羌族地区的羊皮鼓舞与国家"非遗"体系中的羌族羊皮鼓舞有着明显的差别，前者突出的是"通灵"的"巫文化"，有着历史记忆与民族认同的社会功能，而后者强调的是"表演"，是民族民间"传统舞蹈"，是审美与传承技艺的合体。类似的研究成果表明，这样的差异是一

---

[*] 原文刊于《民俗研究》2019年第6期。
[①] 中国非物质文化遗产保护中心编：《第二批国家级非物质文化遗产名录简介》，文化艺术出版社2010年版，第174页。

种凝视转向的结果，是"同一物在不同阶段产生的不同凝视带来的新的生产结构和价值体系"①。即"非遗"从地方文化上升到国家体系的过程中，国家对原有地方文化进行了改造（比如剔除所谓的"迷信"成分），使得原属地方文化体系中的"非遗"，成为被监视、被规训的权力产物。②笔者基本认同该说法，但还有一个问题需要进一步思考：国家对地方文化的凝视理应是一种全景的敞视，全景之下的羊皮鼓舞呈现着"通灵"、"展演"与"历史记忆"的多面相，但在其上升为国家"非遗"后，重点突出的却是"传统舞蹈"这一面，那么作为国家"非遗"的羊皮鼓舞与作为地方原生态的羊皮鼓舞究竟是何种关系？为什么会出现这样明显的差异？难道仅仅是因为凝视转向？带着这些问题，本文结合羌族羊皮鼓舞成为国家"非遗"前后的角色动态尝试进行探析。

一　全景敞视：可见与不可见共存

凝视并不仅仅是"看"与"被看"这么简单，它有着一套严密的逻辑体系。萨特通过凝视来探讨"存在"，他者与自我，因凝视而建立起"存在"关系。③拉康突破萨特"主体（他者）—对象（自我）"的凝视二元结构，发展为三元关系：主体（观看者）、可见对象（被观看者）和来自他者即不与可见对象重合的凝视。④输入了知识—权力结构后，福柯进一步发展出"视觉—知识—权力"三位一体的凝视理论，认为疯癫无隐私的暴露于现代理性主义所倡导的精神病医生之下，作为私人空间的身体得以打开并变成了可视的空间⑤。他在《规训与惩罚》中，提出了著名的"全景敞视主义"：

---

① 杨燕：《神性的弱化：绵竹木版年画的社会凝视转向》，博士学位论文，西南民族大学，2016年。
② 杨燕：《神性的弱化：绵竹木版年画的社会凝视转向》，博士学位论文，西南民族大学，2016年。
③ ［法］萨特：《存在与虚无》，陈宣良等译，生活·读书·新知三联书店2007年版，第346页。
④ 转引自马元龙《拉康论凝视》，《文艺研究》2012年第9期。
⑤ ［法］米歇尔·福柯：《疯癫与文明——理性时代的疯癫史》，刘北成、杨远婴译，生活·读书·新知三联书店1999年版；《临床医学的诞生》，刘北成译，译林出版社2001年版。

> 四周是一个环形建筑,中心是一座瞭望塔。瞭望塔有一圈大窗户,对着环形建筑。环形建筑被分成许多小囚室……通过逆光效果,人们可以从瞭望塔的与光源恰好相反的角度,观察四周囚室里被囚禁者的小人影。①

学界对福柯的"全景敞视"似乎存在着一种误读,以为全景敞视必然会形成全景的"像",事实则不然。笔者认为,全景之下的"视",其内容并不一定是全部。为了更好地说明这一点,我们回到福柯所说的全景敞视建筑中进一步分析。从中心的瞭望塔透过可视的墙体,的确能观看到监狱里的全景,但这种观看是与光源方向相反的,是逆光效果的成"像",那么所谓全景实质上只看到了可见光的那一面,而另一面却是不可见。此外,观看到的是"小人影"这一细节,还突出了一个"距离"的问题,即凝视的距离与可见效果有着直接的关联。当主体观看的距离变远,凝视对象的细微部分就变得不可见或模糊不清,故主体只能看到凝视对象的主体部分了。举例来说,当近距离看人时,人的五官能看得清楚,甚至是最能反映人所思所想的眼神,如格尔兹所谓眨眼这一动作,即使眨眼动作相同,但放置于具体的情境中,就有着不同的意思,可能是随意的眨眼,也可能是挤眉弄眼,还可能是个恶作剧式的玩笑。② 近距离观看能明了这些信号,理解这些信号背后的文化内涵。但是,当超过一定的距离时,正如中心的瞭望塔只能是"瞭望",只能看到"小人影",人的主体框架尚无法看清楚,何谈能读懂这么细致的眼神?因此,通过对福柯的全景敞视主义的分析,我们发现看似全景之下"视",其内容并不一定是全部,它只是凝视的某一部分,是可见与不可见的并存,而且还与观看的距离有关。

"不可见",并不只是因为"视不见",笔者认为可以将其归纳为以下三种。

其一,视而不见。凝视对象处于可见一面,但是主体只聚焦于其中

---

① [法]米歇尔·福柯:《规训与惩罚——监狱的诞生》,刘北成、杨远婴译,生活·读书·新知三联书店1999年版,第224页。

② [美]克利福德·格尔兹:《文化的阐释》,纳日碧力戈等译,上海人民出版社1999年版,第6—9页。

一个点，导致四周模糊而变为不可见，形成一种中心与边缘的关系。比如，当视线全神贯注于监狱里的"小人影"时，会忽略"小人影"周围的环境与其他的"小人影"。

其二，无法视见。凝视过程之中，主体只能看到可见的一面，隐藏的那一面就成为不可见，就像主体从瞭望塔上看到的也只是逆光效果下呈现出来的"可见"部分。另外，视见的效果与观看的距离之间有着直接的关系，距离太远，对象的细节部分就呈现着无法视见的情景。

其三，刻意不见。基于某种预设，凝视主体会对凝视对象的可见部分进行取舍，突出其想重点强调的一面，刻意略去一部分让其成为不可见。在带有浓重意识形态的凝视中，此类刻意不见较为常见。

二　视觉差：凝视主体对羊皮鼓舞的视觉成"像"建构

基于全景敞视之下可见与不可见的分析框架，我们可以对汶川羌族地区的羊皮鼓舞进行分析。羊皮鼓舞最初实质上是羌族释比举行法事活动时以鼓相伴的祭祀动作，又称"跳经"。[①] 笔者在汶川调研羊皮鼓舞时发现，阿尔村羌语称其为"莫戈纳厦（sha）"，"莫"意为鼓，"戈纳厦"意为"耍、玩"。萝卜寨村称其为"莫别别喜"，"莫"意为鼓，"别别喜"意为"敲、击"。尽管称呼上有些差异，但传统上都出现在祭祀色彩浓厚的民俗场景中。

（一）羌族羊皮鼓舞的多面相

全景的羊皮鼓舞，有着多面的成"像"。归纳起来，有以下三个面。

1. α面："通灵"的羌族羊皮鼓舞

汶川羌族地区将法事分为上坛神事、中坛人事、下坛鬼事。[②] 法事活动之中，作为神人之媒的释比，要唱（诵）经（释比经典）、跳羊皮鼓

[①] 贾银忠：《中国羌族非物质文化遗产概论》，民族出版社2010年版，第235页。
[②] 徐平：《羌族社会——一个古老民族的文化与变迁》，中国社会科学出版社1993年版，第190页。

舞，相应的羊皮鼓舞分为上坛法事鼓、下坛法事鼓（当地释比告诉笔者，中坛法事基本上不用羊皮鼓舞）。因此，羊皮鼓舞的第一个面相为用"鼓"与"舞"来通灵。比如，以请神还愿为主题的上坛法事鼓中，每年农历十月初一"羌历年"中"还大愿"的羊皮鼓舞，它是在祭祀场所进行，由释比主持。整个过程中，释比始终面向神，头和上身前倾，略呈俯曲状，双腿也略弯曲，没有昂首挺身的姿势，表示对神的恭敬和尊重。释比一边击鼓而跳，一边用古羌语唱经，表白羌民敬拜诸神的诚心，目的是请求神保佑全寨老小无病无灾、民众安康、五谷丰登、六畜兴旺等。

2. β面："展演"的羌族羊皮鼓舞

展演或者表演的羊皮鼓舞，这一套话语体系对于羌人来说，不是原生的词汇，是他者给当地文化贴上的标签，并逐渐被当地人接受的一种分类。王明珂提到，地方文化作为一种展演，涉及主题、展演者、观众、场域与展演媒介。通过展演这一过程，我们能够看到"文化动态"的一面。[①] 从展演视角来审视羊皮鼓舞，大致可以把羊皮鼓舞分为两种：一是法事之舞，在释比举行的法事活动中进行，一般只能由释比从事；二是从法事之舞演变发展而来的表演之舞，在舞台和群体性活动场所表演，参与人员身份不受限制，男女老少均可。在道具方面，羊皮鼓舞主要有法杖、彩旗、羊皮鼓、盘铃、法事帽、钎、坠饰法器、服装等。在步法上，以"云步"和"禹步"为主。"云步"为拿神杖的人所踩步伐，耍鼓之人的步伐为"禹步"。步伐为双脚同时垫步小距离碎步横向跳移，方向为先向其右前方跳移3步，再原地跳3步逆时针360°逐步转身，再向其左下方跳动3步，然后再原地跳3步顺时针360°逐步转身，如此往复，每跳移一步，释比都击鼓一下。

3. δ面："历史记忆"的羌族羊皮鼓舞

羌族羊皮鼓舞讲述的还有羌族的历史记忆。首先，在羌族羊皮鼓舞的来历方面，汶川县有着一个广为流传的故事。传说羌人的先民携带载有羌文的经书牧羊，因困顿而眠，当其醒来，发现经书不在了，后经树上的金丝猴告知，才知是被羊吃掉了，羌人的文字由此失传。于是羌人杀羊食其肉，剥其皮制为鼓，一则以示对羊的惩罚，二则逢法事活动击

[①] 王明珂：《羌在汉藏之间：一个华夏边缘的历史人类学研究》，中华书局2009年版，第301页。

鼓而舞，可想起经文，缅怀祖先，祭神驱鬼。其次，羊皮鼓舞进行过程中，还有诵唱释比经典的环节。比如羌历年的还大愿上坛法事中，释比要唱诵 12 部释比经典，其中即有讲述本族历史的史诗《羌戈大战》。再次，在羊皮鼓舞的动作上，比如"禹步"的由来与羌人自认的祖先大禹有关。相传大禹因为治水双脚长年浸在水里的缘故，后来腿脚有毛病而成了跛子，走路一颠一跛。羊皮鼓舞中的"禹步"，羌人认为这是模仿大禹走路。其实，羊皮鼓舞举行过程中，无论是敬神还愿，还是驱魔逐鬼，村寨民众们都聚在一起，聆听民族史诗，通过一系列民族特色的文化，增强夹在两个强大民族汉藏之间的羌人对族群的自我认同。

（二）全景敞视与部分呈现

从上述可以看出，国家级"非遗"羊皮鼓舞呈现着多面相的状态，是"通灵""展演""历史记忆"的三位一体的地方文化。然而，作为凝视对象的羊皮鼓舞，凝视主体却不是同一的，即使在羌族区域内部，也有着当事方、展演者、旁观者的区别，更不用说还有区域外的各种人群以及国家权力或国家视角的介入。因为，不同群体的人看似在全景的凝视，但实质上看到的只是部分，暂不考虑其他人群，在此仅以羌族当地与国家对作为法事之羊皮鼓舞的凝视角度为例，两个主体在顺光、逆光、无光之间，形成了两者可见与不可见的差异（见图1）。

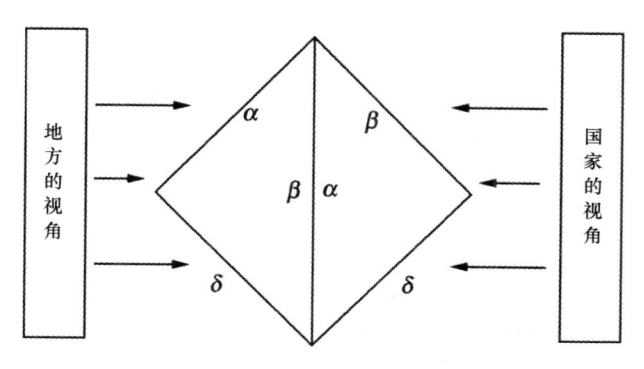

图 1　羊皮鼓舞成"像"视觉差示意①

---

① α："通灵"的羌族羊皮鼓舞；β："展演"的羌族羊皮鼓舞；δ："历史记忆"的羌族羊皮鼓舞。绘制者：李建峰；绘制时间：2018 年 12 月。

作为同一的法事羊皮鼓舞,在国家视角里,突出的是展演与历史记忆的一面,而在当地人眼里,则聚焦于"通灵"与历史记忆两个方面。如果再加上地方精英、文化学者、外地游客等各种人群,那么对于同一的文化遗产,更是有多元的成"像"。何以至此,笔者认为,有如下原因。

一是作为客观事实的"像",进入他者视线之后,附加上了国家权力、现代知识及其分类体系、道德风尚意识后,形成了他者凝视之下内容有取舍的成"像"。比如,国家视角当中,对"迷信"这一话语进行消解,对其"通灵"的一面表现出"刻意不见"(对所谓"迷信"的成分并不是看不见,而是装作没有看见,或者是统称归纳为宗教舞蹈[①],一笔带过),选择性地强化其"展演"与"文化认同"的一面。

二是日常生活是非物质文化遗产赖以存续的社会环境,也是对非物质文化遗产保护研究的现实语境。[②] 地方文化与地方日常生活本共处于同一场域之中,凝视地方文化的某一主体,如果缺乏这一地方的日常生活经验或者地方知识,就会无法理解或者深入凝视对象内部,从而形成全景的"像"。当视线聚焦于某一个"点"或"面"上,其他部分则会"视而不见"。比如,当地人视线聚焦于羊皮鼓舞的"通灵",与当地文化和日常生活有关,就可能会忽略了其"动作"的艺术性。非本地的人群可能只注意到羊皮鼓舞的好看与精彩的特点,反而对其他方面的内容视而不见。而在国家"非遗"体系中,视觉聚焦于"舞"的一面,反而也会对羊皮鼓舞如何参与到羌民的日常生活中视而不见。

三是作为立体的地方文化,一部分处于光前,一部分则处于光后,有光一面可视,无光部分则无法视见。比如,羊皮鼓舞中,展现在他者面前的是一套动作,一段唱经,一些道具,这是光前的或者有光的。但在光后,有着更复杂的内涵,比如一些年老的释比在回顾当时学习的经历时说,师傅总是先讲羊皮鼓舞每个动作的意义,再讲步伐、鼓点。敲

---

① 中国非物质文化遗产保护中心编:《第二批国家级非物质文化遗产名录简介》,文化艺术出版社2010年版,第175页。

② 韩顺法、刘倩:《另一种生活技术论:非物质文化遗产的日常生活逻辑》,《民俗研究》2019年第2期。

鼓谁都可以，但羌族人为什么敲羊皮鼓，每个动作敲出来是什么意义，知道这些才能真正理解羊皮鼓舞，即行为由文化意义所界定，而非其物理特征。再比如，道具的制作选用，比如用羊皮，是黑白还是公母，冬皮还是春皮，上坛法事还是下坛法事，都非常讲究。对于他者来说，他们能够看到呈现在光前的"非遗"，却对光后的部分无法视见，除非是研究者，对一般观者来说或许光背后的那些意义对其而言是无意义的。

（三）视觉差：从地方文化到国家"非遗"

全景之下，羊皮鼓舞呈现着多面相的状态，是"通灵"、展演、历史记忆的三位一体的地方文化，但具体到不同的凝视主体，羊皮鼓舞有着不同的成"像"。比如，在2008年6月公布的第二批国家级"非遗"名录中，羊皮鼓舞就被归类到"传统舞蹈"，并对其界定为"原是羌族'释比'做法事时跳的一种宗教舞蹈，后逐渐演变为民间舞蹈"[1]。定性为"传统舞蹈"的国家"非遗"羊皮鼓舞，但其"时空场域实质上至少包含这样一些基本要素，即村寨、时节、场合、民众、释比"[2]。这是整体性的，而"舞蹈"只是整体的一部分。出现这样的情景，实质上是国家对地方文化凝视过程中，因为可见与不可见的共存，对地方文化进行的一种"政治构造"[3]。正如杨正文对文化遗产中国家与民族的各自诉求进行比较研究时认为，从某种程度上说，文化遗产保护从一开始，就带有浓厚的国家主义色彩[4]，国家通过其权力以及科学技术分类体系，对地方文化进行了分类归纳与选择性吸收，故当地方文化纳入国家体系过程中时，其实质上已成为一种国家的非物质文化遗产。当然，也不可否认，羌族鼓舞的民族民间"传统舞蹈"或"展演之舞"身份的形成，或许在酝酿申报国家级"非遗"名录过程中，早被地方文化精英、文化遗产专

---

[1] 中国非物质文化遗产保护中心编：《第二批国家级非物质文化遗产名录简介》，文化艺术出版社2010年版，第174—175页。

[2] 蒋彬：《口头传统与文本书写：以〈羌族释比经典〉为例》，《北方民族大学学报》（哲学社会科学版）2016年第4期。

[3] Allen Batteau, "Applachia and the Concept of Culture: A Theory of Shared Misunderstanding", *Appalachian Journal*, Vol. 7, No. 1/2 (Autumn-Winter 1979), pp. 9–31.

[4] 杨正文：《文化遗产保护中民族与国家的诉求表述》，《西南民族大学学报》（人文社会科学版）2011年第6期。

家等根据国家"非遗"体系相关标准,采用"借名"或"双名制"[①] 策略将之"脱域"以适应国家的"政治艺术"与"传统文化"分类。因为国家"非遗"本身即是他者对地方文化的一种凝视,无论是项目申报,诸如申报书撰写、视频的拍摄与申报过程,以及相应的保护政策、资金的投入等都是在国家权力之下,还是采用现代知识对区域地方文化远距离"凝视",实质上这已对原生态地方文化进行了文化再生产(即福柯所谓的视觉—知识—权力)。

其实,无论是整体的一部分,还是通过"政治构造"或"双名制"对其进行加工后获得的新身份,都指向这样一个事实:地方的文化上升为国家"非遗"的过程中,最初国家对其凝视不可谓不"全景",但吊诡的是全景敞视的结果反而是部分的成"像",这并不仅仅是因为凝视的转向,而是因为各自以各自的"可见与不可见"所形成。有着"法事之舞"与"展演之舞"区分的羊皮鼓舞,在国家长距离的全景敞视之下,当其视角聚焦于"艺术"之上,以其"舞蹈"属性为归类特征,进而把二者整合为一,作为同一性的羊皮鼓舞"非遗"项目进行传承而保护。但在地方社会中,若将羊皮鼓舞视为"通灵",也只是整体习俗的一部分。当然,不可否认,作为"法事"的"羊皮鼓舞",实质上本就潜藏着当地人并未意识到的"艺术性"与"娱他性",正因为如此,才给予了国家凝视的空间。无疑,国家与地方(包括其他群体)对同一主体产生的有区别的认知,正如前文所言,是因为各自看到了各自的可见面,即由视觉差所造成。

视觉差本义是指对客观对象视觉认知的偏差,在这里,笔者倾向于采用这样的定义:不同的主体在同一物或者相似物的凝视过程中,因为其距离与角度,光源与光线的问题,形成了各自的可见与不可见的面,产生了视角上的差异,进而因视觉差对"物"进行了差异性的文化再生产。就像汶川羌族人不视法事中的羊皮鼓舞动作为舞,国家"非遗"视角中,却以"舞"把表演的与法事的整合成同一的"羊皮鼓舞"一样,国家将所谓"迷信"的成分予以屏蔽让其呈现无光线状态。不同主体根

---

① 高丙中:《一座博物馆—庙宇建筑的民族志——论成为政治艺术的双名制》,《社会学研究》2006年第1期。

据其可见与不可见的情景，其成"像"所形成的差异，其实也与"非遗"传承保护中何为原生态、何为"原（本）真性"①的讨论关联。无论是强调保护原生态是否现实，"非遗"保护过程突出强调保持原真性是否可行②，还是原真性、原生态是不是一种文化再发现③，抑或者是坚守还是变通④，这些争论的出现，其实皆与各主体对"非遗"凝视过程中视觉差有关，即各主体视线聚焦于各自可见的面或者点，突出了各自的可见部分，同时又根据各自的"非遗"成"像"进行思考。但因为有"不可见"的存在，各群体所关注的原生态、原真性的"非遗"，本身即是各凝视主体对同一凝视对象建构出的不同成"像"而讨论。

三 从羊皮鼓到羊皮鼓舞：视觉"非遗"的文化再生产

视觉差关注的是各自看见各自所见的部分，但并不是只强调差异，还在于不同的主体对各自的"可见部分"进行新的文化再生产，而且，可见与不可见并不只一成不变的，而是在具体的情境之下发生着交错。羊皮鼓舞的分化发展、神圣与世俗的出现，以及"娱神"与"娱人"的地方阐释，也正是如此。

（一）他者的凝视：从作法到"鼓"舞

如上文所述，羊皮鼓舞有法事之舞与表演之舞之别，前者通过"鼓"与"舞"，给"神灵"看，后者是给观众看。但这明显是一种客位（etics）的视角，或者是用现代知识对民间文化的重新定义，并不是当地人的主位（emics）凝视。严格意义上来说，羊皮鼓与苗族地区的芦笙、北

---

① 杨正文：《文化遗产保护的关联话语意义解析》，《西南民族大学学报》（人文社会科学版）2014年第7期。
② 陈金文：《"非遗"本真性问题再论》，《广西师范学院学报》（哲学社会科学版）2018年第4期。
③ 陈荣：《本真性的呈现：文化生产与本真建构读——读〈创造乡村音乐：本真性之制造〉》，《中国图书评论》2018年第3期。
④ 刘德龙：《坚守与变通——关于非物质文化遗产生产性保护中的几个关系》，《民俗研究》2013年第1期。

方萨满的"神鼓"一样,其使用有着严格的限制,并不是随时可以拿出来"吹"或者"敲"。比如,贵州郎德寨的苗族规定,每年二月到六月不准吹芦笙。因为郎德寨的人们认为,谷种下田以后,芦笙一响,就会震惊旱魃,天神不让下雨,庄稼就会干枯,秋后无收,直到吃新节(即收获之时),才可以吹笙,犯禁者要受到严厉的惩罚。[①] 再比如,萨满作法时"常双手执鼓上下舞动,以表现鹰神扇动翅膀在宇际飞翔时的状态"[②],"当神鼓劲敲,声传百里远时,全部落人跪在海滩上的祭坛前"[③] 呼应萨满的唱词。最初汶川羌族的羊皮鼓像芦笙和"神鼓"一样,被赋予了神圣的力量,不是什么人都可以敲,什么地点都可以跳,也不是什么时间都可以唱(经)。冉光荣在研究羌族文化时提到,"民国时期,羌族民间信仰的巫师即释比,得到了县政府的格外尊重。每年立春前一日要专门举行迎春大典,县官主持,迎请释比在县衙大堂、二堂、三堂唱经作法(俗称'打鼓鼓'),以祈求丰收"。[④] 这里的"鼓鼓",即是羊皮鼓,而作法的方式,即是我们现在所说的"舞步"。

从羊皮鼓到羊皮鼓舞,从"作法"到传统的一种民间艺术,这样的演变实质上是通过"他者凝视"的介入才形成的。据雁门萝卜寨传承人和老年村民分析,单独作为表演类羊皮鼓舞,是由"通灵"的羊皮鼓舞演变而来的,最早可以上溯到清末民初。据四川省阿坝州级传承人萝卜寨村的马群勇讲述,20世纪50年代其师傅王贤举到北京表演过"铃鼓舞",而这一舞台表演形式的羊皮鼓舞流传到了现在。到北京表演不是为本地人,而是作为一种"舞蹈"的艺术形式呈现给他者,是他者的凝视进而导致人们对"通灵"的羊皮鼓舞进行改造(文化再生产)。而这一改造过程,与羊皮鼓舞的视觉差有关。

我们可以用拉康的"镜像"理论对这样的演变进行分析。拉康以婴儿在六个月到十八个月期间通过照镜子来认识自己为例来探析镜像这一

---

① 张铭远:《生殖崇拜与死亡抗拒——中国民间信仰的功能与模式》,中国华侨出版社1991年版,第47—48页。
② 谷颖:《满族萨满神话载体——神服、神器探析》,《关东学刊》2017年第7期。
③ 尼阳尼雅·那丹珠(白玉芳):《萨满·萨满》,上海社会科学院出版社2016年版,第10页。
④ 冉光荣:《汶川羌族文化略论》,《中华文化论坛》2011年第5期。

问题。面对镜中像，婴儿立即会以一连串的动作作为回应。① 这种回应暗含着婴儿对自己的身体、环绕着他人和物之间建立起互动关系，或者可以说，婴儿通过镜子发现了自我。但镜中婴儿只是成"像"，并不是实体的婴儿，通过"我看镜中人"发现的只是虚幻的主体。回过头来，我们再看羊皮鼓舞的"镜中像"。羊皮鼓舞在当地有着多年的传承历史，当地人把之作为"法之舞"。但值得注意的是，在"他者的凝视"介入之后，引发了当地人对当地文化的重新认识。当地人通过凝视他者对羊皮鼓舞的凝视，进而对自身原有的凝视视角进行调适。"羊皮鼓舞—他者的凝视—当地人对他者凝视的凝视"形成了一个镜像结构。因此，我们发现，当下表演性质的羊皮鼓舞已经成为当地人在他者凝视之下的一种文化再生产，是当地人在视觉差的基础上对当地文化的一种改造。

（二）神圣与世俗："娱神"与"娱人"的分合

前文提到，表演性质的羊皮鼓舞是在当地人与他者的视觉差的基础上的一种文化再生产，与法事之舞共存于汶川羌族地区，但之间有着严格的区分。

法事之舞，是在释比举行的法事活动中进行，一般只能由释比从事。从法事之舞演变发展而来的表演性娱乐类"羊皮鼓舞"，在舞台和群体性群众活动场所表演，参与人员身份不受限制，男女老少均可。当地人们一般认为法事之舞不是舞蹈，而只是释比举行法事活动的行为表现，而表演娱乐类的"羊皮鼓舞"则是羌族的传统舞蹈，与释比法事活动已毫无关系，其民间宗教色彩已被消解。

表演的羊皮鼓可以随时敲响，但释比会把做法事的鼓封存起来，而改用没有神圣意义的"羊皮鼓"。法事的"娱神"与表演的"娱人"区分，不只是同一羊皮鼓舞的分化发展，更是"非遗"传承发展过程中，地方社会对传统文化变迁的一种应对策略以及文化阐释。"非遗"传承人经常被邀请带队编排表演羊皮鼓舞，有时还用一个特有的名称"羌族铃鼓舞"，这既与20世纪50年代羌人到北京表演的"铃鼓舞"有关，还与

---

① ［法］雅克·拉康：《镜像阶段：精神分析经验中揭示的"我"的功能构型》，吴琼译，吴琼编：《视觉文化的奇观：视觉文化总论》，中国人民大学出版社2005年版，第2页。

现代舞蹈分类之一的"铃鼓舞"暗合。20世纪80年代起，四川省歌舞团、阿坝州歌舞团、汶川县羊角花业余艺术团已经编排了一系列"羊皮鼓舞"节目，被省、州电视台录播。① 阿尔村的老释比国家级"非遗"传承人朱金龙带领着表演队伍，在县上、（阿坝）州上，甚至到北京都表演过。当然也有汶川旅游景点"舞"给游客看，比如四川省州级传承人王金海2007年在村上组织起"羊皮鼓舞"队，完成政府安排的表演要求，并接受民间各类演出邀请，以及旅游旺季给游客跳。甚至在表演当中还出现过男持鼓而击，女右手持盘铃，左手还持羌绣帕子这一原本在法事羊皮鼓舞中没有出现过的道具。但能从这些细节中发现，作为表演的羊皮鼓舞，其受众主要是非本区域或者非羌族群体的"他者"，是当地人在磋商中谋求改善生存现状的表现，有着宣传羌族文化、增强羌族人文化自信方面的需求。

　　羊皮鼓舞毕竟是从法事中演变出来的，但当地人对两者有着严格的区分。作为法事活动的羊皮鼓舞，有着请神还愿、驱鬼逐魔的功能。比如羊皮鼓，从"宗教信仰看，羊皮鼓是释比做法事专用的神圣物品，羊皮鼓意味着经文和文字，只有释比能够击鼓唱经也就是拾回羌人有关文字的记忆"②。再比如下坛法事中的"打钎"，当送葬队伍将死者送到坟地后，释比继续带着跳鼓队伍绕坟击鼓而跳，一般跳三圈，之后唱送葬曲。在坟地跳鼓时，根据主人家的要求，释比决定是否"打钎"③。释比绕坟每跳鼓一圈，则穿一根钢针，穿针完毕，又每绕坟跳鼓一圈，拔出一根钢针。这样的羊皮鼓舞是不会出现在表演中的。

　　显然，截至目前当地人对羊皮鼓舞的认知分类，法事之舞与表演之舞的展演场域依然泾渭分明。这两种舞在未来是否会合二为一尚难定论，但在目前的羌族地区中尚处于并存的状态。国家"非遗"体系中所表述的"原是羌族'释比'做法事时跳的一种宗教舞蹈，后逐渐演变为民间

---

① 易庆、陈康：《古老的羌族羊皮鼓舞》，《中国民族》2007年第7期。
② 李祥林：《羌族羊皮鼓及其传说的文化底蕴透视》，《民间文化论坛》2013年第3期。
③ 钎，形状类似长针，钢铁制成，粗细不到1毫米，长15厘米，顶部尖锐，尾部坠饰五色丝线。只在丧葬中用钎，称为"打钎"、"穿针"或"杀钢钎"、"穿钢针"，即将钎从脸的左侧穿刺而过，从嘴里冒出来，不触及另一侧脸，也不伤及舌头，钎尾留置验外，其主要作用是避邪。

舞蹈"①，这一说法意在强调其"传统"及其民间性，但真实的情况是从法事之舞中演化出了一支与法事之舞并存的有"民间舞蹈"性质的羊皮鼓舞，故说成"逐渐演变为民间舞蹈"是否严谨，还可商榷。虽然说有一些释比既在法事活动中以"鼓"与"舞"通灵，还在各种舞台或者场合跳起表演的羊皮鼓舞，但他们通过区分"娱人"还是"娱神"，用来解释自己参与表演性羊皮鼓舞的合理性。就像当地的一位老释比（"非遗"传承人）所说："（法事）羊皮鼓舞是我们的民族特色，是给我们的先人、神灵看的，不存在跳得好不好看，'非遗'是要把文化传承推广下去，不只给我们看了，还要给别人看，那就得'舞得精彩嘛！'"②

需要指出的是，在羌族地区文化产业发展，特别是旅游产业发展语境下，作为国家级"非遗"的羌族羊皮鼓舞成为地方政府凝视的对象，从而成为地方重要的文化资源——地方政府的羊皮鼓舞凝视之"像"。这在一定程度上加速消解了羌族地区羊皮鼓舞"法事"之像向"表演"之像转型，一些原本只有当地人观看、参与的仪式上的"法事之舞"，已越来越多向外来旅游者开放，成为旅游者消费的场景。

四 结语

通过对福柯的"全景敞视主义"的审视发现，全景敞视也只能看到可见光的那一面，可见效果跟距离与角度、光源与光线关联，更与权力、知识体系、观念有关。因此，不同的主体在同一物或者相似物的凝视过程中，视线聚焦在各自可见面后产生了各自的"成像"，进而形成了各主体间的视觉差。视觉差所强调的是各主体在全景凝视过程中，有其可见的一面，亦有其不可见的一面，以至于各主体间其所视见的不是整体，而是各自所视见的有差异的部分。在国家公布的第二批国家级非物质文化遗产名录简介中，将羊皮鼓舞界定为一种原为由羌族"释比"做法事

---

① 中国非物质文化遗产保护中心编：《第二批国家级非物质文化遗产名录简介》，文化艺术出版社2010年版，第174—175页。

② 访谈对象：朱先生；访谈人：李建峰；访谈时间：2016年6月24日；访谈地点：汶川县。

的宗教舞蹈，后来逐渐演变为民间舞蹈的非物质文化。笔者认为，这样的表述意味着"非遗"话语对羌族羊皮鼓舞的取舍。这种取舍也意味着国家在实施非物质文化遗产保护过程中，对某些文化进行解构或重构。流传于汶川羌族地区的羊皮鼓舞有法事之舞与表演之舞之分，前者突出的是"通灵""历史记忆"，与村寨、事件、释比、时节、民众一道构建出一个整体，而后者强调的是"展演"的"传统舞蹈"，其主要功能是在"娱人"或者"娱他者"，是地方日常生活整体中的一部分，而且两者目前并存于羌族地区，被当地人严格区分，但是后者只是从前者中抽离出（不是逐渐演变为）的其中一种形式。显然，地方文化上升到国家"非遗"过程中，国家将其视角聚焦于"艺术"之上，以"舞蹈"属性为其可见一面。那么，回到羌族羊皮鼓舞的生产地，是否把二者整合为一，作为同一性的国家"非遗"项目进行传承与保护，无疑将会对保护效果产生影响。因此，关注国家级"非遗"的羊皮鼓舞与地方原生态文化环境中的羊皮鼓舞的差异，不仅仅是关注凝视的转向或者视觉差如何形成，还有着检视国家与地方社会在全景敞视地方文化过程中文化何以再生产的重要考量。换言之，国家"非遗"的类似取舍是否影响"非遗"项目传承保护的效果，都值得理论和实践层面的进一步关注。

第六编
史　论

壮族"歌圩"研究的回顾与反思

陆晓芹

摘　要："歌圩"是对流传于广西各地，尤其是壮族民间定期聚会对歌习俗的汉语表述。在对歌词文本、歌唱主体研究作一般概述的基础上，重点考察"歌圩"习俗研究成果可知，以往的研究主要着眼于"歌圩"称谓、起源和发展、意义与功能、内容与形式、地方性"歌圩"习俗等方面，这在方法上体现了从宏观概论性研究到个案式研究的探索。研究对象的丰富性和多样性要求一方面要继续深化对地方性"歌圩"习俗的个案调查，另一方面则加强跨文化视野下的比较研究。

关键词：民间歌谣　壮族歌圩　学术史

"歌圩"是对流传于广西各地，尤其是壮族民间定期聚会对歌习俗的汉语表述。人类学研究发现，这种竞赛性的对歌活动是中国西南地区和（越南）东京地区的一种普遍习俗，在西藏和古代日本也曾看到。[①] 直到今天，这种聚会对歌的习俗还存在于中国许多民族中，除了壮族"歌圩"以外，西北地区的"花儿会"也非常典型。就壮族"歌圩"而言，其作为一种具有丰富内涵的歌唱传统，给研究者提供了从各个角度切入的可能性。由于学科背景、研究理念和旨趣等的不同，以往的相关研究分别关注曲调音乐、歌词文本、歌唱主体和"歌圩"习俗等

---

* 原文刊于《民族艺术》2014 年第 2 期。

① [法]葛兰言：《古代中国的节庆与歌谣》，张宏明译，赵丙祥校，广西师范大学出版社 2005 年版，第 129 页。

方面的内容。其中，对曲调音乐的研究多着眼于对各地山歌调式特征的一般描述，强调其作为二声部或三声部民歌的艺术特色，如范西姆、赵毅等人的研究①。但其属于民族音乐学的范畴，与其他三方面的研究较少产生交集。本文受这一学术传统的影响，亦不拟将其纳入考察范围。希望在对歌词文本、歌唱主体研究作一般概述的基础上，对"歌圩"习俗的相关研究进行较全面的回顾，进而从方法论上总结其特点，以探求未来研究的新路径。

一　壮族民间歌唱传统研究概述

包括壮族先民在内的岭南土著民族历来有好歌善唱的传统，这一点最早可从春秋时期的《越人歌》中找到一些端倪。这首歌表达了"榜枻越人"（在船上操桨的人）对楚国令伊鄂君子晳的思慕之情，最初用越语唱出来，再由楚人翻译成楚语，其中"山有木兮木有枝，心悦君兮君不知"一句尤其为后人称颂。语言学家韦庆稳认为，这首歌与壮族有一定的关系。② 在历史上，不少汉族文人对岭南本土民族的歌唱习俗也进行了片段式的描述，如宋代周去非的《岭外代答》、明代邝露的《赤雅》等。清代，吴淇等人的《粤风续九》和李调元的《粤风》更将广西各民族的歌谣录下来。前书今已散佚，后书则成为中国第一部多民族的诗歌总集，其中的"俍歌"和"僮歌"均属于今天壮族的歌谣。最迟在清代，就有文人将这种聚会对歌的习俗称为"歌圩"，如广西龙州诗人黎申产就有"岁岁歌圩四月中"③ 的说法。在清代末年到民国时期，这种"歌圩之风"与主流意识形态发生抵牾，但

---

① 范西姆：《试论壮族多声部民歌的形成与特征》，《广西民族研究》1986年第1期；范西姆：《论壮族民间歌曲的风格与特征》，《人民音乐》1995年第4期；赵毅：《壮族三声部民歌探析》，《民族艺术》1996年第3期；赵毅：《壮族民歌的区域性特征》，《中央音乐学院学报》1999年第2期。

② 韦庆稳：《越人歌与壮语的关系试探》，载《民族语文》编辑部编《民族语文论集》，中国社会科学出版社1981年版，第297—298页。

③ 黎申产：《丽江竹枝词》，转引自欧阳若修、覃德清等《壮族文学发展史》，广西人民出版社2007年版，第1014页。

一直屡禁不止。①

在歌谣学运动中，这种历史悠久的歌唱传统也受到了人们的关注。作为对时代的回应，广西象州人刘策奇在家乡先后搜集了近百首山歌，发表于《〈歌谣〉周刊》。②他还撰文对搜集方法进行了说明："我采的歌谣，均觅那音义与歌中的音义相当的汉字，照歌谣的本音写出；其中有音无字的字句，纵汉字有所字音，而非此义的，悉进弃不用，而以注音字母或国际音标拼出，点明四声，详注意义。"③ 20世纪30年代，田曙岚到广西旅行时亦曾对广西西南部思乐县的"歌圩"习俗进行介绍。④ 之后，开始有人对其进行初步研究。其中，刘锡蕃的《岭表纪蛮》不仅介绍了相关的习俗，还专门探讨包括壮族在内的"蛮人""好歌"的原因。⑤陈志良的两卷本《广西特种部族歌谣集》则较全面描述了包括壮族在内广西各民族的歌唱习俗，并辑录了大量的歌谣作品。⑥ 20世纪30年代，著名语言学家李方桂在桂西各地进行语言调查时，也曾收集到流传于今天德保县壮族民间的《丁官歌》，并通过对文本的分析，发现了当地山歌特有的音韵规律。⑦但总的来说，在民国时期，学者们主要着眼于对歌谣文本的搜集整理和对"歌圩"事象的简单介绍，相关的分析阐释则未及展开。

随着"壮族"作为一个民族主体的地位得以确立，其歌唱传统也直接表述为"壮族歌谣""壮族歌仙刘三姐""壮族歌圩习俗"等。20世纪50年代以后，壮族歌谣得到了更进一步的关注。在壮族社会历史调查中，它们成为调查报告的有机组成部分。这一时期，为了做好壮族文学史的

---

① 羊复礼修、梁年等纂：《镇安府志》，光绪十八年刊本，成文出版社1967年重印。
② 其最早搜集的歌谣可见于第1号（1922年10月17日）。其中，仅第60号（1924年6月22日）就刊登了60首用官话演唱的壮人情歌。
③ 刘策奇：《我采录歌谣的说明》，《〈歌谣〉周刊》1923年12月30日第39号。
④ 思乐县今属广西左江市宁明县一带。有关描述见田曙岚《广西旅行记》，中华书局1935年版，第22页。
⑤ 刘锡蕃：《岭表纪蛮》，商务印书馆1934年版，第155—156页。
⑥ 陈志良：《广西特种部族歌谣集》，中央银行经济研究处1942年版。
⑦ 李方桂：《天保土歌》，转引自李富强主编《中国壮学》第四辑，民族出版社2010年版，第49—69页。原文刊于民族学研究所集刊编辑委员会编《"中央研究院"民族学研究所集刊》（第30期），"中央研究院"民族学研究所1972年版，第1—21页。

写作，学者们亦深入民间进行采风，编撰了《僮族民间歌谣资料》。① 在采风过程中，学者们采录了许多对歌唱活动的口头文本，然后制作成书面的歌谣文本。它们有的以拼音壮文进行记音，或直接翻译成汉语②。由于壮文的使用范围有限，汉语翻译之后的歌谣又多失去了其原有的韵味，因此其社会影响力也比较有限。相比之下，学者们在民间搜集到的各类土俗字文本，则更具有文献的价值。在这些文本中，"嘹歌""欢岸""信歌""刘三姐歌谣"等较具有代表性。

20世纪90年代中期以后，学者们开始对这些文本进行整理和翻译。在此基础上的研究，主要从语言学、文艺学等角度，获得对其歌词韵律、思想内容、美学特质等的把握。在进行分析的时候，学者认识到，这些歌谣具有地域性特点，因此，他们对壮族各地民歌的名称及其分布进行了分类描述，指出"欢""诗""嘎""比""伦""歌"等地方性民歌在形式、韵律上的异同③。这方面的研究，以黄勇刹用力最深，他不仅完成了研究性著作《壮族歌谣概论》④，还写作了不少歌圩调查的随感，如《歌海漫步》《采风者的脚印》。

在关于歌唱文本的研究中，以"嘹歌"最受关注。20世纪60年代，蓝鸿恩《哀民生之多艰——关于〈嘹歌〉的一些说明》被认为是其中最早的文章。⑤ 后来多有学者从各个方面加以探讨，但多数局限于文本。2005年，覃乃昌、郑超雄、潘其旭、覃彩銮等在《广西民族研究》上发表了"壮族《嘹歌》研究"的系列论文，将嘹歌作为一种民族民间文化，从民族学、历史学、文化学、美学等角度进行

---

① 广西壮族自治区科学工作委员会壮族文学史编辑室编：《僮族民间歌谣资料》（内部资料），1959年印。
② 黄勇刹、陆里、蓝鸿恩主编：《广西歌圩的歌》（内部资料），广西壮族自治区民间文学研究会1980年印；柯炽主编：《广西情歌》，广西人民出版社1980年版；柯炽主编：《广西情歌（续集）》，广西人民出版社1981年版。
③ 黄勇刹：《壮族民间诗律初探》，载段宝林、过伟主编《民间诗律》，北京大学出版社1987年版，第135—155页；黄革：《壮族民歌的名称及其分布》，《广西民族学院学报》1988年第4期。
④ 黄勇刹：《壮族歌谣概论》，广西民族出版社1983年版。
⑤ 蓝鸿恩：《广西民间文学散论》，广西人民出版社1981年版。

多层次的探讨。① 范秀娟则从审美人类学的角度对嘹歌进行研究，认为《嘹歌》以歌唱的方式确立了两性秩序和伦理道德秩序，为流行地区的人们提供了一种生活的稳定感、秩序感和幸福感。②

关于歌唱主体，最受学者们关注的是被誉为歌仙的刘三姐。其中，较早对其进行关注的是钟敬文，他认为刘三姐是"歌圩风俗之女儿"③。覃桂清的《刘三姐纵横》④一书介绍了刘三姐的传说及各种习俗形态，是这方面资料的集成之作。潘其旭的《歌海传奇——歌仙刘三姐》⑤追溯歌仙刘三姐的由来及其与歌圩习俗的关系。近年来，随着民族文化保护和民俗旅游的开展，亦有不少学者关注刘三姐作为文化符号、象征资本的开发与利用。相比之下，大家对现实生活中的歌者则较少关注。2000年以前，除了描述歌王黄三弟坎坷而传奇一生的传记式诗体作品《歌王传》⑥以外，只有《广西歌王小传》对广西各地民间385位著名歌者进行了简短的介绍。⑦近年来，这一状况有所改观，已有对特定歌者作口述史访谈和个案研究。⑧

对于歌唱习俗的研究，主要集中于"歌圩"这一特殊形态。20世纪50年代的社会历史调查中，壮族"歌圩"习俗得到了进一步的关注。而

---

① 该系列论文共8篇，分别是：覃乃昌《〈嘹歌〉：壮族歌谣文化的经典》，《广西民族研究》2005年第1期，第88—93页；郑超雄《壮族〈嘹歌〉的起源及其发展的社会历史条件》，《广西民族研究》2005年第1期，第94—102页；郑超雄《关于壮族〈嘹歌〉文化中心地的探讨》，《广西民族研究》2005年第2期，第97—105页；滕光耀《〈嘹歌〉的内容、形式和分类》，《广西民族研究》2005年第2期，第106—115页；潘其旭《壮族〈嘹歌〉的文化内涵》，《广西民族研究》2005年第3期，第96—115页；覃彩銮《论壮族〈嘹歌〉艺术的美学价值》，《广西民族研究》2005年第3期，第108—119页；覃乃昌《壮族〈嘹歌〉的传承与传播研究》，《广西民族研究》2005年第4期，第89—100页；蓝春阳《〈嘹歌〉的特色及其在壮族传统文化中的地位与作用》，《广西民族研究》2005年第4期，第101—108页。

② 范秀娟：《民间歌唱与乡土秩序——壮族传世情歌〈嘹歌〉研究》，《民族文学研究》2011年第1期。

③ 钟敬文：《刘三姐传说试论》，载钟敬文《钟敬文民间文学论集》（上），上海文艺出版社1982年版。

④ 覃桂清：《刘三姐纵横》，广西民族出版社1991年版。

⑤ 潘其旭：《歌海传奇——歌仙刘三姐》，广西人民出版社2009年版。

⑥ 黄勇刹：《歌王传》，广西人民出版社1984年版。

⑦ 农冠品等编：《广西歌王小传》，漓江出版社1992年版。

⑧ 黄榆婷：《女性与民歌传承》，《柳州师专学报》2009年第3期；向先清：《壮族嘹歌的传承与发展——歌手农美英口述史》，《柳州师专学报》2009年第3期。

这一时期编撰了《僮族民间歌谣资料》，除了收录大量的歌谣文本以外，也有各地"歌圩"习俗的调查资料。① 20世纪60年代，有关部门把相关资料编成《广西各地歌圩情况》，但其中收入的资料，并不限于壮族，还有侗、苗、瑶、仫佬等民族，体现了"歌圩"这一概念的丰富内涵。除此以外，潘其旭亦对壮族"歌圩"进行了专门的调查。② 但从20世纪60年代中期起，"歌圩"作为"四旧"被禁止，相关研究也未及展开。

20世纪70年代末，随着主流意识形态对民间文化的解禁，广西各地民间的歌唱活动重新活跃起来。1979年1月，赵来在《民族团结》上发表了一篇题为《壮族"歌墟"》③的文章，由此引发了全国性的"怎样正确对待少数民族的风俗习惯"的讨论，多数人对包括壮族"歌圩"传统在内的民间风俗给予了充分肯定。与此同时，相关的学术研究得以起步，"歌圩"及与之相关的"三月三""刘三姐"等主题成了广西地方文化研究的热点。相关研究的情况，笔者将在下一部分进行专门介绍。

二 壮族"歌圩"习俗研究的回顾

从时间上看，关于歌圩习俗的研究大致可以20世纪90年代中后期为界。在那之前，学者们立足于传统壮族农业社会，主要探讨了"歌圩"称谓、起源和发展、意义与功能、内容与形式、时空分布等方面。其中，以潘其旭的《壮族歌圩研究》最具有代表性。④ 从20世纪90年代中后期开始，"歌圩"的衰变现象引起了关注，大家或围绕其变迁和现实功能进行论述，或探讨地方性歌圩习俗的传承问题，或将它和其他地域、民族的歌唱习俗进行了比较研究，或对其研究方法进行反思。笔者将综合以上研究，着眼于"歌圩"称谓、起源和发展、意义与功能、内容与形式、地方性"歌圩"习俗等方面。

---

① 广西壮族自治区科学工作委员会壮族文学史编辑室编：《僮族民间歌谣资料》（内部资料），1959年印。
② 潘伊笋：《广西僮族歌墟调查》，《民间文学》1965年第4期。
③ 赵来：《壮族"歌墟"》，《民族团结》1979年第1期。
④ 潘其旭：《壮族歌圩研究》，广西人民出版社1991年版。

（一）关于"歌圩"称谓的探讨

研究"歌圩"，首先要面临这个概念的由来、定义、内涵等问题。对于"歌圩"这一概念的由来，一些学者注意到了它是汉语对壮族特定文化传统的一种称谓。《壮族文学史》认为，"由于这种活动是以相互酬唱为主要内容，'每场聚集人众不下千人''唱和竟日'，犹如唱歌的圩市，后来人们把它统称为'歌圩'。"① 昭民也强调："从字眼上看，并不包括有唱歌的意思，但由于壮族人民习惯，每逢圩市都要唱歌，所以自古沿袭下来，就成了'去参加唱歌的圩市'的意思了。"②

在对"歌圩"进行定义时，《壮族文学史》首先指出其在壮语中各地民间的不同称谓，进而将其定义为"壮族人民定期聚会唱歌，并以男女对唱情歌为基本内容的传统风习"，强调其所具有的定期性，但也注意到，"有些地方在婚嫁、贺新居、吃满月酒等场合或人数较多的劳动（如插秧、收割），也常常形成歌会"，因而也具有不定期的特点③。在这里，作者为了区分定期和不定期的聚会对歌活动，将后者视为"歌会"。对于这个概念，此前已有陈雨帆提出并作过专门论述，但指的是以聚会对歌方式组织会议、宣布意识形态的做法。④

作为截至目前"歌圩"研究领域唯一的专门性论著，《壮族歌圩研究》也注意将其与壮族各地民间的称谓并举，认为"所谓'歌圩'，原是壮族群众在特定的时间、地点里举行的节日性聚会唱歌活动形式"，"但随着其从'春祈秋报'向'歌唱为乐'的发展，以及壮族社会生活的'歌化'，往往在人们聚会的各种场合中，都经常出现群歌对唱的情景"。

---

① 欧阳若修等编著：《壮族文学史》，广西人民出版社1986年版，第236页。
② 昭民：《广西壮族古代歌圩》，载《广西各地歌圩资料》（内部资料），广西壮族自治区民间文学研究会翻印1980年版，第11页。
③ 欧阳若修等编著：《壮族文学史》，广西人民出版社1986年版，第235、249页。
④ 陈雨帆《壮族歌会初探》分上、下两部分，分别载于广西民间文学研究会编的《广西民间文学丛刊》第6辑（1982）和第7辑（1983）。在上部分中，作者认为："'歌圩'是以壮族男女青年追求美好爱情理想为标志的'歌的圩市'，是壮族情歌赖以大量产生的母体；而'歌会'则是以表现壮族人民变革社会、变革生活的思想激情和审美理想为标志的歌的聚会，是壮族时政歌谣、生活歌谣赖以大量产生的母体。"在他看来，"歌会"的典型形式是从韦拔群开始的以歌进行意识形态宣传的做法。这一概念后来并未得到广泛使用。

作者由此将"歌圩"分为节日性歌圩、临场性歌圩、竞赛性歌圩、庙会歌圩等四类。其中,"临场性歌圩"包括:劳动歌会、圩市会唱、婚聚会唱等;"竞赛性歌圩"则有"放球""还球"歌圩、庙会赛歌、唱"草歌"等形式;庙会歌圩具有祭祀祷祝的意义。① 近年的《壮学丛书·总序》只强调了"歌圩"作为节日性聚会对歌的意义,认为:"所谓歌圩,在壮语北部方言叫'圩蓬',意即欢乐的圩场;南部方言叫'航端',意为峒场圩市,是因其群集欢会酬唱,情如欢乐的集市而得名。"②

其他研究者在使用这一概念时,多沿用以上两种定义方式,或探讨其作为一种节日的特征、功能和意义,或强调其中"歌"的要素。但也有的将"三月三"、"歌节"与"歌圩"并举、换用③,在一定程度上造成了概念的混乱。

(二) 对"歌圩"起源和发展的研究

关于"歌圩"起源的问题,人们在 20 世纪 50 年代的调查中已相当重视,搜集了不少相关的民间传说④,但学术上的探讨则是在 20 世纪 80 年代以后。代表性的观点主要有以下两种。

其一,认为"歌圩"源于乐神。潘其旭通过对汉族"秦洧之风"的分析,认为定期"会合男女"本身就是原始信仰的仪俗,与之有着相同源头的壮族"歌圩","脱胎于氏族部落祭祀活动",最后"不断演化发

---

① 潘其旭:《壮族歌圩研究》,广西人民出版社 1991 年版,第 2、170—183 页。
② 张声震:《壮族历史文化与〈壮学丛书〉——〈壮学丛书〉总序》,《广西民族研究》2003 年第 1 期。
③ 雷达认为:"'三月三'是壮族人民的传统节日,'对歌'又是三月三的一项主要活动,因此又称为'歌圩'或'歌节'。歌圩,是壮族民间传统文化活动的形式,也是男女青年进行社交的场所,在野外玩耍,互相对歌","壮族歌圩有大有小,各地也不大一样,但是,以农历三月三最为隆重。"详见雷达《"三月三"与"刘三姐"——丰富多彩的壮族民歌》,《中国音乐教育》1999 年第 3 期,第 29 页。彭静则认为:"壮族的传统歌节,又叫'三月三''歌圩',是壮族人民在特定的时间、地点举行的节日性聚会,它是以对唱山歌为主的民俗活动。除了农历三月初三外,春节、四月初八、中秋以及结婚、小孩满月、搬家都可形成歌圩。"详见彭静《失落与新生——从广西民间歌咏习俗看民族文化传承》,《黔东南民族师范高等专科学校学报》2003 年第 4 期,第 64 页。
④ 广西壮族自治区民间文学研究会编:《广西各地歌圩情况》(内部资料),广西壮族自治区民间文学研究会翻印 1980 年版,第 11、17、37—38、51—53、58、64、67—68、72—74、82、87、93 页。

展为男女欢会的节日活动"。① 黄秉生也认为，原始宗教活动是壮族歌圩的母体，而两性爱恋的追求，是促使歌圩从宗教母体中诞生的第一动力。②

其二，认为"歌圩"源于对偶婚生活。农学冠认为："先前歌圩可能依附于乐神会"，但"相当多的人是乘乐神之会，借乐神之机来谈情说爱的"，"因此，不能说青年男女恋爱的活动来自乐神活动的"，最后他强调，"壮族歌圩起源于远古族外'择偶'的社会生活，对偶婚生活是产生歌圩的现实依据"。③《壮族文学史》也持类似观点。④

在谈到起源时间时，大家较多把它与传说中生活于唐代的刘三姐联系起来。针对民间将刘三姐视为山歌鼻祖的观念，钟敬文认为，"此种风俗之产生年代，恐当在较远之部落生活时期，并非如过去一般记录者所说，始于唐代或明代"，刘三姐只是"歌圩风俗之女儿"。⑤ 潘其旭将刘三姐视为"歌圩"形成的标志，但同时指出，"歌仙刘三姐故事原是古代岭南各族人民的共同创造，是民族文化交流的结晶"，"而早期的群体歌唱活动形式，亦非壮族及其先民所独有"，因此，"从刘三姐传说的产生及其反映的历史生活形貌，可以看到唐代岭南各民族歌唱活动的基本形态"。⑥

在"歌圩"的发展问题上，梁庭望曾试就其历史进行分期。⑦ 进入当代，"歌圩"的衰变引起了人们的注意，相关研究多围绕其当下状况、变迁原因、传承机制等方面。关于其衰落的原因，李乃龙从政府行为、"歌圩"风气、婚姻习俗、民歌的应用、传授和创作主体的心态变迁等方面进行了探讨，认为其内在主要原因是民歌应用、传授和创作主体的心态

---

① 潘其旭：《壮族歌圩研究》，广西人民出版社1991年版，第77、92页。
② 黄秉生：《歌圩与壮族审美意识》，《广西民族学院学报》1986年第1期。
③ 农学冠：《壮族歌圩的源流》，载苑利《二十世纪中国民俗学经典·史诗歌谣卷》，社会科学文献出版社2002年版，第147—148页。
④ 欧阳若修等编著：《壮族文学史》，广西人民出版社1986年版，第236页。
⑤ 钟敬文：《刘三姐传说试论》，载钟敬文《钟敬文民间文学论集》（上），上海文艺出版社1982年版，第116—117页。
⑥ 潘其旭：《壮族歌圩研究》，广西人民出版社1991年版，第168—169页。
⑦ 梁庭望：《歌圩的起源及其发展》，《广西民间文学丛刊》1982年第6辑。

变迁①。李萍认为:"择偶功利性的减弱,动摇了歌圩赖以生存发展的社会基础;环境的变迁缩小了歌圩的地盘;民众价值观念的变化是歌圩衰落的社会心理因素;壮文的滞后阻碍了壮族歌圩文化的传播。"②

(三)对"歌圩"意义与功能的分析

关于"歌圩"的功能,钟敬文认为:"如歌圩此种源远流长、且广泛扩布之民族节日,其起源甚古,当时无疑作为一种社会文化机能而存在者。在流播过程中当有增益、修改,产生一定之变化状态。不管如何,歌圩在产生与流传过程中,必然与当地群众生活、文化及集体思想有极其密切之关系,并不断起各种现实作用(实际的或心理的)。"③ 学者们也普遍认识到歌圩在壮族历史文化的特殊作用和不同时期的不同功能,强调传统歌圩祷祝丰年、求子和倚歌择配等意义。④ 潘其旭还强调,"歌圩"在发展的过程中亦经历了由娱神到娱人的变化,它作为"壮族民间文学的自然载体"和"壮族婚姻文化的历史缩影","既为壮族群众传统的文化活动形式,又是青年男女开展社交的重要场所"。⑤ 有的学者着眼于当下的变化,将"歌圩"功能归纳为商品纽带和活跃市场、人际交往和协调、群体凝聚和民族团结、文化传播、宣传教育及文体娱乐等六方面,认为从最初的"对歌择偶"到今天集各种文艺和商业活动于一身,其社会功能越来越不可忽视。⑥

随着非物质文化遗产保护工作的开展和民族文化旅游开发,"歌圩"的现实功能也成为学者们关注的热点。这些探讨大多基于特定地域"歌

---

① 李乃龙:《歌墟衰落的文化心理透视》,《南方文坛》1996年第6期。
② 李萍:《壮族歌圩衰落的文化学透视》,《广西右江民族师范高等专科学校学报》1999年第4期。
③ 钟敬文:《刘三姐传说试论》,载钟敬文《钟敬文民间文学论集》(上),上海文艺出版社1982年版,第117页。
④ 陈驹:《壮族"三月三"歌节探源》,《广西民间文学丛刊》1983年第9辑;潘其旭:《壮族"歌墟"与"秦淮之风"的比较》,《民族艺术》1988年第1期;潘其旭:《壮族"歌墟"——民族部落祭祀活动的产物》,《民族艺术》1988年第4期。
⑤ 潘其旭:《壮族歌圩研究》,广西人民出版社1991年版,第114、280页。
⑥ 王喜梅:《关于壮族歌圩的社会功能再思考》,本科学位论文,广西民族学院,2002年。

圩"传统的考察,如蒋剑关于嘹歌产业化开发的研究。① 其中,以田阳县敢壮山歌圩最引人注目。在历史上,这里每年农历三月初七到初九都会在这里祭祀、对歌,世人称之为"春晓岩歌圩",人数为三万至五万不等。21 世纪初期,学者们认为,这里祭祀的是"壮族人文始祖"布洛陀。② 随着民族文化旅游开发和非物质文化遗产保护工作的展开,政府主导了对敢壮山的旅游开发。从 2003 年开始,每年三月初七到初九,这里都要举行盛大的文化旅游节和祭祀布洛陀的仪式。对于这样的文化过程,来自不同学科领域的学者都给予了深切的关注。在这里研究中,既有对敢壮山歌圩历史、现状的考察,论证其作为"布洛陀文化遗址"的合理性③,也有学者注意到了其对于壮族民间宗教和民族文化被重新建构的历程,从宗教文化建构的角度对敢壮山"歌圩"加以考察④,有的从现实功能的角度,对如何进行旅游开发加以探讨。⑤

(四) 关于歌圩内容和形式的研究

关于"歌圩"的内容和形式,主要从其时空分布、活动形式、对歌内容等着眼。关于"歌圩"的时空分布,宋代以来的文献有零星记载。其中,明代旷露的《赤雅》特别提到,这种歌唱习俗发生在春秋二季的山椒水湄。20 世纪 80 年代,过伟根据调查的资料,编了《歌圩分布表》,初步统计了 40 个县市 642 个歌圩场地点名称、日期和规模的状况。⑥ 从

---

① 蒋剑:《壮族歌圩文化的产业化发展——以平果嘹歌文化品牌的打造为例》,《广西财经学院学报》2008 年第 2 期。
② 2002 年 6 月 26 日,壮族著名诗人古笛考察敢壮山时,受当地学者的启发,认为敢壮山就是"布洛陀的古居""是我们始祖布洛陀、姆六甲生活过的地方",参见古笛《古笛艺文集》,中国广播电视出版社 2004 年版;覃乃昌《布洛陀寻踪——广西田阳县敢壮山布洛陀文化的考察与研究》,广西民族出版社 2004 年版;覃乃昌《布洛陀:珠江流域原住民族的人文始祖》,《广西民族研究》2004 年第 2 期等文。
③ 黄桂秋:《"欢敢":敢壮山歌圩的源流及其文化内涵》,载覃乃昌主编《布洛陀寻踪——广西田阳县敢壮山布洛陀文化的考察与研究》,广西民族出版社 2004 年版,第 76—111 页。
④ 时国轻:《壮族布洛陀信仰研究——以广西田阳县为个案》,宗教文化出版社 2008 年版。
⑤ 李萍:《布洛陀文化传承视阈下特色歌圩的建设——以广西田阳县为例》,《民办教育研究》2010 年第 8 期;陈炜、张瑾《少数民族非物质文化遗产旅游开发 SWOT 分析及对策——以百色壮族布洛陀文化为例》,《社会科学家》2009 年第 6 期。
⑥ 潘其旭:《壮族歌圩研究》,广西人民出版社 1991 年版,第 281—314 页。

中可知，其时间确实主要分布春季和秋季，传统地点多在有山有水的地方，后来逐渐转往乡镇中心所在地。潘其旭认为，这种时空上的分布，源于壮族先民社会稻作生产的季节性，与其春祈秋报的信仰有密切关系。①

在《壮族歌圩研究》中，潘其旭还对歌圩的活动形式、对歌内容等进行了较深入的研究。在活动形式上看，他从以歌交情、赛歌赏歌、文体自娱三方面进行把握，认为赛歌赏歌是歌圩活动的主要形式之一，除了以赛歌为主旨的竞赛性歌圩外，各种节日性、临场性歌圩中的赛歌活动也很普遍。他同时强调，歌圩中文体自娱的方式很多，传统上主要有抛绣球、抢花炮、斗蛋、博扇等。在此基础上，他主要着眼于对歌活动，考察了对歌过程的一般程序和主要内容，认为其要经过初会歌、求歌、接歌或和歌、盘歌、唱甜歌（即"交情歌"）、唱信歌（即"定情歌"）、唱盟歌、唱思歌、唱别歌、唱约歌。②

（五）对地方性"歌圩"习俗的田野研究

关于广西各地民间的"歌圩"习俗，宋代以下的一些历史文献曾有零星描述。20 世纪 60 年代初编撰的《广西各地歌圩情况》对部分壮族地区的"歌圩"习俗进行简要介绍，潘其旭关于壮族"歌圩"的田野调查，则主要在德保县、靖西县进行。③

对地方性歌圩习俗进行深入田野调查研究的，始于日本学者手塚惠子。她从 20 世纪 80 年代末开始，在广西武鸣县桥北村一带进行了田野调查，在近 20 年的跟踪调查中，先后发表了《武鸣县桥北村歌圩的文化圈》《中国广西壮族歌圩调查记录》等论著④。

从 2000 年开始，广西师范大学覃德清教授指导其研究生对广西各地歌咏文化进行个案式的田野研究，探讨其在变迁中所蕴含的文化转型的意义。其中，彭静通过广西三江高定村和南宁国际民歌艺术节的个案分

---

① 潘其旭：《壮族歌圩研究》，广西人民出版社 1991 年版，第 92—113 页。
② 潘其旭：《壮族歌圩研究》，广西人民出版社 1991 年版，第 183—212 页。
③ 潘伊笋：《广西僮族歌墟调查》，《民间文学》1965 年第 4 期。
④ ［日］手塚惠子：《武鸣县桥北村歌圩的文化圈》，《广西民族学院学报》1988 年第 2 期；［日］手塚惠子：《中国广西壮族歌垣调查记录》，大修馆书店 2002 年版。

析，认为民族文化有其内在的发展机制，在全球一体化的年代，文化变迁不可避免，外力可以影响，但不能决定它的发展走向，所以应该顺其自然，而加强民众文化认同的重建才是保护民族文化的根本之路。① 罗远玲发现，广西巴马——盘阳河流域的民间文化精英利用数字化传媒技术制作山歌光盘，使歌咏文化在社会转型中以新的形式出现，实现了民族文化的传承。② 覃慧宁通过对广西宜州—下枧河一带的考察认为，在以电子媒介为主的大众传媒背景下，当代山歌的传承和传播呈现双重特质，既是传统人际传播的载体，亦是现代大众传播媒介的传播内容，它与代表工业文明的大众传媒所带来的大众文化并存共生，体现出因时应势而变的活态性，也展现出积极接受、吸取和利用现代电子媒介的灵活关系和创新性，这使得山歌文化保有与工业文明融合并存的生机和潜力。③ 陆斐通过对广西靖西县的调查，指出：在歌咏文化传承方式由口传、书面向光碟演变的过程中，人们将会走向更为宏大的话语选取权。④

随着民俗文化旅游与非物质文化遗产保护工作的展开，学者们也日益深化对地方性歌圩习俗的探索，在不同区域做了更为深入的定点调查研究。其中，最"热"的要数广西田阳县敢壮山歌圩。被誉为刘三姐故乡的广西宜州下枧河流域是年轻学人从事田野研究的另一个热点地区，梁昭、周春、覃慧宁等均在此完成了其博士学位论文的调查研究，⑤ 在传承着"嘹歌"的广西平果、田东县一带，除了有覃乃昌、罗汉田等老一代学者进行歌谣文本整理和解读以外，近年来亦吸引了不少学者。在德靖台地一带，笔者立足于本土视野对民间节日"航单"和对歌习俗"吟

---

① 彭静：《失落与新生——从广西民间歌咏习俗看民族文化传承》，《黔东南民族师范高等专科学校学报》2003 年第 4 期。
② 罗远玲：《巴马——盘阳河流域歌咏文化传承与现代人文重建》，硕士学位论文，广西师范大学，2004 年。
③ 覃慧宁：《大众传媒背景下山歌的传承与传播机制——以广西宜州市为例》，《民族艺术》2004 年第 2 期；覃慧宁：《宜州——下枧河流域壮族歌咏习俗传承与文化遗产保护》，硕士学位论文，广西师范大学，2005 年。
④ 陆斐：《歌咏文化的演变与民族话语权及其认同》，《宜宾学院学报》2005 年第 2 期。
⑤ 梁昭：《民歌传唱与文化书写——族群表述中的"刘三姐"事像》，博士学位论文，四川大学，2007 年；覃慧宁：《一个"中间圈"的世界》，博士学位论文，中央民族大学，2010 年。

诗"进行了民族志调查。① 还有一些学者将南宁国际民歌节作为"歌圩"习俗的延续，从审美人类学视角对其加以关注。②

在以"歌圩"为本体展开研究的同时，也有学者将其与同类文化事象进行纵向和横向上的比较，以探讨其源流和基本特征等问题。在纵向的比较上，陈驹通过"三月三"歌节与古代中原上"上巳节"的比较，指出"三月三"歌节是民族文化交流的产物；③ 潘其旭将歌圩与古代中原"秦洧之风"的比较，强调其在宗教起源和功能上的共性；④ 韦金岭则将《诗经》中的恋歌与"歌圩"中的情歌进行比较，寻找二者之间的联系。⑤ 在横向比较方面，潘春见曾试图将壮族"歌圩"与其他民族的歌场进行比较，以探讨其源流问题；⑥ 黄玉淑则在"歌圩"和"花儿"会之间寻找文化内涵和歌唱艺术上的异同⑦。这些成果拓展了"歌圩"研究的跨文化比较视野，可惜未能进一步深入。

三 "歌圩"习俗研究方法的探索

从以上的总结可知，以往关于"歌圩"习俗的研究具有多学科融合的特点。来自民族学、民俗学、人类学、语言学、文学、历史学、宗教学等不同学科背景的学者从不同角度介入，使较全面把握研究对象成为可能。其中，2000 年之前，学者们主要着眼于"歌圩"这一民俗事象，

---

① 陆晓芹：《乡土中的歌唱传统——广西西部德靖一带壮族民间"吟诗"与"暖"》，博士学位论文，北京师范大学，2006 年；陆晓芹：《"吟诗"与"暖"——广西德靖一带壮族聚会对歌习俗的民族志考察》，广西师范大学出版社 2016 年版（2018 年第二次印刷）。

② 王杰等：《审美人类学视野中的南宁国际民歌节》，《民族艺术》2002 年第 3 期；格明福：《审美人类学视角下的南宁国际民歌艺术节》，《广西民族学院学报》2003 年第 1 期；罗远玲：《审美人类学主客位视野中壮族歌圩及其文化符号意义》，《广西民族研究》2003 年第 2 期。

③ 陈驹：《壮族"三月三"歌节探源》，《广西民间文学丛刊》1983 年第 9 辑。

④ 潘其旭：《壮族"歌墟"与"秦洧之风"的比较》，《民族艺术》1988 年第 1 期。

⑤ 韦金岭：《〈诗经〉恋歌所反映的古代"歌圩"习俗》，《广西民族学院学报》1988 年第 2 期。

⑥ 潘春见：《歌墟源流——壮族歌墟与其他民族歌场之比较》，《广西民族研究》1995 年第 4 期。

⑦ 黄玉淑：《试比较广西壮族山歌与西北花儿"反复"修辞手法的差异》，《青海师专学报》2003 年第 2 期；黄玉淑：《广西歌圩与西北"花儿"会情歌对唱活动之婚恋文化内涵比较》，《中南民族大学学报》（人文社会科学版）2003 年第 3 期。

将其中具体语境中抽取出来，做一般的描述和分析。在 2000 年前后，不少年轻学者着眼于地方性"歌圩"习俗，基本较深入的田野调查完成了各自的研究个案。这种转变，与人类学理论方法的引入有密切关系。在这个过程中，学者们不断反思以往的研究方法，或多或少地借鉴了参与式田野调查方法，尽可能切近的考察"歌圩"习俗，最终实现了研究方法的转变。下面，笔者将对这一反思过程作简要介绍。

2000 年以前的相关研究，主要着眼于"歌圩"习俗事象本身，却"对民俗的发生情景弃之不顾，对民俗活动的主体悬而不论"，① 使活生生的生活事实和民俗事件简化成为无主体、无具体语境的概化叙述。这种概化叙述，主要是由于学者们忽略了"歌圩"作为一种地方性文化在称谓、内容、形式等方面所具有的差异性，是一种基于客位视角的研究方式。

事实上，早在 20 世纪 80 年代，一些语言学者发现，"歌圩"有是自称与他称之别的。蒙宪就曾指出："作为一项具有深厚民族文化传统的大型民俗活动，歌圩在称谓上就有汉称（或曰他称）和壮称（或曰自称）两种称谓体系，以及在这两种不同称谓体系的语义底层蕴含的两种不同的文化内涵——研究歌圩而不考释其称谓的差异和所指称的内涵的不同，从方法论来说，无疑会影响这种研究的透辟和结论的精确。"② 由此，他强调了关注"歌圩"的自称（壮称）和他称（汉称）差异的重要性。遗憾的是，这一观点也未能得到本土"歌圩"研究者的关注。

在"歌圩"研究者中，最早强调"歌圩"称谓之不同的是日本学者手塚惠子。她坚持从个案切入把握地方性的"歌圩"传统，从 20 世纪 80 年代后期开始，对武鸣县"歌圩"进行跟踪调查。她从本土视野出发，认识到了"歌圩"名实之别，强调了其自称和他称的不同："按照本地人的观念来分，规定举行对歌的大概日子和具体地点的叫做歌圩。不定时定地的对歌就叫做对歌。但是他们不分别运用对歌和歌圩的概念。"③ 这种探索，是对以往客位研究视角的纠正，在实践层面上推进了"歌圩"

---

① 高丙中：《文本和生活：民俗研究的两种学术取向》，《民族文学研究》1993 年第 2 期。
② 蒙宪：《歌圩壮称的语言民族学探讨》，《民族研究》1988 年第 3 期。
③ 手塚惠子：《武鸣县桥北村歌圩的文化圈》，《广西民族学院学报》1988 年第 2 期。

研究方法的更新。可惜由于语言和学术传统的隔绝，其研究成果未能得到本土学者的及时吸纳。

从 20 世纪 90 年代中后期开始，"歌圩"的衰变现象引起关注，其当下的传承与变迁问题成为学术界关注的重点。一些学者认识到，要把握这种动向，须做深入的田野调查研究。在这个过程中，人类学的理论与方法逐渐得到大家的认同。其中，覃德清为了克服"歌圩"的名实之别，提出了"歌咏文化"的概念，强调要从歌俗、歌者、歌作、歌艺对特定地域的歌咏文化做整体把握。[①]

与此同时，关于"歌圩"称谓及研究方法的反思也在继续。笔者于 2000 年前后开始关注这一事象，但在德靖壮族民间进行田野调查时发现，人们极少使用"歌圩"的概念，不少民众甚至不知它为何物。与此同时，民间将作为传统节日的"歌圩"表述为"航单"，而将聚会对歌活动称为"吟诗"。从其他地方的田野和文献资料亦可知，"歌圩"的地方性称谓是多样的。"歌圩"作为一个汉语词汇，只是历代汉族（或汉文程度较高的壮族）文人用以标识相关民间习俗的一个符码，是汉文化对壮文化的转写，本身不仅有语法上的不同，更存在文化理解上的差异，它所能提供的也只能是一种客位视角。如果忽略了地方性表述的特殊意义及"歌圩"一词作为一种文化转译所具有的先在遮蔽性，将它作为研究的原点而不加区辨的使用，不仅给概念的误用和滥用留下了空间，也会导致"歌圩"之名与实际存在的民间传统之间互相疏离的现象。[②]

针对"歌圩"研究中这种客位的"他观"立场，罗远玲也撰文加以反思，认为歌圩并非纯粹的文学研究对象和孤立静止的文化现象，应立足于文化人类学的整体观、时空观，把壮族歌圩看作一种动态的文化现象，运用主客体互换、解释人类学等方法及文化变迁理论对其进行立体的研究，她还在传统与现代的框架中分析了"文人—官员"客位视野和

[①] 覃慧宁：《论壮族歌咏文化现代转型时期的结合研究》，载中山大学中国非物质文化遗产研究中心编《中国非物质文化遗产》（第九辑），中山大学出版社 2005 年版，第 112—115 页。

[②] 陆晓芹：《歌圩是什么——文人学者视野中的"歌圩"概念及民间表述》，《广西民族研究》2005 年第 4 期。

"老百姓"主位视野中歌圩的不同。①

梁昭认为,"歌圩"作为一种学术概念的形成和推广,与岭南本土历史文化特点和民族文化研究的知识范式有密切关系,从而折射了岭南历史文化纠缠着长程的地方现实变迁和历史记忆,以"歌圩"切入广西、壮族的歌俗研究,并不一定意味着遮蔽地方表述和民间传统,面对复杂的"歌圩"以及其他言说,不如在更细的层面追问:这是何种表述?何种传统?②

这些反思,一方面指出了"歌圩"作为地方性知识的意义,另一方面也强调这一文化表征对于地方性知识的建构意义。与这种思考相伴随的是,学者们一改以往从宏观上对壮族"歌圩"进行总体把握、将其从具体的时空坐落里抽取出来对其进行概化论述的做法,努力从主位或主、客位并置的视角对地方性"歌圩"习俗进行个案式的调查研究。这也在一定程度上纠正了以往以客位视角研究"歌圩"所具有的弊端,深化了人们对壮族民间歌唱传统的认识。

四 对未来研究的展望

在"歌圩"研究中,从宏观的描述到个案式的调查研究,为我们深入了解这一文化事项提供了可能。但与丰富多样的壮族"歌圩"传统相比,这样的探索还远不够。事实上,在各地壮族民间,以"歌圩"表征的定期性聚会对歌传统不仅有称谓上的差异,在表现形态也有不太一样,例如:在靠近中越边境的龙州县有"陇峒"习俗,但多在田间地头举行,且伴有隆重的宗教祭祀活动;靖西县的"航单"和德保县的"窝端"多与圩期重合,却不必然伴随对歌和宗教活动;在田东县、田阳县等地,人们在特定的日子里到岩洞里去祭祀,然后聚在一起对歌,谓之"很敢"、"靠敢"或"贝敢";在南宁市良庆区、邕宁区等地,传统上有以

---

① 罗远玲:《审美人类学主客位视野中壮族歌圩及其文化符号意义》,《广西民族研究》2003 年第 2 期。
② 梁昭:《汉壮文化的交融与疏离——"歌圩"命名再思考》,《民族文学研究》2007 年第 1 期。

"还球"为表征的对歌赛歌活动,如今各村还有定期聚亲会友的习俗。在经济全球化、文化一体化的今天,这些地方性的"歌圩"传统经历了前所未有剧烈变迁,其现实功能也发生了变化。在这个过程中,普遍的聚会对歌传统衰落了,但"歌圩"作为一种民族文化符号也发挥了重新建构的作用。这些,均需要学者们持之以恒的关注。因此,对地方性"歌圩"习俗的民族志研究仍需进一步加强。

与此同时,我们也应注意到,"歌圩"所表征的聚会对歌传统远非壮族所独有。在广西,它广泛存在于汉、瑶、苗、侗、京等民族民间。在广西之外,中国西南、西北许多民族和越南中越边境岱、侬等民族中,也有聚会对歌的习俗。从历史上看,在春秋战国时代,中国中原一带亦曾有上巳节、"仲春之会"及"秦洧之风"等季节性集会,其中的竞赛性对歌为我们留下了《诗经》中的动人情歌。[①] 这些,理应为"歌圩"跨文化比较研究提供广阔的视野。但从以往的成果来看,学者们除了在探讨壮族"歌圩"的起源时将其与上巳节、"仲春之会"及"秦洧之风"等作发生学上的关联以外,只将其与中国西北的"花儿会"作过一些比较。至于国内外其他民族的歌唱传统,尤其是与壮族跨境而居的越南岱、侬等民族的聚会对歌习俗,仍少有关注。由此,亦凸显了比较研究之不足。

如今,历史的歌声早已随风远逝,在缺乏史料的情况下,我们可能很难找到"歌圩"与"仲春之会"、"秦洧之风"之间存在关联具体证据。但越南学者们把与壮族"歌圩"极为相似的聚会对歌节日称为"庙会"的做法似乎提醒我们,这种文化史上的影响是极为可能的。因此,在考察壮族"歌圩"时,也应该将广泛存在于中国汉人社会中的"庙会"习俗、流传于同样深受汉文化影响的中国各民族中的聚会对歌习俗纳入比较的视野。只有这样,我们在作相关学术史考察时,才不再是自言自语似的说"歌圩",也才可能有朝一日打开更大的视野,将"歌圩"习俗与其他国家的对歌习俗进行广泛的比较,从而使"歌圩"的相关知识真正进入国际性的学术共同体。

---

① [法]葛兰言:《古代中国的节庆与歌谣》,张宏明译、赵丙祥校,广西师范大学出版社2005年版。

寻根传舞：非物质文化遗产视角下传统舞蹈学术史的回顾与评述[*]

罗婉红

摘　要：传统舞蹈是非物质文化遗产的重要组成部分。从非物质文化遗产理论视角对传统舞蹈的学术史进行回顾，把握其动态特征，研判其发展趋势，可为当前的保护实践提供思想基础。以中华人民共和国成立为起点，以昆曲进入"人类口头与非物质文化遗产"代表作名录为标志性事件，可将我国非物质文化遗产保护的整体进程分为"申遗"前、中、后三个阶段，对传统舞蹈研究的学术成果进行系统梳理与归类分析。在国家文化政策和非物质文化遗产保护实施方案的推动下，传统舞蹈的学术成果体现出如下特点：研究定位从边缘走向中心；研究视野从单一学科走向综合学科；研究思路从采集体认走向田野实证；研究范式从国家话语走向乡土语境。未来传统舞蹈非物质文化遗产保护研究应加强对保护过程的关注，加强以舞蹈为核心物的扩展性研究；更需要关注的是作为舞蹈文化主体的人，他们的舞蹈行为以及背后的思维逻辑。增强传统舞蹈主体保护和传承它的文化自觉，才是舞蹈非物质文化遗产的生命力永续之源。

关键词：非物质文化遗产　传统舞蹈　学术史　评述

对于传统舞蹈的保护，早在改革开放之初，文化部、中国舞蹈家

---

[*] 原文刊于《民族艺术研究》2018年第2期。

协会和联合国教科文组织就曾进行过热烈的讨论,并且形成了书面的建议。① 21世纪以来,从昆曲被列入联合国教科文组织首批"人类口述与非物质文化遗产代表作"名录拉开序幕,举全国之力的非物质文化遗产(以下简称"非遗")保护运动至今方兴未艾。2003年10月联合国教科文组织第32届大会上通过了《保护非物质文化遗产公约》,2004年我国成了公约的首批缔约国,2011年出台了《中华人民共和国非物质文化遗产保护法》(以下简称"非遗法"),通过法制保障,促进包括传统舞蹈在内的非遗保护事业的整体推进。

  非遗保护是中国政府在新时期的一大壮举。在这场以政府为主导、得到众多民众支持的保护运动中,学者也承载了新的使命,"需要更深入地进行实地考察,发现新情况;需要更深入地思考、钻研,在总结鲜活经验的基础上,贡献新的理论成果"。② 因此,笔者希望通过对前人研究成果进行分类爬梳、归纳总结,回顾传统舞蹈的学术史,把握学术研究的动态特征,并对发展趋势进行研判,旨在"寻根传舞",为传统舞蹈非遗的生命力提升和科学保护尽绵薄之力。本文以中华人民共和国成立为起点,对我国非遗保护的整体过程进行学术史的分期,将其分为前申遗、申遗和后申遗三个时期,通过对1949年至今有关传统舞蹈非遗的前人研究成果进行定性分析。研究过程中以文献资料文本分析法为主,利用中国知网、万方学术期刊网、读秀学术网、超星数字图书馆等在线检索平台以及笔者能力所及的地方图书馆、文化馆、非物质文化遗产保护中心和民族宗教事务委员会资料室等非遗文献馆藏单位,以"非物质文化"、"文化遗产"、"非遗"、"民族舞蹈"、"民俗舞蹈"、"民间舞蹈"、"传统舞蹈"以及已被列入国家级非遗名录131项传统舞蹈为主题查询或关键词检索,然后通过类型筛选对具有历史文化价值的学术成果进行梳理、计量、归纳、分析,探索我国传统舞蹈类非遗研究的动态变化和未来趋势。

---

  ① [美]费鹤立:《中国少数民族舞蹈的采集、保护与传播——20世纪80年代初期的一项社会人类学调研》,何国强、许绍明译,云南大学出版社2010年版。
  ② 资华筠:《走中国特色非物质遗产保护之路》,《光明日报》2006年9月22日。

一 传统舞蹈非遗研究的三个阶段

(一)"前申遗时期":1949—2000 年

前申遗时期是指非遗的概念尚未正式提出,保护运动未大规模开展的 2000 年之前,而我们将这一阶段的起点推至中华人民共和国成立之初。这横亘半个世纪的时间段又可分为中华人民共和国成立初期和改革开放之后两个既有联系又有区别的阶段。

1. 中华人民共和国成立初期:1949—1979 年

中华人民共和国成立之初,历经战火洗礼的残破河山百废待兴。由戴爱莲、吴晓邦为代表的老一辈舞蹈艺术家们秉承着《延安文艺座谈会上的讲话》(1943 年)精神苦苦求索,希冀汲取传统,创作出代表新中国风貌的"新舞蹈"。这种回看历史、立足乡土的思维模式对于传统舞蹈的研究和艺术创作影响深远,至今仍然是主流范式。而对于民间的传统舞蹈的体认,在党和政府的领导下举全国之力开展的民族识别工作值得重点提及。从 1950 年开始直到 1979 年基诺族被确认为第 55 个单一少数民族,这样一次涉及学科最广、专家最多、历时最长的集体性研究工作,虽然主观上并非进行舞蹈艺术的探究,却为此后舞蹈非遗的识别、确认、研究打下了坚实的基础。比如:潘光旦(1956 年)对湘西北的土家人进行调查时对摆手舞的记录和分析,"跳摆手舞重点是手摆动,当然还要动脚,但它的特点不在于举手投足,一个明显的与其他舞蹈不同的是,左手和左脚、右手和右脚,分别同时向前摆动,和军事动作同边走正好相反,舞姿是出左脚时同时出左手向前,出右脚时右手同时向前摆……演示时,排成一行转圈舞动……舞姿民间风味很浓厚,朴实大方,粗犷雄浑,是富有魅力的传统舞蹈"。[①] 在达斡尔族的识别问题上,妇女喜跳的"罕伯舞"受到了学者的关注(1955 年)。[②] 杨成志《关于中国若干少数民族的社会历史简况和风俗习惯》(1958 年)的调查中对傣族象脚鼓舞、

[①] 张道祖:《1956,潘光旦调查行脚》,上海锦绣文章出版社 2008 年版。

[②] 傅乐焕:《关于达忽尔的民族成分和识别问题》,载中央民族学院研究部《中国民族问题研究集刊》(第 1 辑),中央民族学院出版社 1955 年版,第 28—32 页。

孔雀舞，彝族的锅庄，壮族打铜鼓都有所涉及；① 梁钊韬（1963年）的佤族调查中对祭祀活动中的"拉木鼓"和"剽牛"展开了翔实的调查，②而早在1943年梁先生在对粤北上峒瑶的调查中就曾辨析瑶族铜鼓舞散落的路线与宗教传播的关系；③ 吴泽霖（1953年）在对贵州短裙苗的调查中发现，短裙苗的丧葬仪式中鬼师的"宝剑舞"具有重要的意义；④ 杨堃（1956年）做云南白族的调查时，对洱海及其周边地区的"火把节"和"绕三灵"歌舞活动进行了追溯；⑤ 宝音套克图（1962年）认为"安代舞被誉为'中国蒙古族第一舞'，是古代踏歌顿足、连臂而舞、绕树而舞等集体舞形式的演变和发展"⑥；尔东（1962年）对建水彝族花灯进行了调查与解读；⑦ 常任侠（1962年）认为傣族舞蹈民俗节日三月三泼水习俗是在公元8世纪经由西域传入我国，与唐代的"泼寒胡舞"颇有渊源；⑧此说一出即颇具争议，孙作云提出商榷，孙先生考证傣族三月三的泼水习俗并非"西来之物"，而是我国自古以来"祓禊"之风的延续，与"泼寒胡舞"不能同日而语。⑨ 此外，需要特别提及的是中央民族歌舞团首任团长费孝通先生，同时他也是民族识别领导小组重要的学者，他不仅自己对苗族、瑶族、彝族等少数民族的舞蹈有深入的调查与研究，还直接促成了新中国首批民族舞蹈工作者在西南地区长达一年零四个月与

---

① 杨成志：《关于中国若干少数民族的社会历史简况和风俗习惯》，载《杨成志人类学民族学文集》，民族出版社2003年版，第391—423页。
② 梁钊韬：《滇西有关民族原始社会史调查材料初释》，《中山大学学报》（哲学社会科学版）1964年第3期。
③ 梁钊韬：《阳山县上峒瑶民社会》，载《梁钊韬民族学人类学研究文集》，民族出版社1994年版，第10页。
④ 吴泽霖：《贵州短裙黑苗的概况》，载《吴泽霖民族研究文集》，民族出版社1991年版，第8—10页。
⑤ 杨堃：《试论云南白族的形成和发展过程》，载《杨堃民族研究文集》，民族出版社1991年版，第242—246页。
⑥ 宝音套克图：《蒙古族民间歌舞"安代"》，《内蒙古日报》1962年1月26日。
⑦ 尔东：《富有彝族风味的建水花灯》，《云南日报》1962年1月25日。
⑧ 常任侠：《泼水节与泼寒胡舞》，《光明日报》1962年1月27日。
⑨ 孙作云：《中国的泼水节——三月三起源》，载《孙作云文集》（第4卷），河南大学出版社2003年版，第341—350页。

少数民族群众同吃同住同劳动的体验式调查,① 这对于此后我国少数民族传统舞蹈的理论研究和艺术实践产生了非常深远的影响。而费先生提出的"各美其美,美人之美,美美与共,天下大同"十六字箴言,成为中华民族对待不同文化的基本准则,也为民族传统舞蹈保护、研究、艺术创作确立了思想基础与未来方向。

长达30年的民族识别与认定工作,推动了优秀科研成果的大量涌现,"20世纪中国人类学界、民族学界、民俗学界的名家,以及大批普通学者、民族工作者都为此做出了杰出的贡献"。② 在这期间,舞蹈学界也释放出自己的热情,中国舞蹈艺术研究会的成立(1949年),盛婕等人发起的傩舞调查(1956年),③ 这些零星的事件构成了那个时代传统舞蹈保护研究的时代图景。20世纪60年代以后,受"三年困难时期"、"人民公社"以及"文化大革命"等政治运动影响,不仅正常的舞蹈活动受到了打压、批判,理论研究也陷入停滞状态。

2. 改革开放之后:1980—2000年

1980年后,文化政策逐渐宽松,对于传统文化的保护也被提上了党和国家的议事日程。《认真学习贯彻第四次全国文代会精神的通知》(1980年)的颁发是国家文化政策上的一次重要转折,④ 推动了此后包括传统舞蹈在内的非遗保护的先行试点和濒危舞种的抢救。从1983年开始,由文化部牵头,联合中国音乐家协会、中国舞蹈家协会、中国戏剧家协会、中国民间文艺家协会、中国曲艺家协会等组织机构开展了迄今为止"中国民族民间无形文艺资源进行系统抢救和全面整理的一次最壮观的系统工程"⑤——修撰十部《中国民族民间文艺集成志书》。其中耗时近20年才完成的《中国民间舞蹈集成》成为我国首次集全国力量最大规模的

---

① 李毓珊:《流芳溢彩五十年——纪念中央民族歌舞团建团50周年》,《中国民族》2002年第8期。

② 国家民族事务委员会研究室:《新中国民族工作十讲》,民族出版社2006年版。

③ 刘晓真:《走向剧场的乡土声影——从一个秧歌看当代中国民间舞蹈》,上海音乐出版社2012年版。

④ 毛少莹:《中国文化政策30年:三大阶段与未来重点》,国家公共文化网,http://www.cpcss.org/_d271157125.htm,2010年12月3日。

⑤ 戴虎:《后集成时代舞蹈文化研究的反思——访哈密民间舞蹈文化学者艾买提·吉力力先生》,《北京舞蹈学院学报》2016年第1期。

舞蹈调查资料汇编。正如集成的前言所说："这是我国民族民间舞蹈的第一部总集……这部集成不仅具有艺术和美学价值，也将是一部具有科学价值的历史文献，而且作用和意义，不仅在于它的文献本身，还在于它承前启后，对艺术实践所能发挥的实际作用。"①

《中国民族民间舞蹈集成》的收集整理工作是传统舞蹈非遗真正进入学术视野的发轫。随着 20 世纪 90 年代改革开放的深入和越发宽松的政治环境，学者们逐渐走出了以往意识形态化的思维范式，"尤其是注重田野调查的社会学—民族学—文化人类学的发展把人们的视线更多地引向作为田野调查对象的微观社会，'小共同体''地方性知识''小传统''地方性崇拜与祭圈'，这类概念成为讨论的中心"。② 传统舞蹈的研究开始在实证层面初露端倪，张子伟的《湖南永顺县和平乡双凤村土家族的毛古斯仪式》③（1996 年）和黄泽桂的《舞蹈与族群——赫章县民族舞蹈考察》④（1997 年），都是通过对一个地区的调查，透过产生舞蹈的人和环境去理解舞蹈发生的仪式行为。

（二）"申遗时期"：2001—2011 年

2001 年，昆曲进入联合国教科文组织的"人类口头与非物质文化遗产代表作"名录。此后的十年时间里，非遗这一概念在我国从无到有，从逐渐被熟知到成为高频词汇。伴随其间的是席卷全国的非遗申报热。这种申报热除了国内的四级名录申报与确立，还有我国积极申报联合国教科文组织的"人类口头与非物质文化遗产代表作"。迄今，我国已经成为立项最多的国家。传统舞蹈的研究成果也伴随着如火如荼的非遗申报井喷出现。国家层面随即于 2002 年拟定《中华人民共和国民族民间传统文化保护法（草案）》，2003 年 11 月获得了通过。2004 年，我国加入联合国教科文组织提出保护非物质文化遗产国际公约。2005 年，国务院在民族民间文化保护工程基础上出台了《关于加强我国非物质文化遗产保

---

① 中国民间舞蹈集成编辑部：《中国民族民间舞蹈集成》，中国舞蹈出版社 1991 年版。
② 秦晖：《中国农村：历史的反思和现实的选择》，河南人民出版社 2003 年版。
③ 张子伟：《湖南永顺县和平乡双凤村土家族的毛古斯仪式》，施合郑基金会 1996 年版。
④ 黄泽桂：《舞蹈与族群——赫章县民族舞蹈考察》，贵州人民出版社 1997 年版。

护工作的意见》，制定了由文化部、教育部等中央多部委统筹协作的联席会议制度。2006年，我国设立了"文化遗产日"。此后，我国的非物质文化遗产保护工作沿着两条路径展开：一方面在《关于开展非物质文化遗产普查工作的通知》指导下，国家、省、市、县四级政府对所辖范围内的非遗进行地毯式搜索"摸清家底"；另一方面在《关于申报第一批国家级非物质文化遗产代表作的通知》精神指导下，从下至上将各自区域内的非遗项目进行更高级别的申报。在此期间，舞蹈学界也围绕这两项工作展开了积极的讨论。一方面，学者们对于传统舞蹈的非遗保护理论进行高屋建瓴的顶层设计。比如：马盛德认为在认清非遗共性基础上应该尊重传统舞蹈的独特性，"注重原真性"是传统舞蹈普查工作的重要原则。[1] 于平提出，中国舞蹈的发展应该将"'复古主义'作为一种文化建设的主张，传承历史上一以贯之的民族精神，是光大历史中曾经弘扬的民族自信。"[2] 朴永光认为传统舞蹈的非遗价值可从历史悠久、内涵丰富、形式独特、影响颇大几个方面进行判断。[3] 袁禾提出通过"中华乐舞文化遗产保护工程"来保护传统舞蹈非遗，即"建立动态呈现、静态陈列和文字立档三位一体的保护机制——以'中华乐舞遗产展演''中国乐舞历史博物馆'和'中华乐舞文化遗产研究'丛书三大系列形成三角稳定的支柱状态，共同撑起中华乐舞文化遗产保护与开发建设的工程"[4]。另一方面，更多的学者则从民族地域文化中的舞蹈个案入手，对传统舞蹈非遗进行释义与阐发。比如：冯双白对青海藏传佛教寺庙的"羌姆"，[5] 刘晓真对山东商河"鼓子秧歌"，[6] 梅雪对蒙古族"博舞"，[7]

---

[1] 马盛德：《传统舞蹈类非物质文化遗产普查方法初探》，《民族遗产》（第2辑）2009年版，第70—74页。

[2] 于平：《民族属性与艺术本体——关于当代舞蹈文化发展的一点思考》，《中国文化报》2005年11月5日。

[3] 朴永光：《传统舞蹈保护中的价值判断》，《北京舞蹈学院学报》2006年第3期。

[4] 袁禾：《"中华乐舞文化遗产保护工程"规划构想》，《中国音乐》2006年第4期。

[5] 冯双白：《青海藏传佛教寺院羌姆舞蹈和民间祭礼舞蹈研究》，博士学位论文，中国艺术研究院，2003年。

[6] 刘晓真：《从乡俗礼仪到民间艺术——当代山东商河鼓子秧歌文化功能的变迁与传承》，《北京舞蹈学院学报》2004年第1期。

[7] 梅雪：《论博舞残存的历史原因与现代际遇》，《北京舞蹈学院学报》2005年第2期。

石裕祖对"云南花灯",① 黄小明、陈利敏对瑶族"长鼓舞",② 陈彩虹、张琳对"井陉拉花",③ 解珺然对彝族"阿细跳月",④ 傅丽对"客家彩灯歌舞",⑤ 刘少辉对"板凳龙",⑥ 山本宏子、薛罗军对"锅庄"和"八月舞",⑦ 罗雄岩对维吾尔族"木卡姆",⑧ 潘丽对"花鼓灯",⑨ 罗斌对贵池"傩舞",⑩ 金娟对双凤村"毛古斯",⑪ 谭建斌对土家族"摆手舞",⑫ 龙庆凤、王一波对"苗族鼓舞",⑬ 朱培科对"人龙舞",⑭ 黄明珠对湄洲妈祖舞"耍刀轿""摆棕轿",⑮ 张占敏对"昌黎地秧歌",⑯ 邓小娟对"秦安羊皮鼓",⑰ 郑玉玲对"大鼓凉伞",⑱ 杨云对"万荣花鼓",⑲ 应杰

---

① 石裕祖:《多彩的云南花灯及舞蹈文化》,《北京舞蹈学院学报》2006年第1期。
② 黄小明、陈利敏:《论瑶族"还愿"仪式中"长鼓舞"的多元文化性——广西恭城瑶族民间舞蹈现状田野调查》,《北京舞蹈学院学报》2008年第3期。
③ 陈彩虹、张琳:《井陉拉花的舞蹈风格分析》,《北京舞蹈学院学报》2009年第1期。
④ 解珺然:《阿细跳月与撒尼大三弦舞(上)——两个彝族支系音乐、舞蹈及文化语境的比较研究》,《中央音乐学院学报》2008年第1期。
⑤ 傅丽:《赣南客家灯彩歌舞的文化价值初探》,《北京舞蹈学院学报》2010年第2期。
⑥ 刘少辉:《浦江板凳龙考察研究》,《民族艺术》2009年第4期。
⑦ [日]山本宏子:《对歌转圈舞和歌轮踊的比较研究——以藏族的锅庄和奄美大岛的八月舞为例》,薛罗军译,《中国音乐》2006年第4期。
⑧ 罗雄岩:《维吾尔木卡姆与绿洲舞蹈文化传承》,《北京舞蹈学院学报》2006年第4期。
⑨ 潘丽:《花鼓灯的现时调查与保护的思考》,博士学位论文,中国艺术研究院,2007年。
⑩ 罗斌:《假面阴阳——安徽贵池傩舞的田野考察与研究》,博士学位论文,中国艺术研究院,2007年。
⑪ 金娟:《湘西双凤村土家族毛古斯舞的调查与研究》,硕士学位论文,中国艺术研究院,2009年。
⑫ 谭建斌:《论土家族摆手舞的形态特征》,《北京舞蹈学院学报》2009年第4期。
⑬ 龙庆凤、王一波:《苗族"鼓舞"文化与苗族"鼓会制"社会》,《北京舞蹈学院学报》2009年第1期。
⑭ 朱培科:《非物质文化遗产"人龙舞"的传承》,《北京舞蹈学院学报》2009年第3期。
⑮ 黄明珠:《浅论湄洲岛妈祖舞"耍刀轿""摆棕轿"的文化特征》,《北京舞蹈学院学报》2006年第1期。
⑯ 张占敏:《试析昌黎地秧歌的文化保护》,《北京舞蹈学院学报》2007年第4期。
⑰ 邓小娟:《甘肃秦安羊皮鼓祭礼舞蹈的遗存》,《北京舞蹈学院学报》2008年第4期。
⑱ 郑玉玲:《漳州民间舞"大鼓凉伞"的文化价值初探》,《北京舞蹈学院学报》2008年第1期。
⑲ 杨云:《试论万荣花鼓的文化特征与审美旨趣》,《北京舞蹈学院学报》2008年第1期。

对"巴塘弦子",① 杨荣对"左脚舞",② 张海超对"热巴舞",③ 宋俊华等对蓝田"舞火狗",④ 张媛对"拍胸舞",⑤ 秦莹、阿本枝对"南涧跳菜"⑥ 等的研究。以学者们的学术成果为支撑,通过政府的申报行为,各类较有代表性的传统舞蹈相继进入了四级名录中,成为非物质文化遗产代表作。

(三)"后申遗时期":2011年至今

2011年2月25日,第十一届全国人民代表大会常务委员会第十九次会议上通过了《中华人民共和国非物质文化遗产保护法》,并宣布同年6月1日开始施行,这"标志着我国对非物质文化遗产的保存和保护进入了有法可依的历史时期"⑦。该法律对于传统舞蹈保护与发展无疑具有划时代的意义。

首先,"非遗法"使千百年来被主流文化排斥在外的民间传统舞蹈获得了法律层面上的认可和保护,破坏、贬损"传统舞蹈"文化表现形式以及相关实物和场所的行为都将受到相应的法律制裁。

其次,"非遗法"贯穿"以人为本"的保护理念,不同以往保护工作的"见舞不见人",承载传统舞蹈技艺的民间艺人备受关注和保护。传统舞蹈必须依靠传承人口传身授的活态传承,所以传统舞蹈保护工作的核心是传承人的保护和发展。相对于前阶段对项目发掘与整理而言,"非遗法"强调尊重非遗传承人和文化主体的意愿,"重舞也重人"。基于此,学者对传统舞蹈传承人展开了一系列的深入研究。比如:高度的中国民

---

① 应杰:《论巴塘弦子舞蹈的表现形式》,《北京舞蹈学院学报》2008年第4期。
② 杨荣:《牟定彝族"左脚舞"文化的传承与变迁》,《民族艺术研究》2011年第6期。
③ 张海超:《田野中的舞蹈与信仰——以维西县塔城热巴舞为例》,《民族艺术研究》2010年第1期。
④ 宋俊华、杨慧红、安靖:《蓝田瑶族"舞火狗"的文化类征与保护价值》,《文化遗产》2010年第3期。
⑤ 张媛:《非物质文化遗产语境下闽南"拍胸舞"的发展研究》,《北京舞蹈学院学报》2011年第4期。
⑥ 秦莹、阿本枝:《对南涧彝族"跳菜"舞蹈的文化解读》,《民族艺术研究》2007年第2期。
⑦ 于浩:《中国"重装保护"民族优秀传统文化》,《中国人大》2011年第5期。

族民间舞口述史研究,[①] 吴丹对湘西苗族鼓舞传承人的研究,[②] 熊云对彝族舞蹈"擦大钹"传承人的调查研究,[③] 陈继银对安徽花鼓灯传承人娄楼、[④] 冯开皖的研究,[⑤] 赖丹等对陈宾茂的赣南采茶舞教学的研究,[⑥] 吴昶(2015年)对利川"肉连响"传承人的研究[⑦]等。

再次,"非遗法"确立了保护与发展并举的工作策略。"开展相关的非物质文化遗产教育;"(第三十四条)"合理利用非物质文化遗产代表性项目开发具有地方、民族特色和市场潜力的文化产品和文化服务。"(第三十七条)为传统舞蹈的价值拓展提供法律依据和支持,学者纷纷提出传统舞蹈"与学校教育结合"[⑧]"与当代旅游结合"[⑨]"与文化产业结合"[⑩]的发展思路。该法律的颁布和实施,使我国非遗保护有了质的转变,虽然针对"遗珠"的发掘整理工作仍然在延续,但健全机制、规范管理,以及对文化主体的支持成为工作的重心。学术研究推进着保护实践,近年来,对于地域经济的提升、社会和谐的促进、国家形象的建构,传统舞蹈多维度地贡献着文化软实力。

然而,正如学者高小康所说:"后申遗时期,不仅是指非遗保护工作

[①] 高度:《2012年国家社科基金艺术学立项名单:中国民族民间舞口述史研究》,全国哲学社会科学规划办公室,http://www.npopss-cn.gov.cn/n/2012/0814/c219469-18739823.html。

[②] 吴丹:《身体二重性:结构与艺人能动性——以湘西苗族花鼓舞及艺人龙英棠和石顺明为例》,《北京舞蹈学院学报》2010年第1期。

[③] 熊云:《彝族舞蹈"擦大钹"传承人调查研究》,《保山学院学报》2013年第3期。

[④] 陈继银:《安徽花鼓灯传承人娄楼口述资料整理与研究》,《重庆科技大学学报》(社会科学版)2017年第4期。

[⑤] 陈继银:《安徽花鼓灯省级传承人冯开皖的口述资料整理与研究》,《蚌埠学院学报》2015年第4期。

[⑥] 赖丹:《陈宾茂赣南采茶舞蹈的教学艺术研究》,《甘肃广播电视大学学报》2015年第4期。

[⑦] 吴昶:《师徒名分缺失状态下的利川"肉连响"舞蹈传承方式变迁》,《北京舞蹈学院学报》2015年第3期。

[⑧] 姚佩婵:《寻根传舞在当下——试论中国普通高校的舞蹈本土教育》,《解放军艺术学院学报》2012年第4期。

[⑨] 张冬梅:《2012年国家社科基金艺术学立项名单:环首都区域民族民间舞蹈资源分布与旅游开发》,全国哲学社会科学规划办公室,http://www.npopss-cn.gov.cn/n/2012/0814/c219469-18739823.html。

[⑩] 马琳:《基于文化产业发展背景下的羌族舞蹈价值探究》,《黑龙江民族论坛》2012年第3期。

的阶段性特征,更意味着对前一阶段'非遗热'的重新审视和反思。"①学者面对轰轰烈烈的"非遗热"更多的是"冷思考"。比如,在我国少数民族传统舞蹈最为丰富的云南,有学者发现"少数民族原生态"舞蹈在文化保护与旅游开发之间出现了严重的失衡与矛盾,非遗对市场经济的迎合导致了民族舞蹈内涵的弱化和文化精神的变异。②将传统舞蹈开发成供观众和游客凝视的艺术作品和商品是旅游文化产业背景下的主要开发路径,然而如何跳脱以往"文化搭台、经济唱戏"的窠臼,遏制工具理性的扩张,保护传统舞蹈的"原真性"和独立价值是学术界长期关注的焦点问题,对于"丽江模式""梭戛生态博物馆"③的学术批评正是基于这一学术自觉。

二 非遗视角下传统舞蹈研究的发展趋势

(一) 研究定位从边缘走向中心

自唐宋以降,我国的"大传统"舞蹈与戏剧合流而失去自身独立的品格。今天我们所谈及的中国古典舞是当代舞蹈艺术家撷取传统元素,基于当代主流审美观而建构的"新古典",并不属于非遗保护的范畴。非遗保护的主要内容是"底层的""边缘的""小众的"民间传统。现代化的高速发展,引发传统根基的断裂,作为非遗的民间传统舞蹈,其边缘性和孱弱之势必然会有一个较长时期的延续。农耕、游牧文化的瓦解,舞蹈主体的审美变迁,信仰仪式的消失等原因,使传统舞蹈已然成为"珍贵而又濒临消失的非物质文化遗产"。事实上,我国拥有丰富的传统舞蹈资源,却仅有朝鲜族的农乐舞一项入列"人类口头和非物质文化遗产",与其说由于舞蹈在我国主流文化中长期缺位,毋宁说其学术研究未得到应有的重视。从整体进程来看,在非遗保护工作开展的早期,比起

---

① 高小康:《"后申遗时期":保护非物质文化遗产的可持续性发展》,《中国社会科学报》2011年4月19日。
② 刘丽:《"原生态歌舞":是市场标识,还是艺术的现实?》,《民族文化与文化产业创意论丛》(第三集)2011年版,第3页。
③ 姜丽:《我国早期生态博物馆的得失与续建研究——以贵州六枝梭戛和花溪镇山生态博物馆为例》,硕士学位论文,重庆师范大学,2012年。

传统音乐、传统美术、传统戏剧等其他门类，舞蹈研究学术成果的数量和质量都存在着一定的差距，舞蹈界对于非遗概念的理解和接受也较为滞后。第一批国家级非物质文化遗产代表作申报的过程中采用的是"民间舞蹈"的概念，但"我们所看到的'民间舞蹈'表演，只是由学院艺术家或者他们的延伸——群众艺术馆和文化馆的干部们根据某些民间舞蹈的元素重新编排和创作的'民间舞'"。① 学理上未明辨，导致普查工作中出现混沌状况。直至2006年，京西太平鼓等41项舞蹈被确立为第一批国家级的非物质文化遗产代表作，相关的研究成果才明显增多。2008年，第二批国家级非物质文化遗产代表作名录将"民间舞蹈"的表述改为"传统舞蹈"，政府从非遗保护的实践层面扩展了其"传统"的范围，将民间的、地方的小传统与中华民族的大传统给予同等重视，纳入保护体系。与此同时，《舞蹈类非物质文化遗产普查方法初探》《传统舞蹈保护中的价值判断》《国家级非遗舞蹈的内涵与外延》② 等文章在概念、价值、内涵、保护方法等方面对传统舞蹈进行了学理上的明确。2011年第三批国家级非物质文化遗产代表作名录的确立标志着我国国家级传统舞蹈最主要的非遗名录基本确立完成。③ 在这期间，大量学术研究专著的出版有力地表明了传统舞蹈的研究从边缘走向中心，如：《少数民族非物质文化遗产研究：以云南巍山彝族打歌为例》（2008年）、《齐鲁非物质文化遗产：传统舞蹈》（2008年）、《汕尾非物质文化遗产钱鼓舞》（2010年）、《国家级非物质文化遗产名录：中国少数民族民间舞蹈》（2013年）、《中国非物质文化遗产：传统舞蹈》（2013年）、《盐池县非物质文化遗产：盐池县民间舞蹈精选》（2014年）等。此外，从表述上来看，早期对传统舞蹈采取的是下位概念，"民间舞蹈类非物质文化遗产""非物质文化遗产之传统舞蹈"，后期则转向了"舞蹈非物质文化遗产""非遗舞蹈"，这在一定程度上也反映出对传统舞蹈的研究从非遗研究的边缘走向了研究的中心。

---

① 傅谨：《非物质文化遗产面临的艺术威胁》，《民族艺术》2007年第1期。
② 金秋：《国家级舞蹈非遗的内涵和外延》，《广西师范学院学报》2017年第4期。
③ 虽然此后继续公布了第四批国家级的"非遗"名录，但是无论在数量上还是项目的影响力上都不能与前三批同日而语。

（二）研究视野从单一学科走向综合学科

确保传统舞蹈的生命力，需要来自多种不同学理思维的学科介入。"舞蹈是动态性与技艺性很强的艺术，保护其'本真性'，比起文字记述的方式，进行影像记录是更为行之有效的手段。"① 将数字技术运用于传统舞蹈的静态保存与展示也就成为亟待解决的问题，针对"缺乏相关的理论支持导致现代信息手段介入不足；数字化技术规范不统一，资源共享困难；传统的视频、图片数字化技术水平低下，数据可编辑性和重用性较差；重视舞蹈活动的数字化，而忽视了民俗舞蹈文化空间的知识关系，数字化保护不全面，最终导致对民俗舞蹈的碎片式保护"的问题，《民俗舞蹈类非物质文化遗产数字化技术研究》② 一文进行深入的理论分析和个案的实践指导。针对数字化过程中传统舞蹈社会化标签存在形式和结构中的问题，程秀峰等人基于 SNA 提出利用改进的关系强度计算方法来计算社会化标签网络中舞蹈类非遗之间隐性的知识关联。③ 刘壮、李玲从文法结构上对秀山花灯的"申遗"文本提出了质疑，地方性的舞蹈传统经由"申遗"文本的表述而成国家认可的非遗项目，是文化"自观"与"他观"不断交织的历程，同时也呈现出"国家"和"地方"、"官方"和"民间"的互动二元结构，这是理解包括秀山花灯在内的传统舞蹈非遗的重要起点，④ 也是非遗保护中具有反思意义的话题。孔含鑫、吴丹妮从考古学的学科视角分析了古代铜鼓鼓面上镌刻远古部族舞蹈场景与当代铜鼓舞的关系以及其中蕴含的西南边疆民族祭祀文化内涵，这也是铜鼓舞在民族融合和当代边疆民族治理中发挥重要作用的文化基础。⑤ 傅小青从心理学原理分析了非遗舞蹈进入高校传承的心理维度以及如何

---

① 马盛德：《民间舞蹈普查重在发掘民间艺术的本真》，《中国文化报》2007 年 9 月 5 日。
② 孙传明：《民俗舞蹈类非物质文化遗产数字化技术研究》，博士学位论文，华中师范大学，2013 年。
③ 程秀峰、毕崇武、李成龙：《基于 SNA 的舞蹈类非物质文化遗产隐性知识关联研究》，《图书情报工作》2016 年第 2 期。
④ 刘壮、李玲：《文本构建中的他观与自观——关于秀山花灯文献的人类学研究》，《民族艺术研究》2011 年第 2 期。
⑤ 孔含鑫、吴丹妮：《南方古代铜鼓舞蹈纹饰及其宗教文化》，《北京舞蹈学院学报》2015 年第 1 期。

"规训"的问题。① 从非遗的视角，传统舞蹈不仅包括舞动技能、舞程调度、舞蹈器具、舞韵节奏等本体表现形式，还包括相关的民俗活动、祭礼仪式等传统知识体系，以及相关的文化场所与文化空间，涉及的学科从早期较为单一的文化、艺术走向了民俗、教育、宗教、旅游、考古、文物、科技等众多学科，综合化、多样化、交叉化的学科发展，不仅为传统舞蹈非遗的研究提供了更多的价值面向，也为实践工作给予更好的技术支持。

（三）研究思路从采集体认走向田野实证

早在中华人民共和国成立之前，戴爱莲、彭松等舞蹈先驱就曾对我国边疆各族的舞蹈传统进行采集、整理与再创编。1946 年，他们与育才学校的师生在重庆推出"边疆音乐舞蹈大会"，对边疆民族民间的传统舞蹈进行舞台化的表演与呈现，这场晚会以巨大的社会影响力和文化创新价值载入中华民族舞蹈的史册，② 由民间的传统舞蹈发展而来的"民间舞"这一舞种，与古典舞一起建构起我国本土两大舞蹈主流的审美体系。中华人民共和国成立之后，一大批人类学家、民族学家曾深入全国各地对民间的传统舞蹈进行体认，研究其起源、演变、分化、濡化等文化现象，从而使其成为民族识别和认定的重要证据。改革开放之后，传统舞蹈的学术研究工作逐渐恢复，在国家政策的支持下，浩大的《中国民族民间舞蹈集成》（2001 年）编撰工作得以展开，但是由于参与者主要为舞蹈艺术工作者，"这就意味着艺术家和艺术研究只关注以民间艺术活动作为创作素材的价值……实质上就是站在官方或文化贵族的立场上对民间艺术活动进行功利性的利用……因此，他们自觉不自觉地忽视了对象自身的独立存在以及内在文化价值"。③ 不仅如此，国外学者发现，由于该项目从业人员缺乏调研的经验和相关的知识储备，加之指导思想上强调各民族的政治权利，必须"发掘和整理有价值的传统文化"，因此所有

---

① 傅小青：《高校民族舞蹈文化传承及其"心授性"与"规训性"》，《北京舞蹈学院学报》2016 年第 3 期。

② 刘青弋：《1946："边疆音乐舞蹈大会"——七十年后值得钩沉的历史》，《北京舞蹈学院学报》2017 年第 1 期。

③ 傅谨：《艺术学研究的田野方法》，《民族艺术》2001 年第 4 期。

采集和标准化的步骤，或多或少都受到了"加工""美化""整理"。①
2000年以后，我国在物质文明高速发展中催生出强烈的文化寻根意识，
而在此之前，学术界一部分接受了实证主义的学者逐渐厌恶"宏大叙事"
的空疏学风，转而"眼光向下"②的求索。在非遗保护的理念催化下，一
部分训练有素的学者摒弃文化达尔文主义，踏入田野，深入到民间的日
常生产、生活和社会交往等方面，参与观察传统舞蹈的发生对于其文化
主体的价值与意义和传承延续的动力。这种"基于日常生活的深度理解"
与"文化主体价值"的研究思维，③使传统舞蹈的研究焕发了新的气象。
比如：罗斌通过对贵池傩舞全方位的考察，借助"文化圈"与"文化生
态"的概念提出了设立文化生态保护区保护舞蹈非遗的思路；④刘统霞通
过文献与田野互证互释，揭示出不同历史时期不同的意识形态群体对鼓
子秧歌不同的描述言说与命名的背后是借助敏感的语言符号为自己谋取
资源，在不同的表述中鼓子秧歌也在悄然发生着变化。⑤毋庸讳言，采用
田野调查方法对传统舞蹈进行研究，虽然取得了数量众多的研究成果，
但很多研究成果都存在问题意识不强、调查时间过短、参与深度不够、
理论提升不足等诸多问题。正如有学者批评道："许多民族民间舞蹈的
'研究'文章，典型格式为'××舞蹈介绍+××地域文化介绍+××舞
蹈中的××价值或内涵'几张皮的简单拼凑，然后是和舞蹈创作同样的
'两多'（数量之多，问题之多），太多文章里的太多民间舞蹈就这样孤零
零地飘浮在地域文化的空气里，落下来一地鸡毛。"⑥

（四）研究范式从国家话语转向乡土语境

我国社会对于"民族国家"的想象与建构经历了一个复杂而漫长

---

① ［美］费鹤立：《中国少数民族舞蹈的采集、保护与传播——20世纪80年代初的社会人类学调研》，何国强、许韶明译，云南大学出版社2010年版。

② 钟敬文：《民俗学：眼睛向下看的学问——在田传江同志与北师大研究生座谈会上的致辞》，《民俗研究》2001年第4期。

③ 刘晓真：《舞蹈人类学、方法论和中国经验（上）》，《民族艺术研究》2017年第6期。

④ 罗斌：《贵池傩舞与文化生态保护区》，《民族艺术研究》2009年第3期。

⑤ 刘统霞：《被表述的民间艺术——对商河鼓子秧歌的历史人类学考察》，博士学位论文，中央民族大学，2008年。

⑥ 曾婕：《寻找舞评的卡里斯玛2016舞蹈观察批评》，《舞蹈》2017年第4期。

的过程。19世纪末以来，大致经历"为汉独尊"到"五族共和"，最后形成多民族共创"中华民族"共同体的思维意识。在这一过程中，作为乡土艺术的传统舞蹈研究都会自觉或不自觉地参与到这一"民族国家"话语建构之中。从民族识别和认定中的舞蹈调查到《中国民族民间舞蹈集成》的编撰，直至今天的非遗保护，都或多或少地承继着这一研究范式。因此从体量上来看，我国舞蹈非遗保护研究仍然是以保护政策、方案、手段、路径、体系、机制等方面的思考居多，赵心宪认为，国家级非物质文化遗产代表作类别界限模糊不清导致认知上的屏障，反而造成了非遗保护的困境。以秀山花灯为例，被认定为民俗后，其作为音乐、舞蹈、戏剧的文化本体被有意无意地忽视，舞台精品化的发展使文化脱离了生活，有必要重新对其以民间音乐舞蹈为核心的非遗本体价值进行分类与确认。[1]刘晓真指出，民间舞蹈从乡间田野走上聚光灯下的艺术舞台，而今又成为非遗保护的焦点，既是时代所造就的，也是历史主体——人的文化选择。由知识分子的参与推动的非遗运动从理念上厘清了"民间舞蹈"在文化中的位置，倡导还其生长的原生环境，确立培养传人，而政府也试图通过制度化的方式恢复、保存和延续其乡土属性。[2] 20世纪之初，刘半农、沈尹默等学者在北京大学组织"歌谣运动"曾打破了我国历史上重文本、重考据的学术传统，"使中国民间文化第一次登上了中国文化的大雅之堂，汇入主流文化，开启了中国民俗学的科学史"。[3]然而，在这种眼光向下，关注民众内在需求，返回乡土语境的研究范式直到20世纪90年代人类学、民俗学等学科渐成显学才逐渐系统地运用于传统舞蹈的研究中，此后逐渐成为主流范式。但是我们也应该看到，时至今日仍然有一部分研究者延续着"艺术来源于生活，高于生活"或"艺术性与思想性的完美统一"的研究思路，试图从社会存在的角度去探讨传统舞蹈非遗，但失之粗疏；还有一种情况则是，受到商业利益模式

---

[1] 赵心宪：《关于民俗类国家级"非遗"再分类必要性的思考——以秀山花灯为例》，《中南民族大学学报》（人文社会科学版）2012年第5期。

[2] 刘晓真：《中国民间舞蹈的历史境遇和文化选择》，《舞蹈》2008年第4期。

[3] 陈永香：《对北大歌谣运动的再认识》，《上海师范大学学报》（哲学社会科学版）2000年第3期。

的暗示下，将传统舞蹈非遗作为一种准商品来阐释，急功近利的心态导致了研究的浮躁。①

结　语

　　非遗是民族国家的文化基因，也关乎民族国家未来的文化发展。传统舞蹈作为活态的非遗，既应该为当代人所享用，成为我们文化自信的基石，也应该为后代人所留存，成为他们技艺和记忆的出处。寻根传舞是时代赋予我们的责任和义务。时至今日，我国的传统舞蹈保护走过了轰轰烈烈的"申遗"时期，走入了注重保护质量的"后申遗"时期，在国际公约精神关照下，在国内保护政策的推动下，传统舞蹈的研究也走向了纵深发展的新阶段。回顾中华人民共和国成立以降传统舞蹈非遗保护的学术历程，其中历经数次文化运动与学术转型，数代的学者既接力前辈的思想遗产，也创造新的学术成果，在这个过程中，舞蹈非遗研究从早期的定位边缘化、视野单一化、重视采集体认、思维意识形态化逐渐转向定位中心化、多学科综合化、注重田野实证、重返舞蹈的乡土语境，并在政府定位、民众意识、文化生态保护等方面形成了诸多共识。但是另一方面，我们也看到整体研究不平衡，偏重静态的保护研究，动态的过程研究偏少；偏重舞蹈项目研究，舞蹈系统性研究偏少；偏重对外在干预的研究，对舞蹈主体的研究偏少等问题和不足。因此在未来的研究中，学者不能"为保护而保护""为研究而研究"，在加强研究与实践工作的对接上，应该注重对舞蹈保护过程的关注，加强以舞蹈为核心物的扩展性研究，更需要关注的是作为舞蹈文化主体的人——他们的舞蹈行为以及背后的思维逻辑。任何一项非遗都"不是传统假借文本为化身游走于、飘荡于个体之间，而是由于人的主观选择，传统才能延续"，②传统舞蹈的保护与传承最终需要通过个体的实践来完成，通过文化生态

---

① 张世闪：《从参与民族国家建构到返归乡土语境——评20世纪的中国乡民艺术研究》，《文史哲》2007年第3期。

② ［美］理查德·鲍曼：《作为表演的口头艺术》，杨利慧、安德明译，广西师范大学出版社2008年版。

的营造和可持续发展观的重塑，使文化主体能够拥有自信心、自豪感，进而自觉地传承自己的舞蹈与文化，才能使传统舞蹈非遗拥有永续传承的生命动力。

后　　记

千禧年之初，传统戏剧、音乐、舞蹈、说唱等表演艺术，因各自独特的表演性、艺术价值、厚重的历史积淀和广泛的群众基础，成为瞩目的文化传统。在非物质文化遗产（简称非遗）运动背景下，昆曲、古琴、维吾尔族木卡姆、蒙古族长调纷纷跻身联合国教科文组织非遗名录，也就在情理之中。受此影响，对于民间文学、民俗、民间技艺等的搜集、保护与研究，在中国大地上如火如荼地铺展开来。十多年来，自上而下、全面动员的非遗保护工作成效卓著，积累了丰富的经验。

本书仅收录了非遗运动以来涉及表演艺术类非遗众多研究期刊论文中的31篇，依非遗名录项目类型进行分类编排，试图借此呈现研究者对表演艺术类非遗保护、发展认知与思考的整体风貌。除民俗学外，文学、戏剧学、音乐学、人类学、民族学、舞蹈学等多学科的老、中、青三代学者纷纷加盟非遗研究。

表演艺术依托表演者、观者、表演场域（文化生态与文化空间）以及诸多技术设备、传播介质等共同完成。显然，表演者是表演艺术的核心，传承人与传承机制在非遗保护中尤为重要。关于传统戏剧表演艺术传承人，郭英德认为，他们的存在与价值，决定了传统戏剧表演，有效保证了其作为表演艺术的生命；非遗实践为一些陷入困境的艺人带来发展的契机，但也"改造"着传统艺人的表演；官方的非遗项目和社会的文化关注，在一定程度上迫使表演艺术不断抽离生活，成为"表演的表演"。

对胡集书会说书艺人两难的生存处境，王加华尖锐地指出，非遗实践或只能使胡集书会短暂的"回光返照"，因为仅靠非遗保护、政策扶持,技艺承传与精神延续无法完成。传承者,面临老龄化、断层的状况,以及巨大的生存压力。只有改变陈旧形式、创新表演内容,才能应对瞬息万变的大众需求。也如林琳和李云鹏对鲁西南鼓吹乐的调查所示,面对着流行音乐的连环冲击,视艺术为至宝的艺人已然"跟不上时代",为了生计只得疲于追赶新潮。

陈向华亦考察分析了兰州鼓子艺人的生存状况,指出其艺术生产和接受的困难。多年研究采茶戏的王静波对传承人吴燕城的访谈,显得意味深长。借一个艺人——非遗传承人——的艺术生命史,她描绘了粤北采茶戏的风雨起落。这时,人即戏,戏即人。在粤北采茶戏起落不惊的演进和吴燕城跌宕起伏的人生中,非遗运动都是一个充满张力的巨大拐点。

表演艺术类非遗大抵生长在农耕文明、游牧文明以及渔猎文明并存的乡土中国。因此,除艺术性之外,其大多具有较强的精神指向,尤其是具有仪式性和神圣性。在生老病死的日常生活中,在社群认同和地方社会的整合与良性运行中,表演艺术类非遗在相当长的时期都扮演着关键角色。

黄龙光的彝族"花鼓会"研究表明,表演艺术背后存在着稳固的自组织形式和不断涌动的内生传承力。以"花鼓舞"为轴促成的紧密社区村落关系,深嵌在居民的生产生活、文化传承中。本书中所呈现的上海叶榭舞草龙、池州傩戏、温州鼓词、浙南畲族的《高皇哥》、大理巍山彝族"打歌""撒叶儿嗬"等,莫不如是。然而,在列入非遗名目——被非遗化,进而得到政府、商业的双重关注后,这些表演艺术所具有的仪式内涵,便被不断地剥离。热闹、好看、不伦不类的"狂欢",成了表演艺术类非遗的代名词。或敞阔或逼仄,或华丽或简陋的舞台,闪光灯,大小镜头,官媒精英的赞许,成为表演艺术类非遗不得不时时注目的指挥棒,这使得表演艺术类非遗进一步都市化、制度化、精致化,也不同程度的标准化、异化。

李静注意到,面对非遗运动中不同权力主体之间的角力,池州傩戏早已脱离了原乡语境,在强化傩戏的艺术、文化和商品性的同时,原先"敬菩萨"所内含的"禁忌"与"神圣"意义被不断消解、边缘化,已然失去了鲜活的动态演绎。土家族跳丧歌舞"撒叶儿嗬"在列入非遗、进行商演后，跳丧中重情重义的古朴民风也遭到了严重破坏。刘守华指出，随着表演内容、形式的改变，过往"撒叶儿嗬"表演中形成的庄重仪式感与构建的乡亲社会关系渐渐消弭。

去信仰化或者说世俗化的表演艺术类非遗，在相当程度上都受传衍场域、异质时空、观者口味与期待的影响。或迁移，或缩小，不断演化的文化空间与生态，深刻影响着表演艺术类非遗的发展。很明显，如今层出不穷的新式剧场，尤其是被声色光电等技术渲染、控制和驾驭的舞台，新生且快速传播、弥漫的流行艺术，传承人对外在世界的理解、妥协甚至迎合，内在提升的欲望等，都影响着表演艺术类非遗的样态与性质，终致在民众的精神世界和舞台表演之间形成一定的距离和阻滞。换言之，在非遗运动的保护实践中，表演艺术类非遗传统中广泛的民众基础，与日常生活的亲密性、有机性都存在着不同程度的削弱。

非遗保护，需要回到民众自身与地方。民众的生活与地方环境是表演艺术生发、传承的根基。自然环境、历史条件及社会人文，都刺激着人们的想象力、创造力，促进着艺术的存续和更新。以宏观视野，李荣启反思了中国传统表演艺术的保护与传承，强调文化生态对非遗保护的重要性，格外警惕保护过程中催生的过分舞台化和小众化。他认为，将表演艺术回归民众生活，是主流保护之外的另一项重要任务。陈志勤强调，"非遗"来自生活也服务于社会，展现着当地人在土地上生活生产的全景。因此，研究者们应扎根田野，有意识地揭示地方的传统理念与民俗方法，在深入挖掘文化内涵的同时，将其"应用"于现代社会。不少学者也立足于区域的社会文化生态进行思考，如孙明跃探讨了云南省表演艺术类国家级非遗的保护；董秀团瞩目于云南少数民族说唱艺术；王玮则根据江苏省第一批音乐类非遗的保护与传承，展开对音乐类非遗保护的经验讨论。

对于具体的表演艺术类非遗保护实践，众多学者结合案例进行了丰富的探讨。祝鹏程以对表演理论的反思切入，借助郭德纲相声个案察究新语境下表演艺术的存在形式和接受现状，即通过回到小剧场，将传统再情境化、新创编等方式，焕发相声的活力。谢中元指出，在佛山"龙舟说唱"表面热闹的传承传播现象背后，更需要对其保护做更切实的尝试。在包嫒嫒看来，20世纪遭遇危机的传统温州鼓词，在政策、研究、媒体等多方的主动介入和引导下，有效促成了人们对温州鼓词传承的自觉。通过对叶榭舞草龙仪式中"人地关系"的研究，赵李娜反思了传统文化生态、民间信仰仪式的保护策略。邵媛媛借助"文化空间"视角，探讨彝族"打歌"保护的新选择。杨阳、陈勤建强调应基于地方性特质和参与者特性，推动历经雅俗嬗变的兰州鼓子在题材内容、演唱方言、表演形式等方面的"再造"、革新与延续。王卫华、孙佳丰同样认为，皮影戏需要通过材料技术的推陈革新、题材内容的与时俱进，适应当下文化传播的发展机遇。面对承衍千年的"祭孔乐舞"，王霄冰指出，持真诚之心，真正领会"非遗"精髓，将其"灵韵"传达出来，就能在舞台上建构出令人信服的"本真性"。

"遗产"的存续，始终面对着古今、雅俗的辩证。面对昆曲世俗精神的丧失，王廷信哀叹这一"高雅艺术"逐渐局限于知识群体的狭小圈子。他呼吁，表演艺术不应为"非遗"所限，成为"凝固的、一成不变的东西"，而应使其不断发展、更新，与时俱进。根据《牡丹亭》版本演变，宋俊华探讨了建构者、重构者对经典的坚持、传承与创新。显然，这一立足都市的文人化的重构演绎，或者对当下的"经典热""非遗热"不无借鉴意义。但是，应承原之意涵的表演艺术类非遗，亦应衍今之变化，方能以其自然态，与当下人们的日常发生关联。如何处理乡野的表演艺术类非遗与城乡差别依旧明显的日常生活之间的关系，就成为不得不长期面临的一个难题。那么，究竟何为非遗、非遗为何，自然成为研究者经常反问自己的问题。

从博厄斯（Franz Boas）一脉的文化生态学的角度，在与廖明君的对谈中，杨民康鲜明地指出：非遗中的所谓传统音乐表演艺术，不仅仅是其音声形态本身，还应包括"表演行为和仪式行为等同音声形态相关的行为样态"，传统音乐表演艺术的传承离不开"仪式或'仪式化'环境条件所起到的维护作用"。这再次说明，表演艺术类非遗的传承远非自上而下的非遗运动所能大包大揽。以云南剑川白族的石宝山歌会为个案，朱刚尝试从构成石宝山歌会之"文化空间"的时空二重维度，反向理解非遗、诠释非遗。相较而言，同样是聚焦文化空间，孟令法对畲族《高皇歌》演述则更微观。浙南畲人演述《高皇歌》存在娱乐歌场和仪式道场两种，且都是以畲民家户为中心，孟令法指出在不可避免的舞台化和世俗化趋势下，非遗文化空间的时空边界更取决于非遗保护主体对传统文化活动或表现形式在特定族群中的时空建构。

平衡地方传统延续和非遗保护发展，是非遗研究者关切的问题和希冀实现的愿景，但"非遗"符号的强势地位，往往造成两者之间的错位。众多学者也表达了对于非遗保护实践活动中所产生的问题的警惕和反省。赵宗福批评了热度之下研究者"一窝蜂"指导非遗的现象，认为需要通过大量拥有专业素养的非遗工作者从事扎实的田野和理论工作，才能真正达成对非遗表演艺术的保护。因而，在保护西北"花儿"的过程中，学者需要深入花儿存活的民间现实、文化传统，把握其口传特质和价值，承担起学界的学术责任，真正发挥学者应有的学术功能。王杰文考察了"毛古斯"由原生状态到学者研究、政府保护、非遗认定、旅游表演的历时变迁，呈现了在外界力量和话语的侵入下，"毛古斯"一步步"异化"的细致过程。

陆晓芹关于壮族歌圩和罗婉红关于传统舞蹈研究的史论，显示了非遗运动推动的社会实践对学术研究的巨大影响，甚至支配。所幸的是，表演艺术类非遗的研究者都有自己的学科归属和本位，没有人热心建构"非遗学"，而是力求将自己关注的非遗事象明晰化，进而拓展各自学科的领地和诠释力。在相当意义上，这使得表演艺术类非遗的研究多元而丰富。

毫无疑问，非遗运动成果丰硕。这部分得益于学界持续的观察、参与和省思。尽管这些研究，有着李建峰注意到的在全景敞视结构中被表演的羌族羊皮鼓舞中出现的"视觉差"，但同样导致不少出于善心而出谋划策的理论构想，与实际保护之间的一些脱节。

末了，除向各篇论文作者和发表他们论文的期刊表示真诚的谢意之外，还要感谢李莹、赵宇彤和刘守峰三位研究生在编选过程中付出的劳动。编选文集，其实存在版权和原作者意愿等多种问题，因而挂一漏万、遗珠多多，还望读者海涵。

岳永逸　林旻雯
2020 年 6 月 15 日